김일엽, 한 여성의 실존적 삶과 불교철학

김일엽, 한 여성의 실존적 삶과 불교철학

박진영 지음 | 김훈 옮김

Women and Buddhist Philosophy

김영사

옮긴이 **김훈**

고려대학교 사학과를 졸업. 1981년 동아일보 신춘문예 희곡 부문 〈빈방〉으로 당선. 옮긴 책으로 《희박한 공기 속으로》《바람이 너를 지나가게 하라》《세상 끝 천 개의 얼굴》《성난 물소 놓아주기》《그런 깨달음은 없다》《모든 것의 목격자》《켄 윌버, 진실 없는 진실의 시대》《늘 깨어나는 지금》외 100여 권이 있다. 2018년 현재 부여에서 번역 작업을 하면서 파트타임 농부로 지속 가능한 자연생태 농업에도 관심을 갖고 있다.

김일엽, 한 여성의 실존적 삶과 불교철학

1판 1쇄 인쇄 2023. 9. 18.
1판 1쇄 발행 2023. 10. 5.

지은이 박진영
옮긴이 김훈
발행인 고세규
편집 정선경 디자인 이경희 마케팅 정희윤 홍보 최정은
발행처 김영사
등록 1979년 5월 17일(제406-2003-036호)
주소 경기도 파주시 문발로 197(문발동) 우편번호 10881
전화 마케팅부 031)955-3100, 편집부 031)955-3200 | 팩스 031)955-3111

값은 뒤표지에 있습니다.

ISBN 978-89-349-5124-7 04080 | 978-89-349-4318-1(세트)

홈페이지 www.gimmyoung.com   블로그 blog.naver.com/gybook
인스타그램 instagram.com/gimmyoung 이메일 bestbook@gimmyoung.com

좋은 독자가 좋은 책을 만듭니다.
김영사는 독자 여러분의 의견에 항상 귀 기울이고 있습니다.

《김일엽, 한 여성의 실존적 삶과 철학》출판에 붙여
– 한 사람의 삶을 짚어본다는 것

긴 터널을 지나온 느낌이다. *Women and Buddhist Philosophy*의 한국어 번역본이 곧 출간될 예정이라는 연락을 김영사에서 받았을 때 든 생각이다. 전 세계가 코로나 바이러스 때문에 이어진 긴 터널 같은 감금 생활에서도 해제되었다. 미국에서 영어로 강의하고, 대부분 영어로 출판하는 나에게 김일엽 연구는 여러 면에서 복잡한 과정을 거치는 터널이었다. 일엽 스님의 책은 거의 절판되어 중고 서점을 뒤적여 운 좋게 찾아내더라도 미국에서는 주문할 수 없어 한국의 여러 지인에게 부탁해야 했다. 한국의 대학 도서관에 있는 자료 중 일부는 동료나 후배들이 고맙게도 사본을 뜨고 제본해서 보내주었다. 한국에 갈 때마다 새로운 자료를 수집했다. 가능한 한 출판된 모든 자료를 읽어야 한다는 것이 책을 쓰는 기본자세이기에 자료를 최대한 모았지만, 김일엽 삶의 연대기를 확인하는 것부터 문제가 있었다. *Women and Buddhist*

*Philosophy*에 대해 한 서평자가 말한 것처럼, 형사가 사건의 전말을 맞추듯이 일엽의 삶의 여러 모습을 맞추는 데 긴 시간이 걸렸다. 그렇게 영어로 김일엽 평전을 먼저 출판했고, 이제 그 책이 한국어판으로 나오는 데 다시 긴 터널을 지났다.

《김일엽, 한 여성의 실존적 삶과 철학》은 무엇보다 한 사람의 삶에 관한 이야기이다. 우리는 모두 각자의 삶을 살고, 그 삶에서 어떠한 방식으로든 의미를 찾으려 한다. 삶에서 의미 있는 것이 저마다 다르고, 그 의미를 찾는 방법도 다를 것이다. 우리는 일상사에 파묻혀 우리가 찾고 있는 것을 어떤 방식으로, 왜 찾는지 생각할 시간도 없이 하루하루를 떠나보낸다. 김일엽의 삶의 이야기는 한 사람이 얼마나 절실하게 삶의 의미를 찾으려고 노력했는지 보여준다. 이 책은 여성으로, 지식인으로, 종교인으로, 무엇보다 한 인간으로 산다는 것은 무엇인지, 처절하게 답을 찾아 나선 사람의 이야기이다. 그 여정에서 일엽은 기독교를 만났고, 가부장제 사회에서 여성이라는 현실을 대면했으며, 사랑이라는 모순을 거쳐 불교를 만났다. 이 모든 것 중 가장 큰 문제는 인간이란 무엇인지, 살아 있다는 것은 무슨 의미인지 하는 질문이었을 것이다.

김일엽에 관해 오랫동안 연구하면서, 2014년에는 1960년에 출판된 김일엽의 책 《어느 수도인의 회상》을 영어로 번역해 *Reflections of a Zen Buddhist Nun*라는 이름으로 출판했다. 이 책이 출판되자, 내가 살고 있는 미국 워싱턴 지역의 가까운 한인분들이

김일엽, 한 여성의 실존적 삶과 불교철학

출판기념회를 준비해주었다. 스무 명 정도 서로 아는 사람들이 모여 책의 출판을 축하하는 자리였는데, 그 자리에 한 할머니께서 손녀분과 함께 참석하셨다. 우리 중 누구도 그분들을 개인적으로 아는 사람이 없어서, 기념회가 조금 무르익었을 때, 할머니께 어떻게 이 자리에 참석하시게 되었는지 여쭈었다. 할머니는 신문에서 김일엽의 책이 영어로 출판되어 출판기념회를 한다는 소식을 접하고 꼭 가보아야겠다고 생각하셨다고 한다. 김일엽은 당신의 세대에게 자신들이 살고 싶었지만 살 수 없었던 그런 삶을 산 사람이었다. 그래서 이 자리에 꼭 오고 싶었다고 말씀하셨다. 할머니의 손녀분은 할머니가 영어책을 읽으실 수 있는 것도 아닌데, 이 자리를 꼭 오고 싶어 하셔서 자신이 직접 운전해서 할머니를 모시고 온 것이라고 했다.

할머니의 말씀은 김일엽이 한국 여성들에게 어떤 의미였는지 잘 말해주는 듯하다. 나는 불교학자로서 '여성과 불교'라는 주제를 연구하며 김일엽이라는 존재를 알게 되었다. 그러나 할머니와 같은 김일엽 세대의 많은 한국 여성들에게, 그녀는 단지 연구 대상이 아니라, 그들이 원하는 삶을 살았던, 아니면 그들이 삶에서 무엇을 원하는지 생각하게 했던 사람이었다. 내가 이 책에서 보이고 싶었던 것도 바로 그런 것이었다.

한국의 독자들은 왜 김일엽 평전과 같은 이 책을 쓰면서, 서구에서 동양철학의 위치를 언급하고, 의미의 생산이라는 철학적 개념을 굳이 함께 논의하는지 물을 수도 있다. 모든 학문이 시대의 산물이듯이, 이 책의 원서 *Women amd Buddhist Philosophy*는 현재 미국의 학계, 그리고 우리가 살고 있는 서구 중심적 세계라는 상황 안에서 쓴 책이다. 한국불교, 한국 여성에 관한 글이지만, 한글로는 존재하지 않고, 한국 학계나 불교계에서도 많은 관심을 가지지 않은 주제를 백인우월주의, 남성 우월주의, 서양 우월주의 세계에서 활동하는 한국 여성 학자가 썼기에 그 학자가 고민하는 삶과 학문의 의미가 김일엽 연구에 녹아들 수밖에 없었다.

이제 김일엽에 관한 관심이나 연구는 한국보다 영어권 나라에서 더 활발해졌다고 할 수 있다. *Women and Buddhist Philosophy*와 김일엽의 《어느 수도인의 회상》의 영역본 *Reflections of a Zen Buddhist Nun*을 출판하고, 김일엽에 관해 세계 여러 곳에서 강연했다. 미국의 여러 대학은 물론이고 캐나다, 유럽, 일본, 중국, 네팔의 불교학센터에서도 강연했고, 한국에서도 발표했다. 세계 각국 학자들, 미국, 유럽, 캐나다 학생들 그리고 해외의 일반 불자들에게도 좋은 반응을 받았다. 한국에서의 반응은 때로는 긍정적이었고 때로는 미적지근했다. 아마 한국불교의 대표는 원효나 지눌이 되어야 한다는 생각 때문이 아닐까 하고 생각했다. 그러나 원효는 원효로서 보여줄 수 있는 것이 있고, 지눌은 지눌로서 그리고 김일엽은 김일엽으로서 보여줄 수 있는 것이 있다. 원효나 지눌만이 한국불교를 대표해야 한다고 생각하면, 우리는 획일화의 늪에 빠지고, 존재와 학문의 의미를 획일화된 상자 속에 가두는 위험을 범할 수 있다 김일엽이 말하고 싶었던 것의 중심에 바로 그러한 획일화되고 정체된 삶의 이해에 대한 '반항'이 있었을 것이다. 여성이기에 가부장제 사회가 그려 놓은 틀 안에서 삶을 살아야 한다는 것에 신여성들은 반기를 들었고, 일엽은 그 선두에 있었다. 일엽은 삶을 규격화하는 사회에 대한 반항으로 시작해서, 가장 유동적인 존재의 모습인 '생명'에 대한 이야기로 그녀의 삶을 마감했다. 누구도 생명을 상자 속에 가둘 수는 없다. 생명은 살아 있는 것이기 때문이다. 살아 있는 것은 움직이고, 주위의 다른 존재와 관계를 맺으며 존재한다. 이것이 불교의 가장 중심적 가르침이기도 하다.

　서문에서도 간단히 밝혔지만, 이 책을 쓰면서, 대학 강단의 철학이 가지고 있는 한계를 벗어나려고 많이 노력했다. 철학은 철학자만의 독점물이 아니며, 독점물이 되어서도 안 된다. 그것은 모든 사람의 것이어야 하고 그럴 수밖에 없다고 생각한다. 근대 한국의 철학자 박치우는 이런 의미에서 철학자 혹은 사상가를 "현실이 그의 해결을 위하여 우리를 향하여 부르짖고 있는 그 소리를 '심장'을 통하여 힘있게 들을 수 있는 인간"이라고 정의한 바 있다. 김일엽은 바로 그런 사상가였다. 이 책이 누구나 읽을 수 있는 책이 되기를 바란다. 김일엽의 삶은 누구에게나 무엇인가 생각하지 않을 수 없게 만드는 삶의 이야기이기 때문이다.

　김일엽의 《어느 수도인의 회상》 영역본 *Reflections of a Zen Buddhist Nun*과 *Women amd Buddhist Philosophy*가 출판된 이후, 김일엽의 삶과 사상은 영어권 학계에서 많은 주목을 받았다. 세계 여성 철학자 대회는 2018년 세계 철학자 대회를 기해 54명의 세계 여성 철학자를 1년 53주를 통해 알리는 달력을 만들었다. 여기에 김일엽이 세계 54명의 여성 철학자 중 한 사람으로 포함되었다. 또한 최근 김일엽은 영국의 저명한 다국적 출판사 루트리지Routledge가 만든 《온라인 루트리지 철학 백과사전Routledge Encyclopedia of Philosophy Online》에도 들어가게 되었다. 이는 김일엽이 사상가로서 인정받은 것이라고 볼 수 있다. 이 일은 학자로서 필자의 학문적 성과이기 이전에 우리가 학문을 접하고 삶을 이해하는 양상에 대해 새롭게 생각하게 해준다. 철학이라고 말하면 당연히 서양철학을 말하고, 동양철학을 말할 때는 '동양'이라는 수식어를 넣어야 하고, 철학이라고 하면 당연히 남성들의 철학을 말하고, 여성 철학자는 '여성'이라는 수식어를 넣어야 하는 우리의 현실과 사고는 삶에 대한 평가가 누구의 안목을 통해 이루어지는지 그대로 보여준다. 서구 철학에 밀리고, 남성 중심 철학에 밀려서, 동양철학이나 여성의 삶의 이야기는 단지 주변적 이야기, 철학이 되기에는 채 미치지 못하는 것으로 취급되었다. 일엽 스님의 삶과 사상에 관한 이 책이 그러한 우리 사회의 편견과 철학하기의 닫힌 문을 여는 데 조금이나마 도움이 되었으면 한다. 철학하기의 눈은 우리가 우리 삶을 보는 눈, 그리고 다른 사람을 보는 눈이기 때문이다.

이 책의 한국어판 출판을 위해 많은 노력을 기울여준 김영사에 감사를 드린다. 일엽 스님을 연구하며 일엽문중의 4대손四代孫

경완 스님을 만나게 된 것은 하늘이 도운 일이라는 생각을 항상 하고 있다. 경완 스님을 만난 덕택에 월송 스님과도 만나서 일엽 스님에 대한 생생한 기억을 들을 수 있었고, 일엽 스님이 거처했던 환희대에도 여러 차례 방문할 수 있었다. 필자가 환희대를 방문할 때마다 자상하게 대해 주신 환희대 스님들께도 깊은 감사의 말씀을 드리고 싶다. 스님들을 만나지 못하고, 환희대에서 일엽 스님의 자취를 직접 느끼지 못했다면, 일엽 스님에 대한 연구는 훨씬 궁색했을 것이다.

2023년 여름, 미국 워싱턴에서 박진영

여성들은 무엇을 위하여, 어떤 방식으로 불교와 만나는가? 이 질문은 이 책《김일엽, 한 여성의 실존적 삶과 불교철학》이 김일엽金一葉(1896-1971)의 삶과 철학을 통해 생각해보려는 중심 주제이다. 기독교 집안에서 성장했고, 여성주의 운동을 펼쳤던 김일엽은 불교에 귀의하면서 자신만의 독특한 불교 해석을 통해, 철학으로서 그리고 종교로서 불교가 어떻게 한 인간의 삶에 영향을 미치며 그 삶 속에 녹아들어 갔는지 잘 보여준다.

세속 사회에서 성차별, 존재의 아픔, 삶의 고충을 뼈저리게 느낀 일엽은 이를 극복하기 위해 개인을 무한한 능력을 지닌 자유로운 존재로 보고 절대적 평등을 가르치는 불교를 탐구하는 길로 나아갔다. 일엽은 이 길을 통하여 한 개인의 정체성이 어떻게 정의되는지, 인간이란 무엇이며, 존재의 궁극적 가치가 무엇인지를 묻는 실존적인 질문에 답을 얻으려 했다.

《김일엽, 한 여성의 실존적 삶과 불교철학》은 또한 불교와 여성이라는 주제에 대해 오늘날의 불교학 연구 범위를 넘어, 여성이 불교철학이나 철학 일반을 접하는 방식이, 우리에게 이미 익숙한 가부장적 남성 중심의 철학하기와 본질적으로 다른 점이 있는가를 묻는다. 그리고 김일엽의 불교철학을 통해 여성이 하는 철학이 남성 중심의 철학과 분명한 차이가 있음을 제시한다. 이런 점에서 이 책은 김일엽의 철학을 삶의 경험에 근거한 '서사 철학narrative philosophy'으로 특징지으며, 삶의 경험과 서사 철학의 성격을 기존 철학의 특징인 개념화, 이론화와 구별한다. 나아가 이러한 차이는 동양철학과 서양철학의 차이에도 적용될 수 있다고 주장하는 것이 이 책의 논지 중 하나이다.

처음에 필자는 김일엽의 불교를 살펴봄으로써 근대 한국 불교 철학을 연구하겠다는 의도로 김일엽에 관해 책을 쓰기 시작했다. 하지만 여러 해 동안 이 책을 쓰면서 결국 지금 독자의 손에 있는 책의 형태로 서술 방식을 바꾸지 않을 수 없었다. 지금부터 독자들은 이 책에서 김일엽의 삶의 모습을 하나하나 만나게 될 것이다. 그에 앞서 아주 간단히 김일엽이라는 인물을 소개하고자 한다. 김일엽은 개신교 목사인 아버지와 절실한 기독교인 어머니 밑에서 자랐다. 1920년대에는 신여성 운동의 선봉에 선, 한국 여성운동의 1세대였으며, 근대 한국 문학사에서는 1세대 여류작가였다. 1933년 출가한 뒤부터 20세기 중반까지는 한국의 비구니 사회는 물론 일반 여성들에게 큰 영향을 끼친 선사禪師로도 유명했다. 김일엽의 본명은 김원주金元周이다. 일엽은 아호雅號이지만 승려가 된 뒤에도 법명으로 계속 사용했다. 이 책에서도 관례에 따라 본명 대신 '일엽'이라는 호칭을 사용할 것이다.

김일엽은 파노라마와 같은 삶을 살았다. 그래서 그 삶의 매 장면을 제대로 해석하기 위해서는 단계마다 다른 성격의 연구와 서술 방식이 필요했다. 그녀의 다채로웠던 삶과 글, 철학에 드러나는 독특한 성향과 스타일 때문에 기존의 학문 분류로 그녀의 사상과 삶을 정리하는 데는 한계가 있었다. 결국 김일엽의 삶과 사상을 제대로 보여줄 수 있는 최선의 방법은 기존의 학문과 철학의 범주에 얽매이지 않고 김일엽이 살아온 삶, 그녀가 쓴 글을 통해 김일엽을 있는 그대로 보여주는 것이라고 생각했다. 그러기 위해 이 책에서 선택한 방법은 김일엽의 삶의 발자취를 처음부터 끝까지 짚어보고, 그 과정에서 만나는 다양한 문제를 검토하는 것이다. '김일엽 평전' 형식의 이 책은 그녀의 삶에서 일어난 각각의 사건을 보여줄 뿐만 아니라, 그 사건과 사건의 배경에 있는 사상을 통해 우리가 생각해보지 않을 수 없는 문제들에도 역시 중점을 두었다. 그런 점에서 이 책은 김일엽에 '대한' 책인 동시에, 독자가 김일엽과 '함께' 생각해보기를 원하는 실험적 글쓰기이기도 하다.

언뜻 보면 김일엽의 삶에는 상호모순적으로 보이는 국면이 많다. 그러나 필자가 이미 출판한 연구물에서 주장하였듯이,[1] 우리는 김일엽의 글에서 다양한 문제를 관통하는 하나의 주제를 발견할 수 있다. 필자는 그 주제를 '자아와 자유'의 추구라고 정의했다. 신여성으로서 김일엽의 자아와 자유의 추구는 그녀가 사회운동가의 길을 걷도록 만들었다. 이 단계에서 김일엽은 자아와 자유의 추구가 자신이 속한 사회에 내재하는 성차별 문제에

김일엽, 한 여성의 실존적 삶과 불교철학

도전하는 방법으로 해결될 수 있다고 믿었다. 그러나 그녀는 곧 자신의 자유를 억압하는 더 근본적인 원인에 눈길을 돌렸고, 불교와의 만남을 통해 삶의 실존적인 차원을 탐구했다.

김일엽이 신여성으로서, 또한 승려로서 제기한 여러 질문은 김일엽이라는 한 개인에게 국한된 문제가 아니다. 그 문제들은 오늘날 불교철학자들과 비교철학자들 역시 실존적 '삶의 철학life philosophy'이라는 범주 안에서 다루는 문제이다. 앞으로 이 문제들을 이 책의 각 장에서 하나하나 짚어나갈 것이다.

여성과 불교철학

불교를 비롯한 세계 주요 종교에서 '여성을 어떻게 다루었는가?' 하는 주제는 1980년대 중반부터 점차 미국 종교학계 학자들의 관심을 끌었다. 불교학의 경우 그 첫 단계로 불교사에서 여성의 이미지와 위치가 연구되었다.[2] 전 세계의 주요 종교는 예외 없이 성차별로 얼룩진 역사를 보였다. 세계 종교사에서 여성들은 주변인으로 자리매김되었고, 인류가 타락하는 원인이라는 취급까지 받았다.[3] 불교도 이러한 역사에서 예외는 아니었다.

그러나 불교의 기본 세계관을 생각하면, 불교 전통은 여성 문제를 이해하는 데 몇 가지 독특한 상황을 안고 있다. 첫째, 불교의 세계관은 이 세상에 영원불변하는 본질을 가진 것은 하나도 없다는 주장에 근거한다. 그렇다면 성차별이라는 본질주의적 관점은 불교의 기본 세계관과 이론적으로 모순된다. 둘째, 설령 불교가 그 시작부터 여성을 남성보다 열등한 존재로 여기고 남녀 수행자들을 다르게 취급했다 할지라도, 부처가 불교 창시 후 곧이어 여성들에게 출가의 기회를 부여한 것 역시 사실이다. 불교는 가정 이외에 자신의 존재를 내세울 곳이 없던 여성들에게 가정에서 벗어나 종교 수행자의 삶을 살 수 있는 길을 열어놓았다.[4]

여성에 관한 연구가 진척됨에 따라 학자들은 불교 이론이나 불교 수행 현실에서 이루어진 성차별 사례를 계속해서 찾고 연구할 뿐 아니라, 성차별 문제에 대한 긍정적인 해결책 역시 모색했다. 그런 맥락에서 미국의 저명한 페미니스트 불교학자 리타 그로스Rita Gross(1943-2015)가 젠더 문제와 관련해서 불교의 '평가 복원revalorization'이라고 부른 연구 작업은 중요한 성과라고 볼 수 있다. 리타 그로스는 아무리 가부장적인 종교 전통이라도 그 궁극적인 가르침을 살펴보면 여성주의적 입장에서 평가를 새롭게 복원할 수 없을 정도로 가부장적인 전통은 없다고 말한다. 이런 맥락에서 오늘날의 학자들과 불교수행자들은 불교가 어떻게 여성 문제를 다루었는지 지속해서 연구하고 있다.[5]

이 책의 중심 주제를 '여성과 불교철학'으로 내세운 이유는, 이 책이 불교와 여성의 관계를 연구하는 것 이외에 또 다른 목표가 있기 때문이다. 그중 하나는 삶의 의미와 가치를 '생산'하는 방식에서 불교와 여성이 공유하는 점을 살펴보는 것이다. 불교는 분명 실존적인 의미와 가치를 창출해내는 독특한 방법을 가르치고, 여성들이(물론 남성들도) 불교의 지혜를 일상에서 실천하면서 불교적인 가치를 이룰 수 있도록 특유의 가르침을 주기 때문이다.

저명한 프랑스 철학자 자크 데리다Jacques Derrida(1930-2004)의 전기를 쓴 어떤 작가는, 젊은 시절의 데리다가 '저자의 삶이 깊이 스며든', 이와 더불어 저자의 '눈물'로 흠뻑 젖은 글을 좋아했다고 말한 바 있다.[6] 작가는 그런 저자들의 예로 성 아우구스티누스St. Augustine(354-430), 장 자크 루소Jean-Jacques Rousseau(1712-1778), 프리드리히 니체Friedrich Nietzsche(1844-1900) 등의 철학자를 꼽았다. 이들은 모두 '나는 누구인가?'라는 실존적 질문을 세계와 인간 존재의 본질에 관한 의문과 결합해 고백적 서술 양식으로 글을 썼다.

김일엽의 글도 마찬가지이다. 그녀가 불교 사상이나 불교가 우리의 삶에서 차지하는 의미에 관해 이야기할 때, 김일엽의 글은 분명 위에서 데리다의 전기 작가가 언급한 철학자들의 글쓰기 양식과 견줄 만하다. 김일엽의 글 역시 고백적 양식을 띠고 그녀의 삶이 완전히 녹아있다. 그래서 김일엽의 글에서 내적 자아에 관한 개인의 삶을 향한 질문은 삶의 의미에 대한 추구와 전반적인 철학적 질문과 깊게 얽혀 있다.

일엽의 생애와 그녀의 작품을 하나하나 추적해가면서 우리는 같은 사건이나 이론이 어떤 맥락에서 보느냐에 따라 아주 다른 의미가 있음을 알게 될 것이다. 한 사람의 삶에서 일어난 일들과 생각을 그 사람이 살아낸 삶 속에서 살펴보면, 우리는 옳다 그르다 하는 판단을 앞세우는 사고방식을 넘어, 삶에 기반을 두고 이해하는 사고방식을 발전시키게 된다. 한 사람의 삶을 우리가 속한 사회의 규범으로 비판하기 전에, 한 사람이 살아낸 삶으로 먼저 이해해야 하기 때문이다.

김일엽의 생애에 관한 연구들은 대체로 신여성으로서 역할과 승려가 되기 전의 자유분방한 생활방식에 집중됐다. 그 연구들은 본의든 아니든, 그녀의 삶을 흥밋거리로 만드는 부산물을 형성하였고, 김일엽을 비롯한 여러 신여성에 대한 부정적 관념을 고착시켰다. 《김일엽, 한 여성의 실존적 삶과 불교철학》은 그와 같은 판단 중심의 접근을 넘어, 김일엽의 인생사와 그녀의 삶이 우리에게 제시하는 존재에 관한 문제를 추적하면서 우리가 어떻게 삶의 의미를 찾아내는지 살펴볼 것이다.

우리는 하루하루의 삶에서 겉으로 보기에는 아무 관련 없어 보이는 다양한 사건을 접한다. 우리는 무엇에 근거해서 그렇게 각각 다른 사건에 의미를 부여하는지, 그 대부분은 분명하지 않다. 다양한 일상사의 경험에서 우리가 어떻게 삶에 대해 하나의 통일된 의미를 이끌어내는지, 그것을 알기는 한층 더 어렵다.

김일엽의 저작들, 특히 그녀가 말년에 출간한 마지막 세 권의 책은 삶의 의미와 가치가 우리에게 주어지는 것이 아니라, 살아가면서 자신의 존재를 이해하려 노력하는 과정에서 창조되는 것이라고 이야기한다.

삶의 경험, 불교철학과 동서 비교철학

철학으로서 불교는 어떤 특징이 있을까? 불교철학의 다양한 면 가운데 우리 삶의 경험에 중요성을 부여하고, 그 삶에 일관성 있는 의미를 부여하려는 우리의 노력을 최우선으로 하는 것을 '철학'으로서의 불교의 한 특징이라고 말할 수 있다. 일부 학자들은 붓다가 철학을 배척했다고 주장해왔다. 그 근거로 자주 등장하는 것이 부처가 영원성의 유무有無와 같은 '형이상학적' 문제에 대해 열 가지 질문을 받았을 때, 그에 대해 논의하기를 거부하고 침묵을 지켰다는 기록이다. 부처는 침묵을 통해 불교 수행의 유일한 목적이 '사람들을 고통에서 구해내는 것'이며, 관념적인 논의는 불교의 주요 관심사가 아니라고 주장한 것이다.

부처는 형이상학적 혹은 이론적 논쟁에 관여하기를 거부했다. 하지만 이것이 부처가 철학적 사고의 가치 자체를 부정했다는 의미는 아니다. 부처는 오히려 특정한 유형의 철학을 비판하는 태도를 취하여, 또 다른 철학적 사유 방식을 제시했다고 할 수 있다. 부처의 철학은 적어도 두 가지의 기본적인 방향성을 보여준다. 첫째는 세계와 존재에 대한 비실체적nonsubstential인 이해 방식이다. 불교적 세계관은 세상에 불변하는 실체essence를 가진 것은 하나도 없으며, 존재하는 모든 것은 원인과 조건의 결합으로 형성된다고 주장한다. 불교철학의 두 번째 특징은 첫 번째와 관련이 있다. 철학이란 정형화된 이론에 근거하는 것이 아니라, 삶의 경험과 끊임없이 변화하는 인간 존재의 현실에 바탕을 두어야 한다는 것이다.

철학은 그 자체를 삶의 현장이나 '이야기'와 구별했다. 그러기 위해 관념을 탐구하고, 삶에 감춰진 보편성을 드러내며, 일상의 자질구레한 일들과 개별적인 것들과는 거리를 두고자 했다. 이와 같이 철학을 이해할 때, 철학은 '진리(로고스logos)'를 탐구하는 것이며, '이야기(뮈토스mythos)'를 추구하는 것은 철학이 아니라고 주장한 것이다. 진리는 변화하지 않는 보편적인 것이지만, 삶의 경험은 항상 변화하기 때문이다. 이런 맥락에서 서구 철학은 오랫동안 이야기(뮈토스)의 반대인 진리(로고스)를 철학과 동일시해왔다.

그러나 프랑스 철학자 필립 라쿠-라바르트Philippe Lacoue-Labarthe(1940-2007)는 그의 책《철학의 주제Le sujet de la philosophie》(1979)에서 "만일 진리(로고스)가 이야기(뮈토스)라면?"이라고 물었다. 즉 진리(로고스)는 인간이 만든 신화이기에 이미 이야기(뮈토스)이며, 그와 동시에 이야기(뮈토스)는 항상 진리(로고스)를 포함한다는 것이다.[7]

삶의 현장과 이야기가 철학의 대상이 될 자격이 없는 것으로 취급받은 것처럼, 여성뿐만 아니라 불교를 포함한 비서구권의 종교와 철학도 이런 차별을 받아왔다. 철학은 인문학과 사회과학 중에서 남성 지배 성향이 가장 두드러진 학문 분야이다. 서구 학계에서 비서구권 철학과 종교는 여전히 '철학'이나 '종교'로 인정받는 데 어려움을 겪고 있다.

이와 같은 차별의 역사에 주목하며, 이 책은 특정 주제만이 철학의 주제로서 자격이 있다는 주장, 세계의 특정 지역만이 철학을 할 수 있다는 주장, 특정 성별만이 철학을 사유할 능력이 있다는 주장 등 지난 수백 년간의 전통을 재검토하고자 한다. 이 작업을 통하여 《김일엽, 한 여성의 실존적 삶과 불교철학》은 이론만이 아니라 삶의 현장에서 얻은 주제도, 논리적인 글쓰기뿐 아니라 이야기(뮈토스)도, 남성뿐 아니라 여성도, 서구뿐 아니라 동양역시 우리의 철학하기에 풍요로운 원천을 제공하며, 나아가 '철학하기'와 '자신을 이해하기'에 새로운 차원을 제공한다는 점을 보이고자 한다.

프랑스의 철학자 모리스 메를로퐁티Maurice Merleau-Ponty(1908-1961)는 1945년에 이미 이런 점을 분명히 밝혔다. 그는 유명한 철학자들의 글을 모은 선집의 서문에서 "철학의 중심지는 모든 곳에 있고 철학의 주변부는 어디에도 없다"[8]라고 쓰고, 그 이유에 대해 "모든 철학을 포괄하는 하나의 철학은 존재하지 않기"[9] 때문이라고 밝혔다.

메를로퐁티 역시 문화적 차이 때문에 어떤 철학이 우리의 전통과는 다른 전통에 기반을 둔다면, 그 철학을 우리가 이해하는 데어려움이 있다는 점을 인정한다. 그러나 그는 철학이 기본적으로 존재에 대한 탐구라면, 문화적 차이 때문에 다른 문화권의 철학을 이해하지 못할 일은 없다고 말한다. 오히려 다른 문화권에 속한 이들의 삶의 경험이 "인간 존재의 관계에 대한 다양한 모습을 보여주어 자기 이해를 더 명확하게 해줄 것"이라고 말한다.[10]

아시아 철학은 서구인이 이해하기 어려울 수 있다. 그 반대로 서구 철학도 비서구인이 이해하기 어려울 수 있다. 하지만 철학이 우리 존재의 의미와 가치를 이해하려는 인간의 노력이라는 시각으로 이질적인 전통에 접근한다면, 그리고 이런 철학의 노력이 삶의 경험에 바탕을 두어야만 한다고 생각한다면, 다른 방식의 '철학하기'는 우리가 우리의 삶을 이해하고, 우리의 삶에서 의미와 가치를 창출하는 다양을 방법을 보여줄 것이다.

프랑스의 고대 철학 연구자 피에르 아도Pierre Hadot(1922-2010)는 철학적 담론이 삶에 대한 우리의 선택과 실존적 가능성에서 생겨나는 것이지, 철학적 담론에서 시작해 우리의 삶과 실존적 선택이 생겨나는 것은 아니[1]라고 밝혔다. 이런 맥락에서 김일엽의 삶과 철학은 삶의 경험과 철학이 어떻게 맞물려 의미와 가치를 낳을 수 있는지 보여주는 좋은 예가 된다. 이 점은 김일엽의 삶과 글 전체를 통해서 입증된다.

이와 같은 점을 고려하면, 이 책《김일엽, 한 여성의 실존적 삶과 불교철학》은 몇 가지 층위가 다른 주제를 포함한다. 첫 번째 층위에서 볼 때 이 책은 한국의 1세대 여성주의자이면서 작가이고, 승려이기도 한 김일엽에 관한 평전이다. 이 책의 각 장은 김일엽의 삶과 사상의 전개 과정을 연대순으로 다룬다.

두 번째 층위에서 보면, 이 책은 우리가 삶의 경험을 통해서 정체성과 의미와 가치를 어떻게 창출해내는지 탐구한다. 김일엽은 근 대부분에서 사적인 경험을 주요 소개로 삼아 살아가는 동안 일어난 사건들의 세밀한 내용을 자세히 서술했다. 우리는 김일엽의 이야기를 따라가면서 우리가 일상이라고 부르는 적나라한 경험에서 어떻게 의미를 도출해내는지 살펴볼 수 있다.

세 번째 층위에서 이 책은 여성들의 '철학하기'가 우리에게 익숙한 가부장적 철학과는 다른 형식을 취한다는 사실을 입증하기 위한 노력이다. 필자는 이런 유형의 철학적 사유방식을 '서사 철학narrative philosophy'으로 정의했다. 즉 이론화나 추상화에 중심을 두는 대신 우리의 일상 경험에 관한 서술적 담론을 통한 '철학하기'라는 의미이다.

한발 더 나아가면, 이 책은 매일 반복되는 일상에서 우리가 어떻게 의미를 창출하는지 살펴보려는 '의미 생산production of meaning'에 관한 연구이기도 하다. 우리는 주로 의미를 생산하는 것이 아니라 주어지는 것으로 생각한다. 그런 선입견 때문에 대체로 '의미'와 '생산'이라는 용어를 함께 사용하지 않는다. 하지만 의미가 '주어지는 것'이라는 우리의 사고방식은 재고찰할 필요가 있다. 우리는 개개인이 삶의 의미를 어떻게 '생산'해내는지 검토해야 하고, 그 생산을 위한 조건과 필요 사항을 정의해야 한다.

책의 구조와 내용 요약

《김일엽, 한 여성의 실존적 삶과 불교철학》은 1부와 2부로 나뉜다. 1부는 김일엽이 1933년에 출가하기 전까지 생애를 다룬다. 이 시기에 김일엽은 기독교 신자인 부모 아래서 태어나 한국과 일본에서 교육을 받았다. 그런 성장 과정을 거쳐 그녀는 신여성 운동의 대표적인 인물이자 한국의 1세대 페미니스트에 속하는 인물이 되었다. 김일엽은 문학잡지를 비롯해, 나중에는 불교신문에도 글을 기고했다. 그 과정에서 점차 기독교에 대한 믿음을 잃었고, 불교 수행에 발길을 들여놓았다.

2부는 김일엽이 출가한 1933년부터 사망한 1971년까지의 생애를 다룬다. 이 시기에 일엽은 한국 비구니의 대표적 인물이 되었다. 그녀는 출가한 이후 20년 동안, 스승 만공滿空 선사(1871-1946)의 가르침에 따라 펜을 들지 않았다. 1960년대에 이르러서야 다시 문학계로 돌아와 자신의 삶과 불교철학에 관해 세 권의 책을 썼다.

그래서 1부는 주로 문학비평, 여성학, 역사, 동양학 연구의 렌즈를 통해서 일엽의 작품을 살펴보고 일엽의 삶에 관해 상세한 정보를 제공한다. 아울러 다양한 인물과 사건, 그녀의 삶과 연결된 문제들을 다루는 내용으로 이루어진다. 2부는 철학이자 종교로서 일엽의 불교에 관해 다룬다.

이어서 독자들이 책의 내용을 짐작할 수 있도록 각 장의 내용을 요약하려 한다. 각기 관심사가 다른 독자들이 이 안내를 통해 자신의 관심사와 가장 가까운 장들을 찾아낼 수 있을 것이다. 또한 그 밖의 장들이 독자의 주요 관심 영역과 어떤 관련이 있는지 쉽게 파악할 수 있을 것이다.

1장 '빛과 어둠 사이(1896-1920)'는 일엽의 어린 시절과 청춘기를 다룬다. 이에 관해서는 일엽이 말년에 출간한 책들에 잘 나와 있다. 이 시기 일엽은 한국의 진보적 여성들과 20세기 한국 사회 전체에 역사적인 업적을 남겼다. 지적인 작가이자 이야기꾼으로서 탁월한 소통 능력을 지닌 김일엽은 한국에서는 물론 일본에 있던 한국 지식인들에게도 영향을 미쳤다.

그러나 유명인으로 사는 화려한 삶의 이면에 그늘이 도사리고 있었다. 일엽의 성공과 업적 뒤에는 삶의 불행과 비극이 얼룩져 있었다. 일엽의 시, 단편, 수필에 드러난 죽음의 부조리와 무상無常은 일엽의 세계관과 인간관 그리고 그녀가 사회개혁 운동에 참여하는 데 역시 영향을 미쳤다.

기독교 가정의 환경과 여성 교육에 진보적인 이상을 가진 어머니 덕에 일엽은 학구적인 삶을 살 수 있었다. 하지만 동시에 비탄으로 얼룩진 삶이기도 했다. 일엽은 이미 어린 나이에 자신이 돌봐주던 어린 여동생들의 연이은 죽음과 갓 태어난 남동생의 죽음을 겪었다. 그녀의 작품에는 식구들의 죽음과 그들의 죽음에 얽힌 무거운 죄책감이 반영되었다. 일엽의 작품에서 우리는 세련된 사회 개혁가로서 일엽과 삶의 부조리를 겪은 희생자로서 일엽, 그 사이 어딘가 서 있는 그녀를 만나게 된다.

일엽은 한국 여성해방운동의 선두에 선 인물이다. 일본 여류 지식인들의 활동에 힘입고, 남편의 재정후원을 받아, 김일엽은

1920년 여성잡지 〈신여자新女子〉를 창간했다. 과연 이 잡지가 '엘리트 계층' 너머까지 영향을 미쳤는지 논란의 여지가 있지만, 여전히 20세기 초 한국의 진보적 시민사회의 중요한 지표로 남아있다. 일엽은 세상에 발표한 글로 명성뿐 아니라 부정적 평가도 받았다. 그러나 일엽의 글은 여성 독자들이 주체적으로 생각하고 전통적인 성 역할의 속박과 이데올로기를 거부할 수 있게 해주었다.

신여성 운동은 다양한 모습을 포함한다. 1장은 그 역동적 모습 중 관점에 따라 세 갈래의 신여성을 소개한다. 첫 번째 관점은 여성들의 자유에서 개인주의를 강조하는 자유주의 신여성의 시각으로, 김일엽도 이 갈래에 속한다. 두 번째는 마르크스주의 사회이론의 영향을 받은 사회주의의 관점이고, 세 번째는 한국 민족의 복리를 개인적인 야망보다 우선시하는 보수적 가치를 강조하는 민족주의의 시각이다. 일엽과 신여성 대부분은 평등, 여성 권리와 여성의 자주성 인정, 성차별의 종식 등을 추구했다.

1장이 독자들에게 김일엽과 20세기 초에 성평등을 요구한 진보적인 신여성 운동을 소개하는 데 초점을 맞췄다면, 2장 '보는 것과 보여지는 것(1918-1927)'은 당시 한국에서 특히 유명한 신여성이면서 자유주의자이던 세 여성의 삶을 제시하고, 대중이 그들을 어떻게 인식했는지 살펴본다. 또한 그들의 공동 목표와 활동을 세계적 신여성 운동의 맥락에서도 비춰본다.

〈신여자〉를 통해 일엽은 지식인이자 작가로 전국에 알려졌지만, 역설적으로 재정과 안전을 여전히 남편에게 의존해야 하는 형편이었다. 그래서 일엽의 남편이 재정적인 부담을 더 이상 감당할 수 없게 되자 잡지는 폐간되었다.

이 무렵 일엽의 글 중 그녀가 '신新 정조론貞操論'이라고 이름 붙인 주제가 세간에 알려졌다. 일엽은 신 정조론을 통해 정조와 순결 같은 전통적인 개념을 완전히 무시해야 한다고 주장하지는 않았다. 일엽은 여성들이 그들에게 강요되는 가치를 수동적으로 받아들이지만 말고 여성다움을 적극적으로 옹호하는 자세를 취해야 한다고 강조했다. 남자들은 그들이 하고 싶은 대로 다 해도 되지만, 여자들은 성과 관련해서 표현하는 것조차 수치스러워해야 하는, 성적 자유에 관한 케케묵은 이중 잣대를 폭로하고 그 부당성을 강조했다. 이런 이중 잣대야말로 명백한 성차별이라고 그녀는 주장했다.

일엽의 신 정조론은 성적 문란함이 아니라 여성의 자주적 결정권, 자율성, 평등에 초점을 두었다. 그러나 그런 개념은 시대를 앞서가는 것이었고, 보수적인 한국 사회에서 혹독한 비판의 표적이 되었다. 신여성들이 본격적으로 전통에 맞서자 그들의 삶은 험난한 파고에 휩쓸렸다.

2장은 자유주의 성향을 지닌 세 명의 신여성 김일엽, 나혜석(한국 최초의 여성 서양화가), 김명순(한국 근대문학 최초의 여성 작가)이 겪은 참혹한 처지를 비교한다. 세 여성은 모두 남자와의 관계 때문에 결국 경제적으로 어려워지거나 정신적으로 상처를 입었다.

어떤 이들은 그들의 자유분방한 행동이 불행을 야기했다고 말할지도 모른다. 자유주의 신여성들의 비극적 삶과 죽음은 그들의 고삐 풀린 생활 방식과 성적 방종이 낳은 결과로 해석되었고, 그들은 보수적인 한국 사회에서 비웃음을 받았다.

그러나 해방을 이루고자 했던 여성들의 노력은 그들이 속한 사회가 가부장제 사회임을 알려주는 징후였다. 그들은 여성을 조직적으로 폄훼하고, 독립적으로 삶을 꾸려나가려는 시도를 소외시켜버린 가부장제 사회구조의 희생자였다.

신여성의 등장은 한국만이 아니라, 전 세계적인 현상이었다. 일엽은 일본 신여성들의 영향을 받은 것이 분명했으며, 미국에서도 신여성 운동은 사회에 적지 않은 영향을 미쳤다. 일엽은 일본의 급진적인 페미니즘 잡지 〈세이토青鞜〉의 이름을 딴 청탑회라는 여성운동 그룹을 결성하기도 했다.

미국의 화가 찰스 데이나 깁슨Charles Dana Gibson(1867-1944)은 전통적 역할에 순응하지 않고 가부장제에 도전하는 독자적인 여성상을 그렸다. 당대의 아이콘인 '깁슨 걸Gibson Girl'은 미국의 상황이 한국의 진보적인 여성들이 겪은 참상과 얼마나 달랐는지 잘 보여준다. 미국의 신여성들은 신세계의 진보적인 사회를 반영하는 존재들이었다. 반면에 한국의 주류 사회는 여전히 낡은 전통을 고수했고, 신여성들은 방종하다는 비난을 받았다.

모든 반란은 그와 반대되는 부분을 품고 있다. 하나의 혁명이 완수되면 그것은 일반적인 것이 되고 사회구조의 일부가 된다.

신여성의 삶을 살면서 일엽은 수백 년 묵은 전통적인 젠더 이데올로기에 도전하지만 자신의 사회적 반란이 지닌 한계를 서서히 깨달았다. 3장 '반란의 의미와 무의미(1924-1927)'는 일엽이 사회적 반란에서 실존적 불교로 넘어가는 과정을 다룬다.

일엽의 사상과 신여성 활동의 철학적 배경을 이해하려면 스웨덴의 여성운동가 엘렌 케이Ellen Key(1849-1926)가 미친 영향력을 살펴야 한다. 케이는 1880년대 미국과 1910년대 일본, 1920년대 한국 등지의 신여성들이 결혼·성性·사랑·모성·육아에 대한 관심과 더불어 여성해방과 여성의 권리에 관한 시각의 틀을 형성하는 데 큰 영향을 미쳤다. 케이는 사회 진화론과 개인의 자유 이념을 지지하면서, 결혼이 번식만을 위한 제도가 아니며, 서로 사랑하는 두 사람의 화합으로 이루어져야 한다고 주장했다. 그녀는 사랑 없이 결혼생활을 유지하는 것은 비윤리적일 뿐 아니라, 자녀교육에도 해로운 환경을 조장하여 인류에 피해를 끼친다고 주장했다.

일엽을 포함한 한국 신여성들은 케이의 사회진화론적 주장을 받아들이지 않았다. 이들의 가장 중요한 목표는 '자유연애'와 '자유이혼'이었다. 한국 신여성들은 이 개념들을 여성해방과 주체적인 삶의 표본으로 내세웠다.

그와 같은 철학적 배경에도 일엽은 여성운동의 한계를 느끼고 자신의 정체성과 자유를 표현할 수 있는 새로운 길을 모색했다. 개인의 정체성과 집단의식이 더 이상 일치할 수 없다면, 그리고 한 개인의 윤리가 사회가 주장하는 윤리와 더는 조화롭게 양립할 수 없다면, 그 사람은 집단에서 벗어나 자주적 결정에 대한 자신의 권리를 주장하지 않을 수 없다.

일엽은 여성에 대한 사회의 요구와 기대에 항변하며, 신여성들에게 그녀가 '신新 개인주의個人主義'라고 부른 것을 받아들이라고 권했다. 일엽은 우리 안에 순수하지 않은 직감을 만들어내는 집단의식과는 달리, 고독에 대한 개인의 자각은 절대적으로 순수하다고 이야기했다. 그런 자아에 초점을 맞추고 발달시키면, 개인은 집단에서 소외감을 느낄 필요 없이, 자신의 참된 자아와 합일할 수 있다고 했다.

일엽은 자신의 관점을 급격하게 바꾸면서, 과거에 자신이 속한 모든 환경에서 벗어날 것이라 선언했다. 개인주의에 대한 강조는 여성해방과 자유를 추구하는 일엽의 사상에 패러다임의 전환을 일으켰다. 이는 또 일엽의 세계관이 사회적이고 세속적인 것에서 종교적인 것으로 전환했음을 뜻했다.

일엽의 삶의 두 국면, 즉 작가이자 여성운동가로서 일엽과 승려로서 일엽은 한 가지 일관된 주제를 보여준다. 바로 자유에 대한 끈질긴 추구이다. 그녀가 출가한 뒤 30년에 가까운 침묵을 깨고 펴낸《어느 수도인의 회상》(1960)은 이러한 추구의 과정을 자세히 이야기한다.

4장 '나를 상실한 나(1927-1935)'는 적극적인 사회운동가에서 한국의 대표적인 불교 사상가로 변모하는 일엽의 여정을 담는다. 일엽이 불교를 만난 이야기와 더불어 한국불교의 간략한 역사를 살펴본다. 일엽이 비구니로 수행하는 맥락을 이해하는 데 한국 불교사는 중요하다. 한국 선불교의 특징과 역사는 일엽이 하는 수행의 유형을 잘 설명하기 때문이다.

한국불교에서 여성의 지위는 비구니를 위한 승원 교육과 수행 전통을 마련할 때, 일엽이 어떤 역할을 했는지를 입증한다. 그리고 한국의 근대 불교개혁운동은 일엽 같은 일반 불자가 어떻게 자신의 수행에 깊이를 더하고 마침내 한국 불교계의 주요 인물이 될 수 있었는지를 설명한다.

김일엽이 불교를 처음 접한 것은 그녀가 만공 선사의 법문을 듣고 깊은 인상을 받았다고 하는 1923년까지 거슬러 올라갈 수도 있다. 그러나 일엽이 설사 그 법회에 참석했다고 해도, 그때 정황을 자세히 전하는 자료는 없다. 그렇게 보면, 일엽이 불문에 발을 내디딘 정확한 시작점은 그녀가 월간지 〈불교〉와 관련을 맺은 때로 보인다. 일엽은 불교 수행자들과 불교계 지식인들을 만나면서 불교를 이단이자 거짓이라고 생각한 기독교적인 편견에서 벗어났다. 일엽은 불교의 진면모를 점차 이해하면서 불교의 가르침이 "나 혼자만이 아니라, 온 세상 온 우주까지도 구원할 수 있으리라"[12]라고 느꼈다

이 시기 일엽은 자신이 불교에 관심을 가지고 공부하도록 도와준 두 사람을 만났다. 한 사람은 〈불교신문〉 사장 백성욱白性郁(1897-1981)이고, 또 한 사람은 월간지 〈불교〉에서 일하는 재가승

在家僧 하윤실河允實이다. 일엽은 백성욱과는 연애를 했고, 하윤실과는 결혼을 했다. 백성욱은 불교에 지식이 깊은 엘리트 승려로, 일엽이 불교철학의 핵심 원리와 종교로서 그 의미를 이해할 수 있는 기반을 확립하게 하고, 불교를 기독교와 비교하면서 공통점을 찾아낼 수 있도록 도와준 듯하다. 일엽은 하윤실과 결혼해 지내는 동안에는 사회에서 재가 수행자로 불교 수행을 할 수 있다고 생각한 것 같다. 그러나 결국 그녀는 출가했다.

승려가 된 김일엽은 13세기에 보조 지눌普照知訥(1158-1210)이 확립해 놓은 한국 선불교 수행법인 화두 참선을 했다. 화두 참선을 하는 수행자는 화두話頭를 들고 수행한다. 수행자가 그 화두를 돌파해야만 비로소 화두 수행은 끝이 난다. 일본의 공안 수행 전통과는 달리 한국의 화두 수행은 스승에게서 단계별로 점검받는 과정은 없다.

경허 성우鏡虛惺牛(1849-1912)는 근대 한국의 참선 전통을 부흥한 주요 인물이다. 일엽이 경허 선사에 관해 언급한 적은 없지만, 경허의 삶은 일엽에게 적어도 두 가지 면에서 직접적인 영향을 미쳤다. 일엽의 화두 참선 방식은 19세기에 경허 선사가 되살려낸 전통이다. 또한 일엽의 스승 만공 선사는 바로 경허의 제자이다.

훗날 일엽은 출가 당시에 느낀 "살고 보자"라는 마음의 절박함을 떠올렸다. 이것은 실존적인 의미의 절박함이었다. 불교 수행을 통해 삶을 살아내야 한다는 필사적인 욕구는 그녀가 불교의 무아론無我論에 관심을 가지게 했다. 불교는 '무아無我'를 주장한

김일엽, 한 여성의 실존적 삶과 불교철학

다. 우리가 '나'라고 부르는 것은 상황에 따라 변화하고 임시적이라는 것이다. 불교에서 볼 때, 우리가 '나'라고 부르는 것은 다양한 요소들의 결합으로 이루어지기에 변함없는 독자적인 본성을 가진 사람은 아무도 없다. 과거, 일엽은 신 개인주의라는 개념을 통해서 외적으로 강요된 의미에 구속받지 않는 정체성을 추구했었다. 이제 불교의 무아 개념을 만난 일엽은 해방된 자아의 좀 더 진화된 형태를 발견하게 되었다.

5장 '화해의 시간: 어느 수도인의 회상(1955-1960)'은 《어느 수도인의 회상》(1960)에 나타나는 일엽의 불교관을 다룬다. 서양철학에서 '모순'은 반드시 풀어내야 하는 논리적 과제이다. 일상에서도 모순은 해소해야 하는 장애이다. 모순에 대한 이러한 일반 개념과 달리, 일엽은 모순을 우리 존재와 우주의 원리라고 이야기했다. 밤과 낮은 우리의 나날의 삶에서 보는 정반대되는 두 부분이다. 삶과 죽음도 마찬가지이다. 하지만 그 양극은 서로 배척하지 않는다. 오히려 공존하며, 서로 포괄하는 삶의 두 측면이다. 우리가 이 세상에 태어나면서, 변화무쌍한 현실에서 유일하게 확실한 것은 죽음뿐이다. 삶은 죽음을 포함하며, 죽음은 삶의 일부이다. 그러나 삶과 죽음이 동일하지 않다는 것 역시 진실이다. 불교는 각각의 개별적 정체성 속에 통합된 양극의 정체성을 '중도中道'라고 부른다. 중도의 개념은 자아의 정체성에 대한 불교의 이해 방식이다.

일엽은 이런 개념을 받아들이면서 '소아小我'와 '대아大我'를 구분했다. '소아' 또는 '작은 자아'는 각 개인에게 고정된 정체성이 있다는 생각 때문에 제한받는 자아이다. '큰 자아[大我]'는 개인의 자아가 그 자체로 완성된 본질이 있지 않음을 깨닫는 자아이다. 불교는 이런 자아를 '무아無我'라고 한다. 이것이 일엽이 말한 '대아'이다. 일엽은 '대아'라는 개념을 통해 여성과 남성 같은 성적 정체성을 비롯한 사회에서 만들어진 다양한 정체성에서 우리가 해방될 수 있다고 생각했다. 불교의 자아는 우리가 인습에 따라 '나'라고 부르는 경계를 허물어버리고, 수행자들에게 열린 자아, 세계의 모든 것과 연결된 자아를 체험하게 한다.

일엽은 불교의 세계관을 '창조성'과 '문화'라는 용어로 특징지었다. 일엽은 부처를 '위대한 문화인'으로 정의했고, 출가자의 불교수행을 문화인이 되는 훈련이라고 말했다.

모순이 존재의 원리라는 개념은 일엽의 기독교 비판, 나아가 기독교와 화해하는 토대가 되었다. 불자가 된 일엽이 기독교를 비판한 근본적인 이유는 기독교의 이원성 때문이었다. 즉 창조주로서 하나님과 피조물로서 인간, 선과 악, 천국과 지옥이라는 이원성이다. 하지만 일엽은 이원론의 양극이 하나가 다른 하나 없이는 존재하지 못한다는 사실을 깨달았다. 존재는 항상, 그리고 필연적으로 반대되는 것들과의 결합체일 수밖에 없다. 일엽은 부처가 부처와 악마의 결합체일 수밖에 없으며, 하나님도 마찬가지라고 주장했다. 일엽이 보기에 이 단계에서 하나님은 창조주가 아니며, 부처와 마찬가지로 모든 생명이 하나같이 갖추고 있는, 우리가 창조성이라고 부르는 능력을 완전하게 구사하는 존재이다.

일엽은《어느 수도인의 회상》에서 불교의 시각으로 기독교를 재해석했다. 하나님, 선과 악, 천국과 지옥 같은 개념과 종교와 종교 수행에 대해 불교의 시각으로 해석하고 분석했다. 이를 통해 각기 다른 종교 철학의 시각(특히 동양과 서양의 각기 다른 종교 전통)이 궁극적 존재, 그런 존재와 인간의 관계, 종교 수행의 의미와 방법을 어떻게 개념화하는지 이해할 수 있다.

일엽의 종교 철학은 당대의 다른 사상가의 종교 철학과 비교할 수 있다. 5장은 일엽의 사상을 19세기 말과 20세기 초 동아시아의 철학과 종교의 맥락에서 살펴본다. 두 명의 근대 일본 철학자, 즉 불교철학자 이노우에 엔료井上円了(1858-1919)와 교토학파京都学派의 다나베 하지메田辺元(1885-1962)를 일엽과 비교하며 동아시아 종교 철학의 관점을 보인다.

신여성과 승려라는, 일엽의 두 가지 삶의 모습이 항상 자연스러운 전개로 이해된 것은 아니다. 일부 학자들은 이 두 모습을 아무 관련 없는 것으로 간주하고, 불교에 귀의한 일엽의 삶은 이전의 삶과는 전혀 다른 삶이라고도 주장한다. 또 다른 학자들은 일엽이 출가하면서, 여성 문제에 참여하기를 포기했으며, 이전의 삶에서 추구하던 신여성의 사명을 배반했다고까지 말한다. 일엽에 대한 이와 같은 비판은 선불교의 사회참여 가능성에 대한 문제와 연결된다.

6장 '여행의 끝: 행복과 불행의 갈피에서(1960-1971)'는 일엽을 비판하는 이들에게 응답하고, 불교와 사회의 관계, 성聖과 속俗의 관계를 살펴본다. 현대 서구의 불교 연구자들은 선불교가 사회적 책임을 저버리고 명상에만 초점을 맞추는 개인주의적인 자세를 보이는 것에 민감하게 반응한다. 그래서 사회 구성원으로서 불자들의 책임을 우려하는 입장에 반응하여 등장한 것이 '참여불교Engaged Buddhism'이다.

근대 한국불교에서는 식민주의, 군사 독재, 급속한 경제 발전의 부작용 같은 문제들과 맞부딪치며 수행자들이 참여불교의 한 형태를 발전시키기도 했다. 한국불교는 사회문제에 대응하는 청사진을 보여주면서 불교와 현대 세계의 긴밀한 관련성을 강조하려고 애썼다.

불교가 사회참여에 적극적이지는 않았다는 점은 인정하더라도 일엽이 출가 후 여성 문제에 참여를 포기했다는 비판은 오늘날 세속 사회에서 종교 수행과 성스러움이 그 가치를 잃었음을 그대로 보여주는 것이다. 사회참여는 대체로 가시적이고 실체적인 형태로 드러날 때만 측정할 수 있다고 생각하기 때문이다. 필자는 일엽이 의도하든 안 하든, 여성 문제에 대한 일엽의 입장과 비판에 대한 그녀의 응답이 1960년대에 출간한 책들에 이미 나와 있다고 본다.

1960년대 일엽이 자신의 책을 발간할 무렵, 일엽은 한국 비구니 사회에서 존경받는 선승이었고, 한국 사회의 저명인사였다.

일엽은 자신의 저작을 통해 독자들에게 불교의 가르침을 전하고 자 했다. 한편으로 이것은 불교 교리나 종교 수행에 관한 솔직한 담론을 통해서 이루어졌다. 그러나 일엽은 불교에 관해 논의할 때, 대부분의 경우 자신의 자전적인 이야기 속에 그 논의를 포함 했다. 이런 이야기의 상당수는 예전에 일엽이 교제한 연애 상대 들과 친밀한 관계를 술회하는 내용으로 이루어졌다. 확고한 지 위에 있는 승려가 자신의 연애 관계, 타 종교와 얽힌 문제, 외로 움과 절망감에 관해 진솔하게 토로하는 것을 들을 기회는 많지 않다.

6장에서 우리는 일엽 특유의 철학적 사유 방식이 어떻게 '서사 철학'으로 나타나는지 볼 수 있다. 일엽의 글은 언어로 삶을 기억 하는 일엽 나름의 방식이자, 의미와 자아를 추구하는 행위였다. 일엽은 책에서 자신의 인생사를 이야기하며 한 여성의 삶을 선 연하게 드러냈다. 일엽의 글은 그녀의 삶과 다른 여성들의 삶에 대한 증언이며, 여성의 삶이 가부장제 사회에서 함부로 쓰고 버 리거나 쉽게 잊을 수 있는 부품 같은 것이 아님을 보여준다.

일엽에게 글쓰기는 여성 문제에 참여하고, 우리의 삶과 존재를 기억하는 나름의 방식이었다. 일엽의 글은 독립적인 존재로 산 다는 것이 무엇인지에 대한 증언이다. 일엽의 마지막 책《행복과 불행의 갈피에서》는 여성들의 삶과 투쟁, 불교의 가르침이 어떻 게 상호작용하는지 잘 보여준다.

여성과 불교철학은 어떤 공통점이 있을까? 여성과 불교철학의 관계와 일엽의 불교를 설명할 만한 철학적 패러다임은 무엇인가? 7장 '살아낸 삶: 여성과 불교철학'은 이런 질문들에 답한다. 그리고 이것을 통해 젠더, 내러티브(서사), 불교, 철학, 의미 창조가 한데 어우러진 일엽의 삶이 남긴 유산에 관해 깊이 생각해볼 기회를 부여한다.

서구 학계에서 동양철학이 여전히 주변부의 위치에 머무는 것은 공공연한 사실이다. 학계 안팎의 가부장적 체제에서 여성이 차지하는 위치도 마찬가지이다. 여성과 불교철학이라는 두 주제를 함께 놓으면 우리는 이중적 주변인의 입장을 만난다. 이런 점에서 불교철학을 하는 여성은 학문의 영역이나 개인의 삶에서 모두 성차별과 철학적 차별을 동시에 직면해야 한다. 그 둘의 주변부적 위치는 우리에게 철학적 사유가 얼마나 권력 구조와 연결되어 있는지 재인식시킨다.

자크 데리다는 자신의 철학 근간이 그가 열한 살 때 소외당한 경험이었다고 말한 바 있다. 철학의 전통은 철학이 보편적 진리를 추구하는 학문이며, 개인의 삶의 세부 내용은 철학적 사유의 원천이 될 수 없다고 가정한다. 하지만 데리다의 철학은, 철학이 삶의 경험을 바탕으로 해야 하며, 실제로도 그러함을 보여준다. 이처럼 삶의 경험을 표현해야 하는 것이 철학이라면, 마땅히 새로운 유형의 철학이 생겨나야만 한다.

데리다는 해체 철학이라는 작업을 통해서 새로운 유형의 '철학하기'를 보여주었다. 일엽은 가부장제가 주장하는 성 정체성에 근거가 없음을 밝히는 데, 여성들이 불교를 활용할 수 있다고 제시했다. 불교와 일엽의 만남은 여성들이 불교를 접하는 다양한 양상을 보여준다. 일엽의 철학에 나타나는 '철학하기'에서 경험적 측면의 중요성은, 가부장제 사회의 여성과 서양철학이 지배하는 학계에서 동양의 불교철학이 공통으로 가지는 측면이다. 여성철학과 불교철학에서 모두 나타나는 삶의 경험을 중시하는 양상은 우리가 우리 경험을 이해하고 표현하는 방식에 영향을 미친다. 근대 한국불교의 다른 글들과 달리 일엽의 글은 자전적인 이야기체가 주요한 철학적 사유 방식으로 나타난다. 일엽은 1960년대 출간한 세 권의 책에서 자신의 삶과 친구들에 관한 이야기를 통해 불교철학을 논하고, 불교에 대한 새로운 접근법을 창조해내면서 자신의 삶을 이해하고자 했다.

일엽의 삶과 철학을 통해 우리는 여성들이 어떻게 불교를 만나고 또한 철학을 만나는지 살펴볼 수 있다. 필자는 이 책에서 일엽의 철학을 '서사 철학'과 '삶의 철학'으로 규정한다. 그리고 여성의 철학과 불교철학은 '철학하기'의 또 다른 길을 열어준다고 주장한다. 그 길을 통해 우리는 우리의 사유와 존재 방식에, 그리고 이런 방식들을 표현하는 체계화된 틀로서 우리가 철학이라고 부르는 학문 속에 존재하는 권력 구조에 민감한 '철학하기'를 만나게 된다.

차례

1
부

1장

빛과 어둠 사이

(1896-1920)

내 봄에 싹트는 움들과 함께

네 다시 깨어 만난다면이야

언제나 너를 업어

다시는 언니 혼자

가지를 아니하꼬마.

-김일엽, 〈동생의 죽음〉 중에서

동생아, 오 나의 동생아

어린 시절의 기억

인력거를 탄 젊은 여인은 안절부절못하는 것 같다. 인력거꾼은 그런 것에는 전혀 상관하지 않는다. 그는 여름에는 푸르렀을 것이고, 가을에는 붉고 노랬을 것이며, 겨울에는 수정처럼 빛나는 얼음과 눈으로 하얗게 덮였을, 그러나 지금은 황량한 빈 들판을 내달려가고 있다. 인력거 밖의 날씨는 따뜻한 편이겠지만 여인은 그런 걸 느낄 겨를이 없는 듯하다. 인력거가 서고 인력거꾼이 목적지에 다 왔다고 알려주자, 여인은 마음을 차분히 가라앉히려고 애쓴다. 그녀는 인력거에서 뛰어내릴 수도 있었겠지만, 몸이 본인의 뜻대로 움직여주지 않는 것 같다. 뜨악한 기분과 저항감이 일종의 두려움과 뒤얽혀 있었다. 그녀는 심호흡을 한다. 과거와 현재가 서로 겹친 것 같은 순간이었다.

마침내 인력거에서 내려선 여인은 한 얼굴과 마주친다. 친숙하지만 과거에서 온 환영과도 같은 을씨년스러운 얼굴. 그녀 앞에 서 있는 여자의 얼굴은 고통과 가난, 삶의 쓸쓸함을 적나라하게 드러내고 있다. 여인의 아버지가 돌아가신 뒤 자신의 유일한 딸을 키운 계모의 삶이 똑 그랬을 것이다. 계모는 온몸과 마음을 뒤덮은 슬픔에 짓눌린 나머지 여인에게 인사도 제대로 하지 못한다. 여인은 다정한 말 한마디 없이 그저 묻는다. "인주는 어때요?" 나이 든 여자의 목소리는 절망으로 가득 차 있다. "다 죽게 되었다." 여인은 계모의 입에서 나온 그 말을 소화하려고 애쓰기라도 하듯 침을 꿀꺽 삼킨다. 그리고 작은 방으로 들어가 이복 여동생이 죽어가는 현실과 맞닥뜨린다.

이것은 우리에게 김일엽으로 더 잘 알려진 김원주가 쓴 짧은 수필 〈동생의 죽음〉(1920)을 읽을 때 떠올릴 수 있는 장면이다. 일엽은 계모의 편지를 받으면서 느낀 불안감을 표현하는 것으로 이 수필을 시작했다. "나는 친정에서 온 소식은 반드시 기쁘지 못한 것이라는 관념이 내 뇌에 깊이 새겨 있나이다."[1] 그녀는 자신의 판단이 옳았다는 사실을 확인했다. 그녀의 글은 이렇게 이어졌다. "나는 부모도 없나이다. 형제도 없나이다. 친척으로는 계모 한 분이 어린 딸 하나를 데리고 눈물겨운 애달픈 생활을 계속할 뿐이외다."[2]

계모의 편지는 이복 여동생이 죽어간다는 소식을 알려주었다.

일엽은 미칠 듯한 심경으로 서울을 떠나 북쪽에 있는 고향으로 향했다. 그녀가 고향에 도착하자 오랜만에 처음으로 귀향한 터라 마을 사람들이 주위에 몰려왔다. 하지만 이것은 뭘 축하하자는 자리가 아니었다.

그녀는 집 앞마당에서 절망 어린 표정을 짓고 있는 계모와 만났다. 일엽은 물었다. "인주는 어때요?" 계모는 답했다. "다 죽게 되었다." 일엽은 동생이 누워 있는 방으로 뛰어 들어갔다.

그때의 일을 일엽은 이렇게 썼다. "어둠침침한 방에는 이상스런 냄새와 음울하고 쓸쓸한 기운이 가득한데 아랫목 이불 속에 파묻힌 내 동생은 까만 머리만 베개 위로 드러내더이다. 나는 급히 이불을 헤치고 들여다보았나이다. 아아, 나는 더 한층 놀라고 슬퍼하지 않을 수 없었나이다. 어쩌면 그렇게 눈으로 차마 보지 못하리만큼 참혹하고 불쌍하게 되었사오리까. 내 동생의 얼굴인가?"[3]

흡사 "생물학책에 나오는 해골 표본"처럼 보이는 여섯 살짜리 동생의 그 바싹 여윈 모습과 직면했을 때 일엽은 한탄했다. "이 어리고 약하고 순결한 6세의 소녀가 무슨 죄가 그리 많아서 저렇듯 깜찍하고 악착스럽게 만들어 놓았사오리까?"[4]

그날 밤 동생은 죽었다. 이튿날 교회 목사가 주재한 장례식이 열렸다. 장례식이 끝나자마자 일엽은 이제 가난 속에 완전히 홀로 된 계모를 남기고 서울로 돌아왔다. 정거장으로 가는 길에 일엽은 한탄했다. "아, 세상은 왜 이렇게 고르지 못하고 편벽된가!

남들은 부모, 형제, 친척을 두루 갖추어 서로 돕고 사랑하고 위로하고 지내건만. 오직 아무도 없는 이 몸의 한낱 여동생이나마 자라면 형이니 아우니 하고 서로 찾을 것을. 아! 이것이 운명인가요, 팔자인가요? 그렇게 박절하고 야속할 데가 어디 있을까요. 이제 나는 내 고향에는 그리울 사람도 없고 못 잊을 사람도 없고, 생각할 사람도 없나이다."[5]

직계 가족 가운데 마지막으로 하나 남은 이복 여동생이 떠난 뒤 일엽은 이제 이 세상에서 완전히 외톨이가 되었다. 이 수필에 표현된 그 외롭고 쓸쓸한 기분은 오랫동안 그녀의 글에 거듭 나타났다.

김원주金元周는 1896년 6월 9일, 평안남도에서 태어났다. 당시 그녀의 아버지 김용겸金用兼은 교회 목사였고 어머니는 기독교 신자였다. 일엽의 말에 의하면, 그녀의 할아버지는 황해도 개성의 권세 있는 가문 출신이라고 한다. 가세가 점차 기울자 할아버지는 개성 북쪽의 평안도로 이주했으나, 명이 짧은 집안이라 일엽의 할아버지 역시 젊었을 때 사망했다고 한다.

일엽의 아버지는 평판이 좋은 교양 있는 집안의 자손이라 그 역시도 마을 사람들의 존경을 받았다. 일엽은 자기 아버지를 여섯 살 때 이미 천자문을 다 통달한 천재로 기억했다. 아버지는 공부는 많이 했으나 경제적으로는 곤궁했다. 그는 열네 살 때 결혼했지만 스물두 살 때 아내를 잃었다.

일엽의 어머니 이마대李馬大는 부유한 집안 출신으로 열일곱

김일엽, 한 여성의 실존적 삶과 불교철학

살에 그의 후처가 되었다. 이마대는 전통적인 한국 여성은 아니었다. 전통적으로 여자의 일로 여기는 바느질이나 음식 만드는 일에는 별 관심이 없는 대신 장사 수완이 좋았다. 일엽은 어머니에 대해 이렇게 말했다. "어머니는 생존 시에 나를 부도婦道와 여직女職에 대하여는 도무지 가르칠 생각을 하지 않으셨다. 어머니는 나를 여자구실은 안 시키고, 어떤 표준도 없이 그저 남의 집 열 아들 부럽지 않게 세상에서 제일 뛰어난, 여성 아닌 대장부를 만들려는 것이었다."[6]

일엽의 부모는 교육에 남다른 열정을 기울였다. 19세기 말과 20세기 초의 한국에서 여자아이를 교육하는 일은 흔한 일이 아니었다. 일엽의 어머니는 딸을 학교에 보낸다고 마을 사람들이 흉을 보아도 아랑곳하지 않았으며, 딸에게 사내애들 못지않게 제대로 교육받게 하겠다고 단언했다.[7] 일엽의 손상좌 월송은, 일엽이 자신의 세계관을 형성하는 데에 여자아이를 교육하려는 어머니의 비전통적인 태도와 가족사의 영향을 크게 받았음을 자각하고 있었다고 회상했다.[8]

일엽은 어머니의 진보적인 여성 교육관이 기독교에서 비롯된다고 여겼다. "예수교당에 다니신 덕에, 일찍이 개화한 어머니가 여자도 학교에 다니는 일이 있는 줄도 모르던 그 예전에, 나를 학교에 입학시켜 '여학생!' 하고 불리는 자랑스러운 몸이 되게 했다."[9]

일엽은 종교적 확신이 강한 목회자 아버지의 영향을 받아 신실한 기독교인으로 성장했다. 여덟 살에 이미, 앞으로 기독교를 믿지 않는 이들에게 하나님의 말씀을 전하여, 그들이 지옥 불에 떨어지지 않도록 구하는 전도사가 되겠다고 생각했다.[10]

1904년, 일엽은 구세소학교救世小學校에 입학했다.[11] 1906년 무렵 가족이 모두 진남포로 이주했고, 그녀는 진남포에 있는 삼숭 보통여학교에 입학했다.[12] 일엽은 여학교를 졸업한 뒤 서울로 올라가 고등학교 과정에 해당하는 이화학당 중등부(1913-1915)에 들어갔다. 1915년에는 현재의 이화여대에 해당하는 이화학당 대학예과에 들어갔으며 1918년에 그 과정을 마쳤다.

일엽은 경제적으로 여유 없는 집안의 장녀였다. 부모님이 일하러 가시면, 아주 어린 두 여동생을 혼자 보살펴야 했다. 바로 아래 여동생은 일엽이 일곱 살 때 태어났고, 2년 뒤에 그 아래 여동생이 태어났다. 일엽은 그때의 상황을 다음과 같이 썼다.

동생들은 계집아이였다. 갓난아이와 겨우 걸음마를 하는 동생이 었다. 어머님이 일터에 나가시면, 나는 집안에서 동생들과 놀다가 싫증이 날 때, 밖으로 나가지 않고는 못 배겼다. 집 문을 잠궈 놓고 나가 놀아야 하기 때문에 안으로 문을 걸어 잠그고, 아이를 업은 채 개구멍을 빠져 나오기에 진땀을 빼기도 했다. 밖으로 나온 나는 동네 서쪽의 정자나무 밑으로 가서, 시간을 보내는 것이 일과처럼 되었다. 큰 정자나무 아래서 온종일 애기를 본다는 것이, 여간 힘 드는 일이 아니었다. 어떤 때는 갓난애가 울고 작은

김일엽, 한 여성의 실존적 삶과 불교철학

아이도 따라 울게 되면, 동생들을 달래기에 지쳐 나도 그만 함께 울어 버릴 때도 있었다.[13]

1907년 어느 날, 여동생 하나가 열병으로 급사하는 바람에 일엽이 동생을 돌보는 일은 끝나고 말았다. 두 여동생 중 누가 세상을 떠났는지 알려주는 기록은 찾을 수 없었다. 일엽은 당시 정황을 자세히 기록하지 않았지만, 바로 이 비극을 계기로 자신의 첫 시 〈동생의 죽음〉을 썼다.

땅 밑은 겨울에도
그리 춥지 않다 하지만
아아, 가여운 나의 여동생아!
언니만 가는 제는 따라온다 울부짖던
그런 꿈 꾸면서 자고 있나?

내봄에 싹트는 움들과 함께
네 다시 깨어 만난다면이야
언제나 너를 업어
다시는 언니 혼자
가지를 아니하꼬마…[14]

1907년, 김일엽이 열한 살에 쓴 이 시는 아마도 그녀가 최초로 쓴 문학작품일 것이다. 어떤 이들은 1908년에 최남선崔南善(1890-1957)이 발표한 〈해에게서 소년에게〉보다 1년 먼저 일엽이 이 시를 썼으니, 한국 최초의 현대시라는 명예가 이 시로 돌아가야 한다고 주장한다. 1907년에 쓴 시라고 해도 1920년에 비로소 발표하였으니, 이 시가 과연 한국어로 쓴 최초의 현대시인지 여부는 논란의 여지가 있다. 우리의 주요 관심사는 이 시를 쓰게 한 맥락에 있으므로 이런 논란은 그냥 지나치고자 한다.

죽음의 그늘 속에서

열한 살의 일엽이 이 시에서 표현한 죄책감, 후회, 절망감은 그 후로 오랫동안 일엽의 마음속에 살아남아 1933년에 쓴 수필에 다시 나타난다. 일엽은 〈동생 묻은 뒷동산-봄날이 오면 그리운 그곳〉에서 부모님이 일하러 간 동안 여동생들과 자주 올라가던 마을 뒷동산을 떠올렸다. 그 뒷동산의 추억은 그녀에게 기쁨과 슬픔을 안겨줬다. 일엽은 어린 시절과 고향 마을을 떠올리면 즐겁다가도, 여동생들과 함께 놀던 뒷동산이 이제 그 아이들이 묻힌 곳이 되었음을 상기하며 슬픔에 젖었다.

동생들을 더 잘 보살펴주지 못했다는 죄책감 때문에, 가끔 일엽의 꿈속에 동생들이 나타났다. 어느 날은 꿈속에서 두 여동생이 여전히 살아 있는 채로 그 동산에서 일엽과 함께 놀았다. 일엽은 이렇게 썼다. "두 동생 때문에 몸이 부자유하다 하여 생전에 학대하던 나의 가슴은 진실로 슬픔과 후회로 찼었다. 곧 그 동리를 떠났건만 여러 해를 두고 후회와 슬픔에 어린 꿈은 그 두 동생을 다시 살렸었다. 살아난 두 동생을 데리고 여전히 그 언덕으로 가서 놀았었다."[15]

일엽은 당시 나이가 열 살이나 열한 살에 불과한데도 어린 여동생들을 더 잘 보살피지 못한 것을 후회하고 자책했다.[16] 동생들의 죽음에서 비롯된 상실감은 상처를 남기고, 그 상처가 증폭되어 내면 깊은 곳에 앙금처럼 남았다.

가족들의 연이은 죽음은 청소년기 내내 일엽의 삶을 어둡게 물들였다. 여동생 하나가 1907년에 먼저 죽었고, 다른 여동생마저 얼마 지나지 않아 죽었다. 필자는 두 번째로 세상을 떠난 여동생의 사망 날짜와 원인에 관한 자료를 찾을 수 없었다. 일엽의 어머니는 결핵을 앓았고, 1909년 출산 후 병세가 악화하여 바로 사망했다. 그때 태어난 아이는 일엽의 부모님이 오랫동안 고대한 아들이었다. 그러나 그 아이마저 어머니를 보낸 사흘 뒤에 죽었다.

일엽의 아버지는 그녀가 열일곱 살에 서울의 이화학당에 입학한 1915년에 사망했다.[17] 그는 일엽의 어머니와 사별한 뒤 재혼해 딸을 하나 낳았다. 일엽의 계모는 일엽에게 잘 대해주지 않은 것 같다. 일엽은 방학을 맞아 서울에서 고향 집으로 돌아가면, 계모가 눈칫밥을 줘도 자신은 별로 개의치 않는 척했지만, 아버지는 그 때문에 마음 아파했다고 술회했다.

아버지가 돌아가신 뒤 일엽에게 직계 가족이라고는 이복 여동생 하나뿐이었지만, 그 동생마저 1919년 여섯 살의 나이로 죽었다.[18] 앞에서 이야기했듯이 일엽은 1920년에 쓴 자서전적인 수필 〈동생의 죽음〉(1907년에 여동생의 죽음을 추억하면서 쓴 시와 같은 제목)에서 그 여동생의 죽음과 관련한 정황을 자세히 썼다.

〈동생의 죽음〉이란 수필은 〈신여자新女子〉 제3호에 게재되었다. 〈신여자〉는 일엽이 창간하여 주간으로 활동한 잡지이며, 처음으로 자신의 글을 발표한 매체였다. 1920년 3월에 발간된 창간호에 그녀의 '창간사'와 아울러 자전적인 수필 〈어머니의 무덤〉과 단편소설 〈계시啓示〉가 수록되었다. 그 수필과 단편소설은 가족의 죽음과 관련한 글이며, 당시 일엽의 마음이 어떠한지 알려주는 글이기도 하다.

단편소설 〈계시〉는 인원이라는 어린 소년의 죽음과 그 어머니의 절망감을 서술한다. 소설에서 인원이 위염으로 갑자기 쓰러지자, 인원의 어머니 김 여사는 그만 넋이 나가버린다. 그녀는 3년 전 이미 맏아들 태원을 잃었다. 인원은 이제 고작 일곱 살이었다. 태원이 아플 때 김 여사는 무당과 판수에게 도움을 얻으려고 많은 돈을 썼다. 태원이 죽은 뒤 그녀는 독실한 기독교 신자가 되었고, 인원을 데리고 3년간 일요일마다 한 번도 빠지지 않고 꼬박꼬박 교회에 다녔다. 인원이 병들어 눕자 같은 교회 신자들이 찾아와 기도해주었지만 인원의 병세는 차도가 없었다.

임종을 앞두고 인원은 어머니에게 말한다. "나 낫거든 금 글씨

백이고 거죽 새까만 성경책 하나만 사 주오. (…) 복동이는 그런 좋은 책을 가졌는데 좀 보여 달라니까 안 보여준다오. 나는, 나는 그 성… 성…"[19] 그러고 나서 인원은 죽는다. 그의 어머니는 끝없는 절망에 빠진다. 일엽은 그 장면을 이렇게 서술한다.

"하… 하… 하늘에 계신 아버지시여, 어린 인원의 영혼을 취하시옵소서."
한참 동안 걷잡을 새 없이 쏟아지는 눈물은 앳되고 앳된 인원의 죽어가는 얼굴에 뚝뚝 떨어진다. 그러나 아무 사정없는 죽음은 무정하게도 인원의 목숨을 뺏어갔다. 인원의 어린 입술이 마지막으로 바르르 떨면서 그의 실낱같은 목숨은 끊어졌다.
창외窓外의 세우細雨는 소소히 내리고 온 세상은 깊은 꿈속에 잠겨 있다.[20]

한 아이의 죽음, 인간의 그 실존적 현실과 마주 선 어머니의 절대적인 무력감, 주위 세상의 무관심 등이 소설의 분위기를 휘감고 있었다. 일엽은 어린 소년의 죽음이나 둘째 아들마저 잃은 어머니의 형언할 수 없는 슬픔과 절망감에도 전혀 흔들리지 않고 평온하게 흘러가는 세상과 나날의 삶에 관한 서술로 그 소설을 끝낸다. "그 이튿날도 여전히 태양은 이 세상에 하루 동안 되는 일을 보아야 하겠다는 듯이 동에서 떠서 서로 향하여 넘어간다."[21]

일엽은 이 소설을 이복 여동생이 죽은 몇 개월 뒤인 1920년 2월에 썼다. 우리는 일엽이 이복 여동생이 죽어가는 동안 목격한 장면과 그때 느낀 절절한 감정이 이 소설에 그대로 녹아들어 있다는 걸 쉽게 알아차릴 수 있다. 〈신여자〉 창간호에 〈계시〉와 함께 수록된 〈어머니의 무덤〉에서 일엽은 자신이 어려서 병이 들었을 때 어머니가 절망에 빠져 울부짖던 일을 회상한다. 그때의 일을 일엽은 이렇게 적는다. "내가 어려서 병들어 몹시 앓을 때에 약藥 화로 옆에서 하늘을 부르짖어 통곡하시면서 '이 애가 죽으면 저도 죽는 몸이올시다' 하시던 극진한 나의 어머니는 이 어린 가슴에 영원히 사라지지 않는 설움의 씨를 끼쳐 두고 다만 한낱 무덤이 적적히 풀숲에 남아 있을 뿐이외다."[22]

자식이 중병에 걸리면 어느 어머니라도 일엽의 어머니 같은 심경에 빠질 수밖에 없을 것이다. 대부분의 자식은 일엽의 어머니 못지않게 헌신적인 자기 어머니의 이미지를 간직하고 있을 것이다. 하지만 어머니의 헌신에 대한 경험이 큰 충격을 안겨주는 강렬한 경험으로 뒷받침된 뒤라야만 비로소 그 아이는 자식의 병 때문에 울부짖는 어머니의 기억을 일엽처럼 가슴 깊이 간직하게 될 것이다. 어린 일엽이 병들어 있는 동안 그 곁에서 비탄에 빠진 어머니의 이미지는 어린 여동생들과 어머니의 연이은 죽음, 마지막으로 아버지의 죽음까지 겪고 자기 어머니처럼 울부짖는 일엽 자신의 이미지가 되어버렸다.

일엽은 여동생들이 죽었을 때 시 한 편과 수필 하나를 썼던 것과는 달리 어머니와 아버지의 죽음에 관해서는 일절 언급하지 않다가 훨씬 나중에야 비로소 그에 대해 썼다. 상처가 너무 커서 차마 글로 옮길 수 없었던 것일까? 그녀가 어머니의 기억에 대해서 처음으로 언급한 것은 〈어머니의 무덤〉이라는 수필에서다. "온 마을 사람들이 여자아이를 학교에 보낸다고 눈살을 찌푸렸을 때" 일엽의 어머니는 "여자아이도 제대로 교육받기만 하면 훌륭한 사람이 될 수 있다"는 말로 맞섰다.[23] 어머니가 돌아가셨을 때 일엽은 열세 살에 불과했으며, 아마도 그녀는 어머니와의 관계를 어머니에게 의존하는 아이의 관계 이상으로 발전시킬 만한 시간을 제대로 갖지 못했을 것이다.

일엽과 아버지의 관계는 달랐다. 일엽이 이화학당에 다니는 동안 아버지는 재혼했고, 일엽의 어머니와의 결혼생활에서 얻은 아이 중 셋을 이미 잃은 상태였다. 남은 자식이라고는 일엽 하나뿐이었고, 아마 그런 이유로 일엽의 아버지는 일엽에게 유달리 더 애틋한 감정이 있었을 것이다.

일엽은 〈아버님 영전靈前에〉라는 글에서 이화학당 시절에 기숙사에서 지내는 동안 아버지의 편지를 초조하게 기다렸다고 회상했다. 일엽은 이렇게 썼다. "그때는 아버님한테서 편지 받는 것이 제일 기쁘고 반가운 일이었습니다. (…) 제 생활에서 가장 아름다운 기억을 찾으려면 그 편지를 읽는 때라고 생각합니다. 아버님이 돌아가신 이후로 저는 또다시 그와 같이 반가운 편지를 받아본 일이 없습니다."[24] 그녀는 아버지가, "내 혈육이라고는 너 하나뿐이다."[25] 라고 서글프게 말씀하신 것을 기억하고 있었다.

아버지의 이런 말은 일엽에게 외롭고 쓸쓸한 기분을 불러일으키기보다 아직도 자기를 염려해주는 누군가가 있다는, 든든한 느낌을 안겨주었다. 그녀는 아버지가 자기 존재의 유일한 증인처럼 느꼈다. 일엽은 이렇게 썼다. "아버님의 말씀은 과연 언제나, 언제나 제 맘속에 살아 있습니다. 그는 마치 이상한 실재實在를 보여주기 위하는 고요한 밤에 달빛 모양으로 더욱이 설움이 많은 제게는 한없는 위안이 되었습니다."[26] 아버지가 아직 살아 계실 때, 아버지는 일엽의 슬픔을 위로해주는 원천이었고 그녀의 존재를 확인하는 증인이었다. 아버지가 돌아가시고 나서 12년이 흐른 뒤 아버지를 추모하는 이 글을 쓰면서, 일엽은 아버지에게 또다시 자기 삶의 길잡이가 되어달라고 부탁한다.

일엽이 삶의 의미와 삶이 자기를 대하는 방식의 의미를 찾아내려고 할 때, 그리고 삶이라는 그 이해할 수 없는 모호함에 자신이 어떻게 대응해야 하는지 알아내려 애쓸 때, 그 글은 돌아가신 아버지에 대한 그녀의 고백이자 아버지와의 내밀한 대화였다. 일엽은 아버지에게 깊은 존경심을 품었고, 아버지를 조선에 있는 "가장 순실純實하시고 거룩한 어른"[27]이라고 표현했다. 심지어 "아버님, 저는 예수의 참뜻을 받아 행하신 이는 오직 아버님뿐이었으리라고 믿습니다"[28] 라고 단언하기도 했다. 그녀는 아버지와 얽힌 추억을 더듬어나가면서 자신의 슬픔을 이렇게 표현했다. "아버님의 무남독녀로서 가장 사랑을 많이 받은 제가 무리無

罹한 세상에 비난받고 아울러 불운이 거듭 몸에 닥친다면 아버님은 얼마나 설워하실까요. 그러나 저는 끝까지 그 어려움과 핍박을 이겨 나가겠습니다."[29]

일엽은 1920년에 발표한 수필 〈어머니의 무덤〉에서 자신이 이제 결혼해 행복하게 생활한다고 썼다. 그런데 1925년에 발표한 수필에는 몇 년 동안 자신을 따라다닌 불행을 거듭 이야기한다. 1920년과 1925년 사이 일엽에게 무슨 일이 일어났을까?

이 수필에는 그 질문에 답을 찾을 수 있는 자세한 이야기가 나오지 않는다. 우리는 그녀의 생애에 일어난 사건들을 소급해서 더듬어가며 그 답을 재구성해 볼 뿐이고, 이 책의 후반부에서 그런 작업을 해볼 것이다. 어쩌면, 일엽의 절망감은 인간의 실존적인 현실과 더 깊은 관련성을 가진 게 아니었을까? 이런 가능성에 대해서도 곧 생각해볼 것이다.

원인이 무엇이었든 간에 1925년 무렵, 일엽은 그녀 나름의 방식으로 삶의 불공정不公正과 불행을 직면하려 했다. 그때 그녀는 이렇게 썼다. "아버님, 사람의 행복이라고 하는 것은 결코 제삼자의 판단으로 정할 것은 아니라고 생각하옵니다. 빈한한 시인이 등불이 없어서 새파란 달 밑에서 시를 쓰는 것과 머리 둘 곳 없는 이가 온기를 찾기 위하여 따뜻한 볏짚 위에서 눈부신 줄도 모르고 해를 쳐다보는 것과, 마음이 외로운 이가 남을 모두 제 마음같이 믿어 가며 사랑할 수 있는 것이 얼마나 큰 행복인지 알았습니다."[30]

이것은 일엽이 불공정하다고 느낀 삶, 가족들을 때 이른 죽음으로 모조리 잃게 만들고, 그녀를 세상에 홀로 남긴 삶과 화해하는 마음가짐이었을까?

일엽은 〈꿈길로만 오는 어린이〉(1929)라는 글에서 1907년에 여동생이 죽은 사건을 회상하면서 이렇게 썼다. "어려서 부모를 잃은 천애의 고아인 내가 서러운 일을 한두 가지를 겪었으랴마는 지금도 애연하게 기억된다면 그 아이의 죽음뿐일 것이다. 그때 당시에는 과연 어린 가슴이 찢어지는 듯 후회와 설움이 북받쳤다."[31]

일엽의 슬픔과 외로움의 감정은 1960년대에 발표한 책들에서도 나타난다. 《어느 수도인의 회상》에서 일엽은 자신을 "어려서 어머니와 아버지를 모두 잃었고 우주적 외로움과 감상주의로 가득한 이름을 가진" 사람이라고 했다. 그녀의 필명인 일엽一葉은 문자 그대로 '나뭇잎 하나'를 뜻한다.[32] 이는 근대 한국의 유명한 작가이자 지식인 이광수李光洙(1892-1950)가 일엽이 일본에서 공부할 때 지어준 필명이다. 나아가 일엽은 자신을 "손에 시집을 들고 입으로 사랑을 이야기할 때조차도 외로움으로 가득한 여자"[33]라고 표현했다.

그녀가 자신의 시와 수필에서 처연한 외로움을 토로한 것과는 대조적으로 당시 한국 사회와 사람들이 인식한 김일엽의 이미지는 화려했다. 그녀는 새로 도입된 서구식 공교육의 혜택을 받은 한국 여성들의 1세대에 속한 인물이었다. 해외에서 공부했고, 잡지사의 주간이었고, 글을 통해 자기 생각을 사회에 표현하는 재능있는 여성 지식인이었다. 유년기와 청소년기에 실존적 소외감을 겪은 일엽과 젊은 여성 지식인으로 한국사회에서 유명인의 지위를 차지한 일엽, 그 상반된 위치 사이의 어느 지점에 영혼 깊숙이 각인된 그녀의 삶의 비밀이 숨어있을 것이다. 그 비밀은 밖으로 드러나지 않고, 일엽 자신조차 아마 미처 의식하지 못했을 수도 있다.

일엽, 한국의 히구치 이치요

신여성이 되다

1920년 3월, 김일엽은 〈신여자〉를 창간했다. 그녀는 여성잡지를 창간하겠다는 생각을 여러 해 동안 품고 있었지만, 어떻게 그런 생각을 품게 되었는지 자신의 글에서 직접 밝히지는 않았다. 한 자료에 의하면, 1918년 이노익李魯益과 결혼했을 때 이미 잡지를 창간하고 싶다는 생각을 밝혔다고 한다.[34] 그 자료에는, 그녀가 1919년에 일본에 머무는 동안 그런 생각을 실천에 옮기기로 결심하고 도쿄에 있는 한국 지식인들에게 조언을 구했다는 내용이 나온다.

그 지식인들 가운데 작가 이광수도 있었다. 이광수는 한국에서 젠더 문제를 거론할 때가 왔다는 데 동의했다. 또 일엽이 작가로

김일엽, 한 여성의 실존적 삶과 불교철학

서 재능이 있다고 인정해주었다. 그는 그녀에게 일엽一葉이라는 필명을 지어주면서 한국의 히구치 이치요樋口一葉(1872-1896) 같은 사람이 되라고 격려했다. 일엽은 〈신여자〉에 글을 발표할 때 본명인 김원주라는 이름과 함께 이 필명을 사용했다.

히구치 이치요는 히구치 나쓰樋口奈津의 필명이다. 그녀는 근대 일본 문학 최초의 직업적인 여류작가였으며, 스무 살에 글을 쓰기 시작해 스물네 살에 결핵으로 사망했다. 작가로 활동한 기간이 짧았지만, 이치요의 중편소설들은 큰 성공을 거두었고, 오랫동안 일본 사람들과 문화에 적지 않은 영향을 미쳤다.[35] 2004년 이후에는 일본 지폐의 초상으로 등장하는 단 세 명의 여성 가운데 하나로, 5,000엔 지폐에 히구치 이치요의 초상이 들어갔다.

한국어로는 '일엽', 일본어로는 '이치요'라고 발음하는 단어 '一葉'은 '나뭇잎 하나'라는 뜻이다. 히구치 이치요 역시 김일엽처럼 어릴 때 가족의 죽음을 경험했다. 열다섯 살에 남동생을 잃었고, 곧이어 아버지를 여의었다. '나뭇잎 하나'라는 필명을 가진 두 여성이 어린 시절에 가족을 잃고, 자신들의 가족 가운데 외로운 이파리 같은 처지가 된 것은 묘한 일이 아닐 수 없다.

김일엽은 1920년 도쿄에서 서울로 돌아온 뒤에도 여전히 잡지를 창간하겠다는 생각을 품고 한국의 여러 지식인에게 자문했다. 그중 한 사람이 아동문학가 방정환方定煥(1899-1931)이었다. 잡지를 통해 한국 여성을 일깨우겠다는 일엽의 뜻은 적지 않은 젊은 지식인에게 지지와 호응을 얻었다. 하지만 실제로 돈을 마런해준 사람은 일엽의 남편이자 연희전문학교(현재의 연세대학교) 생물학 교수 이노익 한 사람뿐이었다.

이노익은 김일엽보다 스무 살 연상이었다. 미국에서 공부하고 돌아와 1915년부터 연희전문학교에서 학생들을 가르쳤다. 일엽은 이노익의 하숙집 주인이 주선한 맞선으로 그를 만나 1918년에 결혼했다.[36] 김일엽은 이노익의 집안 배경이나 그의 봉급 이외의 다른 수입원에 관해서 언급한 적이 없다. 수입원이 어떻든 간에 이노익은 아주 부유한 사람임이 분명했다. 일엽이 결혼에 동의하자마자 이노익은 집을 한 채 장만하고 그 집을 두 사람이 살기 좋게 수리했다. 애초부터 그는 일엽의 지적이고 전문적인 활동을 지지했으며, 그녀가 어떤 문학 활동을 하든 재정적으로 지원하겠다고 기꺼이 약속했다.

〈신여자〉는 한국에서 여성들이 여성의 사회적 지위를 향상시키겠다는 목적으로 발간한 최초의 잡지로 평가받는다. 1920년대 한국에서는 여러 가지 사회, 정치적인 이유로 새로운 잡지 창간이 붐을 이뤘다. 어느 자료에 의하면 1910년대에 40여 종의 잡지가 발간된 데 반해, 1920년대에는 잡지의 수가 200종이 넘었다고 한다.[37] 1917년에 〈여자계女子界〉(1917년 12월-1920년 6월)가 창간되었지만, 이는 일본에서 발간된 잡지이기 때문에 진지하게 여성 문제를 다룬 한국 최초의 잡지는 〈신여자〉라고 평가된다.[38]

만일 일엽이 일본에 가기 전에 여성잡지를 창간하겠다는 생각이 있었다 하더라도, 그것은 아직 초기 단계의 생각이었을 것이

김일엽, 한 여성의 실존적 삶과 불교철학

다. 그보다는 일엽이 일본에 머무르면서 〈여자계〉의 영향을 받고, 그때야 비로소 한국에서 비슷한 잡지를 창간하겠다는 구체적인 생각을 발전시켰다고 보는 게 타당할 것이다. 이런 견해는 다음과 같은 몇 가지 사실에 근거한다.

〈여자계〉는 1917년 7월에 창간호를 시작으로, 1920년 6월 제5호가 나올 때까지 계속해서 발간되었다. 2호부터는 도쿄의 한국 여학생들이 잡지를 발간했다. 편집위원 가운데 활동적인 회원으로 가정학을 공부하는 김덕성金德成, 의학을 공부하는 허영숙許英肅(1897-1975)과 황애시덕黃愛施德(1892-1971), 미술을 공부하는 나혜석羅蕙錫(1896-1948) 등이 있었다. 자문위원으로는 전영택田榮澤(1894-1968)과 이광수 등 남성 작가들이 있었다.[39]

일엽은 1919년부터 1920년까지 일본에 머물면서 허영숙과 가까운 친구가 되었고 이광수도 알게 되었다. 이점으로 미루어, 〈여자계〉와 그 편집위원들이 그녀에게 영향을 미쳤을 가능성이 높다. 일엽은 나중에 〈신여자〉에 글을 기고한 나혜석과도 가까운 친구가 되었는데, 이는 일엽이 〈여자계〉 관련인들과 긴밀한 관계를 맺었음을 알려주는 또 다른 정황증거이다. 〈신여자〉는 제4호까지만 발간되고, 이후 재정문제 때문에 폐간되었다.

비록 단명했지만, 〈신여자〉가 작가이자 신여성으로서 일엽의 이력에 큰 영향을 미친 사실은 부정할 수 없다. 일엽은 이 잡지를 통해서 자신의 사상을 표현하고 당대의 지식인으로 인정받을 수 있는 지면을 확보했다. 일본의 신여성들, 특히 세이토青鞜(푸른 스타킹) 그룹과 연관된 여성들과 잡지 〈세이토〉 역시 〈신여자〉의 창간에 큰 영향을 미쳤다. 이에 관해서는 2장에서 자세히 다룰 것이다.

신여성, 현대 여성, 경박한 여성

일엽은 〈신여자〉 창간사에서 이 잡지가 '개조改造'와 '해방解放'이라는 두 가지 목표를 달성해야 할 것이라고 분명히 선언했다. 그녀는 변화를 요구하는 도발적인 어조로 이렇게 썼다.

> 그러면 무엇부터 개조하여야 하겠습니까?
> 무엇이라고 할 것 없이 통틀어 사회를 개조하여야 하겠습니다. 사회를 개조하려면 먼저 사회의 원소原素인 가정을 개조하여야 하고, 가정을 개조하려면 가정의 주인 될 여자를 해방하여야 할 것은 물론입니다.
> 우리도 남같이 살려면, 남에게 지지 아니하려면, 남답게 살려면, 전부를 개조하려면 여자 먼저 해방이 되어야 할 것입니다.[40]

일엽은 높은 이상을 제시하며, 여성들에게 이를 촉구했다. 창간호에 실린 또 다른 글인 〈신여자의 사회에 대한 책임을 논함〉이라는 논설문에서 일엽은 〈신여자〉가 여성 문제를 다룰 때의 우선순위를 명확히 밝혔다. 이 글에는 글쓴이의 이름이 없지만, 일엽이 주간으로서 이 글을 직접 쓰거나, 적어도 논조에 동의했다고 추정할 수 있다.

이 글은 이 잡지가 여성해방의 중요성과 시급함을 내세우고 사회변화에 대한 신여성의 책임을 강조하기 위해 〈신여자〉라는 이름을 내걸었다고 밝힌다. 또 여성해방과 사회 변화라는 〈신여자〉의 목적과 관련해서 여성의 삶의 질을 높이고 여성 교육을 장려한다는 두 가지 목표를 제시한다. 이런 맥락에서 여성의 사회적 지위, 가족, 아동 교육, 성평등, 과부들을 위한 보살핌, 정조, 결혼생활 등의 다른 문제 역시 중요하다는 점을 인정한다. 그러나 그 문제를 다루는 것이 잡지의 우선순위가 아님을 분명히 밝힌 점은 주목할 만하다. 이런 점에서 일부 학자들은 〈신여자〉가 엘리트 여성들이 발간한 잡지이며, 일반 대중이 아니라 엘리트 여성을 주요 독자로 삼았기 때문에 당대의 한국 여성들에게 큰 영향력을 가질 수 없었다고 주장한다[41] 이 논설문에서 제시한 우선순위도 그런 주장을 뒷받침해준다.

이 글은 사회 변화를 이루기 위해 개인이 실천할 수 있는 두 종류의 활동, 즉 적극적인 활동과 수동적인 활동을 제시한다. 수동적인 활동으로는 '(1) 사치와 허례허식에 빠지지 말 것, (2) 거만한 태도를 보이지 말 것' 등이 있다. 적극적인 활동으로는 '(1) 검약할 것, (2) 예의 바르게 행동할 것, (3) 남자들을 뒤따를 것, (4) 실생활에서 지식을 실천할 것' 등이 있다.[42] 이 여섯 가지 규정은 변화의 제안치고는 하나같이 아주 온건한 편에 속한다. "남자들을 뒤따를 것"이라는 제안은 뒷세대가 생각하는 신여성의 이미지와 상반되는 것처럼 보일 정도이다.

한편 '신여성'이라는 표현이 어디에서 기원했는지는 아직 논란의 여지가 있다. 하지만 〈신여자〉가 발간될 무렵 이 용어는 한국 사회에서 하나의 특수한 여성 집단을 가리키는 데 이미 쓰이고 있었다. 역사학자 이배용은 〈신여자〉의 발간이 하나의 특수 집단으로서 신여성이라는 정체성을 빚어내는 데 없어서는 안 될 요소라고 말한다. '신여성'은 1920년에 이르러 눈에 띄긴 했지만 잡지 〈신여자〉가 등장한 뒤에야 비로소 분명한 집단의 정체성을 갖추게 되었다.[43]

간단히 정의하면, '신여성'은 새로 도입된 서구식 공교육을 받았거나 받는 여성들을 가리키는 용어였다. 한국 최초의 고등교육 기관인 이화학당은 1886년에 설립되었지만, 설립 이후 30년 가까이 입학생을 많이 받지 못했다. 그러다 1920년경에 이르면서 상황이 변했고, 서울 거리에 여학생의 모습이 자주 보이기 시작했다.[44]

'신여성'이라는 표현은 신교육을 받았을 뿐 아니라, "성평등을 자각하고 구여성보다 더 강한 결단력을 지녔으며, 그 결단력을 실천에 옮길 능력이 두드러진"[45] 여성들을 지칭할 때 사용되었다. 신여성은 또 "자기네의 존재 가치와 여성으로서 역사적 책임을 자각하였고, 그 책임을 구현하려고 노력한"[46] 여성들이라는 특징이 있었다. 〈신여자〉가 제시한 이상적인 여성상은 어머니이

김일엽, 한 여성의 실존적 삶과 불교철학

자 아내라는 역할을 강조한 전통 한국 여성상과 달리 사회적, 정치적 참여를 강조했다.

요약하면, 〈신여자〉는 구여성('신여성'이라는 표현에 반대되는 용어)과는 달리, 다음과 같은 다섯 가지를 중요시했다. 그 다섯 가지는 "첫째로 경제적 독립, 둘째로 가족제도의 합리화와 단순화, 셋째로 남성이 지배하는 전통적인 사고방식을 거부, 넷째로 여성의 책임과 의무를 더 강하게 자각할 것을 요구, 다섯째로 구여성들이 보건위생과 아동교육을 아우르는 문제들을 포함해서 다양한 여성 문제를 자각할 수 있도록 여성단체들과 여학생들이 그들에게 캠페인을 벌일 것 등이다.[47]

새로운 여성성이라는 개념이 이런 공통된 측면이 있었지만, 엄밀히 말해서 신여성이 동질적인 하나의 집단은 아니었다. 여성 문제에 대한 접근법에 따라 한국의 신여성을 최소한 세 부류로 나눌 수 있다. 이노우에 가즈에井上和枝는 그 세 부류를 다음과 같이 설명한다.[48]

첫 번째 부류는 1920년대 초에 가장 적극적으로 활동한 자유주의 신여성들이다. 그들은 자유로운 대인 관계를 강조했고, 여성의 성sexuality에 관한 젠더 정치에 관심이 많았다. 김일엽은 이 부류의 신여성으로 볼 수 있다.

두 번째 부류의 신여성은 사회 혁명을 우선시하는 사회주의 접근방식을 따랐으며, 자유주의 여성운동을 비판했다. 이들은 1920년대에 한국 사회에 도입된 마르크스주의 사회이론의 영향을 받았으며, 1920년대 말과 1930년대 초에 적극적으로 활동했다.

세 번째 부류는 민족주의 신여성들로, 이들은 남성 지식인들과 시각이 유사했다. 이들의 관점에서 여성해방이라는 목표는 개별 여성들을 해방하는 것이 아니라, 좋은 어머니가 되고 자기 삶을 조국의 해방에 기꺼이 바치려는 새로 교육받은 여성들을 배출하자는 것이었다. 이 민족주의 여성 이론은 신여성들의 다양한 견해를, 여성은 '현모양처賢母良妻'가 되어야 한다는 보수적인 관념과 통합시켰다. 이 이론은 1930년대에 널리 퍼졌다.[49]

한국 사회에서 신여성의 이미지는 1920년대와 1930년대 사이에 급속하게 변했다. 1920년대의 신여성과 1930년대의 신여성을 하나의 동질 집단으로 간주하는 것은 사실을 왜곡하는 일이다. 그렇게 하는 것은 신여성들이 한국 사회에서 직면한 도전과 한계를 소홀히 하는 일이 된다. 〈신여자〉는 신여성들을 한국 사회에서 눈에 띄는 존재로 부각시켰지만, 이러한 변화는 그들에게 도움이 되는 만큼 해가 되기도 했다. 신여성들의 집단 정체성이 분명해지자 그들은 사회의 통제를 받았고, 한국 사회는 그들을 다시 사회규범에 맞추어 변화시키려 했다.

하나의 집단이자 운동으로서 신여성의 출현을 특징짓는 주요 요소는 삶에 대한 그들의 마음가짐과 그들이 교육을 받은 점이었다. 하지만 한국 사회에서 신여성이라는 개념은 곧 외적인 요소가 되었다. 이제 사람들은 여성이 어떻게 생각하느냐가 아니라 어떻게 보이느냐로 신여성을 가려냈다. 세상 사람들의 관점

김일엽, 한 여성의 실존적 삶과 불교철학

에서 신여성이라는 용어는 현대식 짧은 머리 모양을 하고, 전통 한국 복식을 현대화해서 더 긴 상의와 더 짧은 치마를 입고, 서구 스타일의 굽 높은 구두를 신은 여성들을 지칭하는 용어가 되어 버렸다.[50]

한국의 근대화 과정에서 여성의 복장과 머리 스타일은 기능성과 실용성을 위해 현대화되었다. 하지만 이런 변화가 신여성과 결부되자, 원래 의미는 사라졌다. 한국 사회는 여성 복장의 현대화를 여성의 경박한 허영심이 드러난 현상으로 이해했다. 1930년대에는 '모던걸'이라는 표현이 '신여성'이라는 표현을 대신하는 경우가 많았다.[51] 이와 더불어 새로 도입된 '모던하고' 서구적인 스타일의 복장과 화장품, 구두를 소비하는 신여성의 이미지가, 성평등과 여성해방을 요구하는 신여성의 이미지를 가리는 결과를 빚어냈다.

가부장제 사회의 통제 메커니즘은 '여성 운동가' 대對 '현대 상품 소비자'라는 신여성의 상반되는 이미지를 만들어내는 큰 역할을 했다. 세월이 흐르면서 신여성들이 보고 싶은 것과 사회가 그들에게서 보는 것 사이의 간극은 점점 더 벌어졌다. 이런 전환이 이루어지는 과정에서 일반화된 보수적 논리는 가정을 돌보는 '현모양처'로 정형화된 신여성상을 차츰 부추겼다. 이런 역할에서 벗어난 여성들은 물질주의적이고 세속적인 쾌락을 탐닉하는 '나쁜' 여자로 비판을 받았다.[52] '모던'은 점차 '경박함'을 뜻하는 말이 되었고,[53] '모던걸'이라는 말은 그들의 사치스러운 취향과 허영심을 도드라지게 하는 말이 되었다.

일엽은 자유주의 신여성을 대표하는 세 여성 가운데 한 사람으로 알려졌다. 다른 두 사람은, 현대적인 글쓰기와 연기로 성공한 한국 최초의 여성 작가 김명순金明淳(1896-1951)과 서구식 그림을 그린 한국 최초의 여류화가 나혜석이다. 세 여성은 모두 한국에서 현대식 교육을 받았고, 일본에서 공부했으며, 대부분의 자유주의 신여성처럼 사랑과 성에 자유분방한 입장을 가진 사람으로 간주되었다. '사랑과 성에 자유분방한 입장'이라는 것이, 과연 그녀들이 여성 문제를 보는 관점의 핵심을 뜻하는지, 아니면 여성의 사생활을 지켜보길 즐기는 가부장제와 흥밋거리 유발에 관심이 많은 인간의 취향이 만난 결과인지는 면밀한 검토가 필요하다.

2장

보는 것과 보여지는 것

(1918–1927)

신여성: 그들의 삶과 죽음

구식 결혼과 신식 결혼

여성지 〈신여자〉의 창간은 일엽이 한국 지식인 세계에 자신을 알리는 결정적인 역할을 했다. 자신의 글을 처음 발표한 곳도 〈신여자〉였고, 잡지는 한동안 좋은 반응을 얻었다. 〈신여자〉는 일엽이 작가와 지식인 세계로 들어가는 관문이었으며, 그들에게 인가받는 통로였다. 1920년부터 1935년까지 일엽은 당대의 주요 신문과 잡지에도 글을 기고했다.

이화학당을 졸업한 직후 일엽은 연희전문 교수인 이노익李魯益과 결혼했다. 당시 일엽의 부모와 형제자매는 모두 세상을 떠난 뒤였다. 1918년, 두 사람이 결혼할 때 일엽은 스물두 살, 이노익은 마흔 살이었다. 이노익은 미국에서 학위를 취득한 뒤 서울의

어느 하숙집에서 지냈는데, 일엽은 그 하숙집 주인의 소개로 그를 만났다.[1]

일엽의 삶을 다룬 한 전기 소설에 의하면, 이노익은 일엽을 처음 만난 자리에서 자신의 한쪽 다리가 불구라는 것을 밝혔다고 한다.[2] 그는 또 첫 만남에서 일엽에게 청혼했다. 일엽은 망설이기는 했지만, 결혼하기로 마음먹는 데 오래 걸리지 않았다. 이노익이 제대로 교육받았고 부유했으며, 작가가 되려는 그녀의 노력을 성심껏 뒷받침해 주겠다고 했기 때문이다. 첫 만남에서 일엽은 작가가 되고자 하는 자신의 바람을 밝혔고, 이노익은 그런 생각을 환영할 뿐만 아니라 그녀가 꿈을 실현할 수 있도록 힘닿는 대로 도와주겠다고 했다.

이노익은 재정적인 면이나 지적인 면에서 일엽의 후견인 역할을 했고, 이런 면모는 두 사람의 관계에 또 다른 측면으로 영향을 미쳤다. 일엽은 이노익을 처음 만난 때부터 그를 배우자라기보다는 아버지에 더 가까운 사람으로 느꼈다.[3] 아마 두 사람의 나이 차이 때문에 그랬을 테지만, 꼭 그것 때문만은 아니었다. 이노익이 아무 조건 없이 자신을 재정적으로 지원하고 지적으로도 도움을 주는 모습에서, 자신이 그토록 존경했지만 어린 나이에 잃어버린 아버지가 떠올랐을 수 있다.

얼마 지나지 않아 두 사람은 결혼식 준비로 바쁘게 지냈다. 이노익은 서대문 근처 송월동에 신접살림을 차리기 위해 집을 한 채 장만했다. 일엽은 남편의 재정 지원으로 일본에서 공부하였고(1919-1920), 귀국해 〈신여자〉를 창간할 수 있었다. 〈신여자〉는 제4호까지 발간되다 1920년 6월에 폐간되었다. 재정문제가 가장 큰 이유였을 것이다. 잡지는 전혀 이윤을 내지 못하고 오로지 이노익 한 사람의 후원에 힘입어 유지되었지만, 결국 이노익도 더는 그 부담을 감당할 수 없었다.

〈신여자〉가 폐간될 무렵, 이노익은 미국에서 초대장을 받았다. 초대장의 내용은 자세히 알려지지 않았지만, 이노익에게는 학문을 더 넓힐 기회였다. 그런데도 이노익은 처음에는 아내와 떨어져 살아야 한다면 미국에 가는 기회를 포기할 생각이었다. 그 무렵 결혼생활에 회의를 품지 않았다면 아마 그 기회를 기꺼이 흘려보냈을 것이다. 그는 미국으로 떠나는 것이 애정 없는 결혼생활에 변화를 줄 수 있다고 생각했다. 결국 이노익은 미국으로 가기로 결심하고, 일엽에게 자기가 없는 동안 기분전환 삼아 두어 달간 일본에서 지낼 것을 제의했다. 결국 두 사람은 함께 일본으로 갔고, 거기서 이노익은 혼자 미국으로 떠났다.[4] 함께 여행하는 동안 두 사람의 관계는 새로워진 것 같았고, 두 사람은 결혼생활을 유지할 수 있으리라고 생각했다.

일본에서 일엽은 도쿄의 한국 지식인들과 다시 가까워졌다. 그녀는 이제 무명의 작가 지망생이 아니었다. 사람들은 〈신여자〉를 통해서 일엽의 이름을 알았고 그녀의 글을 읽어봤으며, 고무적인 그녀의 사상을 높이 평가했다. 일엽은 자신의 삶이 고양됨을 느꼈다.

이 무렵 일엽과 친하게 지낸 사람들 가운데 임노월林盧月이라는 필명으로 더 잘 알려진, 작가 임장화林長和(생몰미상, 1920~1925년 무렵 활동)가 있었다. 일엽은 도쿄의 다른 한국인 작가들과 함께 그를 만나기 시작했지만, 결국 두 사람의 관계는 일엽이 자신의 결혼생활을 끝내야겠다고 마음먹을 정도로 발전했다. 그녀는 그런 내용의 편지를 이노익에게 보냈다. 편지 내용에 충격을 받은 이노익은 일본으로 급히 되돌아왔다. 하지만 일엽의 생각은 변함이 없었고, 그들은 결국 이혼하는 데 합의했다.[5]

일엽이 결혼생활에 종지부를 찍게 한 임노월은 평안남도 진남포 출신이었다. 진남포는 일엽이 예전에 중학교를 다닌 곳이기도 했다. 임노월은 상당히 넓은 과수원을 경영하는 부유한 집안의 아들로, 그의 아버지는 아들이 작가가 되는 대신 과수원을 물려받기를 바랐다. 임노월이 1920년에 일엽을 만났을 때, 그는 집으로 돌아오라는 아버지의 요구를 거부하던 중이었다.

작가로서 임노월은 비교적 짧은 기간 활동했다. 그가 처음 발표한 작품은 1920년 1월 〈매일신보〉에 소개되었고, 마지막 글은 1925년 〈동아일보〉에 게재되었다. 그 전후로 임노월에 관해 알려진 사실은 거의 없으며, 출생 일자와 사망 일자도 알려지지 않았다. 5년 동안 그는 시 25편, 소설 7편, 문학비평 5편, 수필 3편을 발표했다.[6] 그의 문학작품은 오스카 와일드 풍의 '예술을 위한 예술' 성향을 가진 것으로 알려졌다. 이 때문에 그는 '악마파 시인'이라는 별명까지 얻었다.[7]

한국 문학사에서 임노월은 오랫동안 주목받지 못했으며, 그의 글보다 김일엽과의 연애로 더 잘 알려졌다. 최근에야 비로소 그의 작품이 재평가되면서, 사회주의 문학이 관심을 끌기 시작한 1920년대 한국의 사회적, 역사적 성격 때문에 임노월의 '예술을 위한 예술'적 접근법은 거의 주목받지 못했다는 평가를 받았다.[8]

임노월은 일엽보다 먼저 일본을 떠났다. 일엽은 서울로 돌아오고 얼마 동안 그에게서 어떤 연락도 받지 못했다. 이제 이혼한 상태인 일엽은 고등학교 교사로 일하였고,[9] 점차 불안함을 느꼈다. 그러던 어느 날 임노월이 그녀의 집에 나타났다. 그는 일엽에게 사과하면서 그동안 자기는 고향 집에서 지냈고, 아버지가 고향에 돌아와 과수원을 경영하라고 또다시 요구한다고 말했다. 그들은 한동안 함께 지냈지만, 예상치 못한 상황으로 그 생활도 끝나버렸다. 임노월은 고향 집에 이미 아내와 자식이 있다는 사실을 일엽에게 말하지 않았다.

당시의 한국에는 임노월과 비슷한 상황에 있는 남자들이 많았다. 그들은 어린 나이에 부모가 정해주는 대로 결혼하고, 대개 더 나은 교육을 받으러 처자식을 고향 집에 남겨두고 서울이나 도쿄 같은 도시로 떠났다. 도시에 자리 잡은 남자들은 이미 결혼한 사실을 밝히지도 않고, 다른 여성과 관계를 맺기도 했다. 일엽은 단편소설 〈자각自覺〉에서 이런 관계를 소재로 삼았다.

성실성과 여성의 정체성

일엽의 한 전기에 따르면, 임노월의 결혼 사실은 그의 아버지가 아들에게 보낸 편지 때문에 일엽에게 알려졌다고 한다. 일엽은 무심코 그 편지를 뜯어봤는데, 임노월의 아버지가 동거녀와의 관계를 청산하고 처자식이 있는 고향으로 돌아오라고 아들에게 다그치는 내용이었다. 그의 아버지는 만일 자기 지시를 거부한다면, 더는 아들로 여기지 않겠다고 위협했다.[10]

큰 충격을 받은 일엽은 임노월에게 어찌 된 영문인지 물었다. 임노월은 자기와 아내는 아무런 공감대가 없으며, 아버지가 강요한 결혼일 뿐이라고 변명했다. 그는 일엽을 사랑하며, 그녀를 위해서라면 모든 것을 다 포기할 용의가 있다고 단언했다. 하지만 그 사랑의 약속은 일엽과 계속 동거한다면 모든 재정 지원을 끊겠다는 아버지의 위협 앞에서 힘이 없었다.

최후의 타격은 그의 아내에게서 왔다. 임노월의 아내는 남편과 연락하려고 거듭 시도하다가 번번이 실패한 뒤, 남편의 소재지도 모르지만 무작정 서울로 향했다. 서울에서 그녀는 남편이 글을 실었던 한 신문사를 찾아가 남편이 일엽과 함께 사는 집의 주소를 알아냈다. 그녀는 일엽에게 남편을 돌려달라고 요구했다. 일엽은 수치심을 느꼈다. 비록 고의는 아니었지만, 자신이 누군가의 행복을 파괴하고 상처를 입혔다는 생각에 사로잡혔다. 일엽에게 그것은 임노월과 관계의 종말을 의미했다.

하지만 임노월의 생각은 달랐다. 그는 일엽에게 아내와는 살수 없다고 말하고, 아내와 자식들을 고향으로 데리고 갔다. 그는 다시 일엽에게 돌아오면서, 헤로인 두 알을 가지고 왔다. 그리고 일엽에게 사랑의 이름으로 동반자살을 하자고 요구했다. 일엽은 자신의 수필 〈무심을 배우는 길, R씨에게〉(1958)에서 이 사건을 상세히 서술했다. 이 수필은 1960년에 출간한 《어느 수도인의 회상》과 1962년에 출간한 《청춘을 불사르며》에 모두 수록되었다.

수필에서 서술한 내용은 대략 이렇다. 임노월은 동반자살을 위해 친구가 일하는 병원에서 하얀 분말이 든 캡슐 두 개를 얻어왔다. 일엽은 죽고 싶지 않았지만, 기꺼이 함께 죽을 만큼 그를 사랑하지 않았다고 오해하게 만들고 싶지도 않았다. 결국 일엽은 캡슐 안의 분말을 베이킹소다로 바꾸는 아이디어를 생각해냈다. 베이킹소다가 든 캡슐이 원래 캡슐과 달라 보였지만 임노월은 눈치채지 못했다. 그날 밤 두 사람은 가짜 헤로인 캡슐을 먹었지만 죽지 못했다. 일엽은 두 사람이 결국 어떻게 헤어졌는지 말하지 않았다. 하지만 이 사건으로 두 사람의 관계가 실망스러운 결말을 맞았음은 분명했다.[11]

일엽의 생애 중에 그녀가 정확히 어디 있었는지 당시 행적이 분명히 나타나는 자료가 없는 기간이 몇 번 있다. 1920년 말부터 1923년 말까지 기간도 그중 하나이다. 그 무렵 일엽은 일본에 갔다가 한국에 돌아왔고, 이노익과 이혼했으며, 임노월과 동거했다가 헤어졌다. 《미래세가 다하고 남도록》에 첨부된 김일엽 연표는

1920년을 다음과 같이 기록한다.

도쿄 에이와英和학교[12]에서 학습과정을 마치다. 한국에 돌아오다. 4월에 여성지 〈신여자〉를 창간하다. 주간이자 주필로서 그 잡지를 4호까지 발간하다. 여성운동에 참여하다. 성북고등학교 교사로 근무하다(10월 30일에 사직). 10월에 YMCA에서 '여성 교육과 사회 문제'에 관해서 강연하다. 이후 일엽은 일본으로 간 듯하다.

연표의 그다음 내용은 1923년 9월로 건너뛴다. 1920년 10월부터 1923년 9월까지, 근 3년의 기간이 아무 설명 없이 공백으로 남았다. 일엽은 〈신여자〉의 마지막 호가 나온 1920년 6월부터 1923년 1월까지 에세이 2편, 단편소설 1편, 서간체 글 1편만 발표했다. 구체적으로 1921년 2월 24일 자 〈동아일보〉에는 논설문 〈근래의 연애문제: 신진여류의 기염〉을 게재했다. 1921년 6월에는 단편소설 〈혜원蕙媛〉을 문학잡지 〈신민공론〉에 발표했다. 1921년 9월 10일부터 4회에 걸쳐, 여성의 관습에 관한 반론 〈부인의복 개량에 대한 의견〉을 〈동아일보〉에 발표했다. 1923년에는 서간체 글 〈L양에게〉를 〈동명〉지 1월호에 발표했다.

단편소설 〈혜원〉은 20대 초반의 혜원이라는 젊은 여성이 겪은 어느 일요일의 일상을 서술한다. 그날 낮, 혜원은 어린 여동생 혜순을 데리고 공원에 가서 여기저기 돌아다녔다. 소설의 서두에 혜원은 자신의 혼사 문제를 놓고 어머니와 벌인 세대 갈등을 이야기했다. 어머니는 자기 눈에 딸의 신랑감으로 완벽해 보이는 부잣집 남자의 청혼을 딸이 받아들이기를 원하지만, 혜원은 결혼에 아무런 관심이 없었다. 혜원이 보기에 어머니는 너무 구식이어서 자기 마음을 이해하지 못했다. 혜원은 여자 대학을 우등으로 졸업했으며, 글재주가 뛰어났고, 어머니와 어린 여동생을 재정적으로 부양할 능력도 갖추었다. 혜원은 이내 독자를 향해, 최근에 자기처럼 작가이며 자신이 열렬히 사랑한 한 남자와 관계가 끝난 사실을 고백한다. 그 남자는 그녀의 곁을 떠나 부잣집 딸과 결혼했다.

혜원은 돈의 힘이 사랑의 힘을 정복한다고 이야기한다.[13] 그리고 절망 어린 심정으로 다음과 같이 회고한다. "정이란 무엇이며, 애愛란 무엇인가? 정은 조석朝夕으로 변하는 것이요. 애는 무시無時로 동動하는 물건이다. 그런 고로 세인世人은 신애信愛할 수도 없고, 세상에 애착심을 둘 만한 무엇도 없음을 헤아렸다."[14] 혜원은 이처럼 절망적인 상황에도 여자의 바람직한 삶에 관한 자신의 믿음과 결단을 다음과 같이 표현한다.

불본 혜원이가 그만한 재조才操와 품성을 가지고 부귀를 구하며 사랑을 구하였으면 이 세상의 고생이란 그리 통절히 느끼지 않을 뿐만 아니라, 일평생 안일한 호화로운 생활을 할 수가 있는 것이다. 그러나 여자의 인격을 무시하고 자유를 빼앗는 무지·부속물·완롱물玩弄物이 되어 한갓 온공유순溫恭柔順을 주장하는 노예

적·기계적 생활을 하며 호의호식하는 것이 도리어 자유 천지에
서 거지 노릇하는 것만 같지 못하다 하였다.[15]

혜원은 어지러운 감정을 돌아보지 않고 앞으로 자기 삶을 글
쓰는 일에 온전히 바치기로 결심한다. 소설의 마지막 대목에서
혜원은 동물원의 군중 속에서 행복해 보이는 젊은 한 쌍을 보게
되는데, 그들은 다름 아닌 그녀의 전 애인과 그의 아내였다. 소설
은 해설자의 다음과 같은 설명과 함께 끝을 맺는다. "영문도 모르
고 걱정스러워하는 혜순에게 손목을 끌려 발길을 돌이키는 혜원
의 눈에는 이상한 광채가 번득였다."[16]

표면적으로 보면, 이 단편소설은 부유한 집안 딸과 결혼하려
고 자신을 버리고 떠난 애인과 결별하고 고통받는 한 젊은 여인
의 복잡한 속내를 다룬다. 여인의 고통은 어떤 대가를 치르더라
도 자유를 지키고 인간다운 삶을 영위하겠다는 갈망으로 증폭된
다. 자유를 지키고 인간답게 살고자 하는 그녀의 소망은, 결혼이
라는 제도와 사회가 그녀에게 강요하는 성 역할에 의해 끊임없
이 도전받는다.

이 단편소설은 일엽의 작품에서 흔하지 않은 양상으로 끝을
맺는다. 혜원의 눈에 번득인 이상한 광채는 혜원의 분노, 더 나아
가 앙갚음하고야 말겠다는 마음을 암시한다. 여성 문제에 목청
을 높일 때 일엽은 강하고 결단력 있게 나아갔지만, 그 목소리에
분노나 원한 같은 감정이 서린 경우는 드물었다. 이 작품의 설말

은 일엽이 삶에서 경험한 좋지 않은 몇몇 사건 때문에, 일엽의 마음가짐이 변했다는 사실을 혜원의 모습으로 보여주는 것일까?

어떤 주장: 라홀라의 사모곡

1922년, 김일엽은 단 한 편의 글만 발표했다. 1921년에서 1923년 사이 그녀의 행적을 추측할 수 있는 주요 자료로 흔히 사용되고 있는 것은, 1991년에 발간된 《라홀라의 사모곡思母曲》이라는 김태신이 쓴 자전적인 책이다. 이 책에서 김태신은 자신이 김일엽과 오타 세이조太田淸藏라는 일본 남자 사이에 태어난 아들이라고 주장한다. 김태신은 자신이 1922년 9월 일본에서 태어났다고 한다. 그에 따르면, 일엽은 1921년 1월 중순에 도쿄로 가는 급행열차에서 오타 세이조를 처음 만났다. 그 만남에 관해 김태신이 주장하는 내용은 간략히 다음과 같다.

당시 오타 세이조는 규슈제국대학 법학과 2학년생으로 겨울방학 중 얼마간 도쿄에서 지낼 참이었다. 열차가 시모노세키역에 서자 큰 여행 가방을 든 한 여성이 올라탔다. 여성은 좌석표를 살펴보고 자리에 앉았는데, 그 자리가 오타 세이조의 옆이었다. 오타는 그녀가 여행 가방을 짐칸에 올리는 것을 거들었다. 그녀가 자리에 앉은 뒤, 두 사람은 이름을 밝히면서 인사했다. 그는 '김金'이 한국식 성이라는 걸 알고 있었다.

오타는 일엽을 처음 본 순간부터 그녀에게 묘한 매력을 느꼈다. 열차가 도쿄에 도착할 무렵 그들은 한국과 일본의 정치 상황에 관해 의견을 교환했고, 오타는 당시와 같은 정치적 상황에서 한국 여성과 일본 남성이 만남을 이어가는 것이 가능한가 하는 의문을 제기했다.

오타 세이조는 도쿄에 일주일간 머물렀다. 규슈로 돌아가기 전날 오후, 그는 친구와 점심을 먹고 잠시 시간을 보내려고 히비야日比谷 공원에 들렀다. 거기서 그는 뜻하지 않게 한 친구와 함께 벤치에 앉아 있는 김일엽을 발견했다. 일엽은 그에게 친구 나혜석을 소개했다. 세 젊은이는 함께 차를 마셨다. 오타 세이조가 일엽에게 편지를 보낼 수 있게 주소를 알려달라고 했지만, 일엽은 자기가 편지를 보낼 테니 그의 주소를 달라고 했다. 하지만 일엽은 한 번도 그에게 편지를 보내지 않았다.

그해 봄, 오타 세이조는 일엽에게 아무 소식도 없자 초조해졌다. 어느 봄날 그는 일엽을 찾아 도쿄로 가는 급행열차를 탔다. 그는 일엽이 어디 있는지 몰랐지만, 한 가지 생각해둔 것이 있었다. 그는 일엽이 일본에 공부하러 온 한국 여성이라면 자신의 한국 친구 몇몇이 그녀에 관한 얘기를 들었을 게 분명하다고 생각했다. 그는 자신의 중학교 동창이자 당시 한국에서 지내는 송기수에게 편지를 보냈다. 예상한 대로 송기수는 그가 찾는 정보를 알려주었다. 김일엽은 송기수와 마찬가지로 이북 출신이고, 작가이며 여성운동가였다. 그녀는 성에 대해 개방적인 시각을 가졌

고, 한때 결혼했다가 이혼한 상태였다.[17]

오타 세이조는 자신이 원하는 정보를 얻은 뒤, 에이와학교에 다니던[18] 일엽에게 자기가 지정한 약속 장소에서 자기를 만나주지 않으면 학교로 찾아가겠다는 편지를 보냈다. 일엽은 그런 사태를 방지하기 위해 그를 만나러 나왔다.

부유한 일본 가문의 상속자 오타 세이조와 한국 여성 김일엽의 관계는 그렇게 시작되었다. 김태신의 자전적 이야기에 따르면, 김태신은 도쿄에 있는, 오타 세이조의 친구 신토 아라키아의 집에서 태어났다고 한다. 김일엽은 자신이 그와 결혼할 수 없으며 한국으로 돌아가야만 한다고 전하는 편지 한 통과 함께 갓난아기를 오타 세이조에게 맡기고 떠났다.

자신이 일엽의 아들이라고 주장하는 김태신의 말이 과연 사실인지 아닌지는 사람마다 견해가 다르다. 하지만 그가 일엽의 아들이든 아니든, 김태신의 책은 사실에 입각한 책이라기보다 김일엽의 삶에 관한 허구적인 초상에 가깝다는 점을 인지해야 한다. 또한 그 책이 전하는 일엽의 삶에 관해 정보 역시 오류로 점철되었다는 점도 염두에 두어야 한다. 다음에 몇 가지 예를 들어본다.

오타 세이조의 친구는 편지에서 김일엽이 〈동생의 죽음〉이라는 시를 썼는데, 이 시가 한국 현대시의 효시에 해당하는 최남선의 〈해에게서 소년에게〉보다 한 해 먼저 쓴 것이라고 했다. 이 말은 사실일 수 없다. 설령 일엽이 그 시를 1913년에 썼다고 해도 그 시를 발표한 것은 훨씬 나중의 일이다. 그녀가 그 시를 정확히 언제 발표했는지는 불확실하지만, 송기수가 오타 세이조에게 이런 편지를 보낸 1921년 초에 이 시가 세상에 알려졌을 가능성은 거의 없다.

그 편지는 또한 일엽이 〈신 정조론〉이라는 글을 발표했다고 하면서, 이 새로운 이론을 상세히 설명한다. 하지만 〈신 정조론〉은 1927년에 비로소 발표되었다. 더욱이 신 정조론에 관한 일엽의 견해는 〈우리의 이상〉이라는 글을 발표한 1924년 전에는 그녀가 발표한 어떤 글에서도 찾아볼 수 없다. 일엽이 1920년 청탑회靑塔會 모임에서 그런 견해를 밝힌 것 같기는 하지만, 이런 사실조차 여러 해가 지난 뒤 자신의 삶을 회고하는 글에 나타날 뿐이다.

송기수의 편지에, 일엽은 이노익이 장애인이라는 사실을 몰랐기 때문에 그에게 속았다는 내용이 나온다. 편지는 더 나아가 그 부부가 이혼한 이유가 바로 그 때문이라고 한다. 하지만 일엽은 이노익이 자기를 속였다고 주장한 적이 결코 없다. 그녀는 이노익과 결혼하기로 결심했을 때 이미 그가 장애인이라는 사실을 알고 있었다. 그녀가 미처 알지 못한 것은 남편의 의족이 자신에게 미칠 심리적인 영향이었으며, 그녀는 자신이 쓴 수필에서 이에 관해 몇 번 서술한 적이 있었다.

김태신은 김일엽과 오타 세이조의 첫 만남과 그 후 둘의 관계에 관한 정보의 출처를 밝히지 않았다.

2007년에 필자는, 일엽의 마지막 10년 동안 스승을 시봉한 손 상좌 월송 스님과 인터뷰하면서 자신이 김일엽의 아들이라는 김 태신의 주장에 대해 일엽의 제자들이 공식적으로 어떠한 입장인지 물어본 적이 있다. 그때 월송 스님은 노스님(즉 김일엽) 생전에 그분의 아들이라고 주장하는 어떤 사람이 자기가 쓴 싸구려 책을 팔아먹으려고 애쓴 적이 있다고 말했다. 그 사람이 김태신인지 아닌지는 분명하지 않다.

월송 스님은 이렇게 회상했다. "그런 일이 일어났을 때 절 식구들은 노스님께 그 사람이 그런 짓을 하지 못하게 해야 한다고 말씀드렸어요. 노스님께서는 본인이 당신의 아들이라는 그 사람의 주장을 긍정도 부정도 하지 않았어요. 다만, 설령 그 사람이 책으로 돈을 벌 수 있다고 해도 당신으로서는 그런 짓을 하지 못하게 할 필요성을 느끼지 못한다고 말씀하셨어요. 그 사람은 훗날 자기가 저지른 일에 대한 업보를 받겠죠."[19]

김태신의 주장이 옳은지 그른지, 그 가부는 여전히 확인되지 않은 상태로 남아 있다. 그가 쓴 책과 몇몇 글을 제외하고 1920년 말에서 1923년 사이 일엽이 어디에 있었고, 어떤 활동을 했는지 알려주는 자료는 거의 없다.

김일엽의 책《청춘을 불사르고》(1962)에는 한국 작가 김팔봉金八峰(1903-1985)이 쓴 서문이 수록되어 있다. 여기에서 그는 일본에서 공부하던 1922년 가을 어느 날 일엽을 처음 만난 일을 회상했다. 그와 일엽의 만남은 R(임노월)의 소개로 이루어졌다. 김팔봉은 일엽을 누나로 여기면서 일본에서 몇 차례 일엽을 찾아간 적이 있었으며, 두 사람은 문학에 관한 이야기를 나눴다고 말한다.[20] 이런 정황에 입각해 필자는 1920년 말에서 1923년 말 사이 김일엽은 일본과 한국에 있었으며, 그 기간에 임노월과 관계를 맺었다고 잠정적인 결론을 내린다.

내가 남자였다면

이 시기 일엽이 일본에 머물고 있었다면, 그 비용은 어떻게 마련했을까? 그녀가 1919년부터 1920년까지 처음으로 일본에서 지낸 시기는 남편 이노익이 그 비용을 댔다. 만일 일엽이 1922년에 다시 일본에 갔다면, 그때는 이미 이혼한 뒤였을 것이다. 그 당시의 비용은 어디서 나왔을까? 일엽은 한 수필에서 외할머니가 일본에서 공부할 돈을 대줬다고 말했다. 그녀는 그 일에 관해 이렇게 썼다.

"70이 넘으신 외할머니는 천애의 고아인 나를 보시면 '네 어미가 딸 하나만 더 길러 놓고 죽었어도 형이야! 아우야! 서로 불러 볼 것이 아니냐. 너는 돌 틈에서 솟았는 듯, 이 땅에서 뽑아낸 무 밑동인 듯 넓은 천지에 외톨이로 돌아다니는 꼴을 어찌 보느냐?' 하고 항상 눈물을 흘렸다. 그 외할머니의 학비 후원으로 몇 해 동안은 일본 유학까지도 해보았다."[21]

이것은 일엽이 1921년부터 23년까지 일본에 체류하는 동안 어떻게 경비를 마련했는지 알려주는 단서가 된다. 일엽이 정말로 그동안 일본에 있었다면 말이다. 1896년, 일엽이 태어난 그때, 그녀의 아버지는 스물여덟 살이었고, 어머니는 스물세 살이었다.[22] 1909년, 일엽이 열네 살 때, 어머니가 서른일곱의 나이로 사망했으며,[23] 1915년, 일엽이 열아홉 살 때 아버지가 마흔일곱의 나이로 사망했다. 그러니 1921년에 일엽의 외할머니가 여전히 살아 있어서 일엽에게 경제적인 도움을 준다는 것은 충분히 있을 수 있는 일이다. 일엽의 친가는 할아버지 대에 가세가 크게 기울었지만, 외가는 부유했던 듯하다.

1921년에서 23년 사이에 일엽은 두 편의 글을 발표했다. 1921년 2월 24일 자 〈동아일보〉에 발표한 논설문 〈근래의 연애 문제: 한 젊은 여성 작가의 견해〉는 기혼 남성이 신여성과 혼외관계를 맺는 당대의 풍조를 다룬 글이다. 여기에서 일엽은 그 풍조의 정당성을 옹호했다.

일엽은 당시 대부분의 한국 사람들이 부모가 정해준 대로 결혼하므로 젊은 기혼남성이 관심 가는 여성을 만나면 그녀에게 끌리는 것은 하등 이상할 것이 없다는 견해를 밝혔다. 일엽은 설령 그런 남성이 결혼했다는 사실을 밝히지 않았더라도 그것은 그가 상대 여성을 속이려 한 것이 아니라, 그 여성에 대한 애정이 자신이 기혼남이라는 의식보다 더 강했기 때문이라고 주장했다. 그녀는 나아가, 그런 상황의 남성이 부모나 아내가 반대하는 바람에 아내와 이혼할 수 없는 사정이라면, 상대 여성은 오히려 남자의 사랑을 더욱 신뢰하고, 그의 딱한 처지를 위로해줘야 한다고 주장하기도 했다.[24] 당시 임노월과 김일엽의 관계를 감안해보면, 그녀가 이런 입장이라는 사실은 흥미롭다.

1922년에 일엽이 발표한 것으로 확인할 수 있는 유일한 글은 1월 3일 자 〈동아일보〉에 발표한 짧은 논설문 〈사나히로 태어났으면〉이다. 전문을 소개하면 다음과 같다.

> 내가 남자가 되었으면 나는 첫째로 여자의 개성을 발휘케 하는 이해자가 되겠습니다. 그 아내가 가령 사회적 인물이라면 나는 아내로 하여금 그의 장처인 종교나 사회사업이나 문예나 그 무엇을 물론하고 그의 개성을 발휘케 하기 위하여 가정에 대한 모든 일은 자기가 담당할지라도 기어이 그로 하여금 성공케 하겠습니다. 그리하고 그 아내가 가령 가정적 인물이라 하면 그로 하여금 가정에서 많은 재미를 보도록 도와주고 사랑하며, 또는 가정의 여왕으로 잘 순종하겠습니다. 그러나 대개 지금 조선 남자는 여자라 하면 가정이라는 그 속에 영영히 가두어 두는 그 무슨 죄인으로만 압니다. 이것이 내가 남자가 되었으면 그렇게 아니하겠다고 통절히 느끼는 바이올시다.

둘째로 내가 남자가 되었으면 나는 사회를 위하여 큰일을 하겠습니다. 보시오. 비록 남의 나라에 뒤떨어진 조선이라 할지라도 남자에게는 많은 기회가 있지 아니하였습니까. 가령 유학생 하나로만 볼지라도 동경에 조선 유학생이 발자취를 남긴 지는 3, 40년이 넘었으나, 오늘까지 변변한 학자 하나 나지 못한 것은 남자의 보잘것없는 것을 잘 증명하는 것이 아닙니까. 지금 조선의 말할 수 없는 모든 가련한 처지는 모두 다 남자가 만들어 온 일이 아니오리까.

우리 여자에게 그러한 기회를 많이 주었으면 결코 조선이라는 이 땅을 이처럼 가련하게는 아니하였겠습니다. 어쨌든 내가 남자가 되었으면 나는 피 있고 눈물 있는 정다운 사람이 되는 동시에, 남에게 속지 아니하고 남에게 지지 아니하는 힘 있는 사람이 되겠습니다.[25]

이 글은 비록 짧지만, 당시 일엽의 주요 관심사를 명료하게 드러낸다. 여기서 표현한 세 가지 주제는 우리의 관심을 끈다. 서두에서 일엽은 여성의 활동을 지원하는 것을 남성의 중요한 자질로 꼽았다. 일엽은 한국사회에서 남성이 차지하는 특권적인 지위와 그들이 사회에서 마땅히 수행해야 할 역할을 제대로 해내지 못하는 점을 강조한다. 그러면서도 글의 마지막에 가서 자신이 생각하는 이상적인 남성상을 '따듯하고 섬세하며, 남들에게 속지 않을 만큼 강한 매력적인 남성'으로 요약했다. 이런 결론은 그 당시 일엽의 생각을 반영해주는 것이 아닐까 한다.

〈동명東明〉 1923년 1월호에는 일엽의 수필 〈L양에게〉가 실렸다. 〈동명〉은 1922년 9월에 창간된 주간지로 시사와 아울러 예술과 과학에 관한 기사에 초점을 맞춘 잡지였으며, 주간은 최남선이었다. 일엽의 수필은 화자話者의 절친한 친구인 L양에게 보내는 편지 형식을 취하고 있으며, 일엽이 쓴 글 중에서 가장 슬픈 분위기를 띤다. 화자는 자신과는 정반대로 더없는 행복에 취해 있는 L양에게 처연하리만치 외로운 자신의 심경을 토로한다. 화자는 그렇게 정서적으로 몹시 힘든 상황이지만, 그렇게 된 명확한 이유는 전혀 밝히지 않는다. 화자는 그저 자신의 심경을 다음과 같이 서술하기만 한다.

> 아까 댁에서도 또 공연한 눈물을 흘리었나이다. 지금도 또 다른 원인을 찾을 수 없는 눈물이 걷잡을 수 없이 자꾸 쏟아집니다. 아마 기쁜 사람의 웃음보다도 설운 사람의 눈물이 저절로 많이 소유되어 있는 것인가 보외다. 벗이 아는 바와 같이 나도 아무 철모르고 뛰어다닐 소녀 적에는 좀처럼 해서는 눈물을 흘리지 아니하였나이다. 그러나 아무것도 없고 아무도 없는 외로운 신세로 거친 바람밖에 불지 않는 매운 세상길을 홀로 걸어가게 된 오늘은 우수수 떨어지는 나뭇잎 소리만 들어도 그저 눈물이 핑 돌게 되나이다.[26]

이 글에서 화자는 자신이 처한 몹시 괴로운 상황이 어디에서 비롯되는지 내내 밝히지 않는다. 그저 외롭다는 말과 함께 자신이 세상에서 혼자라고 슬퍼하는 말을 거듭하며, "아아! 나는 역시 외톨이었나이다. 혼자이었나이다. 다만 혼자이었나이다"[27]라고 한탄하기까지 한다.

앞에서 이미 살폈듯이 1921년에 발표한 논설문에서 일엽은 혼외관계를 옹호하는 태도를 밝혔다. '신진여류의 기염'이라는 부제는 일엽이 그런 견해를 강력히 지지한다는 사실을 드러낸다. 그러나 1922년의 수필에서는 정직함이 일엽에게 이상적으로 비치는 남자의 가장 중요한 덕목이 되었다. 1921년의 논설문에서는 중매결혼이라는 유교 전통을 매도하여, 혼외관계를 옹호하는 자신의 입장을 정당화했고, 혼외관계에 연루된 남성들의 순수성에 공감을 표했다. 그런데 1923년에는 그와 대조적으로 아주 심란하고 괴로워하는 모습을 보여준다. 유례없이 혹독하고 처연한 외로움만이 일엽의 삶의 유일한 실체로 부각된다.

정조론과 한국의 여성

1924년은 일엽의 사상 발전 과정에서 하나의 전환점을 기록한 해였다. 화자가 분명히 밝히지 않은 어떤 이유로 몹시 심란하고 괴로운 심정을 드러낸 〈L양에게〉를 발표한 뒤, 7월에 이르러 일엽은 〈우리의 이상〉이라는 글을 발표했다. 이 글에서 그녀는 신여성이 자신을 위해 추구해야 할 새로운 이상적 비전을 세 가지 제시한다. 그것은 신 정조론, 새로운 인성론, 이상적인 배우자에 관한 견해였다.

이 글의 논조는 일엽이 전통적인 한국 여성의 삶과 신여성의 인생관을 구분하기 위해 새로운 어떤 것을 찾고 있다는 인상을 준다. 일엽이 정조론과 인성론에서 '새로운'이라는 표현을 거듭 쓴 것이 말해주듯 당시 일엽의 사상에는 새로운 것에 대한 추구가 핵심으로 떠오른다.

일엽은 〈우리의 이상〉에서 언급한 신 정조론을 더 정교하게 다듬어 1927년에 〈나의 정조관貞操觀〉을 발표했다. 신 정조론은 오랫동안 당시 일엽의 사상을 평가하는 초점이 될 뿐 아니라, 나아가 일엽의 전 생애를 평가하는 기준이 되어버렸다. 일엽의 사상을 이야기할 때, 학자들과 일반 대중은 모두 '정조'에 대한 그녀의 시각이 지닌, 관습에 얽매이지 않는 측면만 주목하는 경향이 강했다. 그 때문에 일엽이 '새로움'이라는 관점으로 무엇을 강조했는지 알아보는 데 실패했다.

일엽은 정조에 대한 자신의 관점을 다음과 같이 이야기한다.

사랑이 없으면 정조도 있을 수 없다. 정조는 외부로부터 강요받을 수 있는, 애인에 대한 도덕성을 의미하는 것이 아니다. 그것은 애인에 대한 애정과 상상력의 최대한의 조화를 뜻하는 열정이다.

그것은 사랑이 없이는 결코 요구할 수 없는 인간의 원초적 본능과 관련된 감정이다. … 따라서 정조는 고정된 것이 아니라 … 새로워질 수 있는 유동적인 것이다. 정조는 결코 도덕으로 정의할 수 없다. 그것은 인간이 느끼는 애정의 최적의 상태다.[28]

〈우리의 이상〉은 일엽이 현대 사회에서 정조를 어떻게 이해해야 하는지 분명하게 이야기한 첫 번째 글이다. 여성이 한 남성에게 충실해야 한다는 관념은 유교적인 한국 사회에서 역사가 오래되었다. 유교 전통의 초창기부터 여성의 미덕은 분명하게 규정되었다. 기원전 3세기경, 유교 철학자 맹자孟子는 이렇게 말했다. "처녀가 결혼하면, 그녀의 어머니는 딸에게 조언을 해주고, 문 앞까지 따라가면서 다음과 같이 훈계한다. 시집에 가서 너는 예의 바르고 신중하게 처신해야 한다. 남편의 말을 거역해서는 안 된다. 복종과 순응을 철칙으로 여기는 것이야말로 처첩이 따라야 할 길이다."[29]

여성이 남성에게 복종해야 한다는 관념은 동아시아에서 여성의 삶을 오랫동안 옥죄었다. 자주 인용되는 여성의 정조에 관한 다음 구절에서 우리는 그런 관념이 극단적으로 치달은 사례를 엿볼 수 있다. 부인으로서 "굶어 죽는 것은 작은 문제이나 정조를 잃는 것은 큰 문제이다"[30]라는 구절에서 알 수 있듯이 여성에게 정조는 목숨보다 더 중요한 것으로, 어떤 대가를 치르더라도 반드시 지켜내야 할 것으로 간주되었다.

김일엽과 신여성들은 한국 사회가 정조와 순결이라는 이름으로 여성의 성sexuality을 통제하여 여성들을 지배해온 성의 정치학을 예리하게 꿰고 있었다. 그러나 일엽은 여성 차별의 상징인 정조라는 개념을 내던져버리라고 주장하지 않았다. 그 대신 그녀는 '정조'가 사랑하고 있는 두 사람 사이의 궁극적인 애정 상태의 표현이어야 한다고 정조를 새롭게 정의했다.

일엽은 〈신여자〉를 창간하면서, 한국 사회에서 여성 문제에 대한 자각을 불러일으킬 목적으로 여성 모임인 청탑회靑塔會라는 포럼을 만들었다. 청탑회라는 이름은 히라쓰카 라이초平塚らいてう(1886-1971)가 창설한 일본 신여성 단체 세이토샤靑鞜社에서 유래된 것이 분명했다. 일본어 세이토靑鞜는 한국식으로 한자를 읽으면 청탑이라고 발음된다. 일엽이 만든 포럼 청탑靑塔(푸른 탑)과 히라쓰카 라이초의 세이토靑鞜(푸른 스타킹)는 한국 발음으로 똑같이 '청탑'이지만, 일엽은 세이토의 두 번째 한자를 바꾸어 발음은 같으나 의미가 다른 청탑, 즉 '푸른 탑'을 만들었다. 세이토의 '푸른 스타킹blue stockings'은 18세기 영국에서 페미니스트 집단을 지칭할 때 쓴 용어이다.

일엽은 자신이 신 정조론을 처음 언급한 때가 1920년의 청탑회 모임이라고 회고했다.[31] 일엽은 그 모임에서, "인간은 태어날 때부터 자유롭습니다. 사랑할 자유, 결혼할 자유, 이혼할 자유가 다 신성합니다. 이런 자유를 금하는 것은 미개한 사회의 고약한 관습입니다"[32]라고 말했다고 적었다.

그러나 1924년 〈우리의 이상〉을 발표하기 이전 일엽의 어느 글에서도 신 정조론에 관한 논의는 나타나지 않는다. 심지어 그런 용어를 언급하지도 않았다. 만일 그녀가 정말로 1920년 무렵에 자신의 신 정조론을 구상하고 청탑회 모임에서 그런 이론을 논의했다면, 〈신여자〉에 수록된 글들에서 그에 관해 언급한 대목이 전혀 없다는 것은 좀 이상한 일로 보인다.

　　설령 일엽이 1920년에 신 정조론을 구상하는 초기 단계였을지라도, 그것은 〈신여자〉에서 표명한 견해와 잘 어우러지지 않았을 것이다. 잡지에서 일엽은 단호한 자세로 사회 변화와 여성해방을 요구했지만, 그녀의 주요 관심사는 여성 교육, 한국사회에서의 성차별에 대한 여성의 자각에 쏠려 있었다. 여성의 성을 언급하는 대목은 일절 나오지 않는다. 그리고 〈신여자〉에 발표한 글에서 일엽은 여성이 남성을 뒤따라야 한다는 온건한 견해를 제시했다.

　　〈신여자〉 창간호에서 신여성의 사회적 책임을 이야기할 때, 일엽은 신여성이 사회 변화와 여성해방을 성취하기 위해 따라야 할 네 가지 적극적인 활동의 하나로 '예의 있는 행동'을 강조했다. 일엽은 이에 대해 다음과 같이 설명했다. "진지한 독자들은 이런 요구를 신여성 전체에 대한 모욕으로 여기고 화를 낼 수도 있습니다. 그러나 만 명의 신여성 중에서 단 한 사람이 좋지 않게 행동하기만 해도 우리 사회는 모든 신여성이 그런 행동에 책임지도록 만들 것입니다. 그리고 여성 교육에 반대하는 사람들은 그런 경우를 이용해 반대 의견의 정당성을 주장할 겁니다. 우리가 아주 세심하게 신경 쓰고 미래 세대에게 좋은 모델이 되어야 할 이유는 바로 이 때문입니다."[33]

일엽이 1920년 발표한 글과 1924년의 〈우리의 이상〉에서 언급한 대목들을 비교해보면, 성평등에 대한 일엽의 생각이 4년 사이에 급격하게 변한 사실을 발견할 수 있다.

신 정조론

일엽은 사랑과 성에 대한 자신의 견해를 종합하여 1927년 1월 8일 자 〈조선일보〉에 〈나의 정조관〉이란 글을 발표한다. 이 글에서 그녀는 여성들에게만 정조를 요구하는, 수백 년 묵은 이중 잣대를 공개적으로 비판하고 '신 정조론'을 선언한다. 그녀는 전통적인 정조관은 여성에게는 한 남자에게만 충실하라고 가르치지만, 남자는 여러 여자와 마음대로 어울려도 상관없는 현실을 비판한다. 그리고 그와 같은 여성의 성sexuality에 대한 견해야말로 한국 사회의 성gender 차별의 가장 두드러진 현실 가운데 하나라고 주장한다. 일엽은 이렇게 썼다.

재래在來의 정조관으로 말하면 정조를 물질시하여 과거를 가진 여자의 사랑은 신선미가 없는 진부한 것으로 생각하여 왔습니다.

다시 말하면 어떤 여자가 어떤 남자와 한 번이라도 성적 관계가 있었다면 그 여자는 벌써 정조를 더럽힌, 버린 여자라 하였습니다. 그의 정조란 마치 어떤 보옥으로 만든 그릇이 깨어져서 못 쓰게 되는 것같이 생각하여 왔습니다.

그러나 정조란 결코 그러한 고정체가 아닙니다.

사랑이 있는 동안에만 정조가 있습니다.

만일 애인에게 대한 사랑이 소멸된다고 가정하면 정조에 의한 의무도 소멸될 것입니다. 따라서 정조라는 것도 연애 감정과 마찬가지로 유동하는 것이라 볼 수 있는 동시에 항상 새로운 것입니다.

그리고 정조는 상대자에 대한 타율적 도덕관념이 아니고, 그에 대한 감정과 상상력의 최고 조화한 정열인 고로 사랑을 떠나서는 정조의 존재를 타일방他一方에서 구할 수 없는 본능적인 감정이라는 것입니다.

그러므로 과거에 몇 사람의 이성과 연애의 관계가 있었다 하더라도, 새 생활을 창조할 만한 건전한 정신을 가진 남녀로서 과거를 일체 자기 기억에서 씻어 버리고 단순하고 깨끗한 사랑을 새 상대자에게 바칠 수가 있다 하면, 그 남녀야말로 이지러지지 않은 정조를 가진 남녀라 할 수 있습니다.[34]

일엽은 같은 글의 후반부에서 신여성과 신남성 그리고 더 나아가 새 역사를 창조하기 위해서 새로운 정조 개념이 중요하다고 강조했다. "재래의 모든 제도와 전통과 관념에서 멀리 떠나 생명에 대한 청신한 의미를 환기코자 하는 우리 새 여자, 새 남자들은 무엇보다도 우리들의 인격과 개성을 무시하는 재래의 성도덕에 대하여 열렬히 반항치 아니할 수 없습니다."[35]

이와 같은 일엽의 주장은 물론 당시 유교 중심의 가부장적인 한국사회의 현실에 비추어보면 급진적이라고 하지 않을 수 없다. 하지만 〈우리의 이상〉(1924)과 〈나의 정조관〉(1927)에서 일엽이 전하려 한 메시지는 한국의 학자와 일반 대중이 이해한 것과 다를 수 있다. 우리는 두 가지 질문을 던지는 것으로 이 문제를 살펴볼 수 있다.

첫째, 일엽은 1924년 이전에 발표한 여러 글에서 신여성에게 정숙함과 예의범절을 강조했는데, 왜 1924년에는 갑자기 성 문제에 주목했을까? 이것은 일엽의 사상에 중요한 변화가 있었음을 뜻하는 것일까?

둘째, 1924년과 1927년에 발표한 두 글에 나타나는 성적 자유주의의 개념이 일반적으로 해석한 것처럼 실제로 과격한 성적 해방을 뜻하는 것일까? 아니면 일엽 철학의 새로운 주제에서 우리가 발견해낼 수 있는 다른 무엇이 있는 것일까?

한국사회는 일엽의 신 정조론을 과격한 성적 자유 선언으로 해석했다. 그러나 일엽이 전통적인 성과 젠더의 윤리관에 도전하면서 말하려던 것은 정확히 무엇이었을까? 그녀는 사회에서 일반적으로 허용되는 덕성의 개념을 맹목적으로 추종하는 대신, 여성은 "자신의 정조와 여성적 덕성에 절대적인 자부심을 가져

야 하고", 순결을 유지해야 한다고 주장했다

'순결을 유지한다'는 것은 무슨 뜻일까? 일엽은 이에 대해서도 답했다. "우리는 정조에 대해 무한한 자존심을 가지고 언제든지 처녀 기질을 잃지 않아야 하겠습니다. 처녀의 기질이라면 남자를 대하면 낯을 숙이고 말 한마디 못 하는 어리석은 태도가 아니고, 정조 관념에 무한 권위, 다시 말하면 자기는 언제든지 새로운 영과 육을 가진 깨끗한 사람이라고 자처하는 감정입니다."[36]

일엽은 여성들에게 정조와 순결을 완전히 무시하라고 권하지 않았다. 그녀는 사회와 전통이 '정조'라는 이름으로 강요하는 여성의 몸에 대한 도덕주의적 관점을 수동적으로 수용하지 말고, 여성성을 적극적으로 옹호하라고 촉구했다. 여성의 자부심의 원천이자 독립적인 존재가 되는 힘으로 여성의 성feminine sexuality을 옹호한다는 것은, 여성이 자기 자신과의 만남과 남성을 포함한 타인과의 만남에서도 주체성을 회복해야 한다는 것을 의미한다. 그렇게 함으로써 순결과 여성의 덕성은 과거 수백 년 동안 한국 사회에서 통용된 여성을 짓누르는 데 사용한 통제 메커니즘 대신, 여성이 스스로 자신의 독자성과 주체성을 행사할 수 있는 도구가 되는 것이다.

신 정조론에 관해 일엽이 발표한 글은 단 두 편뿐이다. 하지만 사람들은 여성 문제에 대한 일엽의 입장을 전적으로 신 정조론에 대한 피상적 이해만으로 판단했다. 그러한 판단에 근거해 사람들은 또한 일엽의 사생활이 문란하다고 주장했고, 나아가 그녀가 여성 문제에 대해 제시한 관점에 진정성 없다고 비난했다. 사람들의 이러한 편견은 일엽과 함께 자유주의 신여성으로 분류되는 또 다른 두 여성, 곧 한국 최초의 여류 서양화가 나혜석과 한국 최초의 현대적인 여류작가 김명순의 삶에 대한 평가에도 이어졌다.

여성 화가와 여성 작가의 이야기: 나혜석과 김명순

나혜석은 김일엽과 아주 다른 환경에서 성장했다. 이화학당을 졸업할 무렵 일엽은 거의 고아나 다름없었다. 이와 달리 나혜석은 유복한 집안에서 태어났다. 두 오빠가 모두 일본에 유학했다는 것은 이미 그녀의 집안이 한국사회에서 상위 계층에 속한다는 사실을 입증한다. 나혜석은 고향에서 학교를 마치고, 서울에 있는 진명여고에 진학하여, 1913년에 졸업했다. 그 직후 두 오빠의 주선으로 도쿄에 있는 사립 여자 미술전문학교에 들어갔다.

얼마 지나지 않아 여성 화가이자 작가라는 독특한 위치 덕에 나혜석은 한국 유학생들 사이에서 유명 인사가 되었다. 그녀는 일본에 있는 동안 최승구라는 젊은 시인과 사랑에 빠졌다. 그런데 1916년에 최승구崔承九(1892-1916)가 폐결핵으로 사망한다. 이때 나혜석은 큰 충격을 받는다.

1918년, 나혜석은 한국으로 돌아와 다양한 사회 활동에 참여했다. 그 사이 그녀는 교토제국대학 법학과 출신으로 둘째 오빠의 친구인 김우영金雨英(1886-1958)에게 구애를 받았다. 그는 그녀의 예술 활동을 전폭적으로 지원하겠다고 약속했다. 나혜석은 결국 그의 청혼을 받아들였고, 두 사람은 1920년에 결혼했다.

두 사람은 서울의 한 교회에서 서구식 결혼식을 올렸다. 그 결혼식은 한국 상류사회 사람들 사이에서 화제가 되었다. 이후 몇 년 동안 부부는 네 자녀를 낳았고, 외교관이라는 김우영의 지위 덕분에 세계 각국을 돌아다닐 수 있었다. 그들은 1923년에는 만주에서 살았고, 1927년부터 1929년까지는 유럽과 미국을 여행했다.

부부가 유럽에 머무는 동안, 김우영은 대부분 독일과 영국에서 공부했고, 나혜석은 파리에 머물면서 그곳에 있는 여러 미술관을 돌아다녔다. 이때 나혜석은 업무차 유럽에 온 천도교 지도자 최린崔麟(1878-1958)을 만났고, 결국 그와 연애를 하게 되었다.[37]

부부가 한국으로 돌아온 뒤 김우영은 아내가 최린과 연애한 사실을 알게 되었다. 그는 나혜석에게 이혼을 요구했고, 만일 이혼에 응하지 않을 때는 간통죄로 고소하겠다고 위협했다. 결국 나혜석은 이혼서류에 도장을 찍었다.

이혼과 더불어 일상의 의무에서 벗어난 나혜석은 잠시 자유로움을 느낀 듯했다. 하지만 얼마 지나지 않아 빈곤과 사회의 냉대와 싸워야만 했다. 그 압박감은 그녀의 몸과 마음을 모두 망가트리고, 결국 신경쇠약과 마비증세를 불러왔다. 서울에 있는 병원 기록에 의하면, 나혜석은 1948년 12월 10일에 사망했다.

또 다른 1세대 자유주의 신여성 김명순의 삶의 이야기도 김일엽이나 나혜석과 다르다. 김명순의 아버지는 부호였지만, 그녀의 어머니는 첩이었다. 사생아인 김명순은 평생토록 서출이라는 낙인과 힘겹게 싸워야 했다.

그녀는 한국에서 교육을 받다가 1913년부터 1915년까지는 일본에서 교육받았다. 당시 그녀는 자신의 글을 문학잡지에 발표하기 시작했다. 한국 문단을 주도하던 이들은 이내 그녀의 재능을 인정했으며, 그녀는 문학잡지 〈창조〉의 동인으로 초대받았다. 한국으로 돌아와 1916년부터 1917년까지 숙명여고에서 공부했고, 1920년대에는 일본으로 돌아가 음악을 공부했다.[38] 1925년, 〈매일신보〉 기자가 되었고, 몇몇 문학작품을 발표했다. 1927년부터는 여러 영화에도 출연했다.

국문학자 최혜실은 신여성을 연애지상주의자 혹은 심지어 탕녀로까지 매도한 비평가들에게 김명순의 다양한 연애사는 그 대표적인 예로 보였을 것이라고 썼다.[39] 김명순은 화가 김창용과 사귀다가 훗날 김일엽과 동거한 임노월과도 사귀었다. 1924년경 그녀는 어느 농촌 지역에서 아기를 낳았다. 그녀는 그 아이가 임노월의 자식이라고 주장했지만, 임노월은 강하게 부인했다. 이에 큰 충격을 받은 김명순은 정신병에 걸리기까지 하여, 사회 활동을 하는 데 큰 지장을 받았다.

그러나 김명순의 남자관계에서 더 중요한 사건은 그 이전에 일어났다. 1915년경, 김명순은 한 육군 장교와 관계를 맺었다.[40] 자세한 내용은 알려지지 않았지만, 그녀는 그 관계를 '강간'이라고 정의했다. 왜냐하면 김명순은 그 장교와 결혼할 것으로 생각했지만, 그는 그녀와 결혼할 의사가 없이 관계를 맺었기 때문이다. 그들의 관계가 악화되자 그녀는 자살을 기도했다.

이 사건은 한국의 일반인에게까지 알려졌고, 딸의 행실에 크게 노한 김명순의 아버지는 경제적 지원을 모두 끊어버렸다. 그때 김명순의 나이는 스무 살이었다. 사실 군 장교와의 관계나 그 뒤의 임노월과의 관계도 이미 실패할 운명이었다. 그녀는 사생아였고, 지체 있는 집안의 남자라면 아무도 사생아와 결혼하지 않았을 것이기 때문이다. 김명순도 결국 나혜석과 마찬가지로 혹심한 생활고를 겪지 않을 수 없었다. 1942년부터 그녀가 사망한 1951년까지 김명순은 집도 없이 떠돌아다니며, 가끔 거리에서 땅콩과 껌을 파는 것으로 간신히 생계를 유지했다. 결국 그녀는 일본의 아오야마 정신병원에서 사망했다.

사람들은 이들 세 자유주의 신여성의 삶을, 주로 그들에게 일어난 흥밋거리 사건만으로 이해해왔다. 사람들은 이 여인들의 '비극적' 죽음을 무절제한 생활방식과 성적 방종의 '당연한' 결과로 해석했다. 그들이 사회규범에 순응하지 않고 거부해서 비극을 자초했다는 것이다. 이 여성들의 삶이 경멸의 대상이 되고 사회적, 성적 방종으로만 부각하면서 그들의 이성 관계 역시 단지 하나의 '연애 사건'에 불과한 것으로 해석되었다. 그들은 결혼생활에 실패했고, 사람들은 그들의 삶 전체가 '실패'라고 결론지었다.

신여성들의 삶을 단호하게 심판하는 관행의 저변에는 사랑과 결혼이라는 제도, 그리고 가부장적 구조가 지배하는 사회 권력의 복잡한 상호 작용이 깔려 있었다. 신여성들이 속한 사회는 그들의 삶에서 '사랑'의 한 단면만 보기를 고집했다. 하지만 그들을 처벌받게 한 사랑, 그리고 그들을 고통으로 밀어 넣은 사랑은 겉보기보다 훨씬 더 복잡한 현상이었다.

하나가 아닌 사랑

신여성의 사랑은 다층적 모습을 보인다. 그 가운데 첫 번째로 볼 수 있는 모습이면서 가장 잘 보이는 사랑의 모습은 '로맨스로서 사랑'이다. 그녀들이 속한 사회는 그녀들의 삶에서 이 사랑을 보려고 했다. 그러나 그 사랑의 뒷면에서 우리는 곧 그녀들이 한 사랑의 두 번째 측면을 발견할 수 있다. 그것은 또한 로맨스적 사랑, 연애의 역사, 결혼이라는 제도 등과 관련해서 이해할 수 있는 사랑의 모습이다.

영국의 작가 버지니아 울프Virginia Woolf(1882-1941)는 여성이 독립적인 삶을 사는 선결 조건은 경제적 독립을 위한 '돈'과 공간적 독립을 위한 '개인의 공간'이라고 선언했다. 울프의 선언은 한국 신여성에게도 절대적으로 해당하는 말이었다. 지금까지 살펴본 신여성 세 명의 사랑과 결혼, 이성과 관계가 끝난 뒤의 삶은 모두 결혼이라는 사회제도를 비롯해 그녀들이 속한 사회의 사회적, 경제적 구조에 큰 영향을 받았다. 김일엽이 이노익과 결혼한 이유에는 그녀가 처한 어려운 경제 사정이 한몫했다고 하지 않을 수 없다. 의지할 부모도, 형제자매도 없는 완전한 외톨이였던 일엽은 학업을 마친 뒤에는 제힘으로 생계를 유지해야 하는 상황이었다. 일엽은 당시 상황을 이렇게 술회했다. "이성에 대한 이해도 사랑도 움트기 전에 나에게는 아버지뻘 되는 이와 결혼하지 않을 수 없는 숙명을 가졌던 것도 이 몸이었사외다."[41] 이노익과의 결혼은 일엽에게 경제적인 안정을 제공했다. 그 덕분에 그녀는 일본에서 유학할 수 있었고, 돌아와 〈신여자〉를 창간할 수 있었다.

나혜석이 처한 곤경도 비슷했다. 그녀는 한국 최초의 서구식 결혼식을 올렸고, 이는 서울 전역에 소문이 날 정도로 화젯거리였다. 그렇지만 남편 김우영은 나혜석보다 열 살 연상으로, 전처를 사별하고 아이가 하나 딸린 남자였다. 이들 부부가 이혼을 협의할 때 나혜석은 재산을 공평하게 분배하라고 요구했다. 김우영은 이를 거부했고, 나혜석은 소액의 위자료만을 받고 이혼서류에 도장을 찍어줄 수밖에 없었다. 이후 그녀가 겪은 신경쇠약 증세는 주로 경제적인 어려움에서 비롯되었다. 김명순의 경우는 사생아라는 출신 배경 때문에 결혼하려는 시도조차 할 수 없는 처지였다.

이들 신여성의 사랑에서 보이는 세 번째 모습은 모성애이다. 이 주제는 한국 사회에서 사람들의 관심사 밖이었지만, 세 여성의 심리상태에 중요한 부분을 차지했다. 세 여성은 모두 '일반적인' 방식으로 모성애를 보여주는 데 어려움을 겪었지만, 모성애의 강력한 충동은 그것이 드러나든 드러나지 않든, 그들에게 고통의 일부분이 되었다.

모성애로 가장 고초를 겪은 사람은 김우영과 사이에서 네 명의 아이를 둔 나혜석이었다. 그녀는 이혼 조건 때문에 어머니로서 모든 권리를 박탈당했다. 전남편 김우영은 나혜석이 자식들과 어떤 접촉도 하지 못하게 막았다. 나혜석은 전남편 몰래 아이들의 학교를 찾아가기도 했다. 결국 김우영이 이 사실을 알게 되었고, 그녀를 구속하기까지 했다. 나혜석은 여러 해 동안 아이들을 볼 수 없다는 사실을 견딜 수 없어 파리행도 포기해야만 했다.[42]

아이들을 보려고 필사적으로 애쓰는 나혜석의 모습을 김일엽은 이렇게 기록했다. "그래도 나 씨는 아이들의 모습이 어른거리고, 남편의 환영이 떠올라 미칠 것만 같다는 것이다. (…) 길에서 같은 나이의 어린애가 눈에 띄어도 외면하게 된다는 것이다."[43] 일엽은 자신이 나혜석에게 한 다음 말을 덧붙였다. "이왕 시대 사건에 뛰어났으면 힘차게 나가야 하지 않겠소? 만일의 경우를 어찌 아니 생각하느냐 말야. 가정도 자녀도 벗어나는 그 생활 태도를 계속할 것이지."[44]

일엽에게는 자식이 없었기 때문에 이런 충고를 해줄 수 있었으리라고 추론해볼 수도 있지만 그것은 피상적인 관점일 것이다. 모성애와 연결된 일엽의 심정은 그런 단순한 추정보다 좀 더 미묘하고 복잡했다.

일엽이 쓴 단편 〈자각自覺〉(1926)은 나혜석에게 충고한 내용을 반영한 소설처럼 보인다. 소설의 주인공은 임순실이라는 여성이었다. 그녀의 남편은 일본 유학 중 다른 여자를 만나 아내에게 이혼을 요구했다. 임순실은 그 소식을 듣고 망연자실했다. 그녀는 당시 사회의 관습대로 남편이 곁에 없는 동안에도 시집살이를 해왔다. 이혼을 요구하는 남편의 편지를 받았을 때, 그녀는 임신 8개월이었다. 그녀는 마침내 침착한 태도를 되찾고 남편에게 다음과 같이 답장을 써 보냈다.

> 주신 편지의 의미는 잘 알았나이다. 먼저 그런 편지 주심이 얼마나 다행한지 모르겠나이다. 여자의 몸이라고 그래도 환경을 벗어나지 못해서 이상에 안 맞는 남편과 억지로 지내면서도 남다른 고생을 겪지 않으면 아니 되는 자기 불행을 언제나 한탄하고 있었나이다. 아이는 남녀 간 낳는 대로 돌려보내겠나이다. 나는 아이를 데리고는 전정을 개척하는 데 거리끼는 일이 많을까 함이외다. 그러나 아이의 행복을 누구보다도 제일 간절히 바라는 사람이 이 세상에 또 하나 있음을 아이에게 일러주소서.[45]

1920년대 한국에서 이혼한 여성이 혼자 아이를 키우려고 하는 것은 바람직한 선택이 아니었을 것이다. 일엽은 이혼한 뒤 자녀 양육에 어떤 법률적 문제가 생기는지는 언급하지 않았다. 하지만 아직 배 안에 있는 아기에 대한 임순실의 태도는 깊은 생각거리를 준다. 그녀의 주된 관심사는 앞으로 태어날 아이가 아니라 자신이 제대로 자리를 잡아야 한다는 절박한 현실에 쏠려 있었다. 그리고 그녀는 이혼을 결혼생활의 해방으로 여기고 있었다. 독자적인 삶을 살겠다는 그녀의 결심은 확고했고, 소설의 후반부에 가서 그녀는 실제로 교육을 받는 데 성공했다. 그러나 독자적인 삶의 기반을 닦겠다는 의지가 확고하더라도, 그녀의 마음속에서 아이 생각을 완전히 몰아낼 수는 없었다. 아이를 보고 싶다는 절실한 욕구를 임순실은 다음과 같이 표현했다.

> 어린 것의 소식을 들을 때마다 가슴이 뭉클하오이다. 지금 네 살인데 총명하고 잘생긴 아이로 말도 썩 잘한다 하나이다. 어떤 때는 몹시도 어린 것이 보고 싶어서 그 집 문간에라도 몰래 가서 그것의 얼굴이라도 잠깐 보고 올까 생각할 때도 있지마는 스스로 억제하나이다. 보고 싶다고 한 번 만나면 두 번 만나고 싶고, 두번 만나면 자주 만나고 싶고, 자주 만나면 아주 곁에다 두고 떠나지 않게 되기를 바라게 될 것이니.[46]

임순실은 아이를 향한 엄마의 자연스러운 사랑이 자신에게 요구하는 것을 가차 없이 버리며 단호히 말한다. "나는 자식의 사랑으로 인하여 내 전 생활을 희생할 수는 절대로 없나이다. 자식의 생활과 나의 생활을 한데 섞어 놓고 헤매일 수는 없나이다."[47]

유교적인 한국 사회에서 '어머니'는 여성의 기본적인 역할이었다. 하지만 김일엽의 여주인공은 참된 인간의 삶을 추구하기 위해 이런 규범에 단호하게 도전했다. 그녀는 시집살이를 "잔혹한 노예상태"의 삶으로 표현했고, 다시는 시집 식구들과 얽히려고 하지 않았다. 이제 중요한 것은 전통적인 어머니 역할을 다하는 것이 아니라 독립된 인간으로 변모하는 일이라고 말했다. 그녀는 더 이상 남편이나 시집 식구들에게 부당한 취급을 받는 신세로 전락하지 않도록 이런 선택을 했다. 소설의 끝 무렵에 순실은 자신의 결의를 굳히며 이렇게 말한다. "이왕 사람이 아닌 노예의 생활에서 벗어났으니 이제는 한 개 완전한 사람이 되어 값있고 뜻있는 생활을 하여야 하겠나이다. 그리고 사람으로 알아주는 사람을 찾으려 하나이다."[48]

여기서 순실은 신여성의 딜레마 그리고 여성해방운동이 시작된 이래 많은 여성이 겪은 딜레마를 상징하는 존재로 볼 수 있다. 여자는 어머니의 역할을 우선시하는 전통을 따라야 할 것인가? 아니면 한 인간으로 살아가는 길을 가족에 대한 의무 앞에 두어야 할 것인가? 순실의 경우와 마찬가지로 서로 상충하는 우선순위에 직면하면, 사람은 결국 자신의 인생관을 기반으로 결정을 내리게 된다. 그러나 인생관에 기반해서 결정을 내렸다 하더라도, 인간의 마음이 항상 내린 결정을 그대로 따르는 것은 아니다. 심지어 자발적으로 내린 결정이라도 말이다.

일엽의 수필 〈꿈길로만 오는 어린이〉는 이런 점에서 좀 특이하다. 이 글은 독자적인 여성의 삶을 추구하려는 일엽의 결단과 일엽이 자신에게조차 명확하지 않은 심리상태 사이의 간극을 드러내는 듯하다. 이 글에서 일엽은 자신의 꿈속에 거듭 출몰하는 아이에 관해 이야기한다. 그녀는 그 아이가 네 살 때 죽은 여동생이 아닌지 의심하며, 이렇게 묻는다. "나이가 남의 어머니 될 때가 지났으니 잠재의식적 모성애가 발로된 것일까. 비록 꿈이라 할지라도 그렇게도 안타깝게 사랑스러운 느낌을 주고 그렇게도 나의 전 정신을 사로잡는 그 아이는 과연 나와 어떠한 관계가 있는가? 내 태에 생겨서 내 품에서 기를 인연이 있는 어린 것이 무슨 장해로 내게 태어나지를 못하여 애처롭게도 꿈길로만 방황하고 있는 것인가?"[49]

나혜석의 경우 모성애는 아주 명확하게 드러났다. 그리고 결국에 그녀의 삶을 갈가리 찢어놓았다. 일엽에게는 자식이 없었지만, 그녀가 쏟아붓고 싶어 했을지도 모를 모성애는 꿈속에서 은밀한 형태로 드러났다.

김명순에게 모성애는 나혜석이나 김일엽과는 또 다른 이야기였다. 1936년 무렵부터 그녀는 도쿄의 이치가와 고아원에서 일한 경험을 바탕으로 고아와 고아원에 관해 단편소설을 여러 편 썼다.[50] 김명순은 이 고아원에서 한 아이를 입양해, 그녀가 죽을 때까지 그 아이를 키웠다. 최혜실은 김명순이 노숙자로 생활하던 생애 말년에도 아이를 버리지 않은 점을 지적했다.[51] 최혜실은 아이에 대한 김명순의 애착을 그녀가 1924년에 낳아서 버린 아이에 대한 죄책감의 표현으로 해석했다.

또 다른 국문학자 김유선은, 김명순이 남자들과 무분별한 성관계를 가졌다고 사람들이 비난했지만, 그녀의 시에 '연인'이라는 표현이 거의 등장하지 않으며, 가장 자주 등장한 주제는 '어머니'라고 말했다.[52] 그러나 김명순의 글에 등장하는 어머니는 김명신 자신의 초상이 아니라 자기 어머니의 이미지였다. 김명순은 서출이었기에 지체 있는 집안의 남자는 아무도 그녀를 아내로 맞이하지 않았을 것이고, 그것은 곧 그녀에게 '합법적인' 어머니의 삶은 가능하지 않다는 것을 의미했다. 자신이 낳은 사생아를 저버렸다는 그녀의 괴로움은, 서출이라는 불행을 자기 자식에게도 넘겨주었다는 사실을 깨달았을 때 곱절이 되었다.

세 여성 모두 각기 다른 방식으로 모성애 때문에 고통을 겪었다. 하지만 그들을 고통스럽게 한 모성애는 우리가 흔히 생각하듯이 로맨스로서 사랑과 전혀 다른 사랑이 아니다. 모성애는 이성 간의 사랑이 가지고 있는 다른 모습이며, 이성 간의 사랑으로 생신 출산으로 이루어지기 때문이다. 사람들이 사랑을 한낱 연애로만 여기더라도, 사랑은 단지 거기에서만 그치는 것이 아니다. 개념으로서 사랑, 현실로서 연애, 사랑을 지키기 위한 제도로서 결혼, 사랑의 결과로서 출산은 모두 사회적, 생물학적, 역사적 환경 내에 존재한다.

한국 신여성에 대한 평가는 오랫동안 그들의 사생활을 비방하는 풍조의 지배를 받아왔다. 이런 풍조 하에서 신여성들은 '플레이걸playgirl'이나 '사교계 마담' 같은 명칭으로 낙인찍히기도 했다.[53] 이노우에 가즈에井上和枝가 지적한 것처럼 한국의 국가주의 이데올로기는 1990년대까지 신여성 연구에 제동을 걸었다.[54] 이것은 신여성의 삶은 물론 심지어 그들의 죽음까지도 가부장적 이데올로기의 심판을 받았다는 의미이다. 사람들은 신여성들의 삶에 대해 자신들이 원하는 부분만을 기억했고, 그 기억에 근거해 그들의 삶을 정죄했다. 결과적으로 신여성들의 철학은 마땅히 받아야 할 평가를 받지 못했다.

프랑스 철학자 자크 데리다는 철학에 대해 다음과 같이 정의했다. "철학은 심리학과 삶의 이야기의 결합체이다. 철학은 살아 있는 영혼의 움직임이고, 개인의 삶과 그 삶을 가능하게 한 다양한 방식들의 움직임이다. 그들은 함께 철학을 구성하는 모든 요소와 진리의 다양한 모습을 보여준다."[55] 신여성들의 삶이 흥밋거리 험담이나 대중지의 연예 기삿거리로 남아 있는 한, 그들의 삶의 이야기와 심리에 대한 분석은 철학의 지위에 오를 수 없다.

앞으로 7장에서 철학과 삶과 젠더 문제를 불교철학과 관련해서 다룰 것이다. 3장에서는 김일엽을 비롯한 신여성들의 '사랑 철학'의 사회적, 역사적 정신사를 재구성할 것이다. 그리고 그들의 삶과 죽음을 사회적 가치의 사회, 역사적 진화과정이라는 폭넓은 맥락에서 이해하려 시도할 것이다. 이러한 사회적 가치는 사랑과 결혼에 대한 새로운 개념의 도입, 성평등, 자유 추구의 연관관계에서 발생했다. 신여성들은 그들의 사회가 근대화되는 과정에서 이러한 개념을 호흡하고 그들의 삶의 일부로 만들어간 이들이었다.

문제는 이 몸이다: 세이토와 깁슨 걸

신여성들은 누구였는가?

신여성들의 삶을 이해하려다 보면, 그들의 삶에 대한 서로 다른
견해들이 서로 충돌하는 것을 발견하게 된다. 신여성들은 자신
들의 사랑의 행태가 가부장제 사회의 성차별에 대한 도전이라고
주장했지만, 그에 동조하지 않는 냉담한 사람들은 신여성들의
생활방식이 성적으로 방종하고 도덕적으로 문란하다고 여겼다.
성적 자유에 대한 신여성들의 요구는 오늘날 한국사회의 기준에
비추어보아도 사회규범에 대한 과감한 도전이라 할만했다.

20세기 초 한국사회는 여성의 지위가 지금보다 더 관습에 얽
매였을 것이다. 기간이 짧기는 했지만, 어떻게 신여성들이 그처
럼 자신들의 목소리를 강력히 낼 수 있었을까? 어쩌면 신여성들

의 도전이 너무 급진적이었기에, 보수적인 성격의 한국사회가 새롭게 성장하는 이 여성 집단에 대항해 통제하면서 신여성의 비전이 이른 죽음을 맞았을지도 모른다. 사회는 신여성들에게 수치스러운 낙인을 찍고, 방탕하고 무절제하다며 비난했다. 이러한 신여성들은 한국사회에만 존재한 이례적 현상이었을까? 아니면 다른 사회에도 이와 유사한 운동이 있었을까?

　신여성 현상은 유독 한국에서만 일어난 하나의 고립된 현상이 아니라 19세기 말에서 20세기 초에 걸쳐 세계 곳곳에서 일어난 역사적인 사건이었다. 한국의 신여성들을 19세기에서 20세기 전환기의 여성운동이라는 더 넓은 맥락 속에 놓고, 일본과 미국의 신여성들과 비교해보면 한국의 신여성들이 어떻게 형성되었고, 그들의 주장이 어디에 근거했는지 더 잘 이해할 수 있을 것이다.

히라쓰카 라이초, 세이토샤와 일본의 신여성들

1920년대와 1930년대의 한국 여성운동이 당시 일본의 여성운동과 어떤 연관이 있는지는 아직도 계속 논의되는 주제이다.[56] 그러나 김일엽의 경우, 일본 여성운동의 영향을 받았음은 분명하다. 이를 뒷받침하는 증거 중 하나는 일엽이 〈신여자〉의 주간으로 활동하는 동안 조직한 여성들의 모임인 '청탑회靑塔會'라는 이름이다. 앞서 언급한 대로 '청탑'이라는 모임의 이름은 일본 여성잡지의 이름인 '세이토青鞜'의 한국식 발음이다.[57] 그런데 일엽은 세이토青鞜의 한자어 중 하나를 동음이의인 다른 한자로 바꾸었다. 청탑青塔은 '푸른 탑'을 뜻하고, 세이토는 '푸른 스타킹blue stockings'을 뜻한다.

일본에서 '신여성新しい女'이란 표현은 1900년대 초부터 나타났다. 일본 신여성 운동의 대표적인 인물인 히라쓰카 라이초에 의하면, 쓰보우치 쇼요坪内逍遥(1859-1935)가 1910년 와세다 대학에서 강연할 때 강연 제목으로 '신여성'이라는 표현을 썼다고 한다. 그 후 쓰보우치는《이른바 신여성所謂新シイ女》이라는 책에 그 강연 내용을 수록했다.[58] 1911년 라이초는 다른 여성들과 함께 세이토샤青鞜社라는 여성단체를 결성했는데, 거기서 펴낸 문학잡지〈세이토〉와 관련한 작가들의 활동을 지칭할 때 흔히 신여성이라는 용어를 사용했다.

근대 일본 여성운동의 역사가 〈세이토〉에서 시작된 것은 아니었다. 일본 최초의 여성지는 1885년에 등장했고,[59] 여성운동은 1880년대의 민권운동과 더불어 활기를 띠었다.[60] 일본문학 연구자 이지숙은 1880년대의 여성 민권운동가들이 20세기 초의 일본 신여성 운동과 〈세이토〉 창간을 위한 길을 닦아놓았다고 했다. 1880년대의 운동가들은 아내이면서 어머니라는 전통적 여성의 역할을 비판하고 성평등을 주장하며,[61] 여성운동의 토대를 마련했다.

〈세이토〉 창간호에 실린 라이초의 글은 〈태초에 여성들은 태

양이었다元始, 女性は太陽であった)라는 제목을 달았다. 그 글은 다음과 같이 시작한다.

> 태초에 여성은 태양이었다. 진정한 사람이었다.
> 지금, 여성은 달이다.
> 타인에 의존하여 살고 타인의 빛에 의해 빛나는,
> 병자와 같이 창백한 얼굴의 달이다.
> 〈세이토〉는 여기에 그 탄생을 고한다.
> 오늘의 일본 여성들의 뇌와 손으로 창조된 그것은
> 갓 태어난 아기처럼 목청껏 소리친다.[62]

라이초가 여기서 이야기하듯이, 여성을 상징할 때, 일반적으로 달을 사용했다. 라이초는 여성이 이지러지는 달처럼 모호한 위치를 갖기 전, 여성은 태양이었고 진정한 존재였다고 주장했다. 라이초는 모든 여성에게 숨은 천재성이 있으며, 여성해방의 목표는 이 숨은 재능을 되찾는 것이라고 주장했다. 라이초는 이렇게 썼다. "모든 여성은 저마다 숨은 재능, 천재가 될 수 있는 잠재력이 있다. 나는 이런 잠재력이 곧 현실로 드러날 것이라고 믿어 의심치 않는다. 이 엄청난 잠재력이 정신을 집중하지 못하는 바람에 열리지 않고 실현되지 않는다면 그것은 참으로 통탄스러운 일이다."[63]

라이초는 여성이 태양이라는 개념을 어떻게 떠올렸을까? 한

가지 가능한 출처는 712년에 편찬된《고사기古事記》에 실린 일본 건국신화이다. 고대 일본에 관한 가장 오래된 기록인《고사기》에 의하면, 일본이라는 땅은 남성 신인 이자나기伊邪那岐와 여성 신인 이자나미伊邪那美가 창조했다고 한다. 그 땅을 창조한 뒤 이자나기와 이자나미는 다양한 신들을 그 땅에서 번성하게 했고, 일본인들은 '신의 길'을 의미하는 신도神道라는 토착 종교를 통해 신들을 받들어 모셨다.

이자나기와 이자나미가 창조한 신들 가운데 태양 여신인 아마테라스天照가 있었다. 신도에 따르면, 일왕은 대대로 아마테라스 신의 직계 자손이다.[64] 일본에서 아마테라스를 일본 왕실의 직계 선조로 숭배하는 전통은 이미 5세기에 나타난다. 아마테라스가 태양 '신'이 아니라 태양 '여신'이라는 점을 주목한다면, 태초에 여성이 차지한 위치가 빛나는 태양이었다는 라이초의 선언이 그 신화와 무관하지 않음을 알 수 있다.

태양이었던 원래의 지위와 정반대로, 오늘날 여성의 위치는 개탄할 만한 상황이다. 라이초는 다음과 같이 썼다.

오늘날, 여성들이 무엇을 하든 그것은 모멸의 웃음을 불러일으킨다. 이런 비웃음의 배후에 무엇이 잠복해 있는지 나는 너무나 잘 알고 있다. 하지만 나는 추호도 두렵지 않다.

그런데 스스로 치욕과 불명예를 끊임없이 쌓아가고 있는 가련한 여성들의 처지에 대해 우리는 어떻게 해야 할까? 나는 묻는다.

김일엽, 한 여성의 실존적 삶과 불교철학

여성은 오로지 혐오감을 불러일으킬 만큼 하찮은 존재인가?

아니다! 진정한 사람은 그런 존재가 아니다.[65]

〈세이토〉의 탄생을 필연적이고 가능한 일로 만들어준 것은, 바로 태양이었던 여성의 원래 상태와 라이초가 살던 당대 현실의 간극이었다. 진정한 사람이 되려면 어떤 것이 필요한가? 라이초는 '정신을 집중하지 못한 상태'가 여성의 참된 자아를 덮어 가린다고 주장했다. 그런 자아가 드러나 활성화하기 위해서 여성들에게 열정이 필요하며, 정신 수행이야말로 참된 자아로 들어가는 통로라고 했다. 라이초는 이렇게 썼다.

> 나는 〈세이토〉가 이글거리는 여름 열기 속에서 태어나 더없이 강한 열기조차도 짓누를 만큼 강한 열정을 갖고 있다는 사실을 간과하지 않을 것이다.
>
> 열성! 열성! 우리는 오로지 이것에 의지해서 살고 있다.
>
> 열성은 기도의 힘이다. 의지의 힘이다. 참선의 힘이다. 신도神道의 힘이다. 달리 말해 열정은 정신 집중의 힘이다.
>
> 그리고 정신 집중은 신비의 영역으로 들어가는 유일한 문이다. (…) 나는 이 정신 집중의 중심에서만 천재적 재능을 찾을 수 있다고 생각한다.[66]

라이초는 여성의 자유와 해방은 "자아를 전적으로 해방하는 정신적 혁명"을 통해서만 가능하며,[67] 정신적 혁명은 자아를 버려야만 이루어진다고 했다. 라이초는 이렇게 말했다. "우리가 우리를 놓아줄 때, 우리의 숨은 천재성을 발견할 수 있다. 우리는 그 천재성을 드러내기 위해 자신을 희생해야 한다."[68]

그녀는 여성들이 어떤 종류의 자아를 버려야 한다고 요구하는 것일까? 일반적으로 여성운동은 여성들에게 그들의 잃어버린 자아를 되찾으라고 권한다. 가부장제 사회 속에서 여성들은 오랫동안 이름 없는 대중으로 머물러왔다. 여성들이 자신의 이름을 되찾고, 정체성을 회복하는 것이야말로 자신을 발견하고, 남성들과 동등한 지위를 획득하는 첫걸음이 된다.

이러한 페미니즘의 기본 개념과 정반대로, 라이초는 여성들이 숨은 천재성을 회복하려면 자신을 버려야 한다고 주장한다. 그녀는 이렇게 말한다. "우리의 구세주는 자신에게 내재한 천재성뿐이다. 우리는 이제 더는 절이나 교회에서 부처나 신을 찾지 않는다. 우리는 이제 성스러운 계시를 고대하지 않는다. 우리는 스스로 노력해서 자기 안에 있는 자연의 비밀을 드러낼 것이다. 우리가 스스로 성스러운 계시가 될 것이다."[69]

라이초는 여성의 천재성은 정신 수행으로 되찾을 수 있고, 참선으로 획득한 자유는 여성들이 자신의 창조성을 표현하게 해준다고 여겼다. 라이초가 지향하는 참된 자아의 모습에서 우리는 선불교의 깊은 영향력을 짐작할 수 있다. 한계에 갇혀 있는 자아를 버림으로써 여성들이 해방되고 확장된 자아를 얻을 수 있다는 것이다.

　참선 수행자이던 라이초는 내면의 정신 혁명이 여성해방의 기반으로 중요하다고 강조했다. 그녀는 "만일 자신이 선禪의 길을 따르지 않았다면, 창간사 〈태초에 여성은 태양이었다〉는 분명 아주 다른 형태의 글이 되었을 것"[70]이라고 술회했다. 그녀는 또한 참선 체험을 독일 철학자 프리드리히 니체Friedrich Nietzsche(1844-1900)의 철학과 비교해 다음과 같이 이야기했다. "생의 철학, 창조의 철학 등으로 불리는 니체의 사상은 내가 좌선을 체험할 때 체득한 것을 통해서 볼 때, 공감되는 것이 적지 않다."[71] 그러고는 이렇게 덧붙였다. "만일 니체가 동양 사상, 곧 선에 관해 알았더라면 어떤 글을 썼을까 생각해보곤 한다"[72]

　라이초는 니체의 철학과 불교의 관계에 대한 생각을 더 이상 진전시키지 않았다. 그러나 그녀는 분명 이런 방면에서 시대를 앞선 인물이었다. 최근 불교학자들은 두 사상의 유사성을 논의한다.[73] 라이초는 생명과 창조성을 긍정하는 니체의 자세가 그의 철학을 선불교의 수행과 여성운동과 연결하고 있다고 보았다. 그녀는 여성해방을 각 개인의 참된 성품, 곧 생명을 긍정하고 인습에 얽매이지 않는 성품의 드러남에서 비롯한다고 여겼다. 그녀는 여성이 내면의 천재성을 자각하고 그것을 계발하면 창조적인 방식으로 삶과 어우러지고, 그 과정에서 필연적으로 사회규범에 도전할 것이라고 보았다. 라이초는 당대의 사회도덕에 대한 니체의 도전을 여성운동과 선불교 수행이 보여주는 도전과 같은 성격으로 여겼다.

라이초는 끝까지 출가하지 않고 재가 수행자로 머물렀다. 하지만 불교식의 정신 수행이 여성해방의 토대가 되어야 한다는 원칙을 강조한 점에서 여성해방과 불교의 관계에 관한 김일엽의 관점과 많은 공통점이 있다. 라이초와 마찬가지로, 불교철학과 수행에 대한 일엽의 이해에는 창조성과 삶의 긍정이 핵심을 이룬다.

라이초는 일본 여성운동의 발달을 주제로 한 글에서 메이지유신의 남성중심적 성격과 서구 문명의 맹목적인 수용을 비판했다. 메이지유신의 정신이 비록 '자유와 대중적 민권운동'을 강조했지만,[74] 여성 문제를 다룰 만큼 포괄적이지 못했으며, 그 시대에는 '피상적'인 여성운동만 이루어졌다고 비판했다. 라이초는 대부분의 여성이 자신이 어떤 상황에 있는지 자각하지 못한다고 여겼다. 그녀는 히구치 이치요가 등장하고 나서야 비로소 일본 여성들이 자신을 표현했다고 믿었다. 하지만 그녀에게 일본 여성들이 처한 상황은 만족하기에는 아직 갈 길이 멀었다. 이와 관련해서 라이초는 이렇게 썼다.

1894년 또는 1895년 무렵, 히구치 이치요와 더불어 재능 있는 젊은 여성들이 문단에 등장하기 시작했다. 이들은 여성들도 남성들 못지않게 소설을 쓸 수 있다는 것을 보여주려 했다. 하지만 여전히 남성들을 모방하는 정도 이상으로는 나가지 못했다. 물론 어

김일엽, 한 여성의 실존적 삶과 불교철학

떤 여성들은 그들이 감수해야 했던 삶의 고통과 절망을 토해내기 위해 자신들의 경험과 느낌을 글로 써냈다. 하지만 여기에는 현실을 타파하고 새로운 이상을 통해서 그것을 개선하고자 하는 투쟁 정신이 결여되어 있었다.[75]

라이초는 전통적인 여성상을 비판하며 진정한 여성해방이 이루어지려면 사회 변화가 필수라고 주장했다. 또 여성운동의 방향에도 변화를 요구했다. 여성운동은 성별의 차이에 근거한 운동이 아니라, 모든 인간을 위한 운동이 되어야 한다고 주장했다. "우리는 이제 인간이라는 자각에서 여성이라는 자각으로 나아갔다. (…) 페미니즘 사상의 초점은 성평등, 평등권, 동등한 권리와 기회에서 남성과 여성(즉 사랑과 결혼), 모성, 자녀와 관련한 쟁점으로 옮겨갔다. 달리 말해, 페미니즘이 개인에서 집단으로, 이기주의에서 이타주의로 전환되었다."[76]

세이토샤 회원은 대부분 한국의 신여성처럼 상류층 가문 출신으로, 대학에서 교육받은 여성들이었다.[77] 특권적인 지위 탓에 이들도 한국 신여성들이 마주한 것과 같은 비판을 받았다. 요네다 사요코米田佐代子와 이시자키 쇼코石崎昇子 등 일본 학자들의 견해에 의하면, "세이토는 '인생살이에 별 어려움이 없는' 중산계급 여성들이 주도한 '문예운동'으로 간주되었고, 따라서 당대 여성들의 사회적 현실과 세이토의 관계는 주목받지 못했다"라고 했다.[78]

〈세이토〉의 미래에 영향을 준 논란이 몇 가지 있었다. 그중 하

나가 1912년에 일어난 '오색 술五色の酒' 사건이었다. 오타케 고키치尾竹紅吉라는 세이토샤의 한 회원이 작가들과 예술가들이 단골로 드나드는 유명한 카페 스완즈 네스트Swan's Nest에 들렀는데, 카페 주인이 그녀와 일행에게 오색 술을 내주었다. 고키치는 술의 고운 빛깔에 매혹되었고, 그때 받은 느낌을 글로 남겼다.[79] 이 일로, 신여성들은 술에 취하고, 스완즈 네스트 카페 같은 남자들만 가는 클럽에 드나드는 여자답지 못한 행동을 하는 부류라는 좋지 않은 인상을 대중에게 남겼다.

비슷한 시기에 그보다 더한 일탈로 보이는 또 다른 사건이 일어났다. 보통 남성들만 드나드는 도쿄 홍등가 요시와라에서 고키치, 라이초, 세이토샤의 또 다른 회원이 하룻밤을 보낸 사건이었다. 그날 밤의 만남은 고키치의 숙부가 주선했다. 일본 신여성 연구자 디나 로위Dina Lowy는 그때 일어난 일을 다음과 같이 묘사했다. "라이초에 따르면, 그들은 처음에는 어떤 찻집에 따라갔다가, 그 뒤 다시 그 구역에서 가장 고급스러운 유곽으로 이동했다고 한다. 그들은 그날 저녁에 에이잔이라는 고급 매춘부와 이야기하며 보내다가, 그곳에서 하룻밤을 지냈고, 고키치의 숙부는 다른 방에서 잤다. 그들은 이튿날 아침 요시와라를 떠났다."[80] 신여성 세 사람의 '여자답지 못한' 행동에 일본 대중과 언론매체들이 아연실색했음은 말할 필요도 없다.

이에 더해, 아라키 이쿠코荒木郁子(1888-1943)의 〈편지手紙〉라는 단편소설에서 유부녀와 젊은 미혼 남자의 사랑을 다뤘다는 이유

김일엽, 한 여성의 실존적 삶과 불교철학

로, 이를 게재한 〈세이토〉의 1912년 4월호가 판매를 금지당하는 일도 있었다. 이 소설은 유부녀의 사랑 없는 결혼생활을 '숨 막히는 것'으로 서술했고, 남녀의 불륜에 찬사를 보냈다.

로위에 의하면, 일본 사회가 그런 도발적 행위들로 신여성들을 항상 '나쁜 여자들'로 보기만 한 것은 아니었다. 일부 사람들은 그들의 '경박한' 행위와 성에 대한 자유분방한 태도를 비난했지만, 드물긴 해도 신여성들을 여성들이 새출발할 수 있는 길을 닦아주고 사회의 다양성을 풍부하게 해준 여성들로 보는 이들도 있었다.[81]

현대 일본 역사학자 바바라 사토Barbara Sato는 1920년대 일본에 등장한 여성들을 "단발머리에 짧은 치마를 입은 모던걸, 자율적인 가정주부, 합리적이고 외향적인 전문직 여성"의 세 부류로 나누었다.[82] 사토는, 일본에서 향후 10년 동안 여성들이 새로운 인생관의 기반을 닦아준 이들이 1910년대 신여성들이라고 주장했다. 일본 신여성들이 명확한 특징을 가진 세 부류로 나타난 것은 한국의 경우와 유사하다고 할 수 있다.

미국의 신여성과 깁슨 걸

미국 사학자 루스 보딘Ruth Bordin에 따르면, '신여성New Women'이라는 영어 표현은 원래 미국의 소설가 헨리 제임스Henry

James(1843-1916)가 '유럽에 거주하는 미국 여성들'을 특징지으며 만든 표현이었다. 그는 "부유하고 민감한 이들은 많은 재산 '덕분에', 혹은 많은 재산에도 '불구하고' 독립적인 정신을 드러냈고, 그들이 마음먹은 대로 행동하는 데 익숙했다"라는 말로 이들을 특징지었다고 한다.[83] 보딘은 이 용어가 미국에서 처음 사용되던 때는, 19세기 후반의 20년 동안 점차 늘어나기 시작한 미국의 새로운 전문직 여성들을 지칭하는 말이었다고 한다.[84]

한국의 신여성들처럼, 미국의 신여성들은 대체로 자기 집안에서 대학교육을 받은 첫 세대 여성들이었으며, 남성의 통제에서 벗어나 있다는 특징이 있었다. 미국의 신여성들은 자신들에게 주어진 어떤 역할보다 먼저 한 개인으로 인정받고자 하는 강한 욕구를 드러냈다. 이와 관련해 보딘은 이렇게 썼다.

신여성의 첫출발을 알려준 이들은 19세기 초의 여성 혁신자들, 그중에서도 특히 자기 자신의 삶에 대한 책임과 남성 통제에서 벗어나 독립을 강조한 사회 개혁가들이었다. 낸시 코트Nancy Cott 가 말한 대로, 신여성은 "자신을 희생하거나 가족 속에 파묻히는 것과 달리 자기 계발을 상징했다." 신여성을 참으로 새롭게 만드는 것은 그들의 독립성에 대한 강조이다. 그들은 좋은 엄마, 좋은 아내, 좋은 딸을 넘어선다. 사실상, 그들에게 그런 역할은 필요하지 않았다. 그들은 스스로 설 수 있었기 때문이다.[85]

한국의 경우와 마찬가지로, 미국도 역시 1890년대부터 1920년대까지 신여성의 개념 변화를 발견할 수 있다. 1890년 대에는 신여성을 규정하는 용어가 '경제적 독립과 전문가 정신 professionalism'이던 데 반해, 1910년대에 신여성이라는 용어는 '개혁자, 운동선수, 과학자, 마르크스주의자, 보헤미안, 비행사 등을 아우르는 모든 혁신자'를 지칭하는 데 사용되었다. 하지만 1920년대에는, 직업의식보다 '성적 자유와 개인적 자유, 예의와 도덕의 면에서 자기 삶을 대하는 자세, 술을 마시거나 짧은 스커트를 입을 권리에 더 관심이 많은 여성'을 가리키는 데 사용되었다.[86]

비슷한 맥락에서 미술사학자 엘렌 토드Ellen Todd는 19세기 말과 20세기 초 미국의 신여성 이미지를 다음과 같이 설명했다. "19세기 말 이래 '신여성'은 성의 차이와 변화하는 사회 질서에 관한 이념적 담론의 초점이 되는 용어였다. (…) 세기의 전환기 무렵의 신여성은 예컨대 대학에서 교육받았고, 투표 캠페인을 벌였고, 진보 시대Progressive Era의 개혁정신을 지닌 사회사업가가 되었고, 독신으로 지내는 경우가 많았다."[87]

미국 신여성의 첫 세대는 1850년에서 1860년대 사이에 중·상류 계급의 집안에서 태어났다. 그들은 1870년대에서 1880년대 사이에 대학교육을 받았고, 이후에 전문적인 직업을 얻었으며, 참정권 운동에 참여했다. 대다수는 결혼을 기피했고, 경제적인 면에서나 남성 파트너와의 관계에서 독립적인 자세를 유지했다. 그들의 정체성을 결정하는 핵심 요소는 전문직과 경제 독립이었다. 중류 혹은 중·상류 계급 출신의 신여성들은 경제적으로 자립할 능력이 있는 점에서 생존을 위해 노동해야 하는 하층 계급 출신 여성들과 달랐다. 예컨대 외국에서 이주한 여성들은 저임금 사무직에 종사했고, 이성 관계에서 전통적인 경계선을 확장하기는 했지만, 그들을 '신여성'이라고 부르는 경우는 극히 드물었다.[88]

미국 신여성 2세대는 성도덕의 면에서 1세대와 입장이 달랐다. 1910년 무렵부터 신여성 2세대가 등장하면서 '페미니즘feminism'이라는 말이 '여성운동', '여성의 권리', '여성의 대의'라는 과거의 표현을 대신했다.[89] 엘렌 토드는 페미니즘이 노동계급에 대한 착취를 전통적인 가부장제 사회에서 여성에 대한 착취와 같은 성격으로 인식하며, 사회주의 운동에 동조했다는 점에서 '이념적 좌파에서 출현'했다고 말했다.

화가 찰스 데이나 깁슨Charles Dana Gibson(1867-1944)은 고등교육을 받았고, 독자적이며, 직업을 비롯한 삶의 여러 영역에서 남성들에게 도전하는 '신여성' 상을 시각적인 이미지로 형상화했다. '깁슨 걸Gibson Girl'로 알려진 그의 그림 속 신여성은 '전통적인 드레스보다 짧은 드레스 차림에 걷기 편한 신발을 신고 햇빛을 받으면서 운동하여 피부가 갈색으로 그을린 모습으로' 그려졌다.[90] 작가 캐롤라인 티크노Caroline Ticknor(1866-1937)는 1901년에 월간지 〈아틀란틱The Atlantic〉에, 깁슨 걸이 그 이전 세대의 여성상을 상징하는 '강판 인화 위에 그려진 여인'을 방문하는 상상적 이야기를 발표했다. 깁슨 걸과 같은 신여성의 이미지는 안락한 가정을 지키면서, 자신을 '사랑의 화신'으로 찬미하고 그녀의 창백한 여성성을 받침대 위에 얹어 놓은 듯 떠받드는 그녀의 남자 레지널드를 기다리면서, 자수를 놓고 앉아 있는 전통적인 여성상과 아주 대조적이었다.[91]

이와 같은 신여성과 구여성 사이에 보이는 복장이나 외모의 대비는 한국에서도 역시 볼 수 있었다. 하지만 미국과 한국 두 사회에서 신여성을 받아들이는 방식은 큰 차이가 있었다. 호머 포트Homer Fort는 미국사회에서 깁슨 걸의 의미를 다음과 같이 이야기했다.

> 깁슨의 펜은 이 위대한 공화국 딸의 진정한 영감을 포착해서, 그녀의 생동감, 독립적 태도, 오만함, 생색내는 것 같은 애교, 우아함, 너그러운 정신을 전부 조합하여 하나의 모습으로 형상화했다. 잡지든 실생활이든, 이런 여성을 당신은 사랑할 것이다. 그리고 당신은 곧 알아차릴 것이다. 그녀는 영국인도 아니고, 프랑스인도 아니며, 독일인도 아니라는 것을. 당신은 직감적으로 말할 것이다. "이 여성은 미국 여성이다"라고.[92]

이 짧은 글은 한국과 미국의 신여성들이 각자의 사회적, 역사적 맥락에서 직면한 상황이 어떻게 달랐는지 생생하게 보여준다.

미국에 새로 등장한 신여성들은 구세계 유럽의 정신과 상반되는 신세계의 정신을 대변했다. 헨리 제임스가 구세계(유럽)에 체류하는 '미국' 여성을 지칭하여 '신여성New Women'이라는 용어를 사용한 것처럼, 신여성은 '미국의 정신'을 상징했다. 한국의 상황은 정반대였다. 한국적인 전통과 가치는 여전히 한국사회에서 권력의 근원이었고, 신여성들은 이를 위협하는 존재로 여겨졌다.

그렇다고 미국사회에서 신여성들과 독립과 평등에 대한 그들의 요구가 아무 저항 없이 순순히 받아들여졌던 것은 아니다. 또한 깁슨이 신여성들의 명분을 옹호한다는 이야기도 아니다. 토드가 지적한 것처럼 "깁슨 걸도, 그것을 창조해낸 찰스 데이나 깁슨도 급진적인 이들은 아니었다. 깁슨은 페미니즘이 여성들을 과도하게 남성화하는 것을 두려워한 나머지, 조직화한 페미니즘 운동을 불신했다. 그는 여성 참정권 요구자들의 과격하고 극단적인 전략을 개탄했다. 그러다 자기 아내가 민주당 위원회의 여성위원으로 일하기 시작한 뒤에야 비로소 여성의 정치적 역할에 대한 의심을 거두어들였다."[93] 하지만 신여성의 이미지를 미국 정신을 대변해줄 '잠재력을 지닌' 여성의 이미지로 받아들여주는 일은 한국의 신여성들로서는 결코 누려보지 못한 사치였다.

참정권 운동이 성공을 거두고 1920년에 미국 수정헌법 제19조가 비준되면서 미국 여성운동은 지속적인 변화의 과정을 밟아갔다. 이런 변화들과 더불어 미국 신여성의 이미지도 변화했다. 깁슨 걸은 재즈 시대의 새 세대에게 자리를 내주었다. 이 시

김일엽, 한 여성의 실존적 삶과 불교철학

대에는 짧은 스커트 차림에 단발머리를 하고, 술과 담배를 즐길 권리를 요구하고, 성적 자유주의를 받아들인 플래퍼flapper(혹은 말괄량이)가 등장했다.

1927년 미국의 시사 잡지 〈커런트 히스토리Current History〉가 개최한 '신여성 심포지엄'은 여성에 대한 개념을 재평가하려는 1920년대 말의 노력을 반영한다. 토드는 회의장의 걸개그림 〈과거로부터 등장한 신여성The New Woman Emerging Out of the Past〉을 다음과 같이 묘사했다.

그 인물은 깁슨 걸과 플래퍼 사이에 기분 편안하게 잡을 수 있으리라. 젊고 발랄한 그녀는 당대에 유행하던 옷차림을 하고, 하이힐을 단화로 바꿔 신었다. 아직은 단발머리를 하지 않았지만, 머리를 매력적이고, 짙은 화장을 하지 않은 얼굴 뒤로 깔끔하게 넘겼다. 그녀의 자세는 단호하지만, 저돌적이지 않고 안정적으로 보인다. 과거와 현재의 성취에서 비롯된 특징들이 그녀를 에워싸고 있다. 펜, 지구의地球儀, 책들은 그녀가 받은 교육과 문화적 관심사들을, T형자와 건축계획서와 과학 기구들은 최근 그녀가 직업과 관련해서 추구하는 일들을 드러내 보인다. 아내이자 어머니, 실 잣는 여성, 개척자인 여성, 세기가 바뀔 무렵의 운동선수 같은, 여성들의 과거와 현재의 역할들이 한 장의 태피스트리에 상징적으로 각인되어 있다. 낡은 것과 새것이 분리되지 않은 채 남아 있다.[94]

심포지엄에 참여한 여성들의 이미지가 꼭 신여성의 실체를 반영해주는 것은 아니었을 것이다. 하지만 적어도 신여성에 관여하고 있는 사람들이 신여성을 정의하는 데 이런 이미지들이 활용했다고 추정할 수 있다. 심포지엄의 걸개그림이 아주 긍정적인 모습으로 비치기는 했지만, 이 회의가 꼭 여성들의 새로운 역할을 옹호하는 이들만을 위한 것은 아니었다. 지지자들과 반대자들이 함께 참여해 찬반 토론을 벌였고, 여성의 변화하는 역할과 이미지에 대한 사회의 양면적인 반응을 보였다.

그런 포럼을 개최할 수 있었다는 사실 자체만으로도 이 포럼은 가치 있는 것으로 평가해야 한다. 이것은 한국의 신여성들이 누려보지 못한 또 다른 사치였다. 한국의 신여성들은 '신여성 됨'의 의미를 집단으로 성찰해볼 어떤 기회도 얻지 못하다가 결국은 한국사회의 보수 세력에 압도당했다.[95] '신여성 됨'에 대한 집단적 성찰이 없었던 탓에, 사회의 성차별을 현실에서 직면한 신여성들은 그 부담을 각 개인이 감당해야 했다. 김일엽의 경우, 이와 같은 자기성찰의 시기는 생각보다 빨리, 그녀가 자유주의 신여성으로 삶의 전성기를 맞은 직후에 닥쳐왔다.

3장

반항의 의미와 무의미

(1924–1927)

결혼의 윤리, 자유의 윤리

엘렌 케이, 사랑과 결혼을 위한 사회진화론

한국의 자유주의 신여성들과 일본 세이토샤와 관련한 신여성들, 이들의 삶과 요구사항을 살펴보면서 우리는 질문하지 않을 수 없다. 대체 무엇이 이들을 전통적인 유교 사회에서 금기에 해당하는 여성의 성 문제를 기탄없이 다룰 만큼 대담하게 만들었을까? 동아시아의 전통 사회규범에 과감하게 도전하면서, 자신의 믿음에 따라 삶을 살도록 신여성들에게 용기를 준 것은 무엇이었을까? 이들은 어떻게 이런 생각을 했으며 이들에게 영감의 원천이 되어준 이는 누구였을까?

스웨덴의 페미니스트 엘렌 케이Ellen Key(1849-1926)는 이들에게 영향을 미친 가능성 중 하나로 크게 떠오르는 인물이다. 엘렌 케이는 현대 페미니즘 담론에서 비교적 잘 알려지지 않았다. 하지만 우리는 1910년대와 1920년대 한국과 일본의 신여성들은 물론, 미국 신여성들의 글에서도 결혼·성·사랑에 관한 케이의 철학의 반향을 자주 발견할 수 있다. 더불어 모성과 육아에 대한 케이의 견해를 남긴 자료도 만날 수 있다.

엘렌 케이의 저작은 20세기 초기 10여 년 동안 영어를 포함한 유럽 11개국 언어로 번역되었다.[1] 1910년대에는 그중 일부가 일본어로 번역되었다.[2] 한국의 경우에는 1921년, 엘렌 케이가 여성 운동의 개척자 역할을 했다는 내용이 한 잡지에 처음 소개되었다.[3] 케이는 자신의 책, 특히 《사랑과 결혼Love and Marriage》(1911), 《사랑과 윤리Love and Ethics》(1912)에서 루터교의 결혼 개념에 도전하면서 사랑의 철학을 펼쳤다. 그녀는 이렇게 썼다.

> 도덕적인 결혼이 되려면, 결혼 예식의 절차에서 공식적인 어구로 사랑을 맹세하는 것이 아니라, 진정한 사랑이 있어야 한다고 주장하는 젊은 남성들이 있다. 이런 신新 루터교적 사랑의 선각자들은, 수많은 혐오스러운 결혼을 막기 위해 아마도 자신들의 영향력을 이용할 것이다. 그렇지만 이들이나 이들의 신도가, 가장 비열한 이유로 결혼한 부부를 비난하는 일은 일어나지 않는다. (…) 만일 사랑 없는 결혼생활로 불행한 사람이, 그 구속에서 벗어나 '결혼의 도덕 기반인 개인의 사랑'을 바탕으로 새로운 가정을 꾸린다면, 목사들이 재빨리 나서서 '결혼의 도덕 기반'을 의무

로 대체해버릴 것이다.[4]

케이는 결혼이 자손 번식을 위한 제도로 축소되어서는 안 되며, 사랑을 바탕으로 하지 않은 결혼생활을 사회가 개인에게 강요해서는 안 된다고 주장했다. 그녀는 사랑 없는 결혼생활을 지속하는 것은 비윤리적일 뿐만 아니라, 자녀 교육에 해로운 환경을 조성하여 인류 발전에도 해가 된다고 주장했다.

또한 사랑 없는 결혼생활의 지속이 간통을 정당화하는 데 이용되었다는 논리를 펼치며 '이혼의 자유'를 옹호했다. 케이는 '자유연애'와 '자유이혼'이라는 개념이 남용될 수도 있다는 것은 인지했지만, 그런 위험을 감수하는 편이 사랑 없는 위선적인 결혼을 유지하는 것보다는 더 나을 것이라고 여겼다.

이와 관련해서 케이는 이렇게 썼다. "자유이혼이 아무리 남용된다 해도, 그 남용이 결혼이 만들었고 여전히 만들고 있는 것보다 더 나쁠 수는 없다. 결혼은 현대의 삶 어디서나 볼 수 있는 가장 거친 성적 습관, 가장 파렴치한 거래, 가장 괴로운 영혼 살해, 가장 비인간적인 잔학성, 가장 심각한 자유 침해 등으로 전락했다."[5]

케이는 자유연애나 자유이혼을 방탕한 행동과 혼동해서는 안 된다고 경고하면서 이렇게 제안했다. "해석의 여지가 많기 때문에 남용될 수 있는 '자유연애free love'라는 용어를 옹호하기보다는, 우리는 '사랑의 자유freedom of love'를 얻는 데 애써야 한다. '자유연애'는 어떤 종류의 사랑이라도 다 할 수 있는 자유를 뜻하지

만, '사랑의 자유'는 사랑이라는 표현을 받을 가치가 있는 감정을 지칭하는 자유만을 뜻하기 때문이다."⁶

《사랑과 결혼》에서 케이는 결혼을 사회적, 혹은 공적 의무로 여기는 것을 명확하게 비판했고, 간통을 정당화한다는 근거로 일부일처제도 반대했다. 그녀는 당시 그녀가 속한 사회의 성관계와 결혼에 관한 관습을 비난하면서도 이성 관계의 사랑과 애정의 중요성은 높이 평가했다.

그러나 《사랑과 윤리》에서 케이는 한 걸음 뒤로 물러섰다. 그녀는 자기 입장을 분명하게 하기 위해, 《사랑과 결혼》에서는 자신이 혼인의 의무보다 사랑을 더 중시했고, 사람들에게 사회에 되도록 많이 기여하라고 권했다고 설명했다. 그녀는 사회진화론을 이용해서, 사랑과 이혼의 자유를 지지하던 자기 입장을 재해석하고, 조심스럽게 정당화했다. 개인의 자유와 사회진화론은 서로 모순되는 것처럼 보일 수도 있지만, 이 두 개념의 결합이야말로 케이의 교육철학의 요체였다. 사실상 그녀는 이 교육철학으로 사람들에게 가장 잘 알려졌다.

케이는 《사랑과 윤리》에서 이렇게 썼다. "《사랑과 결혼》의 기본 개념은 개인이 사랑의 관계에서 가장 높은 정도의 행복을 얻어야 한다는 것이 아니라, 개인의 행복이 인류의 발전을 촉진할 수 있도록 사회가 변화되어야 한다는 것이다."⁷ 케이는 이를 다음과 같이 자세히 설명했다.

나는《사랑과 결혼》에서 현대의 성 문제는 한편으로 인류라는 종의 향상에 대한 요구와, 다른 한편으로 사랑을 통해서 행복해지고 싶어 하는 개인의 점차 증가하는 요구 사이의 적절한 균형을 찾는 데 있다고 주장했다. 반면에, 지금까지 성 문제를 다루는 것을 보면, 이는 단지 고정된 혼인형태에 대한 사회의 요구와 온갖 형태로 자신의 성생활을 만족시키고 싶어 하는 개인의 요구에 한정되었다. 이 새로운 균형점에서 생겨나는 성 윤리야말로 유일한 참된 윤리일 것이다. 그 윤리는 인류와 개인 모두의 삶을 향상시켜줄 것이다.[8]

이처럼 케이는《사랑과 윤리》에서 자유연애와 자유이혼을 주장하는 '윤리적 근거'를 사회진화론을 통해서 확보할 수 있었다. 한마디로 케이의 주장은 다음과 같다. "사랑이라는 형태를 통해 인류는 그 종의 향상과 발전에 가장 도움이 되는 선택을 찾아낸 것이다."[9]

케이가《사랑과 윤리》에서 그렇게 강력하게 옹호한 사회진화론은《사랑과 결혼》에서 펼친 성·사랑·결혼에 관한 과격한 이론에 사회가 냉담한 태도를 보인 것에 대한 그녀의 반응이었을까? 아니면, 그녀는 '인간이라는 종의 향상 발전'과 개인의 자유가 상호 관련한다고 주장했지만, 사실상 개인의 자유보다 종의 발전에 더 큰 관심을 가진 것이었을까?

우리로서는 그저 의문만 품을 뿐이다. 하지만 사랑과 결혼과 윤리에 관한 케이의 이론이 김일엽의 사랑과 정조 철학에 영향을 미친 것은 쉽게 알아볼 수 있다.

일엽과 한국의 자유주의 신여성들은 자신의 사랑 철학에 사회진화론을 포함하지 않았다. 그들은 케이의 아동교육 이론도 받아들이지 않았다. 이는 2장에서 논의한 대로, 김일엽도 김명순도 모성적 삶을 제대로 펼칠 수 없었던 탓일 수도 있었다. 그러나 이혼 후 자식들과 헤어져 엄청난 고통을 겪은 나혜석조차 사랑 없는 결혼은 자녀에게 나쁜 영향을 미친다는 케이의 이론을 받아들이지 않았다.

나혜석은 남편이 이혼을 요구하자, 우선 자식들의 장래 때문에 주저했다. 이때 나혜석의 오빠는 여동생이 이혼을 받아들이게 하려고, 케이의 아동교육 이론을 동원했다. 그는 나혜석에게 이렇게 말했다. "엘렌 케이는 아이들이 사이가 나쁜 부모 밑에서 자라는 것보다는 이혼한 뒤에 새 가정환경에서 지내는 편이 더 낫다고 얘기했어." 이에 나혜석은 이렇게 응답했다. "그건 이론에 불과한 얘기일 뿐이에요. 엄마의 사랑은 귀중하고 위대해요. 엄마가 모성애를 잃는다는 것은 비극이에요. 아이가 애정 어린 엄마 아래서 자라지 못한다는 것도 역시 그렇고. 나는 이런 사실을 잘 알고 있기 때문에 이혼에 동의할 수 없어요. 제발 날 위해서 잘 좀 중재해주세요."[10] 동생의 이혼 위기라는 중대한 상황에 나혜석의 오빠가 엘렌 케이를 인용했다는 사실은 당시 한국 지식인들 사이에서 케이의 인기가 어느 정도였는지 가늠하게 해준다.

김일엽, 한 여성의 실존적 삶과 불교철학

한국 신여성들이 케이의 글에 나오는 사회진화론과 모성에 관한 주제에 침묵을 지킨 것은 일본 신여성들의 상황과는 대조적이다. 히라쓰카 라이초는 케이의 모성론의 옹호자로 알려졌다. 그녀가 이 주제를 두고, 일본의 유명 시인 요사노 아키코与謝野晶子(1878-1942)와 논쟁을 벌인 일은 잘 알려져 있다.[11]

신여성들과 그들의 이상

한국의 대중이나 김일엽 연구자들에게 '신 정조론'은 김일엽의 상표나 다름없었다. 하지만 앞에서도 이미 언급한 것처럼 신 정조론은 그녀가 〈우리의 이상〉이라는 글을 발표한 1924년에 이르러서야 비로소 나타났다. 그녀가 1927년에 〈나의 정조관〉이라는 제목으로 발표한 글 외에 신 정조론에 관해 언급한 글은 오로지 〈우리의 이상〉 하나뿐이었다. 일엽은 자신이 1920년에 청탑회에서 이런 견해를 논의했다고 언급했지만,[12] 1924년 이전까지 발표한 어떤 글에서도 이에 관한 이야기는 나오지 않는다.

〈우리의 이상〉을 발표하기 전, 일엽은 주로 여성 교육과 성차별에 대한 여성들의 자각도를 높이는 데 관심이 있었다. 일엽이 《신여자》에 발표한 여성에 관한 모든 논의는 그 범위가 양성평등에 대한 온건한 요구로 국한되었고, 성적 자유에 관해서는 일절 언급하지 않았다.

돌이켜보면, 여성의 성에 대한 일엽의 견해를 흥밋거리로만 보려는 접근이 결국 신 정조론의 의미를 왜곡했다. 그뿐 아니라 사상가이자 신여성으로서 일엽을 이해하는 과정에서 이 이론의 가치를 과다하게 부풀렸다고 해도 틀린 말은 아닐 것이다.

〈우리의 이상〉에서 새로운 정조 개념은, 일엽이 신여성들에게 제시한 새로운 이상 세 가지 중 하나에 불과했다. 나머지 두 가지는 '신 성격주의新性格主義'와 이상적인 배우자를 택하는 새로운 기준이었다. 이 글에서 일엽은 사람의 성격을 감상적 유형, 현실적 유형, 로맨틱한 유형의 세 가지로 구분했다. 현재에 초점을 맞춘 관점을 지닌 현실주의와 미래에 관해 꿈꾸는 법을 아는 로맨틱한 인성의 결합을 이상주의적인 성격이라고 제시하고, 이를 '신 성격주의'라고 정의했다.[13]

또한 예술가나 사상가는 진보적인 견해를 가졌고, 따라서 신여성이 어떻게 자기 삶을 살고자 하는지 이야기할 때 기꺼이 귀를 기울여줄 용의가 있을 거라는 논지를 펴며, 이들이 신여성의 이상적인 배우자감이라고 제안했다. 일엽은 신여성의 이런 새 비전을 제시하면서도 그와 같은 이상을 실현하려 할 경우 기존의 사회규범 및 행동양식과 충돌이 불가피할 것이라고 경고했다.[14]

〈우리의 이상〉에 나오는 신 정조론에 관한 논의는 1927년에 발표한 〈나의 정조관〉에서 완전한 형태로 펼쳐졌다. 두 글에 표현된 일엽의 정조와 사랑론에서 엘렌 케이의 사랑, 결혼, 자유에 관한 윤리가 미친 영향을 알아보기는 그리 어렵지 않다.

일엽의 이론에 영향을 미친 또 다른 이는 1915년에 〈처녀의 진가處女の眞價〉라는 제목으로 여성의 성에 관한 글을 발표한 히라쓰카 라이초이다. 이 글에서 라이초는 사회가 여성의 처녀성에 부여한 가치의 타당성에 의문을 던지면서, 여성의 처녀성을 유지하는 것은 분명한 어떤 이유도 없이 강요되어왔다고 주장했다. 라이초는 처녀성의 가치, 그리고 그것을 잃기에 적당한 시점에 대해 다음과 같이 밝혔다.

> 처녀는 자신의 순결을 지켜야 하며, 순결은 그것을 잃기에 가장 좋은 시간이 올 때까지 자신이 원하기 때문에 지켜야 하는 것이다. 좋지 않은 때 그것을 내던져버리는 것은 낭비지만, 적당한 때 그것을 잃는 것은 그렇지 않다. (…) 순결을 잃기에 가장 적당한 때는 사랑하는 이에 대한 정신적인 매력을 근거로 한 로맨틱한 사랑에서 관능적인 욕망이 우러나올 때이며, 그럴 때 두 사람의 결합은 친밀하고 깊게 느껴질 수 있다.[15]

케이가 사회는 사랑 없는 결혼을 유지하도록 강요해서는 안 된다고 믿은 것과 마찬가지로, 라이초는 여성이 자기 연인에 대한 사랑을 제외한 다른 어떤 이유로 순결을 버리는 것은 도덕적으로 온당한 일이 아니라고 믿었다. "내가 보기에 오늘날의 사회가 지지해주고 관습적인 도덕률이 옹호해주는 관례적인 중매 결혼은 종종 추악하고, 때로 범죄적이기까지 하다. 여성이 일시적으로 도피하듯 단순한 허영심에서 삶의 안정을 구하기 위해, 혹은 부모나 가족을 위해 순결을 잃는 것은 범죄이다."[16]

김일엽이 정조와 순결이라는 문제에 관심을 돌렸을 때도 비슷한 주장을 했다. 〈우리의 이상〉에서 그녀는 이렇게 썼다. "재래의 모든 제도와 전통과 관념에서 멀리 떠나 생명에 대한 청신한 의미를 환기코자 하는 우리 여자에게는 무엇보다도 먼저 우리들의 인격과 개성을 무시하던 재래의 성도덕에 대하여 열렬히 반항하지 않을 수 없습니다. 그래서 우리들 가운데는 입센이나 엘렌 케이의 사상을 절대의 신조로 알며 좇아서 금후로 성적 신新 도덕을 위하여 많이 힘써줄 자각 있는 자녀가 많이 날 줄 압니다."[17]

일엽은 1927년에 쓴, 신 정조론에 관한 글에서 자신의 주장을 좀 더 대담하게 표현했다. 그와 동시에 새로운 정조라는 개념이 여성만이 아니라 인간 해방이라는 더 폭넓은 문제와 관련된 것임을 제시한다. "재래의 모든 제도와 전통과 관념에서 멀리 떠나 생명에 대한 청신한 의미를 환기코자 하는 우리 새 여자, 새 남자들은 무엇보다도 우리들의 인격과 개성을 무시하는 재래의 성도덕에 대하여 열렬히 반항하지 않을 수 없습니다."[18] 일엽은 더 나아가, "사람은 태어날 때부터 자유이다. 자유연애·자유결혼·자유이혼은 신성한 것이며, 이를 금하는 것은 후진적 폐습이 아닐 수 없다"라고 주장했다.[19]

성도덕에 대한 이런 논의에서 우리는 사랑과 결혼, 자유에 관한 엘렌 케이 철학의 메아리를 들을 수 있다. 케이는 사랑 없는 결혼은 부도덕하며, 마음대로 사랑하고 결혼하고 이혼할 수 있어야 한다는 자신의 견해에 대해 반발이 있을 수 있다고 이해했다. 그에 대한 방어로서 자기 견해가 무분별한 연애를 옹호하는 것이 아니라고 강조했으며, 아동교육에 관한 사회진화론적 입장의 관점에서 자유로운 성도덕에 관한 자신의 개념을 좀 더 세밀하게 가다듬었다. 케이는 사랑 없는 결혼에 매달리는 것은 자녀들에게 해로울 수밖에 없으며, 따라서 하나의 종으로서 인류의 향상 발전이라는 목표와 양립할 수 없다고 주장했다.

일엽은 분명 케이의 이론을 마음에 들어 했을 것이다. 하지만 사회진화론, 성적 자유와 아동교육 간의 관련성에 초점을 맞춘 케이의 견해는 받아들이지 않았다. 그 결과 한국 사회의 성도덕에 대한 일엽의 도전은, 그녀가 성적 방종을 정당화하고 있다는 비난에 취약할 수밖에 없었다. 일엽은 여성해방이라는 목표 자체 말고는 자신의 견해를 뒷받침해줄 만한 어떤 무기도 갖고 있지 못했고, 한국 사회는 그런 해방을 받아들일 준비가 되어 있지 않았다.

겉으로 보기에 일엽은 강한 목소리로 인습적인 성도덕에 도전했지만, 자신의 주장에 완전한 확신을 갖지는 못한 것 같다. 〈나의 정조관〉은 성도덕과 여성해방이라는 문제들을 더 깊이 숙고하겠다고 약속하며 다음과 같이 끝난다. "여하간 재래의 성도덕을 부인하고 정조관을 반대하지 않을 수 없는 것은 사실입니다. 그렇다고 호기심이나 육肉에만 끌리어 함부로 이성과 관계하는 것 같은 것을 인정할 수 없는 동시에 먼저 자기의 순결을 굳게 지키며, 성적 신新 도덕을 세우는 데 노력하여야 되겠다고 생각합니다. 어쨌든 신 정조관에 대하여 이후로도 좀 생각해보려 합니다."[20]

하지만 일엽은 자신의 신 정조론에 관해 "좀 더 생각해보지" 않았다. 그녀는 〈나의 정조관〉을 발표한 뒤 성차별에 대한 여성의 자각이 중요하다는 평소의 주제로 되돌아왔다. 여성의 정조에 관해 언급한 그다음 글은 1932년에 쓴 논설문 〈처녀, 비처녀의 관념을 양기揚棄하라〉일 것이다.

유교적인 한국 사회는 여성의 재혼을 오랫동안 금기했다. 하지만 일엽에게 자신의 시대에 여성의 재혼을 허용해야 하느냐는 질문은 이미 해결된 문제였다. 결혼이 자연스러운 일인 이상, 재혼의 기회가 온다면 재혼하는 것 역시 자연스러운 일이어야 했다. 일엽은 재혼에 관한 한국 사회의 이중 잣대에 문제가 있다고 주장했으며, 그 잣대의 저변에 여성의 정조에 대한 한국 사회의 고루한 시각이 있다고 말했다.

그러나 일엽은 일부 여성들이 경제적인 어려움을 타개하는 방책으로 재혼하는 것에도 이의를 제기했다. "지금의 진정한 의미의 신여성이라면 생활 문제쯤은 자수自手로 해결할 각오를 가지고 있는 것이 사실입니다. 출가 후에라도 부군夫君의 자산이나 부군의 수입이 넉넉하다고 가만히 앉아 놀고먹지는 않을 것입니다."[21]

일엽은 〈나의 정조관〉을 발표한 뒤 자아와 정체성을 찾는 일의 중요성에 점점 더 초점을 맞추었다. 1933년 1월, 일간 신문에 발표한 짧은 글 〈1933년 새해 첫날 여성 친구들에게 세 가지 충고〉에서, 그녀는 여성들이 새해에 추구해야 할 것에 관한 의견을 세 가지 제시했다. "첫째, 어떤 상황에 처해 있든 간에 자기 자신을 잊지 말아야 합니다. 당신의 짝이 어떤 사람이든 간에 자기 자신을 망각해버릴 정도로 사랑에 빠지지는 말도록 하세요. (…) 둘째, 언제 어느 때나 꼭 자기 자신으로 머물러 있도록 하세요. 반드시 자기 삶의 주인이 되어야 하고 자기 재량으로 선택을 해야 합니다. (…) 셋째, 굳건한 종교 신앙이 없는 삶은 노나 키가 없는 배만큼이나 위험하다는 것을 명심하기 바랍니다."[22]

그해 3월에 쓴 한 글에서 일엽은 학교를 졸업하고 사회에 나오는 젊은 여성들에게 다음과 같은 조언을 다섯 가지 했다. 첫째는 열심히 배우고 배움을 습관화할 것, 둘째는 자신의 조국인 한국에 관해서 배울 것, 셋째는 한국의 경제 현실에 관해서 배울 것, 넷째는 결혼을 직업으로 삼지 말 것, 다섯째는 자기 자신을 탐구할 것 등이다.[23] 일엽은 다시 정체성을 찾는 일의 중요성에 강조점을 두었다. 〈나의 정조관〉 뒤에 발표한 여러 글에 보이는 강조점의 변화는 1927년 이후로 일엽의 사상에 전환점이 있었는지 의문을 일으킨다. 하지만 그녀의 글을 좀 더 면밀하게 읽어보면 변화가 이미 그 이전부터 일어난 것을 알 수 있다.

낡은 개인주의와 새로운 개인주의

낡은 개인주의, 집단의식, 사회적 강압

학자들은 일엽의 신 정조론에 지나치게 집착하느라 1920년대 일엽의 저작에 나타나는 새로운 모습을 포착하지 못했다. 1924년 일엽이 여성의 정조 개념에 대해 새로운 접근법을 처음으로 요구할 때, 그녀는 이미 다른 사람들의 시선에서 자유롭게 자신의 삶을 살아갈 방법을 진지하게 찾고 있었다.

일엽은 〈인격 창조에〉(1924)라는 글에서 스스로 성찰하며 지난 한 해에 자기가 무엇을 배웠는지 물어보았다. 그녀는 이때 발견한 것을 다음 세 가지로 요약했다. "첫째는 나로 하여금 인격적으로 자각시킨 것, 둘째는 모성에 대한 자각, 셋째는 예술적 생활에 대한 동경이다."[24] 일엽은 세 가지를 종합해서, "나는 내 인격을 순화시켰다"[25]라고 말했다.

일엽이 〈인격 창조에〉에서 언급한 세 가지는 모두 일엽의 사상에서 새로운 주제였고, 〈우리의 이상〉에서 그녀가 주장하던 성적 자유와는 성격이 완연히 달랐다. 이 주제는 이후 그녀의 사상 발전에 지속적인 영향을 미쳤다. 그 반면에 〈우리의 이상〉에서 논의된 성도덕에 관한 주제는 〈나의 정조관〉에서 다시 한번 나올 뿐, 이후로 일엽의 글에서 사라졌다.

이런 맥락에서 일엽이 인격자가 되기 위한 자각을 이해하는 핵심으로 본 '신 개인주의'라는 개념은 주목할 만하다. 일엽은 이렇게 썼다. "인격적으로 자각하였다는 것은 신 개인주의에 의하여(부르주아에서 발달해온 낡은 개인주의가 아님) 생활의 기초를 세웠다는 말이다. 단체 의식이 우리의 모든 불순한 본능을 충동함에 비하여 외롭다는 개인 심리는 말할 수 없이 깨끗하다고 생각했다. 그래서 나는 단체 의식을 전달하는 모든 인간적 속박을 떠나서 우선 나 혼자로서의 사람이 되겠다고 생각했다."[26]

일엽은 신 개인주의와 낡은 개인주의를 대비하면서 전자는 개인의 혼자 있을 수 있는 능력을, 후자는 집단의식을 각각 특징으로 들었다. 일엽은 후사의 집단의식이 "우리 안의 모든 불순한 본능들"을 흔들어 부추김으로써 '사회의 강압'으로 기능한다고 주장했다. 그 반면 신 개인주의는 개인들이 "일 개인으로서의 인간이 되도록" 이끈다고 했다.

일엽은 '신 개인주의'라는 표현을 그녀의 글에서 단지 한 번 더 사용했다.[27] 그러나 신 개인주의라는 개념은 훗날 일엽의 불교적 저술에 나타나는 사상의 전환을 가늠하게 한다. 사회의 기준에 맞추어 인정받는 것에서 벗어나, 자기 삶의 기준으로 개인의 정체성을 추구하는 데 가치를 두면서, 일엽은 자신과 자기 삶의 가치를 이해하는 새로운 지평을 열었다. 일엽은 자신이 신 개인주의를 실천할 때의 마음 상태를 다음과 같이 표현했다.

> (내가 일개인으로서의 인간이 되려고 노력함에 따라) 그때 나는 비로소 마음이 침착해지고 내 혼과의 교통이 가까워지는 듯이 생각되었다. 나는 할 수 있는 대로 외계와 아무런 교섭이 없이 나 혼자 생각하고 나 혼자 즐거워하기를 좋아했다. (…)
>
> 나의 과거 1개년 동안의 생활은 절실히 개인주의에 대한 새로운 자각이다. 나는 시시각각으로 내 자신을 성찰해보고 조금이라도 이지러진 점이 발견될 것 같으면 힘써 고쳤다. (…) 나의 마음은 점점 침착해졌다. 세상의 어떠한 흐린 물결이 내 몸에 닥친대도 나는 전혀 무관심할 것이었다.
>
> 나는 먼저 처妻가 되기 전에 혼자 사람으로서의 깨끗한 심지를 품고 내 자신에 대해서 스스로 만족하리만큼 내 마음을 세련시키려고 했었다. 그러한 노력은 결코 세상을 위함도 아니고 또는 남편을 위함도 아니다. 단지 내가 나를 위한다는 절실한 개인주의에서 우러나왔다. 처가 되기 전에 먼저 완전한 개인이 되자 하는 것이 과거 1년 동안에 얻은 자각이다.[28]

누군가의 아내나 사회 구성원이 되기 전에 자기 자신을 신뢰해야 한다는 일엽의 결심은 이 글에서 뿌리내리기 시작했다.

일엽의 글에서 신 개인주의는 새로운 주제였지만 전혀 뜻밖의 사고는 아니었다. 그녀가 새로 깨우쳤다는 세 가지 중에서 두 번째에 해당하는, 모성의 중요성을 자각했다는 것이 오히려 뜻밖으로 보인다. '모성'은 일엽의 글에서 좀처럼 보이지 않는 주제였다. 일엽은 개별적인 인간이 되려고 애쓰면서 여성의 현실을 자각했다. 아내가 되는 일, 그 일과 결부된 도덕 가치를 지키는 일은 한 사회의 구성원으로서 실천해야 할 가치였다. 하지만 여성이라는 사실은 인간의 실존적인 조건이었고, 일엽은 모성애가 여성성의 부인할 수 없는 한 부분임을 깨달았다. 아내로서 의무는 시대와 사회에 따라 변하지만, 모성애와 어머니로서 의무는 항구적이었다. 독립성은 개인의 타고난 권리이며, 여성으로서 모성애를 자각하는 것 역시 그러하다고 주장했다. 이 경우에 우리는 모성애를 문자 그대로 받아들일 것이 아니라, 여성됨의 한 특징을 상징적으로 이야기하는 것으로 받아들여야 할 것이다.[29]

일엽은 모성애의 특성으로 순수함, 겸허함, 경건함, 너그러움과 같은 여성적 자질들을 꼽았으며, 이들은 예술적 자질과도 공유될 수 있다고 하면서 다음과 같이 썼다. "그래서 나는 첫째 사람이 되고, 둘째 여성이 된 것을 생각해보고, 어떻게 하면 모성의 가장 아름다운 것을 잘 발휘하여 볼까 하는 생각을 해보았다. 먼저 나는 여성의 우아하고 청징淸澄하고 겸양하는 기질을 가지고 경건한 생활을 해보리라고 생각했다. 그때 마음은 한량없이 부드러워지고 온순해지는 듯이 생각되었다."[30]

예술적 생활을 음미할 줄 알아야 한다는 그녀의 자각은 여성성의 본질에 대한 자각과 관련이 있었다. 그녀는 "여성과 예술은 뗄 수 없는 관계를 지닌 것"이며, 그것은 예술이 "아름다움, 사랑, 정조情操의 창조"이며, 여성들이 그런 특성들을 풍부하게 갖추고 있기 때문이라고 주장했다. 여기서 말하는 '예술'이 꼭 구체적인 예술작품을 의미하는 것은 아니었다. 일엽이 주목한 것은 판에 박힌 일상에서 기분을 새롭게 하기 위해 새로운 음식을 만드는 것 같은, 일상생활에서 경험하는 성격의 예술이었다.

더 나아가 일엽은 마음과 생각을 새롭게 하는 방법으로 일상에서 '경이로움'을 발견하는 일이 중요하다는 점을 강조했다. 일상의 예술적 능력에 관한 견해는 불교를 수행하는 마음상태를 특징 짓는 것으로 '창조성'을 꼽은 일엽의 불교철학에서 무르익는다.[31]

집단의 정체성은 사회를 살아가는 데 꼭 필요하다. 하지만 집단의 정체성이 그 집단 안의 한 개인의 정체성을 반영하지 못할 때, 개인은 집단의 정체성이 안고 있는 한계를 깨닫고 소외되었다는 느낌을 받는다. 그럴 때 개인은 집단의 가치와 분리된 개인의 정체성을 찾기 위해 집단을 떠날 것을 고려할 것이다.

일엽은 이런 경우를 '신 개인주의'라고 불렀다. 신여성들은 사회의 지배적인 규범에 도전하면서 자기들의 주장이 정당함을 입증하고자 했다. 그런 가운데 신여성들은 사회에 참여했고, 같은 이유로 사회에서 벗어나고자 하는 과정을 거쳤다. 일엽은 그것을 낡은 개인주의에서 새로운 개인주의로 이동하는 것이라고 설명했다.

김명순의 경우도 김일엽이 자신이 속한 집단에서 벗어나겠다고 선언할 때의 감정과 비슷한 면을 발견할 수 있다. 하지만 김명순은 성차별만이 아니라 또 다른 커다란 장애물을 극복해야 했다. 그녀는 적출만 구성원으로 자격을 누릴 수 있는 사회에서 서출로 태어났다. 김명순은 시적인 산문 〈네 자신의 우에〉에서 제아무리 애를 써도 사회와 나라의 일원이 될 수 없음을 한탄했다. 그녀는 태어날 때부터 낙인 찍힌 몸임에도 자신을 공동체와 연결할 수 있는 방도를 찾아 스스로 물었지만, 결국 그런 노력이 허사임을 알게 되었다. 집단에 속하게 해달라는 요구가 실현 불가능한 것임을 알았을 때, 그녀는 스스로 독립을 선언했다. 그녀는 자신을 탄실이라고 지칭하면서 자기가 속한 사회, 조선이라는 모국에 이렇게 이야기했다.

그래서 너는 어느 도회에 가서 단지 네 한 몸의 영화로움을 위해서 학식學識을 얻는다.
오오, 그러나 떠나는 탄실아, 떠내 보내는 조선아, 너희들은 다시 한번 붙들고 이야기해볼 필요가 없느냐? 어째서 말동무라도 되어볼, 사람이 없느냐, 어째서 자기가 나은 것을 품어줄 인정이 없느냐, 어째서, 약한 몸이 멀리 떠난다는데 눈물이 없느냐.

오오, 창부娼婦의 그것만 못한 탓이냐. 이 무정한 것아.

탄실아, 너는 간다. 네 한 몸의 영화로운 지식을 얻기 위해서 너는 간다. 그리고 입을 다문다.

오오, 탄실아, 탄실아.

네 한 몸의 문제만 풀러 너는 간다.[32]

김명순은 사회가 자신의 문제를 문제로 인정해주지 않았고, 자신을 구성원으로 포용해주지도 않았기에, 그것은 자기 혼자만의 문제라는 점을 거듭 강조한다. 그녀는 이렇게 선언하면서 자기가 속한 환경에서 자신을 완전히 분리했다. 국문학자 최혜실은, 자신의 조국으로부터 추방과 망명이 결합된 이 이중 분리는 김명순이 자신을 지키는 방법이었다고 말한다. 최혜실은 이렇게 썼다.

> 그녀는 조선의 국민으로서 만리 타국에 와서 조선을 위해 공부했고 일본인에게 저항하였다. 그녀는 자신을 조선인으로 세우고 타자로서 일본에 저항했다. 그러나 조선에서 그녀는 서출로서 추방된 존재, 타자였으며 따라서 이중적으로 소외된 존재였다. 그녀는 이제 자기 자신을 위해서만 살기로 결심한다. 스스로 성을 쌓고 자신을 유폐시켜 타자의 시선으로부터 자신을 보호하려는 시도가 시작된 것이다.[33]

김일엽, 한 여성의 실존적 삶과 불교철학

김일엽의 신 개인주의 선언은 김명순이 이중 분리 상태로 겪은 소외와 망명의 심경을 공유하고 있었다. 하지만 일엽의 망명은 그녀를 김명순의 세계와는 다른 세계로 이끌었다.

신 개인주의, 망명 그리고 자아 찾기

일엽이 1924년에 〈우리의 이상〉에서 신 개인주의를 거론했을 때 그녀의 마음은 차분했다. 하지만 그때부터 10년이 지난 뒤 다른 글에서 그 용어를 사용했을 때는, 자신의 사생활에 대한 사회의 비난 때문에 그녀의 마음이 어지러운 것이 눈에 띄게 드러났다. 1934년에 발표한 글에서 '신 개인주의'라는 용어를 사용했을 때 일엽의 심경은 망명과 유폐를 선언한 김명순의 심경에 가까웠을 것이다.

일엽은 출가하고 나서 일 년 뒤인 1934년 11월에 〈일체의 세욕世慾을 단斷하고〉라는 글을 발표했다. 출가 후 일엽은 스승 만공 선사의 충고에 따라 20년간 글을 출판하지 않았는데, 이 글은 그러한 침묵을 시작하기 바로 전에 발표한 몇 안 되는 글 중 하나였다. 여기에서 일엽은 1933년 하윤실과 이혼한 자신의 입장을 옹호했다. 그녀는 사회의 반응에 크게 실망한 것이 역력히 나타나는 이 글에서, 자신을 비난하는 이들에 맞서고 방어한다. 그녀는 자신을 비난하는 이들이 이론상으로는 신사상新思想을 지지

하면서도 사람들이 그런 사상에 따라서 실제로 삶을 사는 것은 받아들이지 않는 위선자들이라고 비판한다.

이와 같은 세태에 환멸을 느낀 일엽은 '사이비' 지성주의知性主義에 대해 결별을 선언하며 그렇게 함으로써 신 개인주의를 따라야겠다는 결심을 재확인했다. 이에 관해 그녀는 이렇게 표현했다. "나는 지금 인생에 대한 아무러한 미련도, 허영도 다 버렸다. 나의 행동을 변호해줄 줄로 믿었던 소위 재래의 모든 전통적 사상을 파괴한다는 사회주의자 무리에서도 나는 뛰어나왔다. 아! 나는 절실한 개인주의자가 되었다. 개인주의! 얼마나 아름답고 고상한 말인가. 나를 이제부터 살리고 나를 완성해줄 이는 오직 신 개인주의밖에 없다."[34]

같은 글의 후반부에서 그녀는 이렇게 선언했다. "나는 오직 내 한 몸이 되자. 그리고 나를 한 희생물로나 혹은 유희물로 취급하는 비인격자들에게는 단연히 절교하자. 아니 누구에게나 다 절교하는 것이 지금 내 인격을 구제하는 최고 수단이다."[35]

일엽이 이와 같은 원망하는 마음 상태에 그대로 머물러 있었다면 신 개인주의는 일엽의 사상에 별다른 영향을 미치지 못했을 것이다.[36] 일엽은 쓰라림 속에서 허덕이면서도 또 한편으로는 다른 세계로 나가고 있었다. 우리는 불교를 다룬 그녀의 글에서 이런 상황을 표현한 부분을 찾을 수 있다. 그런데 일엽의 신 개인주의 개념은 어디에서 온 것일까? 그녀는 어떻게 해서 그렇게 갑자기 옛 개인주의에서 신 개인주의로 이동했을까?

사실상 이 전환점은 겉으로 보는 것처럼 갑자기 온 것은 아니었다. 1924년 무렵부터 일엽의 세계관에는 느리기는 하지만 일종의 변화가 시작된 것 같다. 신 개인주의 개념은 그 당시 새로운 것이었고, 여기에는 1920년대 초 일엽과 교제한 임노월이 큰 영향을 미쳤다고 할 수 있다.[37]

신 개인주의와 사회주의: 임노월

임노월은 1923년 〈개벽〉 7월호에 〈사회주의와 예술, 신 개인주의의 건설을 창唱함〉이라는 글을 발표했다. 여기에서 그는 사회주의 및 사회주의와 예술의 관계에 관해 흥미로운 견해를 제시했다.

임노월은 예술에 관한 사회주의의 목표는 개인주의를 옹호하고, 개인들이 자본주의 체제의 토대인 사유재산이라는 문제에서 해방하는 가운데 자신을 표현하도록 허용해주는 것이라고 주장했다. 그는 예술가가 사회체제가 만든 구속 상태에서 자유로워지려면 예술이 부르주아나 프롤레타리아 같은 사회 계급을 잊어버릴 수 있는 영역이 되어야 한다고 주장했다.

이런 맥락에서 임노월은 소비에트연방으로 대표하는 당대의 사회주의는 인민을 전체주의적으로 통제하여 예술과 관련된 사회주의의 목표를 부정한다고 주장했다. 그는 소비에트연방이 전체주의적 사회주의를 시행하고 있으며 예술 활동을 뒷받침해주지 못한다고 비판했다. 그는 이렇게 말했다. "우리는 전체주의 사회를 철폐해야 한다. 우리는 개인의 무한한 자유를 촉진할 새로운 개인주의를 건설해야 한다."[38] 그는 유물론적 사회주의는 예술가의 자유로운 영혼의 최대의 적이라고 하면서 이렇게 말했다. "신 개인주의! 이곳이야말로 우리가 안전할 수 있는 곳이다."[39]

그는 소비에트연방의 전체주의적 사회주의는 개인의 자유를 억압하지만, 그 반면에 자본주의 체제에서의 삶은 '존재' 대신 '소유'가 전부라고 주장했다. 그가 보기에 사유재산을 소유하는 자본주의의 관행은 개인의 창조적인 재능을 짓눌러왔다. 사적 私的 소유를 반박한 점에서 보면, 그는 여전히 사회주의를 지지했고, 그런 이유로 사회주의를 예술가를 위한 희망이라고 여겼다. 하지만 임노월에게 이상적인 사회주의는 소비에트연방의 전체주의적 사회주의가 아니었다. 그는 당시 사회주의의 극단적인 양상을 치료해줄 수단으로 예술을 제시하면서 만일 민중이 사회와 민족주의를 버리고 예술에 의지한다면 구원받을 것이라고 주장했다.[40]

국문학자 방민호는 예술과 관련된 사회주의의 기능에 대한 임노월의 해석은 그를 당시의 다른 주요 문학적 조류와 구분해준다고 말한다. 방민호는 1920년대 중반 한국문학의 세 가지 주요 조류를 다음과 같이 간략하게 요약했다. (1) 인생을 위한 예술을 지지하는 그룹, (2) 마르크스주의와 프롤레타리아 운동을 기반으로 하는 사회변화를 지지하는 사회주의 문학 이론, (3) 문학에서 사회문화적인 운동을 강조하는 그룹 등이다.[41]

임노월의 문학이론은 예술을 위한 예술 개념을 기반으로 한 개인의 해방에만 초점을 맞춘 것이면서도 그것을 사회주의와 결부했다. 하지만 방민호가 언급한 대로 임노월에게 중요한 것은 "사회변화가 아니라 개인의 고유 특성과 창조적인 인성의 실현이었으며, 이것은 사회적 투쟁을 통해서가 아니라 사회와는 완전히 절연한 예술의 상아탑 속에서 성취할 수 있는 것이었다."[42]

1920년대 한국 지식인들이 임노월의 절대적 개인주의를 어떤 식으로 받아들였는지 상상하기는 그리 어렵지 않다. 그의 글이 발표된 직후, 1923년 〈개벽〉 8월호에는 이종기라는 인물의 〈사회주의와 예술을 말하신 임노월 씨에게 묻고저〉라는 짧은 응답이 실렸다. 이종기는 당시의 예술은 "성스럽고 높은 가치를 지닌 예술품"이 아니라 부르주아를 위한 "상품"을 생산한다는 말로 임노월의 견해를 반박했다.[43] 이종기의 관점에서 볼 때 개인의 절대적 자유를 예술작품의 목표로 보는 임노월의 주장은 부르주아 사회 내에서 예술이 치한 위치라는 현실에 무지한, 순진한 주장이었다.

사회주의적 관점에서 볼 때 임노월의 시각이 안고 있는 한계는 분명해 보였다. 마르크스 사회주의는 필연적으로 계급사회를 낳게 마련인 자본과 사유재산에 대한 비판에서 시작된다. 마르크스 사회주의에서 물질의 조건은 계급투쟁과 사회혁명을 통해서 변화했다. 만일 임노월처럼 사회운동의 가치를 부정하고 개인의 영역을 사회에서 분리한다면, 사회주의 프로젝트는 작동할 수 없을 것이다.

그와 같은 한계에도 불구하고, 임노월은 사유재산에 대한 사회주의의 도전이 사람들을 '존재'할 수 있도록 해주기보다 '소유하는' 데 초점을 맞춘 자본주의 사회에서의 존재 양식과 경제적 속박에서 민중을 해방시키려는 비전을 제공한다고 믿었다.

임노월은 신 개인주의를 새로운 시대정신이라고 선언하면서, 특히 개인의 고유한 특성의 창조와 인격 완성이라는 두 가지 점을 강조했다. 이런 주장은 일엽의 신 개인주의론과 일치했다. 하지만 임노월의 신 개인주의의 기반이 되는 사회주의의 맥락은 일엽에게는 호소력이 없었다. 또한 일엽의 남성 동료들은 그녀의 신 개인주의론에 공감하지 않았다. 작가이면서 문학비평가인 김기진은 신 개인주의를 추구하는 일엽을 비웃으면서 이렇게 썼다. "김일엽이 신 개인주의를 어느 정도 이해했을까? 설령 신 개인주의의 창시자인 임노월이 그녀의 이해를 보증해준다 해도 나는 믿지 못할 것이다."[44]

일엽의 신 개인주의에 대한 김기진의 경멸어린 발언은 여성들을 그들의 가치보다는 그들과 관계를 맺고 있는 남성들을 통해서 평가하는 가부장제 사회에서 흔히 보이는 모습이다. 방민호가 지적한 바와 같이 김기진이 김일엽을, 그리고 후에 김명순을 펌훼한 것은 김일엽과 김명순의 사상을 논하기 위한 것이 아니라 사실은 임노월에게 도전하려는 의도였다.[45]

임노월은 동시대인들의 비판을 견뎌내지 못했다. 그는 1925년 1월 1일 자 〈동아일보〉에 〈무제無題〉를 발표한 뒤 한국 문학계에서 사라져버렸다.

2
부

4장

나를 잃어버린 나

(1927–1935)

불교와의 만남

목사의 딸, 불교를 만나다

"삶, 광기, 언어."

이 표현은 현대 페미니스트 철학자 줄리아 크리스테바Julia Kristeva(1941-)가, 20세기의 천재적인 여성 3명이 자신들의 세계를 드러내기 위해 의지했던 수단으로 규정한 말이나 생각 혹은 은유이다.[1] 크리스테바의 여주인공들은 자기 분야에서 각각 사상가, 정신분석가, 작가로 인정받았나.[2] 그들과 달리 김일엽은 한국 비구니 역사에 큰 기여를 한 인물임에도 현대 한국불교사에서 그녀의 위치가 분명하지 않다.

한편으로 인정하는 것 같으면서도 실제로 확실하지 않은 위치, 이런 이중적 현실이 한국사회에서 여성의 위치를 잘 보여준다.

남성의 시각, 욕망, 의지를 중심으로 형성된 사회는 기존의 사회적, 정치적, 해석학적 구조가 방해받지 않는 범위 안에서 여성의 기여를 최소한으로 인정해준다. 한국불교사에서 김일엽이 차지하는 위치의 모호함은 현대 한국불교 해석학의 한 특징적 모습, 삶과 종교에 대해 정형화된 해석의 모습을 반영한다.

김일엽이 현대 한국불교에서 차지하는 위치는 지금까지 크게 부각되지 않았지만, 불교적 삶을 살아온 그녀의 독창적인 방식과 그녀의 불교철학의 깊이는 절대적으로 김일엽의 것이다. 지금까지 진행된 김일엽에 관한 연구는 그 범위가 제한적이다. 김일엽에 관한 초기 연구는 작가로서 김일엽에 초점을 맞춰 그녀의 문학작품을 살펴보았고,[3] 일본의 히구치 이치요와 비교하여 일엽의 글에 드러나는 여성적 정체성을 논의했다.[4] 1990년대 들어 한국 신여성 연구가 활발해지면서 신여성으로서 일엽의 정체성에 대한 관심이 늘어났고,[5] 기독교가 일엽과 다른 신여성들에게 미친 영향 역시 연구 주제가 되었다.[6] 그러나 김일엽 연구에서 승려로서 김일엽과 그녀의 불교 사상에 관한 연구는 여전히 부재하는 현실이다.[7]

작가, 신여성, 승려라는 세 가지 주제를 통해서 일엽을 이해하는 과정에서 일부 연구자들은 일엽이 출가하기 전의 삶과 그 후의 삶이 전혀 다른 별개의 삶이라고 주장했는가 하면,[8] 그 두 삶이 좀 더 긴밀하게 연관된다는 주장도 있었다.[9]

필자는 이미 출판된 몇 편의 논문에서 일엽의 생애의 두 국면이 일관된 주제, 곧 '자유의 추구'라는 주제를 드러낸다고 주장해 왔다. 출가하기 전 김일엽은 사회가 그녀에게 부과한 여성이라는 사회적 정체성에서 자유를 추구했고, 출가한 뒤의 김일엽은 인간 존재의 한계에서 자유를 추구했다.[10]

일엽의 불교 입문은 그녀가 1927년 무렵 월간잡지 〈불교〉에 참여하면서 시작되었다. 일엽의 생애를 다룬 한 전기傳記 소설에 따르면, 소설가 방인근方仁根(1899-1975)이 일엽을 잡지사에 소개했다고 한다.[11] 방인근은 일엽이 이화학당 시절에 절친했던 친구의 남편이었다. 일엽은 1927년부터 1932년까지 〈불교〉에 글을 기고했다.

《미래세가 다하고 남도록》에 나오는 일엽의 삶의 연대표에는 일엽이 1923년에 만공 선사의 법문을 듣고 깊이 감동한 것이 불교와 첫 만남이었다고 적혀 있다. 하지만 이 정보의 출처는 아직 확인되지 않았다. 김일엽과 불교의 이런 첫 만남이 실제로 일어났다고 해도, 이것이 일엽의 불교 이해에 많은 영향을 준 것 같지는 않다. 1927년에 처음 〈불교〉에 글을 기고했을 때조차 일엽은 여전히 불교에 관해 아는 게 별로 없었다. 일엽은 그 시절을 돌아보면서, 당시 사신이 〈불교〉에 실리는 불교 교리에 관한 기사를 전연 읽을 생각도 흥미도 가지지 않았었다고 썼다.[12]

1930년 2월, 일엽은 〈불문佛門 투족投足 2주년에〉라는 글을 발표했다. 이 제목으로 우리는 일엽이 1928년 불자佛者로서 수계를 받은 이래 스스로 불자로 여겼다는 것을 알 수 있다. 이 글에서 일엽은 자신이 〈불교〉 잡지사 사람들을 통해서 불교를 공부하기 시작했다고 말했다.

1928년 방인근은 〈여시如是〉라는 잡지를 창간했다. 그해 6월에 〈여시〉의 창간호를 발간했는데, 그것이 마지막 호가 되었다. 〈여시〉의 사무실과 〈불교〉의 사무실이 같은 건물 같은 층에 자리 잡은 덕분에 일엽은 자연스럽게 〈불교〉 잡지사 사람들과 친해질 수 있었다.

〈불교〉 잡지사에서 일하는 사람들과 알게 되면서, 그녀는 그들이 실천하는 불교의 가르침이 과거에 그녀가 들었던 불교와는 아주 다르다는 것을 알게 되었다. 이에 관해 일엽은 다음과 같이 썼다. "나는 아버지가 예수교 목사이니만큼 어렸을 때부터 예수를 믿었었다. 나는 예수교에서 불교는 목상木像 금상金像에게 절을 하고 기도를 해주느니 불공을 드리느니 하여 사람들에게 돈을 속여먹는 미신교이고 이단교라 하는 것을 들었(다.)"[13]

일엽이 불교에 관해 좀 더 알게 되면서 불교에 대한 견해는 점차 바뀌었다. 이에 대해 일엽은 다음과 같이 썼다. "각 성교당에서 하는 모든 의식이 퍽 엄숙하고 신성하게 생각되어 자연 마음이 고요하여지는 것이 이상스럽다 생각되었다."[14] 일엽은 또 사람들이 승려들의 비도덕적 행실을 비난하며 그들에 관해 나쁘게 얘기한 것을 기억하면서, 그러한 평판과 달리 〈불교〉 잡지에서 일하는 사람들은 단정하고 사리에 맞는 사람들이라고 생각했다. 그녀는 한문 실력을 키우기 위해 〈불교〉의 주간 권상로權相老

(1879-1965)와 함께 불경을 읽기 시작했고, 그 과정에 불교 교리를 공부할 기회도 있었을 것이다. 하지만 일엽이 권상로와 함께 어떤 불경을 읽었는지는 언급하지 않았다.

권상로는 1924년 7월 15일 창간호를 만들 때부터 1931년 10월까지 〈불교〉 주간으로 일했고, 그 뒤부터 1937년 2월까지는 만해 萬海 한용운韓龍雲(1879-1944)이 그 자리를 맡았다. 일엽은 1932년까지 정기적으로 글을 기고했기에 권상로와 꾸준히 접촉한 게 분명할 테지만, 그녀의 글에서 그에 관해 언급한 내용은 거의 나오지 않는다. 불교 사상과 첫 만남을 서술한 글에서도 권상로와 함께 불경을 공부했다는 것 말고는 아무 언급이 없다.

불교 교리를 처음 접했을 때부터 일엽은 불교에 매혹되었다. 그녀는 그때의 인상을 다음과 같이 서술했다.

> 그렇게 평범하고 심오한 불법을 알 도리야 없지만 그저 덮어놓고 좋다는 것만은 절실히 느끼었다. 그리고 그 불법이 나 한 몸을 건지고 온 세계 온 우주를 건질 만큼 큰 무엇이라는 것만은 믿었다. 따라서 아직도 알고 싶은 마음이 가득하면서도 무엇을 알아야 할지 무엇이 알고 싶은지, 무엇을 어떻게 물어야 할지조차 모르면서도 불법을 우선 남들에게도 알려주어야겠다는 생각이 간절해졌다.[15]

일엽은 그 후 오랫동안 불교의 가르침을 일반 대중에게 전하고자 다양한 노력을 기울였다.

근대 한국의 불교개혁운동

1920년대 말, 한국의 불교 개혁자들은 포교와 교육, 세속과 거리를 두고 산 중에 남아 있는 불교를 일반 대중 앞으로 이끌어내는 일이 변화하는 환경 속에서 불교가 살아남고 활기를 되찾을 수 있는 가장 시급한 문제라는 것을 절실히 알고 있었다. 1912년부터 1930년대 말까지 한국불교계는 불교개혁을 주장하는 일련의 논문들을 발표했다.

권상로는 이런 맥락의 논설문을 처음으로 발표한 학자였다. 권상로의 〈조선불교개혁론〉은 〈조선불교월보〉 3호(1912년 4월)부터 18호(1913년 7월)까지 연재되었다.[16] 불교개혁에 관한 글들 가운데 가장 잘 알려진 만해 한용운의 《조선불교유신론》은 1913년에 발표되었다.[17] 1920년대에는 일본 유학 중인 젊은 불교학자 이영재李英宰(1900-1927)가 1922년 11월부터 12월까지 〈조선불교혁신론〉을 27회에 걸쳐 〈조선일보〉에 연재했다.[18]

김일엽이 이런 글들을 읽었는지 혹은 그녀가 당시의 불교개혁 운동을 알고 있었는지, 그녀의 글에는 전혀 나타나지 않는다. 당시 한국불교가 처한 상황을 일엽은 불자보다 기독교인으로 겪었던 경험에 근거해 분석한 듯하다. 그녀는 기독교의 목소리가 점점 더 커지는 것을 알았고, 어째서 불교인들이 기독교인들처럼 자기 종교를 적극적으로 홍보하지 않는지 의아해했다. 절에 다니는 사람은 소수이고, 그것도 여성들이 대부분이라는 것을 걱정하면서 그렇게 절에 다니는 사람들이 과연 불교 교리를 얼마나 알고 있을지 의문스러워했다.

일엽은 또 불교인들이 제대로 연대하지 못한 점을 지적하면서, 불교 단체 구성원들도 더 긴밀하게 연대해야 한다고, 그 필요성을 강조했다. 그녀는 그런 상황을 개선하고 싶다고 하면서, 청년회의 몇몇 간부에게 불경을 읽고 불교를 공부하는 정기 모임을 만들자는 의견을 제시하려 한다고 썼다. 또한 아직 불교와 만날 기회가 없던 사람들에게 불교를 전하고 싶은 바람을 표현했다.[19]

일엽이 실제로 그런 제안을 했는지, 만일 했다면 그 공부 모임이 원하던 성과를 얻었는지, 그에 관한 정보는 찾을 수 없다. 하지만 불교에 입문한 지 겨우 2년에 불과한 일엽의 식견은 비교적 정확했고, 당시 불교개혁의 핵심 쟁점들을 제대로 지적하고 있었다.

일엽이 지적한 포교와 대중 교육은 사실상 1910년대와 1920년대 한국불교 개혁에서 가장 기본적인 요소였다. 일엽은 1960년대에 책을 세 권 출판했고, 세 권 모두 자신이 책을 출판하는 목적이 불교를 전파하기 위함이라고 밝혔다. 일엽은 1920년대의 불교개혁운동에 관해서 알지 못했을 수도 있다. 하지만 그 시기에 일엽이 불교와 만날 수 있었던 것은 사실 당시 불교개혁 운동가들이 일반 대중에게 불교를 전파하려는 노력 덕분에 가능했다.

1910년대와 1920년대 불교계는 불교 잡지들을 발간하기 시작했다. 이는 한국불교의 현대화를 상징한다. 1910년대부터 〈불교〉가 간행된 1920년대 중반까지 한국에는 10종이 넘는 불교 잡지가 등장했다. 〈조선불교월보〉(1912-1913), 〈해동불교〉(1913-1914), 〈불교진흥회월보〉(1915년 3월-1915년 12월), 〈조선불교총보〉(1917년 3월-1921년 1월) 등이 여기에 해당한다.

권상로는 〈조선불교월보〉와 〈불교〉(1924-1931)의 주간이었다. 이 잡지들의 다른 필진으로는 박한영 朴漢永(1870-1948), 이능화 李能和(1869-1943), 백용성 白龍城(1864-1940), 이영재, 한용운 등이 있었다. 한국불교 연구자 헨리크 쇠렌센 Henrik H. Sørensen은 그의 논문에서, 1910년대 한국 불교잡지들을 통해서 승려 학자 혹은 일반 불교학자의 탄생을 보게 된다고 말했다. 이들은 근대 한국에서 불교학의 탄생을 선도하는 역할을 했다.[20] 이 불교잡지들은 불교 경전에 관한 글뿐 아니라, 서구 문화와 일본 학문의 영향력이 점차 가시화되는 당시 상황에서 한국사회의 주요 문제로 떠오르는 쟁점을 다룬 글도 실었다.

〈불교〉 지는 일엽이 불교와 관계를 맺는 데 핵심적인 역할을 했고, 이는 그 자체로써 당시 한국불교의 상황을 알려주는 하나의 지표이기도 했다. 국문학자 방민호는, 불교를 대중화하려는 한국불교계의 노력 덕택에 김일엽처럼 불교와 전혀 상관없던 사람도 소외감을 느끼지 않고 불교계의 일원이 되어 불교 잡지에 글을 올릴 수 있었다고 주장했다.[21] 방민호의 주장은 근대 시기의 불교와 불교 수행, 불교학의 성격과도 관련이 있다. 전근대 시대에는 불교 해석의 주요 원천은 출가자인 승려들이었다. 그러나 근대에는 출가하지 않고, 학문적 연구의 주체로서 불교에 접근하는 '세속적' 불교학자들이 출현하게 된 것이다.[22]

일엽이 불교에 입문할 무렵인 1927년부터 1928년까지는 그녀의 사생활에도 주목할 만한 변화가 일어났다. 이 시기에 그녀는 불교를 공부하는 데 동기를 부여하고 도움을 준 두 사람을 만났다. 그 한 사람은 당시 불교신문사 사장 백성욱이었고, 다른 한 사람은 〈불교〉에서 함께 일했던 재가승 하윤실이었다.

엘리트 승려에게 불교를 배우다: 김일엽과 백성욱

백성욱白性郁(1897-1981)은 1953년 7월부터 1961년 7월까지 동국대학교 총장을 지낸 인물로 가장 잘 알려졌다. 또한 1975년에 자신이 창설한 '금강경독송회'에서 대중을 지도했다. 어떤 사람은 그가 1950년 2월부터 1950년 7월까지 내무부 장관을 지낸 이력으로 그를 기억하기도 할 것이다. 그는 1952년과 1956년에 대한민국 부통령 후보로 출마하기도 했다. 그를 성공한 사업가로 기억하는 이들도 있을 것이다. 정치가나 사업가로서 백성욱의 모습은 두드러졌다. 반면에 철학자로서 백성욱에 대한 연구나 근대 한국불교 철학에 대한 그의 기여도에 관한 연구는 거의 없다.

20세기 초 한국 불교계 인물 가운데서도 백성욱은 조금 남다른 학문적 배경을 가지고 있다. 당시 대다수 한국 불교인들이 일본에서 유학했지만, 백성욱은 유럽 유학을 택했다. 그는 한국 사람들에게 독일에서 철학 학위를 취득한 최초의 한국인으로 알려졌다.[23] 그럼에도 불교철학과 서양철학의 비교연구를 주제로 한 그의 박사논문을 포함해, 백성욱의 철학 저술들에 관한 연구는 거의 이루어지지 않았다.[24] 한국에서 그의 불교철학이 그토록 오랫동안 관심을 받지 못한 이유는 무엇일까?[25] 그것은 한국 근대화 과정의 특수한 상황에서 비롯되었거나 한국의 불교와 불교학이 지향하는 방향의 성격, 아니면 한국에서 철학하기 그 자체가 가진 특별한 성격에서 비롯되었을 수도 있다.[26] 그 답이 무엇이든, 백성욱의 불교 사상은 김일엽이 불교와 처음 만났을 무렵 그녀에게 많은 영향을 미쳤고, 그에 관해서는 5장에서 자세히 살펴볼 것이다. 그 전에 우선 백성욱의 생애와 철학을 간단히 살펴보자.

백성욱은 서울에서 태어났다. 열 살 때 아버지를 잃고, 이듬해에는 어머니마저 잃었다.[27] 그 뒤 외할아버지가 그를 키웠고, 유럽 유학 중에도 학비를 지원했다.[28] 1910년 백성욱은 정릉 봉국사에서 최하웅 선사를 은사로 출가했다. 은사에 대해 알려진 것은 거의 없다. 1919년에 경성 불교중앙학림을 졸업한 뒤 독립운동에 참여할 의도로 대한민국 상해 임시정부가 있는 상하이로 갔다.

상하이에서 그는 장차 대한민국 초대 대통령이 될 이승만李承晚(1875~1965)을 만났다. 이승만은 백성욱에게 유럽 유학을 권했다.[29] 1920년 프랑스로 떠난 백성욱은, 파리에서 북쪽으로 70킬로미터가량 떨어진 도시 보베Beauvais에 있는 한 학교에서 독일어와 라틴어를 공부했다.[30] 1922년에는 독일 뷔르츠부르크 대학에 진학해, 1925년에 〈불교순전철학Buddhistische Metaphysik〉이라는 논문으로 학위를 받았다.[31] 한국의 주요 언론인 〈동아일보〉에서 그의 귀국을 보도했다는 것은 당시 이미 그가 유명 인물이었다는 점을 말해준다.[32]

백성욱은 독일에서 학위과정을 이수하는 동안 〈불교〉에 글을 기고했다. 그가 1924년 말과 1925년 1월에 〈불교〉 주간 권상로에게 보낸 편지들을 보면, 당시 그의 관심사를 대략 알 수 있다. 그는 권상로에게 보낸 편지에서 '오리엔탈리스트'로 알려진 당시 유럽의 동양학 연구자들의 단단한 학문에 감탄하는 마음을 표현했다. 그는 유럽 학자들이 영어, 프랑스어, 독일어 같은 서구 언어들은 물론, 불경에 사용된 팔리어와 산스크리트어에도 능통하다고 말한다. 그는 또한 팔리어와 산스크리트어 같은 원어로 기록된 불경 연구의 중요성과 출판사 설립의 필요성 등을 강조했다. 그는 권상로에게 보내는 편지에, 만일 우리 승려가 유럽의 동양학자들과 발을 맞추고, 자질을 양성하려면, '출판사'가 필요하다고 느낀다[33]고 썼다.

백성욱은 1925년 9월 한국에 돌아온 뒤 중앙불교전문학교에서 학생들을 가르쳤고, 불교신문사 사장으로 일했다. 1928년부터 수행에 전념한다는 이유로 금강산에 들어가서 1938년 무렵까지 금강산에서 지내다 일본 정부의 압력 때문에 부득이 금강산에서 나와야 했다.

백성욱의 불교 해석은 그의 교육적 배경을 드러낸다. 그는 1920년대에 쓴 여러 글에서 불교를 서구의 철학적 전통과 비교하며 해석했다. 그 한 가지 예는 '나'에 대한 해석이다. 1926년 1월에 발표한 〈나의 신앙과 늣김(느낌)〉이라는 글에서, 그는 '나'의 능력을 최대한 확장하는 일이 중요하다는 점을 강조했다. 그는 사람들이 '나'를 알아차리지 못했기 때문에 불만족스러운 삶을 영위하고 있으며, 삶의 모든 면에서 '나'와 '나'의 능력을 분명히 이해하면 자기 삶에 만족하면서 지낼 수 있다고 주장했다.[34]

'나'를 이해하고 '나'의 능력을 발휘하는 일이 중요하다는 그의 견해는 일엽에게 큰 영향을 미쳤다. 일엽에게 여성, 기독교인, 비신앙인, 불교인 자신의 여러 정체성에 관한 쟁점은 평생에 걸쳐서 탐구해야 할 주제였기 때문이다.

김일엽이 백성욱을 처음 만난 것은 1927년 어느 날 불교신문사 사무실에서였다. 1960년에 발간된 《어느 수도인의 회상》에 수록된 〈B씨에게〉에는 백성욱과의 관계가 상세히 서술되어 있다. 일엽에 따르면, 두 사람은 첫눈에 사랑에 빠졌다고 한다. 두 사람이 백성욱의 사무실에서 만났을 때 그는 일엽에게 전라도 화엄사에서 난 작설차를 대접했다. 일엽은 차의 향기로운 맛을 즐기면서 이렇게 말했다. "이것은 참 고급 차라고 할 만한데요. 그런데 전라도 사람들은 아닌 게 아니라 표리表裏가 아주 다르기는 하더군요. 나도 몇 사람 지내보았지만 (…) 사람들은 그래도, 물건은 이렇게 좋은 게 많이 나오나 봐요. 화문석이니 발이니 소반, 부채, 종이 등."[35]

전라도 사람들에 대해 험구를 늘어놓은 뒤에 일엽은 백성욱의 고향이 전라도라는 걸 알았다. 일엽은 몹시 당황하지 않을 수 없었다. 백성욱은 일엽의 말에 불쾌한 기색도 없이 "선생의 고향은?" 하고 물었다. 일엽은 실례했음에 당황하여 "평안도야요"라고 짤막하게 대답했다.

실수를 만회하려는 와중에도 일엽은 여전히 백성욱에게서 신비로운 매력을 느꼈다. 일엽은 그 순간의 감상을 이렇게 서술했다. "붉어진 나의 얼굴을 유심히 바라보던 당신은 '선생의 고향은?' 하고 나지막이 물었나이다. '선생의 고향은?' 하고 묻던 당신이 부드럽다는 것으로도 정다웁다는 것으로도 표현할 수 없는 은근한 그 목소리는 언제라도 내 가슴 안 영靈에 울리우는 시처럼 아롱지며 미묘한 음악 이상으로 파동을 일으키고 있나이다."[36]

그러다 다른 손님들이 사무실에 찾아오는 바람에 일엽은 그곳을 떠나야 했다. 하지만 얼마 지나지 않아 이번에는 백성욱이 일엽이 있는 곳으로 찾아왔다.

그 후 백성욱은 꾸준히 일엽을 찾았고, 둘은 곧 가까운 사이가 되었다. 백성욱의 지식 배경은 전통적인 동양의 신앙은 물론 기독교와 서구철학에까지 걸쳐 있었다. 그는 자신의 폭넓은 지식을 일엽과 나누려고 애썼다. 그가 불교 교리를 기독교와 비교하며 설명해준 일을 일엽은 오랫동안 잊지 않았다.[37] 일엽은 1927년에 그를 만났을 무렵 기독교에 대한 믿음을 완전히 잃어 버리고 무신론자가 되었다고 술회했다. 일엽과 기독교의 관계는 다음 장에서 살펴볼 것이다.

백성욱과 김일엽의 만남은 급속도로 가까워진 것처럼, 1년도 채 지나지 않아 급작스럽게 끝나버렸다. 백성욱이 일엽에게 편지 한 장만 남기고 종적을 감춘 것이다. 그 편지에 백성욱은 "인연이 다하여서 다시 뵈옵지 못하겠기에"라고 썼다.[38] 그는 일엽에게 어디로 가는지도 알려주지 않았다. 시간이 흐른 후에야 그녀는 그가 불교 수행을 위해 금강산에 들어갔다는 것을 알게 되었다.

삶을 위한 용기 혹은 불도를 닦으며

백성욱이 떠난 뒤에도 일엽은 불교 공부를 계속했다. 그때 그녀의 불교 공부를 도와준 사람은 〈불교〉 잡지사에서 일하던 재가승 하윤실이었다. 일엽은 사실상 1921년 이래 이혼한 상태였고, 결국 1929년에 하윤실과 결혼했다.[39]

일엽은 1927년 불교에 입문한 때부터 1933년 출가할 때까지 다양한 방면으로 불교 수행을 했다. 이 시기 그녀는 출가하지 않고도 재가 신도로서 불교 수행을 할 수 있다고 여겼다. 〈신불信佛

과 나의 가정〉(1931)이란 글에서 일엽은 재가승과 결혼생활을 수행의 한 방법이라고 표현했다. 일엽은 처음 불교신자가 되고서 출가를 고려했지만, 자신이 과연 출가 생활이 요구하듯 모든 욕망과 감정을 완전히 끊어버릴 수 있을지 확신이 서지 않았다. 결국 오래도록 불교 수행을 하기 위해 그녀가 찾아낸 해법은 재가승과 결혼하는 것이었다.[40] 이 글에서 그녀는 불교 의식을 따라 행하지는 않았지만, 대신 염불삼매念佛三昧에 들기 위해 염불 수행을 하고 있으며, 또한 불교 입문서들을 읽는다고도 했다.[41] 글의 말미에 일엽은 나중에는 참선 공부도 할 수 있기를 바란다고 말했다.[42]

재가 수행자로서 불교 수행이 가능할 것이라는 일엽의 생각은 결국 바뀌었다. 그녀는 1933년 서른여덟 살의 나이로 출가했다. 그때부터 작품 활동을 줄이다가 1935년부터 글을 발표하는 일을 완전히 중단했다.[43] 일엽은 20년이 지난 1950년대 후반에 가서야 다시 글을 발표했는데, 그 이전에 마지막으로 발표한 글은 1935년 〈삼천리〉지에 실린 〈불도佛道를 닦으며〉인 것으로 보인다.

〈불도를 닦으며〉에서 일엽은 이렇게 썼다. "스님(만공)은 내가 노래와 시와 소설 쓰는 것을 피하라고 하십니다. 스님은 지디리 세상의 신문이나 잡지까지 다 보지 않는 것이 옳다고 합니다. 그리고 스님은 외간 사람과도 어울리지 말라고 합니다."[44] 일엽이 만공을 처음 만났을 때 만공은 일엽에게 '절필'을 말했고, 이 글에서 그녀는 스승인 만공의 가르침을 따르겠다는 결심을 재확인했다. 그 첫 만남에서 만공은 그녀에게 다음과 같이 충고했다.

> 그대는 세속에서 여류시인이라는 말을 들었다는데 지금까지 쓰던 시는 새 울음소리고 사람의 시는 사람이 되어 쓰게 되는 것이나 그래도 시라고 쓰게 되고 그 문학적 수양을 하게 되는 것만도 그 방면의 연습을 다생多生에 하기 때문이라. 그 업을 녹이기는 대단히 어려운 일인데 글을 쓸 생각, 글 볼 생각을 아주 단념할 수가 있겠는가?
>
> 그릇에 무엇이나 다른 것이 담겼으면 담을 것을 담지 못하지 않는가?[45]

일엽은 그릇을 이미 비웠다고 답했다.[46] 글 쓰고 읽는 일을 다 그만두었다는 뜻이었다. 일엽은 그 만남 뒤부터, 밤 10시 이전에는 눕지 않았고 새벽 2시 전에 꼬박꼬박 일어나서 오로지 수행하는 일에만 자신을 바쳤다. 〈만공 대화상을 추모하여〉라는 글의 1960년 판에서 일엽은 스승이 글을 쓰고 읽는 일을 중단하라고 말한 뒤 "10여 년간" 그렇게 했다고 말했다.[47] 〈청춘을 불사르고〉 1962년 판에서는 자신이 "18년간" 글 쓰고 읽는 일을 중단했다고 하면서 그 기간을 좀 더 구체적으로 밝혔다.[48] 여기에 근거해서 계산해 보면 일엽이 다시 펜을 든 것은 1951년경일 것이다. 1950년대 들어 일엽은 다시 글을 발표하기 시작했으며, 1960년에는 《어느 수도인의 회상》을 출간했다.

일엽은 1933년에 사미계를 받은 때부터 1935년 비구니계를 받을 때까지 여러 곳에서 수행했다. 그녀는 경상북도 김천의 직지사, 금강산의 서봉암과 마하연, 서울의 선학원에서 수행했는데, 한곳에서 3개월 정도 지내다가 다음 수행처로 옮겼다고 한다.[49] 일엽은 수덕사 선방에서 하안거에 들었고, 1935년 이후에는 평생을 그곳에서 지냈다.

일엽이 출가한 일은 장안의 화젯거리였다. 당시 사람들은 일엽의 출가를 진지하게 받아들이지 않으려 했고, 그저 그녀가 처한 상황에 대한 일시적 대응 정도로 해석했다. 문학지 〈개벽〉 1935년 1월호에 실린 인터뷰는 김일엽의 출가 사연에 대한 세간의 궁금증을 보여준다. 사람들은 일엽이 사생활의 스캔들에서 도피하고자 세속을 떠났다고 여겼다.

기자: 성북동에서 우리 보기에는 행복스러이 사시는 듯하더니 무슨 까닭으로 이혼을 하시고 마셨나요?

일엽: 불도로 나가기 위함이지요.

기자: 무슨, 부부 사이에 불화감은 없었던가요?

일엽: 그것은 절대로 없습니다. 가정생활은 시극히 원만하였습니다. 아주 행복스러웠답니다.

기자: 그런데 이렇게 이혼이 될까요? 그러면 아까 말씀과 같이 불도에 도통하시려는 생각으로 그리하셨나요?

일엽: 네, 그렇습니다.[50]

사람들이, 불도를 닦는 일에 평생을 바치겠다는 일엽의 결심을 납득하지 못했을 수도 있다. 하지만 일엽의 자전적인 글들은 그녀가 당시 깊은 실존적 위기를 겪었음을 알려준다. 작가인 일엽이 글쓰기를 중단한다는 것은 대단히 힘든 일이었을 것이다. 자신을 다잡으며 절에서 수행하는 것은 더욱 어려운 일이었을 것이다. 그녀는 〈만공 대화상을 추모하여〉라는 글에서 입산 후 첫 3년 세월의 심회를 다음과 같이 말했다.

> 만 3년쯤 지나서는 의심삼매疑心三昧(시간과 공간의 구속을 받지 않는 무無)의 시간을 제법 많이 가지게 되니 지해知解가 생겨 스님의 법문을 더러 해답을 하게 되니 의심이 도리어 엷어지게 되고 자신 있던 해답은 걱정만 듣게 된 것이다. 곧 될 줄 알았던 성불은 아니 되고 시간만 자꾸 흘러갈 때 초조는 심하였던 것이다.
> 생활에 대한 계획과 예산이 세워진 일, 곧 전정前程을 위하여 아니할 수 없는 성불은 될 가망이 없고 사死에 대비가 없이 이대로 지나다가는 느닷없이 닥쳐올 사선死線! 전로前路가 망망할 그때! 과연 두려운 일인 것이다.
> 성불이고 무엇이고 차라리 소멸되는 법이라도 있었으면-세속에서는 죽음이란 피난처가 있어 최후에 갈 길은 있는 줄 알았었지만 생을 포기할 수는 없는 일이라 죽으려야 죽을 도리는 없는 우주적 원칙을 알게 되고 성불은 언제 될지 모르는데 가슴에서 불만은 은근히 타고 있고 나의 소망은 극에 이르러 속인적俗人的에

는 그런 최고 절망은 느껴본 적이 상기想起되지 않는데 눈물 없이 살 중의 생활인 줄 알았던 나는 이런 다함이 없는 눈물 흘릴 일이 발견될 줄은 과연 몰랐던 것이다.[51]

일엽은 자신이 처한 상황을 얼음으로 뒤덮인 두 바위 사이에서 살아남으려 애쓰는, '애달픈 생의 용기'를 지닌 무력한 겨울 싹에 비유했다.[52] 위의 글은 만공 선사 입적 15주년을 맞아서 쓴 것이니 1950년대에 쓴 글일 것이다. 일엽이 이 글에서 표현한 깊은 실존적 위기는 이전 글에서는 찾아볼 수 없는 새로운 것이다. 입산 전의 일엽의 글에서 우리는 자신의 쓸쓸한 삶, 사회구조의 불공평함, 사회의 지식인들이 보여주는 기만에 관한 그녀의 감상적인 불평과 자주 만났다. 그러나 이제 우리는 일엽의 생각에서 인간 존재의 근원적 문제가 주요 주제로 나타남을 보게 된다. 그러한 실존적 고뇌는 그녀에게 '삶을 위한 용기'를 요구하고 있었다.

김일엽과 한국의 선불교

한국불교 이야기

불교를 처음 접하자마자, 일엽은 불교의 가르침을 배우고자 했고, 불교 포교가 제대로 되지 않는 것을 우려했다. 출가했을 당시에는 오로지 참선수행에만 초점을 맞췄으며 주로 화두 참선에 몰두했다. 앞에서도 언급한 바 있는 1934년 11월 월간지 〈개벽〉과의 인터뷰에서 기자는 일엽이 불경 공부를 하는지 물었다. 일엽은 불경 공부는 하지 않고 오로지 화두 참선만 한다고 대답했다. 그리고 화두 참선이 하나의 큰 의문을 푸는 것과 같으며, 정신을 일념一念 하에 집중시키는 공부라고 덧붙였다.[53]

　화두 참선은 원래 12세기 중국 송나라의 대혜 종고大慧宗杲(1089-1163) 선사가 창안한 선불교 수행의 하나이다. 한국불교에서는 12세기에 보조 지눌普照知訥(1158-1210)이 처음으로 이 수행법을 도입했다. 화두 참선은 지눌의 후계자 진각 혜심眞覺慧諶(1178-1234)의 대에 이르러 큰 주목을 받았고, 그때부터 오늘에 이르기까지 화두 참선은 한국 선불교에서 가장 대표적인 수행 방편으로 여겨왔다.

한반도에 불교가 전래한 시기는 지역마다 다르지만, 4세기에서 6세기 사이로 알려진다. 당시 한반도에는 북부의 고구려(BC 37-668), 남서부의 백제(BC 18-660), 남동부의 신라(BC 57-935)가 자리 잡고 있었다.

현존하는 자료[54]에 의하면, 372년에 고구려가 삼국 중 처음으로 불교를 받아들였다고 한다. 중국 전진前秦(351-394)의 왕 부견符堅이 순도順道라는 승려를 한반도에 보낸 것이다.[55] 같은 자료에 의하면, 384년경 동진東晉(317-420)의 인도 출신 승려 마라난타摩羅難陀가 백제에 불교를 전파했고,[56] 신라는 한반도 남쪽에 위치해서 다소 늦은 528년에 불교를 받아들였다.

불교는 삼국에서 모두 왕실 중심으로 전파되었다. 고구려는 전진과의 외교 관계를 위해 불교를 들여왔다. 순도는 외교관으로 고구려에 들어왔다가 곧 왕실 사람들의 스승이 되었다. 순도가 들어온 지 3년이 채 되지 않아 고구려 소수림왕(재위 371-384)은 두 곳에 사찰을 건립했다. 백제에서는 왕실 사람들이 마라난타의 포교를 진실하게 받아들였고, 2년이 지나기도 전에 사찰이 세워졌다. 신라에서는 짧은 기간 불교에 대한 저항이 있었지만, 이

차돈異次頓(506-527)의 순교 이후 신라의 지배 계급은 불교를 점차 받아들였다.[57] 이런 시련이 지난 뒤 법흥왕(재위 514-540)은 불교를 국교로 인정했으며, 얼마 지나지 않아 불교의 가르침에 따라 살생을 금했다.[58] 불교는 통일신라시대(676-935)[59]와 고려시대(918-1392)[60]를 거치며 번성했다.

오늘날 우리가 알고 있는 형태의 한국 선불교 전통을 세운 사람은 12-13세기의 보조 지눌이다.[61] 지눌의 불교는 '중생이 이미 있는 그대로 부처'라는 선불교의 근본 주장을 바탕으로 한다. 지눌은 불교수행의 목표가 고통을 제거하는 것이며, 고통을 제거하려면 부처를 발견해야 하고, 부처를 발견하려면 자기 내면을 들여다보고 자기 마음이 곧 부처라는 사실을 깨달아야 한다고 가르쳤다.

지눌의 불교와 그의 초기 가르침의 핵심은 자기 마음을 아는 데 있다. 지눌은 《수심결修心訣》에서, "슬픈 일이다. 사람들은 너무나 오래도록 미혹해서, 자기 본성이 참된 법法임을 알지 못한다"라고 말했다.[62]

지금 중생의 몸과 마음속에 부처가 현존하고 있다는 지눌의 주장은 인간존재에 관한 선불교의 근본적인 입장이다. 사람들은 깨달음을 얻어 부처가 된다는 것을, 일반적으로 시간의 과정을 순서대로 거쳐 결과에 도달하는 목적론적인 과정으로 이해한다. 불교 수행과 깨달음의 과정을 이런 물리적 시간의 흐름으로 이해하는 것은, 불교를 수행할 때 수행자가 일정한 시간 동안 수행을 한 뒤, 마침내 수행의 완성을 이룬다고 생각하게 된다. 선불교는 그런 순차적, 시간적 수행 개념에 제동을 걸고, 중생이 이미 부처라고 말한다. 중생이 이미 부처라는 모순과 같은 이 주장은 선불교 철학과 수행에 있어서 다양한 의미를 지닌다.

이 주장은 이 세상에 존재하는 어떤 것도 불변하고 독립적인 본질을 가진 것이 없으며, 모든 것이 다양한 원인과 조건의 상호작용으로 존재한다는 불교의 근본 가르침을 반영한다. 불교의 세계관에서 세상이나 개인을 좌지우지하는 초월적 존재자는 없다. 이는 다시 말하면, 그것이 인간의 사고이든 이성이든 감정이든, 어떤 하나의 본질이 우리의 존재를 통제할 수 없다는 것이다.

초월자가 없다면, 불자들은 누구를 숭배하고 누구에게 기도하는가? 지눌이 부처와 동일시한 '마음'이란 무엇인가? 불교 전통마다 부처에 관해 각기 다른 정의를 내린다. 상좌부 불교에서 부처는 역사적인 부처, 곧 기원전 5세기에 태어나 서른다섯 살에 깨달음을 얻고 가르침을 펼치다 여든 살에 열반에 든 고타마 싯다르타를 지칭한다. 대승불교에서 부처는 기원전 5세기에 인도에서 등장한 역사적인 인물로만 국한되지 않는다. 역사적 부처는 깨달음의 상태에 이른 존재의 본성, 곧 불성佛性을 밝혀 깨달음을 얻은 사람들의 한 예일 뿐이다. '부처'는 말 그대로 '깨달은 존재'라는 뜻이다. 따라서 존재의 실상을 깨달은 이들은 누구나 다 부처이다.

그렇다면 우리는 이런 질문을 던져야 한다. "깨달음이란 무엇인가?" "깨달음을 경험하기 위해서는 어떻게 해야 하는가?"

부처는 이 세계의 실상 그리고 자기 존재의 실상을 깨달은 존재이다. 그 실상이란, 세상의 어떤 것도 자족적이며 불변하고 영원한 본질을 가지고 있지 않다는 것이다. 존재의 실상은 중생에게나 부처에게나 똑같다. 그 둘의 차이는 중생은 이것을 알아차리지 못했고 부처는 알아차렸다는 것이다.

여기서 우리는 좀 복잡한 상황을 접하게 된다. 존재의 바탕이라는 면에서 볼 때, 부처와 중생이 같다. 그러나 현실적으로 보면 중생은 존재의 현실을 아직 깨닫지 못했고 부처는 이미 깨달았으므로, 중생은 부처가 아니다.

'같으면서도 다른 관계'라는 이 모순적인 존재 현실이 선불교의 관점에서 볼 때 교리 불교가 선불교에 머리를 숙일 수밖에 없는 이유가 된다. 이 논리는 특히 한국불교에서 선종禪宗이 교종敎宗보다 우월한 위치를 점하게 된 배경이기도 하다. 선불교는 그 목표가 사람들이 불교의 가르침을 잘 이해하게 하는 데 있는 것이 아니라, 그들이 깨달음에 이르도록 돕는 데 있다고 주장한다. 즉 선불교의 주장은 교종이 불교 교리를 '논의'하는 데 시간을 쓰지만, 중생에게 진실로 필요한 것은 그들의 삶에서 불교의 가르침을 체험하는 것이라고 한다. 선불교 수행의 목표는 다양한 불교 경전과 불교사의 여러 스승의 가르침을 중생들이 그들의 생활에서 실천할 수 있도록 해주는 것이라고 선불교는 주장한다. 기존의 수행기들이 존재의 실상을 깨칠 수 있는 최상의 방편으로 화두 참선을 도입했으며, 김일엽은 이 화두 참선을 수행했다.

한국 선불교: 화두 참선 혹은 질문하는 참선법

보조 지눌이 13세기 한국불교에 간화선을 들여온 이래, 한국 선불교는 간화선 혹은 화두선이 한국 선불교 정체성의 핵심이라고 주장해왔다. 화두선은 공안公案으로 알려진 선불교 수행의 한 부류이다. 일엽이 수행한 선불교를 더 잘 이해하려면 공안과 화두의 차이 그리고 중국, 한국, 일본에서 공안을 어떤 식으로 다르게 시행하는지에 대해 간략한 설명이 필요하다.

공안이란 선사와 제자 간의 문답이다. '공안'이라는 표현은 문자 그대로 '공적인[公] 문제 혹은 사례[案]'를 의미한다. 영어로는 공안이 생긴 상황적 맥락을 고려해 '즉문즉답encounter dialogue'으로 번역하기도 한다.

이런 문답에 등장하는 선사들은 대체로 8, 9세기경 중국 당나라 시대(618-907)의 인물들이다. 대화에 나오는 답은 제자의 한 질문에 대한 깨달음을 얻은 선사들의 자연스러운 답변이라고 여겼다.[63] 남송 시대(960-1279)부터 이런 문답들이 수집되고 기록되었다. 그 가운데 가장 널리 알려진 것이 《무문관無門關》과 《벽암록碧巖錄》이다. 49개의 공안을 수록한 《무문관》은 무문 혜개無門慧開(1183-1260)가 편찬했고, 100개의 공안을 담은 《벽암록》은 원오 극근圜悟克勤(1063-1135)이 편찬했다. 한국에서는 지눌의 제자 진각 혜심이 1,125개의 공안을 편찬해서《선문염송집禪門拈頌集》을 펴냈다.[64] 그렇게 편찬된 공안 이야기들은 공안선으로 알려진 전통을 생겨나게 했다.

공안을 통한 수행법은 나라마다 각기 다르다. 일본 선불교에서는 고안젠公案禪 전통이 생겨났다.[65] 하쿠인 에카쿠白隱慧鶴(1686-1768)가 완성한 이 전통은 공안을 사용해서 단계적으로 수행하는 방식이다. 수행자들은 매일 스승과 만나 문답하는 시간을 갖는데, 이 자리에서 스승은 자기가 제시한 질문에 제자가 답하는 것을 보고 제자의 수행이 어느 정도에 이르렀는지 판단한다. 수행의 마지막 단계에 이르면 제자는 자신의 깨달음을 입증하기 위해 짧은 시 또는 착어著語를 짓는다.[66]

간화선 혹은 화두선도 공안과 관련이 있지만, 중국의 공안선 전통과는 다르다. 간화선은 공안의 전체 대화 내용이 아니라 공안의 내용 중 핵심이 되는 한 구절에 초점을 맞추어 수행한다. 그 밖에도 간화선은 공안선과 다른 차이점이 있다. 송나라의 대혜종고大慧宗杲는 주로 일반 신도들을 지도하기 위해 간화선을 창시했다.[67] 한국에서는 고려의 지눌이 그의《간화결의론看話決疑論》을 통해서 이 새로운 참선법을 소개하고, 간화선을 깨달음에 이르는 가장 빠른 방법이라고 가르쳤다.[68]

지눌은《간화결의론》에서 선불교가 부처의 가르침에 대한 새로운 해석을 제시하지 않음을 거듭 강조했다. 불교의 가르침은 교리적인 면에서는 이미 잘 설명되었으며, 특히 화엄종은 포괄적인 체계를 통해 불교의 가르침을 명확하게 정리했다고 지눌은 말한다. 그렇다면 우리에게 왜 선불교가 필요한가?

지눌은 선불교 외의 다른 모든 불교 종파들은 이미 깨달은 이의 위치에서 불교를 가르치는 반면, 선불교의 목표는 깨닫지 못한 사람들을 깨달음에 이르게 하는 것이라고 말한다. 즉 선불교와 다른 불교 종파의 차이는 불교를 어떻게 접근하느냐에 있다고 주장한 것이다.

깨달음에 이른 사람들의 관점에서 불교를 설명할 때, 그 담론은 존재의 완전한 상태에 의지한다. 하지만 깨닫지 못한 사람들의 위치에서 불교를 설명할 때, 그 불교는 어떻게 수행자들을 현재의 상태에서 깨달은 상태로 이끌 것인가에 초점을 맞춘다. 수행자의 현재 상태는 깨닫지 못한 중생의 자기중심적이고 이기적인 관점이다. 수행을 통해 마음의 변화를 경험한 수행자는 자아라는 것이 본인이 애초에 생각한 것처럼 견고한 경계가 있는 것이 아니라, 변화 가능한 일시적인 경계가 있는 유동적인 존재라는 사실을 깨닫는다. 김일엽은 자아란 일시적이고 잠정적이라는 것을 깨닫는 것이 해방으로 들어가는 관문이라는 것을 인지하고 선불교 수행의 이 '해방시키는' 특성을 자신의 불교철학과 수행의 핵심으로 삼았다.

한국불교의 화두선에서 수행자는 하나의 결정적인 구절인 화두, 즉 말머리를 붙잡는다. 그 화두를 돌파해내지 못하면 수행에는 어떤 진전도 없다. 한국의 화두 수행자는 일본의 공안 전통처럼 스승과의 단계적인 점검 과정을 밟지는 않는다. 한국 선불교는 화두 참선의 혁명적인 힘에 궁극적인 가치를 두고 있다.

육체적인 혁명이든 정신적인 혁명이든, 혁명은 기존 현상의 근본적인 변화를 요구한다. 선불교는 깨달음이 인간의 세계에 대한 이해, 실존적인 현실에 대한 이해 그리고 타인과의 관계에 대한 이해에 양자 도약처럼 획기적인 변화를 가능하게 해준다고 주장한다. 1980년대와 1990년대에 한국불교를 사로잡은 돈점頓漸 논쟁, 즉 깨달음이 갑자기 이루어지는지 점차로 이루어지는지, 하는 논쟁은 선수행의 맥락에서 이와 같은 몰록 깨침의 주장을 살펴보려는 노력이었다.[69]

'수행'은 그 말의 정의처럼 일정 기간의 지속성을 요구하는 시간적 개념이다. 하지만 선불교는 단지 시간의 지속이 수행의 완성을 보장하는 것은 아님을 강조한다. 수행자는 어떤 행위를 거듭 되풀이해서 행위를 좀 더 완벽하게 할 수 있지만, 동시에 그 과정에서 수행의 의미를 잊을 수 있고, 성취해야 할 목표의 노예가 되어버릴 수도 있다. 선불교의 입장으로 보면 교종의 가르침이 바로 그런 경우이다. 수행자가 불경 공부와 불교에 관한 지식을 쌓는 데 매달리다 보면 수행의 참된 의미, 즉 내적 자아를 변화하고 삶을 대하는 방식을 변화하는 것을 망각하게 된다는 것이 선불교의 주장이다. 반복된 공부는 수행자의 삶에 안주하게 되고, 수행자는 그 안에서 상습성에 매몰된다고 선불교는 말한

김일엽, 한 여성의 실존적 삶과 불교철학

다. 수행자가 불교 교리에 해박해지면서, 수행자는 불교의 가르침이 아직 수행자 자신의 삶에서 실천되는 현실이 아니라 이론이라는 것을 망각할 수 있다고 경고한다. 즉 부처의 가르침도 실천하기 전에는 여전히 하나의 이론에 지나지 않는다는 것이다. 선불교의 입장에서 보면 이것이 바로 선종이 교종보다 우월한 이유이다. 만공 선사는 이런 점에서 일엽이 출가했을 때 글을 쓰고 읽는 일을 금한 것이다.

근대 한국 선불교의 중흥자로 알려진 경허 성우鏡虛惺牛(1849-1912)의 삶은 한국불교에서 교종과 선종의 위계적 관계를 잘 보여준다. 고려시대 지눌 이래 한국불교의 역사적 발전에 관해 간략하게 살펴보는 것은 경허의 삶을 이해하는 데 도움이 된다.

고려시대(918-1392)에는 불교가 번성했고 특권을 누렸다. 고려시대 말기에 등장한 신新 유가儒家 지식인, 즉 신진사대부들은 신랄한 반反 불교 논쟁을 벌였다. 그들은 불교의 철학적 기반을 비판했고, 동시에 불교가 경제와 사회 윤리에 해악을 끼친다고 비난했다.[70]

조선시대(1392-1910)의 통치자들은 불교 종파를 대부분 해체해버리거나 개편하는 방식으로 조직적으로 불교를 억압했다. 조선 개국 이후 40년이 채 되지 않아 6개의 교종과 5개의 선종이 선교양종禪敎兩宗이라는 2개의 포괄적인 종파로 통합·정리되면서, 사실상 한국불교의 종파적 정체성은 사라져버렸다. 조선 중기와 말기의 불교는 산중山中 불교로 알려졌고, 어떤 종파적 정체성도 갖지 못했다.

승려를 한양 도성 안으로 들어오지 못하게 막는 승려 도성출입금지가 1893년 해제되면서 불교 탄압은 공식적으로 끝났다. 하지만 현실은 그렇게 쉽지 않았다. 오랜 억압으로 인해 한국불교는 승려들의 수나 사찰의 형편이 피폐해졌기 때문이다.

당시 한국불교가 직면한 시급한 과제 중 하나는 한국사회의 근대화에 대처할 방법이었다. 한국사회는 흔히 근대성과 근대화를 전통과 반대되는 개념으로 이해했다. 천 년이 넘는 역사를 이어온 한국불교는 한국인들에게 한국사회가 근대사회로 나아가기 위해 극복해야 할 구시대의 전통으로 보였을 것이다. 한국불교는 이런 생각에 맞서, 불교가 근대사회에서 필요한 종교라는 것을 입증하기 위해 급격한 변혁을 이뤄내지 않으면 안 되었다. 기독교와 기독교 선교사들의 활동도 불교가 직면한 또 다른 과제였다. 불교인들은 한편으로 한국불교의 개혁을 위해 힘을 모았고, 다른 한 편으로 한국의 선수행 전통을 되살리려고 노력했다. 바로 이 시기에 경허 성우는 선불교 부흥을 위한 기반을 닦았다. 일엽의 스승인 만공은 경허의 주요 제자 중 한 사람이었다.

근대 한국 선불교의 중흥자: 경허 성우

경허는 근대 한국에서 선 전통을 되살려낸 이로 알려졌다. 여러 가지 면에서 그의 생애는 7세기 승려이자 학자인 원효元曉(617-686)[71]의 삶과 닮았다. 동아시아 불교 전통에서 승려의 전기는 불교의 가르침이 삶으로 드러나는 상징적 역할을 오랫동안 수행해왔다.[72] 경허도 예외가 아니었다. 그의 전기는 불경을 강의하는 강사에서 참선 수행자로 스스로 변모하며 깨달음에 이른 한 젊은 승려의 극적인 이야기를 들려준다.

경허는 1857년 아홉 살의 나이로 청계사에 들어가면서 수행 생활을 시작했다.[73] 청계사 주지 계허는 경허의 잠재력을 알아보았다. 남편과 사별한 뒤 혼자 생계를 꾸려온 경허의 어머니는 아들이 시장판보다 절에서 크는 것이 낫다고 생각해, 그를 절로 보냈다. 1862년 경허는 열네 살에 사미계를 받았다. 그해 말 경허의 스승 계허가 환속하면서 경허를 동학사의 만화 화상에게 보냈다. 그때부터 경허는 18년을 동학사에서 지냈다.

경허의 새 스승 만화 보선萬化普善(1850-1919)은 빼어난 불경 강의로 유명한 강사였다. 만화가 경허의 재능을 알아보고 제자로 삼은 뒤, 경허는 빠르게 불교를 습득해 몇 달 지나지 않아 부처의 가르침에 대해 스승과 대화를 나눌 정도에 이르렀다. 근대 한국의 대표적인 승려이자 학자인 한용운은 경허의 삶에 관한 〈약보略譜〉에서 이 무렵 경허가 다른 수행자들보다 백배는 더 뛰어났다고 기록한다. 실제로 경허는 불경에 관한 해박한 지식으로 곧 전국에 알려졌다.[74]

1871년, 경허는 강백으로 임명받았다. 23세의 젊은 나이에 그렇게 권위 있는 지위를 얻은 것은 대단한 영예였다. 전국 방방곡곡에서 사람들이 그의 강의를 들으러 찾아왔고, 명성이 점점 더 높아졌다. 그러나 극적인 한 사건으로, 경허는 명강사라는 명성의 공허함을 깨달았고, 이후 경론經論을 통한 불교 공부를 완전히 버렸다.

그 사건은 1879년 경허가 서울로 가는 여행길에서 일어났다. 그는 10년 동안 뵙지 못한 스승 계허를 찾아가려던 참이었다. 그 길에 콜레라가 창궐한 마을을 지나게 되었다. 경허의 제자 방한암方漢岩(1876-1951)은 그 사건을 다음과 같이 서술했다.

> 하루는 전날 은사 계허 스님이 권속으로 아껴 주던 정분이 생각나서 그 집에 가서 한번 찾아 뵈오려고 대중에게 이르고 출발하여 가는 중도에서 홀연히 폭풍우를 만나 급히 어느 집 처마 밑으로 들어가니 집주인이 내쫓는지라 다른 집으로 갔으나 역시 똑같았다. 그 마을 수십 가구를 다 가보아도 다 쫓기를 매우 급히 하여 큰 소리로 꾸짖기를 "이곳에는 전염병이 크게 돌아 걸리기만 하면 서 있던 사람도 죽는 판인데 너는 어떤 사람이기에 죽는 곳에 들어 왔는가!"라고 했다.[75]

그 말에 경허는 온몸에 싸늘한 진땀이 흐르는 걸 느꼈다. 그는 이미 죽음의 마수에 걸리기라도 한 것처럼 완전히 혼비백산했다. 삶과 죽음의 경계가 한 호흡 차이에 불과한 것만 같았고, 그런 생각이 들자 갑자기 세상의 모든 것이 비현실적으로 비쳤다. 그날의 경험은 경허 개인의 삶에서뿐 아니라 근대 한국 불교사에서도 역시 하나의 극적인 전환점이 되었다.

경허는 서울로 가지 않고 동학사로 되돌아왔다. 그리고 스스로 이렇게 맹세했다. "금생에 차라리 바보가 될지언정 문자에 구속되지 않고 조도祖道를 찾아 삼계三界를 벗어나리라."[76]

사건에 대한 한암의 설명이 너무 간략해서, 경허가 경전 강의를 당장 그만두고 참선 수행을 시작한 것이 너무 성급한 결정이 아닌가 생각될 수도 있다. 하지만 그가 그처럼 급히 결심한 사실은 그날 밤 경허가 죽음과 직면하면서 얼마나 절박한 심경에 내몰렸는지 더 잘 보여준다. 폭풍우 치던 그날 밤 콜레라가 덮친 마을 한복판, 마을 사람들을 휩쓸던 죽음 곁에서 경허는 그저 구경꾼으로만 머물 수 없었을 것이다. 육체적으로나 정신적으로나, 경허는 그 순간 콜레라로 죽은 사람들의 죽음을 경험하고 있었고, 자기도 언제든 그들 중의 하나가 될 수 있다는 사실을 절감하고 있었을 것이다. 자신도 언젠가는 다른 사람들처럼 죽는다는, 분명하지만 잊어버리기 쉬운 그 사실이 그에게 생생한 현실이 되었다. 순간 그는 죽음으로부터 자신을 지킬 길이 없다는 것을 깨달았을 것이다.

종교학자 이흥우는 자신이 쓴 경허 전기에서 이를 더 생생하게 묘사한다. 이흥우의 묘사를 요약하면 다음과 같다.

사건이 있던 밤, 경허는 폭풍우를 피할 곳을 찾을 수가 없었다.

마을 사람들을 온통 휩쓸어버린 죽음에 넋이 나간 경허는 허둥지둥 마을 입구 쪽으로 걸어가 나무 밑으로 피신했다. 비는 억수같이 쏟아지고 있었고 바람은 가지와 이파리들을 온통 뒤흔들었다. 경허는 온몸이 젖은 상태에서 허기를 느꼈다. 그는 나무 밑에 앉아 빗줄기를 응시하고 있었다. 자신만만하게 불경을 강의하는 자신의 모습이 문득 나타났다가 허공 속으로 사라졌다. 불경의 모든 구절을 샅샅이 알고 있는 동학사의 저명한 승려인 그는, 죽음이 존재한다는 단순한 사실에 대해 어떤 해답도 내놓을 수 없었다. 오한이 전신을 타고 흘렀고, 온몸에 열이 느껴졌다. 그는 자신도 콜레라에 걸린 것인지 스스로에게 물었다. 두려움이 엄습해왔다.

경허는 이제 겨우 서른한 살로 죽기에는 너무 젊었다. 하지만 그는 절에서 자신이 쏟아냈던 강의가 다 부질없다는 걸 깨달았다. 그의 강의 중 어느 한마디 말도 자신을 죽음으로부터 구해줄 수 없었기 때문이다. 죽음이라는 현실과 직면했을 때 그는 철저히 무력했다.[77]

그날 밤 "문자로는 생사를 면치 못함"[78]을 깨달은 경허의 강한 확신은 결국 그의 미래를 바꿔버렸다. 경허는 그때부터 참선만이 자신의 수행이라고 스스로에게 말했다. 그 사건 이후 경허는 동학사로 돌아와 자신의 강의를 들으려고 모인 학인들을 돌려보냈다. 경허는 교리 공부는 결국 아무 소용이 없다고 확신했다. 그는 학인들에게 "그대들은 인연 따라 잘들 가게나. 나의 지원志願

은 이에 있지 않다네."[79]라며 마지막 말을 남겼다.

경허는 자신의 '지원', 즉 '의지와 바람'은 선불교의 화두 참선에 있음을 알았다. 그는 불경을 해석하는 자가 되느니 차라리 '바보'가 되겠다고 결심했다. 한국불교에서 몇백 년간이나 지속된 교종과 선종의 갈등이 근대 한국 선불교 중흥자의 생애에서도 이처럼 되풀이됐다.

화두 참구의 정신으로 무장한 경허는 참선에 집중했다. 할 수 있는 한껏 애를 썼지만, 교리 훈련의 습관을 쉽게 뿌리 뽑을 수 없었다. 화두를 분석하고 해석하는 습관 때문에 화두는 제 역할을 하지 못했다.

그러다 마침내 당나라의 영운 지근靈雲志勤(?-866) 선사의 답에서 유래한 공안을 만나게 됐다. 선 수행자가 영운 선사에게 물었다. "어떤 것이 불법의 대의입니까?" 영운 선사는 답했다. "나귀의 일이 끝나지도 않았는데 말의 일이 닥쳐왔다[驢事未去 馬事到來]."[80] 무슨 이유에서인지는 몰라도 경허에게 이 화두는 '은산철벽銀山鐵壁'[81]과도 같았다. 그는 이 화두의 의미를 도무지 이해할 수 없었고, 구절을 해석할 수 있는 어떤 단서도 찾아낼 수 없었다. 이것이 바로 그의 화두가 되었다. 이 화두를 붙잡고, 경허는 문을 잠그고 방 안에 틀어박혔다.

몇 달이 지나도록 경허는 그 화두를 붙잡고 씨름했다. 잠이 쏟아지면 송곳으로 제 허벅지를 찔렀다. 그는 또 정신이 맑은 상태를 유지하기 위해 턱 밑에 날카로운 칼을 세워두고 정진했다. 그렇게 석 달을 지낸 뒤 바야흐로 돌파구가 열리려 하고 있었다.

어느 날 같은 절에 지내는 한 사미승이 경허를 찾아왔다. 마을에 사는 재가 불자인 이 처사가 자기한테 들려준, "중이 소가 되어도 코뚜레 꿸 구멍이 없다[牛無鼻空處]"[82]라는 말의 의미가 무엇인지 물었다. 이 말을 듣는 순간 경허는 온 세상이 변하는 걸 느꼈다. 한암은 이 사건을 다음과 같이 묘사했다.

> 그 스님이 흔연히 가서 예배를 마치고 앉아서 이 처사의 말을 전하는데 소가 콧구멍이 없다는 말에 이르러 화상의 안목이 정히 움직여 옛부처 나기 전 소식이 활연히 앞에 나타나고 대지가 꺼지고 물질과 나를 함께 잊으니 곧 옛사람의 크게 쉬고 쉬는 경지에 달한지라, 백천 가지 법문과 헤아릴 수 없는 묘한 이치가 당장에 얼음 녹듯 기화가 깨어지듯 하니 때는 고종 십육년 기묘 동짓달 보름께였다.[83]

경허가 체험한 돈오頓悟, 즉 몰록 깨달음은 선불교 전통의 맥을 이어온 다른 조사들이 체험한 깨달음에 비견할 만한 것이었다. 선종의 육조 혜능六祖慧能(638-713) 선사는 장터에서 들은 《금강경》 한 구절을 듣고 단박에 깨달음을 얻었다고 한다. 홍주 수료洪州水潦(?-?)는 마조 도일馬祖道一(709-788)한테 걷어차여 거꾸러지는 순간 단박에 깨달음을 얻었다.[84]

지눌은 《간화결의론》에서 간화선을 통한 깨달음의 체험을 설명하면서, 수행자들은 결정적인 한 구절(혹은 화두)을 해석하거나 분석하려고 애쓰지 말고 오로지 화두에 집중해야 한다고 말했다. 그리고 그러한 집중의 수행은 "무미건조하고 어떤 근거도 알 수 없는 화두가 마치 대지를 뒤흔드는 것처럼 갑자기 폭발하고 법계法界(실재의 세계)가 지극히 명료해질 때까지" 계속되어야 한다고 그는 말했다.[85]

이런 전통의 연속선에서 나온 경허의 깨달음은 근대 한국불교계에서 화두선의 가능성을 되살려내는 역할을 했다. 경허는 깨달음을 얻고, 몇 개월이 지났을 때 다음과 같은 〈오도가悟道歌〉를 남겼다.

> 문득 콧구멍 없다는 소리에
> 삼천대천세계가 내 집임을 깨달았네.
> 유월 연암산 아랫길에
> 일없는 들사람 태평가를 부르네.[86]

김일엽이 자신의 글에서 경허를 언급한 적은 없지만, 경허는 적어도 두 가지 면에서 승려로서 일엽의 삶에 직접적인 영향을 미쳤다. 첫째는 일엽이 행한 화두 참선은 13세기에 지눌이 도입하고 19세기에 경허가 되살려낸 전통이었다는 점이고, 둘째는 일엽의 스승 송만공이 경허의 첫 제자라는 점이다.

경허가 근대 한국불교에 크게 기여한 점은 화두 참선법을 부활시킨 일이지만, 경허가 남긴 또 다른 업적은 그의 제자들이 근대 한국불교에서 큰 역할을 했다는 점이다. 경허의 첫 제자 송만공은 20세기 전반기를 대표하는 선사 중 한 사람이다. 그는 또 비구니들의 수행을 지도하고 지지해 준 것으로도 널리 알려졌으며, 일엽 역시 그 수혜자 중 한 사람이었다.[87] 경허의 또 다른 제자 방한암은 현대 한국의 최대 불교 종단인 대한불교조계종의 초대 종정를 지냈다.[88] 역시 경허의 제자인 수월 음관水月音觀(1855-1928)과 혜월 혜명慧月慧明(1862-1937)도 근대 한국선불교 전통을 확립하는 일에 기여했다.

경허의 생애와 일엽의 불교 사이에는 위에 언급한 역사적 배경보다 더 중요하고 근본적인 관계가 있다. 경허는 죽음에 가까운 체험을 겪은 뒤 그의 불교 수행 방식을 근본적으로 바꾸었다. 경허 불교의 이런 변화는 과장이 가미 되었을 수도 있고, 훗날 학계의 비판 대상이 된 '선불교 신화 만들기'에 기여했을 수도 있다.[89] 경허의 삶의 이야기는 한국 불교계가 화두 참선법을 전파하기 위해 만든 성인전聖人傳일 수도 있다. 그러나 여기서 우리의 관심은 화두 참선이 실제로 깨달음에 이르는 가장 효과적인 방법이냐 아니냐에 있지 않고, 또한 선불교가 실제로 한국불교의 대표적인 수행 방식인가 아닌가를 묻는 데 있지도 않다.

경허의 삶의 이야기가 우리에게 보여주는 것은 좁게는 화두 참선, 넓게는 선불교 전통의 핵심에 무엇이 있는가 하는 점이다. 경허가 폭풍우 치는 밤에 콜레라가 창궐한 마을에서 경험한 그 절박함은 일엽이 출가할 무렵의 자신의 마음 상태라고 서술한 바로 그 절박함이었다. 그에 대해서는 앞으로 더 상세히 살펴보게 될 것이다.

인간 존재의 기본 조건에 대한 의문은 종교 행위의 기반이다. 죽음과 직면해서 자각한 실존적인 불안감은 경허로 하여금 화두 참선으로 들어서게 했다. 일엽의 경우도 이와 유사했다. 승려이자 학자인 인경印鏡은 화두를, "내게 직접적으로 대답을 요구하는 절박한 실존적 과제"라고 설명했다.[90] 인경의 이러한 해석은 경허와 일엽의 경우를 잘 설명해준다. 경허와 일엽은 자신들의 실존적인 절박함에 대해 묻고 답하기 위해 화두 참선에 의지했던 것이다.

근대 한국의 비구니

일엽의 불교 세계를 논하기에 앞서 한국불교에서 비구니의 역사와 일엽이 출가할 무렵 한국 비구니의 수행 상황을 간략하게 살펴보도록 하자.[91]

한국불교사에서 최초의 비구니로 알려진 사람은 6세기에 살았던 사씨史氏였다.[92] 그녀는 고구려 승려 아도阿道가 신라에 불교를 전파하도록 도운 모록毛祿의 누이였다. 사씨 부인은 최초의 비구니일 뿐 아니라 신라에서 처음으로 계를 받은 사람이었다.

그 후 신라에서는 비구니 공동체가 발전하여 그것을 관리하는 별도의 관직이 생길 정도가 되었다고 한다. 6세기 말, 한국 비구니들은 불교를 전파하기 위해 일본에 건너가기도 했다.[93] 당시 왕실과 상류계급 여성들뿐만 아니라 상류계급 남성들의 첩실과 평민 출신 여성들도 비구니가 되었다. 근대 이전의 한국 여성들은 각기 다른 여러 가지 이유로 출가했다. 예를 들어 말년에 거처할 곳이 없어 출가하는 경우도 있었고,[94]남편이 죽은 뒤 정절을 지키려 출가하는 경우도 있었다.[95]

고려시대(918-1392)에는 국가가 불교에 더 많은 지원을 하면서 비구니들의 활동도 더 활발해졌다. 13세기 무렵에는 유명한 승려의 비문에 비구니들의 이름이 처음 등장했으며, 이것은 이전에 하층민 취급을 받던 비구니들이 더 높은 신분을 얻었다는 것을 보여준다.

당시 비구니의 수행은 주로 염송과 경전 읽기로 이루어졌다. 하지만 기록에 의하면 비구니에게 화두 참선을 권장한 선사들도 있었다. 진각 혜심眞覺慧諶과 나옹 혜근懶翁惠勤(1320-1376)이 대표적 예이다. 상류계급 여성들의 묘비에 세긴 비문에 근거해 보면, 당시 일반 신도들의 불교 수행은 염송, 경전 읽기, 기념일에 불교의식 치르기 등이었음을 알 수 있다.

조선시대(1392-1910)에 들어와 불교는 배불정책과 박해에 시달렸고, 이런 상황은 비구니들에게 영향을 미칠 수밖에 없었다.[96] 1404년, 성리학을 근간으로 하는 조선은 여성의 정조를 보호한다는 명목으로 여성의 사찰 방문을 금지했다.[97] 1413년, 조정은 처녀로 출가한 양갓집 출신의 모든 비구니에게 환속해서 결혼하라고 명령했다. 1428년에는 여성의 연등회 참여를 금지했고, 1451년에는 승려가 한양 도성에 들어오는 것 자체를 금지했다.

불교에 대한 적대적인 시대적 흐름에도 불구하고 일부 여성 불자들은 여전히 불교 신앙을 고수했다. 왕실 여성들이 불교를 지원해준 것은 불교 전통이 살아남는 데 결정적인 영향을 미쳤다. 왕실과 상류층 여성들은 불교 예술을 후원했고,[98] 집안과 나라의 안녕과 번영을 위해 불교의 힘을 빌고자 했다.[99]

현대 한국 비구니들의 교육체제는 강원講院에서 받는 기본 교육과 선원禪院에서 하는 참선 수행의 두 가지로 나눌 수 있다.[100] 근대에 이르기까지 비구니들은 대부분 강원 교육에서 배제되었었다. 19세기 말에 이르러 한국에 서구문명이 유입되면서 교육은 사회 변혁을 위한 필수요건으로 인식되었고, 한국불교계 역시 그런 흐름에 영향을 받았다. 비구들은 새로 도입된 서구식 교육 기관에서 공부하기 위해 전통적인 강원을 떠나기 시작했고, 비구들이 버리고 떠난 강원에는 비구니들을 위한 공간이 생겨났다.[101]

처음에 비구니들은 비구들의 강원에서 청강만 하거나, 강원 근처에 있는 암자에서 열리는 비구니 전용 강의에 참석했다. 비구니만을 위한 최초의 강원이 언제 시작되었는지는 정확하지 않다. 불교학자 수경은 1913년경 해인사海印寺 국일암國一庵에 비구니들을 위한 강원 비슷한 것이 있었고, 1918년에는 통도사通度寺

의 옥련암玉蓮庵도 비구니들을 위한 교육기회를 제공했다는 견해를 제시했다.[102]

국일암이나 옥련암을 비구니들을 위한 한국 최초의 강원으로 볼 수도 있다. 그러나 두 곳 다 여전히 전통적인 교육 방식을 따랐다. 만약 비구니를 위한 최초의 강원을 결정하는 데 '근대식 교육'을 기준으로 정한다면, 이에 합당하는 곳은 1936년에 개설된 서울 보문사普門寺 강원일 것이다. 20세기 전반기에는 비구니들을 위한 강원이 국일암, 옥련암, 보문사, 남창사, 단 네 곳에 불과했다.[103] 20세기 후반에는 비구니들을 위한 강원이 17곳에 문을 열었는데, 이 중 가장 주목할 만한 곳이 1956년에 개설된 동학사 비구니 강원이었다.[104]

비구니들을 위한 최초의 선원은 1928년에 세워진 수덕사修德寺 견성암見性庵이었다. 견성암은 문을 열자마자 한국 비구니들 사이에서 선 전통을 활성화하는 데 중요한 역할을 하기 시작해, 오늘날까지도 대표적인 비구니 선사들을 계속해서 배출하고 있다.[105] 비구니들을 위한 강원과 선원들이 속속 개설되면서 비구니들의 선禪 법통도 시작되었다. 묘리 법희妙理法喜(1887-1975)는 근대 한국의 비구니 법통의 첫 번째 인물로 인정받는다.[106] 김일엽 역시 근대 한국 여성 선 수행자의 첫 세대에 속한다.

일엽은 출가 후 20여 년 동안 견성암에서 거처하며 수행했다. 생애의 마지막 10년은 견성암 옆의 환희대歡喜臺로 옮겨 거기서 대부분을 지냈다. 환희대는 덕숭산의 '비밀 정원'으로 알려졌다.

만공 선사는 처음 이곳에 들어섰을 때 그 분위기가 무척 마음에 들어 '환희대'라는 이름을 붙였다고 한다. 1927년 10월에 그곳에 초가집을 지어 세 비구니가 수행하기 시작했다. 훗날 월송은 이를 수행처로 개조했고, 일엽은 거기서 말년을 보냈다.

수덕사에 들어온 뒤 일엽은 노환으로 환희대로 옮기기 전까지 약 25년간 입승立繩의 역할을 했다. 한국 선원에서 입승은 참선 수행을 관리 감독하고 참선의 시작과 끝을 죽비로 신호하는 일을 맡는다. 입승은 선원의 질서를 유지하고, 부처의 가르침이 올바로 실천되고 있는지 검토한다.

일엽이 수행하던 시절 견성암에서의 일상생활이 지금과 똑같지는 않았겠지만, 오늘날 견성암의 일과를 살펴보면 일엽이 수행하던 삶의 한 단면이나마 엿볼 수 있을 것이다.[107]

수행자들은 오전 3시에 기상한다. 그리고 곧 새벽 예불과 참선을 한다. 오전 6시에 아침 식사를 한다. 식사가 끝난 뒤 수행자들은 청소를 하고 자유시간을 보낸다. 오전 10시에 부처님께 아침 공양을 올리며 한 시간가량 예불을 드리는데, 이를 사시마지巳時摩旨라고 한다. 오전 11시에 점심 식사, 오후 5시에 저녁 식사를 한다. 점심 식사 시간과 저녁 식사 시간 사이에, 수행자들은 공부도 하고, 절에서 필요한 여러 가지 허드렛일도 한다. 오후 6시 반부터 30분가량 저녁 예불을 드린 뒤, 일부 사람들은 오후 7시 30분경까지 계속해서 예불을 드리기도 한다. 저녁 공부 시간에는 수행자 각자의 뜻에 따라 참선, 불경 공부, 그 밖의 수행을 해도 좋다. 오후 9시에서 10시 사이에 모두 잠자리에 든다. 오전 3시 기상 시간부터 오후 9시 취침 시간까지 견성암에서는 주로 참선하는 일로 보내지만, 환희대에서는 참선, 경론 공부, 여러 가지 잡일과 심부름을 한다. 1970년, 일엽은 생의 마지막을 대중 처소에서 보내기를 원해 환희대에서 견성암으로 처소를 옮겼다.

5장

화해의 시간

어느 수도인의 회상(1955–1960)

김일엽의 불교

모순 혹은 존재의 원리

김일엽은 《어느 수도인의 회상》 서문에서 자신이 출가한 이후 세
번 놀랐다고 썼다. 첫 번째는 자신이 자아를 상실했음을 깨달아
서 놀랐고, 두 번째는 지구가 실성인失性人, 즉 자아를 상실한 사
람의 집합체임을 알게 될 때 놀랐고, 세 번째는 전 인류가 모두
실성한 자신을 모르고 도리어 각자 자기는 잘난 인간인 체, 무엇
이나 다 아는 체하는 것을 알고 놀랐다는 것이다.[1] 일엽은 자신
의 시대를 자아를 상실한 사람들의 시대로 정의하고, 인간 존재
의 근본적인 측면, 곧 자아와 자아의 정체성에 주목해 달라고 요
청했다. 자신의 시대가 자아를 상실한 사람들의 시대라고 일엽
이 진단한 근거는 무엇일까? 자아 상실[失性]이란 무엇이고 그 증

거는 어디에서 찾을 수 있을까?

일엽은 "사람들이 행동을 하면서도 자기네를 행동하게 만드는 것이 무엇인지에 관해서는 생각조차 해보려고 하지 않는다"라고 말했다.[2] 이런 일엽의 판단 근저에서 우리는 다음과 같은 질문을 발견한다. 우리는 어떻게 해서 삶의 의미를 창조해내는가? 우리는 어떻게 우리 행위의 가치를 발견해 내는가? 그리고 우리의 가치판단의 기반이 되는 것은 무엇인가?

중도, 두 가지 진리[二諦], 자아

삶은 일련의 행동으로 이어져 있다. 그 행동은 아침에 잠자리에서 일어나 샤워하고 아침을 먹고 일하러 가는 일상적인 행위일 수 있다. 아니면 어떤 결정을 내리고 타인과 상호작용하고, 혹은 존재의 의미를 찾는 것 같은 좀 더 지적인 활동일 수도 있다. 육체적 행동과 정신적 행동이 우리가 삶이라고 부르는 것을 형성한다. 이러한 행위를 하면서, 우리는 그 행위를 가능하게 하는 어떤 본질이 존재한다고 가정할 수 있을까?

철학과 종교는 오랫동안 우리 존재의 근본이 되는 그 무엇을 찾았고, 그것의 실체를 입증하려고 애썼다. 그런 근본이 없다면 우리는 우리 행위나 존재 자체가 단지 임시적인 의미만 있을 뿐 궁극적인 어떤 의미도 없다고 느낄 것이다. 우리가 하는 하나하나의 행동이 단지 일시적인 의미만 있고, 더 포괄적이고 영구적인 어떤 이미 구조와 연결되어 있지 않다고 생각해보자. 그렇게 되면, 우연성이 인간 존재의 근본 규칙이 된다. 그와 반대로 우리의 행위를 통해, 우리가 거대하게 설계된 구조 안에 우리의 역할이 있고, 그렇기에 우리의 삶이 의미가 있다고 생각해보자. 그와 같은 거대한 구조를 건설한 설계자는 일반적으로 초월적인 존재, 혹은 인간의 능력을 훨씬 뛰어넘는 능력을 지닌 존재의 모습으로 나타난다.

현상이 단지 일시적이고 표면적 가치만 있다고 생각하는 첫 번째 경우는 자연주의적 혹은 유물론적 관점에 해당한다. 두 번째는 관념론적 혹은 초월주의적 관점에 해당한다.[3] 이러한 우리의 논의는 초기 불교에서 부처와 그의 제자가 나눈 잘 알려진 대화를 떠올리게 한다.

초기경전 《상윳따니까야 Saṁyutta Nikāya》에 나오는 〈깟짜나곳따경 Kaccānagotta Sutta〉으로 알려진 문답에서, 부처는 존재의 본질을 다음과 같이 가르친다. "깟짜나여, '모든 것이 존재한다'는 것은 하나의 극단이다. '모든 것이 존재하지 않는다'는 것은 또 다른 극단이다. 여래[부처]는 이 양극단의 어느 한쪽으로도 쏠리지 않은 채 중간이라는 법[중도中道]을 가르친다."[4]

부처가 말하는 중간은 양극 사이에 있는 중점이 아니다. 그것은 양극을 포함하는 포괄적인 중간이며, 따라서 양극의 독립성을 모두 부정하는 중간이다. 예를 들어, 한쪽 끝에는 검은색이 있고, 다른 쪽 끝에는 하얀색이 있는 색의 잣대를 생각해보자. 이때 일반적으로 생각하는 중점은 검은색과 흰색의 조합인 회색이다.

부처가 깟짜나에게 설명하려는 중간은 이 회색을 포함하는 중간이다. 그러나 검은색과 흰색, 회색의 정체성에 대한 이해와 그 색상 간의 관계에 대한 부처의 이해는 사람들이 일반적으로 생각하는 것과는 다르다.

검은색, 흰색, 회색이라는 세 가지 색상을 생각할 때 우리는 그것들을 각각 독립적인 색상으로 이해한다. 이것이 색에 대한 상식적인 이해이다. 개별적인 정체성에 대한 우리의 개념은 대개 거기서 그친다. 불교는 이것을 관습적인 수준의 이해라고 부르고, 각 색상이 어떻게 그런 정체성을 얻게 되었는지 더 살펴보라고 권한다. 왜냐하면 흰색은 '흰색 성'이라는 그 자체의 '본질'이 있는 것이 아니기 때문이다. 흰색은 검은색이나 회색을 포함해서 색상 계를 이루는 다른 색들과 분리해서는 흰색으로 이해될 수 없다.

불교에서도 한 관점에서 보면 흰색과 회색, 스펙트럼에 있는 다른 모든 색상이 완전히 독자적이고 다른 색상이라는 점을 인정한다. 불교는 이 관점을 '세속적 관점'이라고 부른다. 그 색상들은 하나같이 독자적인 색상이지만, 우리의 가치판단에서는 각기 위치가 다르다. 우리는 검은색과 흰색을 '순수한' 색상이라고 여기고, 회색은 혼합된 색으로 여긴다. 이런 근거에서 각기 다른 색상에 다른 가치를 부여한다. 이러한 가치 평가는 대부분 사회 규범에 근거해서 이루어진다. 예를 들어 흰색은 긍정적으로, 검은색은 부정적으로 해석하고, 회색은 사람들이 흔히 이야기하듯

우유부단함을 상징하는 색상이라고 생각한다.

부처의 중도론中道論은 개별적인 정체성과 그 가치를 우리의 관습적 이해와는 다른 관점에서 보라고 요구한다. 그 논리로 보면, 불교의 중도에서 '중간'이라는 개념은 회색에만 적용되는 것이 아니다. 검은색도 '중간'이고, 흰색도 '중간'이며, 그 밖의 다른 모든 색상도 중간이다. 그 이유는 흰색의 정체성이라고 우리가 믿는 순수한 하얀색 자체는 존재하지 않기 때문이다. 흰색 속에는 검은색이 포함되어 있으며, 그와 마찬가지로 회색도 그 속에 포함되어 있다.

선불교의 육조 대사로 알려진 혜능六祖慧能(638-713)이 제자들에게 말한 다음의 구절은 위의 논지를 분명히 한다. "어둠은 스스로 어둠이 되는 것이 아니다. 빛이 있기 때문에 어둠이 있는 것이다. 어둠은 스스로 어둠이 되는 것이 아니다. 빛이 변하여 어둠이 되는 것이다. 어둠으로 인하여 빛이 보이게 된다. 오는 것[빛]과 가는 것[어둠]이 서로 원인이 된다."[5]

이것이 바로 부처가 말하는 중도, 즉 중간의 개념이다. '중간'이라는 언표는 한 끝에 검은색이 있고 다른 한 끝에 흰색이 있는 색 띠에 존재하는 모든 색의 상징적 표현이다. 검은색도 '중간'이고, '흰색'도 중간이며, 마찬가지로 회색도 '중간'이다.

그런데 이런 식으로 사고를 전개하다 보면, 우리는 곧 문제점에 봉착하게 된다. 우리는 묻는다. 만일 검은색, 흰색, 회색을 모두 '중간'이라고 동일시한다면, 모든 색상이 같은 색이어야 한다.

하지만 이 세 가지는 다른 색이다. 모든 색이 '중간'이라면 어떻게 서로 다른 색을 구분하는가? 이런 질문은 사실상 언어상의 문제점을 지적하는 것이다. 즉 세 가지 색상이 모두 '중간'이라면, 이들은 흰색, 검은색, 회색이라는 각기 다른 이름을 가져서는 안 된다.

여기서 우리는 또한 논리적인 문제점도 지적할 수 있다. 만일 검은색의 정체성이 흰색의 정체성과 같다면 우리는 '검은색이 곧 흰색'이라고 말하는 것이다. 만일 검은색이 검지 않은 색(흰색)과 같다면, 그런 주장은 모순을 일으키며, 논리학의 기본 법칙에 어긋나게 된다.

불교 전통 역시 부처의 '중간' 개념이 사물에 대한 우리의 이해, 우리의 언어사용 관례, 논리적 사고에 불러일으킬 수도 있는 문제점을 잘 알고 있었다. 3세기 인도의 불교 사상가 용수龍樹(Nāgārjuna, 150?~250?)는 중도中道에 관한 그의 글에서 '이제二諦' 혹은 '두 가지 진리'라는 개념으로 위에서 우리가 제시한 논리적 문제를 설명했다. 용수는 다음과 같이 말했다.

부처의 가르침은
두 가지 진리에 기반을 두고 있다.
세속적 관점에 따른 진리와
궁극적 관점에서 진리에.[6]

우리는 이런 관점을 적용하여, 세속적 관점의 진리 수준에서는 각 색상의 개별적인 정체성을 받아들인다고 말할 수 있다. 다른 한편으로 '중간'은 각 색상의 존재 양식과 관련된 정체성을 우리에게 이야기한다. 따라서 궁극적인 진리의 관점에서 그 정체성을 이해한다. '세속적 관점', '궁극적 관점', '진리'라는 세 가지 표현을 좀 더 자세히 살펴보면, 우리는 불교적 세계관과 일엽의 세계관을 더 잘 이해할 수 있을 것이다.

속제俗諦 혹은 세속적 진리saṃvṛti-satya라는 표현에서 '세속적saṃvṛti'이란 '상호 의존함'을 의미한다. 즉 "그것들은(사물들은) 본질적으로 혼자 존재할 수 있는 능력이 없다"[7] 라는 뜻이다. 회색은 검은색, 흰색과 따로 떨어져서 자신의 본질을 규정할 수 있는 회색만의 본질이 없으며, 검은색이나 흰색도 다른 색상들과 따로 분리해서 그 정체성을 규정할 수 없다. 그러므로 회색, 검은색, 흰색이라는 현상과 그 색상들의 이름뿐인 실재는 관습적인 혹은 세속적인 진리인 것이다.

'세속적'이라는 말은 또 '숨긴다'는 의미가 있다.[8] 색상이라는 현상과 이름은 회색이 혼합된 존재라는 참된, 혹은 궁극적 진실을 숨기고 있다. 그러나 세속적 진리는 검은색, 흰색, 회색이 관습적인 차원에서는 각기 독자적인 색상으로 존재한다는 의미에서 여전히 '진실'이다. 색깔은 그 색을 보는 주체의 눈에 어떤 결함이 있어서 생겨난 왜곡된 이미지가 아니기 때문이다. 불교학자 제이 가필드Jay Garfield는 티베트 불교 사상가 쫑카파Tsongkhapa(1357~1419)의 두 가지 진리[二諦]의 이해를 논의하는 자리에서 "세속적 현상을 사람들이 잘못 이해하는 이유는 세속적인 현상이 현실이 아닌데 현실처럼 보이기 때문이 아니라, 그 현상이 궁극적인 현실이 아닌데 궁극적 현실처럼 보이기 때문이다"[9]라고 적절하게 지적했다.

이런 의미에서 보면, 개체는 세속적 진리의 관점에서는 존재하지만, 세속적 진리는 깨닫지 못한 사람들의 눈으로 알아보지 못하게 그 궁극적인 본성을 감추고 있다. 일엽이 말한 대로 "사람들은 행동하지만, 자신을 그렇게 행동하게 만드는 게 무엇인지 생각해보려는 노력조차 하지 않는다." 우리는 모두 세속적 관점에서는 개인으로 존재한다. 개별적 자아는 아침에 일어나, 밥을 먹고, 다른 사람들과 상호작용하고, 결정하고 판단을 내리며 하루를 살아간다. 표면적으로 각 개인은 자신의 행위를 통제하고 결정할 수 있는 독자적인 행위자라고 생각하면서 행동한다.

그러나 불교의 논리는 우리 존재에 관한 이런 상식적인 가정에 또 하나의 새로운 차원을 덧붙인다. 일엽의 관점에서 볼 때, 사람들은 관습적 차원이 자신의 정체성과 자기 존재의 본질에 관해 무엇을 숨기고 있는지 알지 못하기 때문에 자신의 자아를 상실하게 된다. 불교의 가르침은 그리고 일엽의 불교는, 이 숨겨진 것을 발견하면 자아가 자신의 능력에 새로운 길을 발견하게 된다고 말한다. 그렇다면 우리가 궁극적 실재와 만날 때 드러나는 것은 무엇일까?

이 '드러남'은 불교가 제시하는 존재의 구조이며, 이 구조를 불

김일엽, 한 여성의 실존적 삶과 불교철학

교에서는 연기緣起라고 말한다. '연기'는 사물이 서로 의지해서 존재한다는 뜻이다. 이처럼 상호 의지를 통해 이해되는 세계에서 사물과 현상의 본질은 공空이라고 말한다. 다시 말하면, 사물은 독자적이거나 영원한 본질이 없다는 것이다. 하나의 존재는 원인과 조건의 그물망을 통해서 존재한다. 따라서 각 존재는 자신을 다른 존재와 구분하는 독자적이고 영원한 본질을 가지고 있지 않다. 이와 같은 비 실체론적 불교의 세계관은 다층적인 결과를 낳았다. 그중 하나로 19세기에 불교가 서구 세계에 들어갔을 때 서구 세계가 불교를 부정적으로 평가한 것을 들 수 있다.

유럽 사상가들은 자아는 독자적이고 불변하는 본질을 가지고 있지 않다는 불교의 자아관을 자아의 '소멸'로 해석했다.[10] 존재와 세계를 이해하는 데 자아를 그 중심에 놓은 서구 사상 전통의 관점에서 볼 때, 무아無我라는 불교의 개념은 자아의 파괴를 의미할 뿐이었다.

하지만 불교의 관점에서 보면, 사실상 파괴하거나 소멸시킬 자아는 처음부터 없었다. 불교에서 보는 자아란, 고정되고 영원한 실체가 아니라 상호작용으로 지속해서 창조되는 것이기 때문이다. 나아가 불교의 관점에서 보면, 자아를 고정된 정체성을 가진 실체로 이해하는 것은 오히려 자아의 능력을 제한하는 것이 된다. 고정된 정체성을 지닌 자아는 그 정체성의 경계 안에 갇히기 때문이다. 불교의 무아 개념은 한 존재 속에서 영원불변의 본질을 찾아내는 것이 불가능하다고 선언하고, 영구불변한 개별적인 정체성을 부정하는 것은 자아를 소멸시키는 것이 아니라, 자아를 무한한 능력을 지닌 존재로 보는 것이라고 말한다. 따라서 불교의 무아 개념은 존재에 대한 비관적인 시각이 아니라, 그 반대로 고정된 자아 개념으로 구속된 존재의 한계를 연다.

일엽은 '나'의 개념에 대한 분석에서 자아를 이해하는 두 방식 간의 차이에 관해서 다음과 같이 말한다.

> 나라고 하면 내 마음대로 하게 되어야 나라는 의의意義가 설 것이다. 그러면 내 생활을 내 마음대로 하는 인생이 인생일 것이 아닌가? 그런데 우리 인생들은 왜 일체처一切處에 임의대로 안 되는 나를 '나', '나'하고 허세만 부리는가. 도대체 나라는 의의니 뭐니 하는 술어까지 쓸 것도 없지 않은가? 내 마음대로 못 쓰는 내 것이 어디 있어 하는 생각은 어린애라도 알 것이 아닌가? 그런데 내가 나를 못 쓰는 내 생활을 하면서도 인생 생활이라고 자타가 긍정하는 우리가 인간적 정신이 있다고 할 것인가. 그래도 살았으니 나에게는 자유와 평화가 절대요건이라 부득이 부르짖게는 되는 것이다. 아무튼 내 마음대로 되는 데는 불평과 불만이 있을 리 없는 것이다. 그렇다면 자유와 평화는 각자적各自的 내 자체인데 왜 외계에서 구하려고 헤매게 되는가.[11]

일엽이 '나'라는 상태를 진단하면서 비판하는, 자아의 자주성에 관한 주장과 그 허구적 현실의 간극은 일상의 삶에서 일어나는 다양한 현상을 설명한다. 이런 현상의 한 가지 예를 우리가 살고 있는 소비사회의 논리에서 볼 수 있다. 물론 일엽은 살아생전에 후기 자본주의의 철저한 소비사회를 경험하지는 않았을 것이다.

소비는 우리 사회의 주요 활동 중 하나가 되었다. 우리는 살아가는 데 물건이 필요해서 사기도 하지만, 물건을 원해서 사기도 한다. 물건을 갈망하는 것은 권력의 확장과 긴밀한 관련이 있다. 소비사회는 욕망의 논리를 통해서 유지된다.

욕망은 최소한 두 존재, 즉 욕망하는 주체와 욕망하는 대상이 관련된 관계 구조이다. 주체의 욕망은 욕망의 대상을 향한다. 주체는 욕망하는 대상을 소유해서 욕망을 채우며, 욕망을 채운 만족감은 힘에 대한 의식을 강화한다. 주체는 자신이 소유한 것에, 자신이 힘을 가진다고 믿는다.

그러나 이런 소비 논리는 허구에 불과하다. 주체의 만족감과 권력 의식은 이내 다른 물건이나 대상을 소유하고 싶은 더 큰 욕망을 일으키고, 이런 과정은 끝없이 반복된다. 주체의 밖에는 항상 주체가 소유하기 위해 정복해야 할 대상이 있어서 주체는 늘 결핍감에 허덕인다. 이런 상황은 자신의 외부에 있는 것을 갈망하는 주체와 외부에 있는 객체를 둘로 보는 이원론의 논리를 따라가면서 지속된다. 욕망이 계속해서 주체의 밖에 있는 사물을 원하고, 일어난 그 욕망을 채우려면, 욕망의 대상은 주체의 바깥에 있어야 하기 때문이다.

욕망의 이런 근본적인 구조는 욕망을 채우기가 영원히 불가능하다는 것을 보여준다. 이것이 바로 소비지상주의의 논리이기도 하다. 주체는 욕망의 대상을 정복하고 소비한다. 그러나 이원론적 논리에서 욕망의 대상은 주체의 바깥에 있고, 주체의 바깥은 항상 존재하므로, 소비자가 아무리 많은 돈을 쓰고 아무리 많은 물건을 사들인다 해도 사들여야 할 물건은 항상 있다. 주체는 물건들을 사들이고 쌓아 올린 만큼 자기 능력과 권력이 확장됐다고 믿고, 소비행위를 지속한다.

하지만 이런 소비주의는 주체의 기대와 정반대의 결과를 빚어낸다. 즉 주체가 자기 바깥에 존재하는 대상을 끊임없이 소비하는 과정 안에 갇히기 때문이다. 자아는 자기 욕망의 대상에게 도전하고 부딪치고 결국 그것을 예속하는 끝없는 과정을 반복하면서, 결국은 자신이 소비행위의 노예가 되어버린다. 욕구하는 대상은 항상 존재하기에, 자아는 늘 불만스럽고 결코 자유롭지 못한 신세가 된다.

자신이 자아를 상실한 삶을 살아왔다는 일엽의 자각은, 외부 대상들에 의지해 자신의 힘을 강화하려는 자아의 노력이 결국 실패할 수밖에 없다는 것을 일엽이 깨달았음을 의미한다. 이런 외적 대상은 물질적 대상, 사회적 명성, 타인의 인정 등과 같은 것일 수 있으며, 심지어 사랑도 그것이 미성숙할 때는 이 범주에 포함된다.

그렇다면 일엽은 대체 무슨 근거로 자아가 무한하고 무제한의 힘을 가진다고 말하는 것인가? 일엽이 우주와 우리 존재의 구조라고 정의하는 모순의 논리를 통해서 이것을 설명하고자 한다.

모순과 무無

일엽은 승려 생활을 되돌아보며 쓴 〈입산 25주년 새해를 맞으며〉
에서 "존재는 본래 모순을 포함한다"[12]라고 썼다. 이 글에서 일엽
은 존재를 생성과 소멸이라는 변함없는 과정의 영원한 지속[13]이
라고 설명했다. 자연은 사계절의 순환을 통해서 운행한다. 봄은
겨울이 소멸하면서 오고 여름 가을 겨울도 그런 과정을 밟는다.
낮은 밝은 빛과 함께 오지만 결국 밤의 어둠에 길을 내준다. 아이
는 축복과 함께 태어나지만 탄생은 필연적으로 죽음을 불러온다.
낮과 밤, 여름과 겨울, 삶과 죽음은 흔히 정반대의 개념으로 여
겨진다. 서로 다른 두 극을 나타내는 개념이 같은 본질을 표현할
때, 우리는 이를 모순이라고 한다. 즉 논리적으로 있을 수 없는
일이라는 것이다.

이런 생각의 연장선에서 우리는 모순이 해소되면 개별적 정
체성을 확정한다고 생각한다. 이러한 과정에서 형성된 정체성은
필연적으로 양극의 분리를 초래한다. 낮과 밤을 하루 중에서 분
리된 두 시간대로 여기고, 여름과 겨울을 한 해의 개별적인 두 계
절로 여기고, 삶과 죽음을 존재의 서로 무관한 두 측면으로 여긴
다. 그래서 우리는 삶을 찬양하고 죽음을 슬퍼한다.

불교의 논리도 이러한 생각을 부정하지는 않는다. 하지만 불교
는 또한 실체들 각각의 정체성은 그 반대편에 있는 것을 포함해

야 존재할 수 있다고 말한다. 앞서 인용한 혜능의 말처럼 빛은 어둠이 있기에 빛이 될 수 있고, 어둠이 없으면 빛도 존재할 수 없다. 일엽은 표면적으로 보기에는 양극에 있는 것들을 전부 포괄하는 전체를 제시하면서 그 전체를 '하나'라고 불렀다. 이 경우의 '하나'는 둘, 셋, 넷 등등의 연속하는 숫자 중 하나가 아니다. 다른 어떤 숫자가 딸려 있지 않은 상태의 하나이다. 이에 대해 일엽은 다음과 같이 설명했다.

> 일체 존재의 뿌리는 하나며, 하나라는 것도 할 수 없이 붙이는 이름이다. 하나가 있으면 둘이 있어 무슨 뿌리, 무슨 뿌리 해서 각종 뿌리로 벌어져서 네 뿌리 내 뿌리의 차별이 생기기 때문이다. 마찰이 일어나기 때문이다. 그러므로 무적無的 뿌리, 곧 우주 창시 전, 부처님이니 하나님이니 하는 이름도 부르기 전 존재인 것이다.[14]

이런 '하나'는 전체를 포괄하는 이름이며, 그 외에 별도로 자기 정체성을 갖지 않는다. 전통적인 불교는 이 포괄적인 전체를 '공空(śūnyatā)'으로 특징짓는다. 앞의 인용문에서 '무적無的 뿌리'라는 표현에서 볼 수 있듯이, 일엽은 존재의 기반이자 뿌리인 이 '하나'를 지칭하면서 흔히 '무'라는 표현을 사용했다.

일엽과 동시대 사상가 중에 존재의 기반으로 '무'를 주목한 사상가가 일엽 한 사람만은 아니었다. 교토학파로 알려진 근대 일본 철학자들은 그들의 철학적 사유에 무의 개념을 폭넓게 활용했다. 교토학파 연구자인 제임스 하이직James Heisig은 이들을 "무의 철학자들"[15]이라고 불렀다. 그는 교토학파 사상가들의 철학뿐 아니라 아시아 철학 전반에서 '무'의 의미를 논했다. 하이직의 이 논의는 유럽의 철학자들과 불교학자들이 불교에 보인 최초의 반응, 곧 불교를 "무에 대한 숭배"[16]로 본 것과 대조하면 아이러니하다.

19세기의 독일 철학자 G. W. F. 헤겔Hegel(1770-1831)은 자신의 종교철학 강의에서 1824년, 1827년, 1831년에 걸쳐 세 차례 불교를 다뤘다. 이 강의에서 그는 불교의 목표를 자아의 소멸이라고 단정했고, 불교를 '소멸의 종교'로 정의했다.[17]

유럽의 1세대 불교학자에 속하는 외젠 뷔르누프Eugène Burnouf(1801-1852) 역시 열반을 '소멸'로 번역하면서 다음과 같이 말했다. "대체로 해방 혹은 구원을 뜻하는 열반은 불교의 창시자가 사람들에게 노력해서 도달하도록 가르친 지고의 목표이다. 그런데 이 해방이란 무엇을 뜻하는가? 이 구원의 본질은 무엇인가? 만일 우리가 어원학에 근거해서 열반이 무엇인지 답을 구한다면, 그 답은 '소멸' 혹은 '사멸'일 것이다."[18]

열반에 대한 이런 해석이 불충분하다고 느낀 뷔르누프는 그 해방의 본질을 숙고하여 다음과 같은 잠정적 결론을 내렸다. "열반은 유신론자에게는 개인의 생명이 신과 합일되는 것이고, 무신론자에게는 개인의 생명이 무와 합일되는 것이다. 하지만 양자에게 모두 열반은 해방이며, 지고의 자유이다."[19]

그런데 무와 합일한다는 것은 무슨 뜻일까? 뷔르누프는 이 개념을 더 파고들지 않았다. 뷔르누프의 연구를 뒤따른 제자 막스 뮐러Max Müller(1823-1900)는 열반을 '절대적 무'라고 규정했다. 《무의 숭배자들: 철학자와 부처》의 저자 로제 폴 드루아Roger-Pol Droit(1945-)는 뷔르누프가 불교의 궁극적 목표인 열반을 무와 동일시하는 데 신중했다고 말했다.

뷔르누프가 조심스러운 태도를 보였음에도, 열반을 무와 파괴의 상태로 본 그의 견해는 결과적으로 유럽인에게 불교에 대해 부정적인 인상을 굳히는 데 한몫했다. 드루아는 또 당시 유럽의 정치, 문화, 종교 상황이 불교를 부정적으로 평가하는 데 어떤 역할을 했는지 자세히 설명했다. 유럽 철학자들은 무를 신과 정반대되는 비도덕적인 상태로 이해하였고, 그들이 열반을 무와의 합일로 해석하면서, 불교의 무신론적 성격을 비판했다는 것이다.[20]

19세기 유럽대륙의 지적 풍조는 무를 전적으로 부정적인 개념으로 해석했다. 그와는 정반대로 동아시아 철학은 오랫동안 무를 존재의 개방으로 인식해왔다. 본래 모든 존재는 경계에 한정되고, 그 때문에 존재의 정체성이 성립된다. 동아시아 지성사에서 존재와 반대되는 것은 무이다. 그것은 무한한 심연, 전체, 언어로 표현할 수 없는 그 무엇, 하나 등으로 인식되었다.

교토학파의 창시자로 인정받는 니시다 기타로西田幾多郎(1870-1945)는 무가 우리 자아의 정체성 개념과 종교적 세계관에 어떻게 영향을 주었는지에 대해 주목할 만한 논의를 제시했다. 니시다는 상대와 절대 사이의 관계, 자아 정체성의 본질에 관해 다음과 같이 말했다. "절대는 자기 안에 절대적 자기 부정을 포함하지 않으면 안 된다."[21] 달리 말해, 자아는 자신에게 여러 가지 경계를 부여함으로써 스스로 규정한다.

내가 나를 '여성', '동양인'으로 정의할 때, 이 정의는 나를 남성, 비非 동양인과 각각 구분한 것이다. 하지만 여성은 하나의 동질적 집단이 아니며, 동양인이라고 해서 다 같은 것도 아니다. '동양인'이라는 정의와 규정은 내가 속한 동양인이라는 집단이 공유하는 특징들의 집합을 통해 가능한 것이다. 하지만 나는 또 그 집단 내에 있는 다른 사람들과 나 사이의 차이를 근거로 나의 정체성을 형성한다. 여성, 동양인이라는 것이 한 개인으로서 내 정체성을 형성해 주지만, 그와 동시에 나는 나의 가족적, 사회적, 교육적, 생물학적 배경, 규범, 개념, 언어에 대한 도전과 반란에 의해서 개인인 '나'가 되는 것이다. 이러한 논리를 따르면, 나는 오로지 자기 부정을 통해서만 내가 될 수 있다. 즉 여성이자 동양인이자 학자이자 교수라는 공식적으로 받아들여지는 나의 정체성 개념에 대한 부정을 통해서만 '내'가 될 수 있는 것이다.

니시다는 이것을 '절대 모순적 자기 동일[絶対矛盾的自己同一]'이라고 불렀다. 이렇게 절대적으로 모순되는 자기 정체성이 최대한으로 확장될 때 우리는 보편에 도달한다. 보편은 말 그대로 포괄적이어야 하고 모순을 포함해야 하기 때문이다. 니시다에게 이런 보편은 무이다. 무는 경계에 의해서 닫혀 있는 존재와는 달리 무한하다. 무는 절대적인 개방이자 모든 것을 포괄하는 것이다.

무는 특수한 개별적 존재의 보편적이고 본체적인 측면이다. 하지만 개인들은 보통 모순의 관점을 통해서 자신의 본질을 보지 못한다. 일엽은 이런 점을 설명하기 위해 파도와 바다의 예를 들었다. 파도는 나타났다 사라지지만 바다는 파도의 근원으로서 늘 그 자리에 있다. 파도는 바다와 동일하지 않으며 파도로서 개별적인 정체성이 있지만, 그와 동시에 바다에서 결코 분리될 수 없다.

일엽과 니시다는 존재의 이런 기반을 '모순'으로 정의했다. 모든 모순을 포괄하는 것은 정체성의 경계가 닫혀 있지 않고 활짝 열려 있어야만 가능하며, 이것이 바로 일엽과 니시다가 '무'라고 정의한 상태이다.[22]

선불교 전통에서 무는 '소멸'이 아니라 갇힌 경계에서 풀려나는 것, 정신적 고착에서 해방한다는 개념으로 이해해야 할 것이다. 혜능은《육조단경六祖壇經》에서 그의 가르침의 핵심이 '무념無念'이라고 말했다. '무념'은 생각의 결여 혹은 부재를 의미하는 것이 아니다. 혜능은 무념을 다음과 같이 설명했다. "'무'는 무엇이 '없다'는 것인가? '생각'이란 무엇인가? '무'는 모든 행위의 이원론에서 분리하는 것을 말한다. 진여眞如는 생각의 몸체이다. 생각은 진여의 기능이다. 만일 본성이 생각을 낳는다면, 보고 듣고 깨달을 때조차도 외부 환경에 구속받지 않을 것이고, 따라서 항상

김일엽, 한 여성의 실존적 삶과 불교철학

자유로울 것이다."[23]

진여tathatā는 '있는 그대로의 상태'를 가리키는 말이다. 일상에 대한 이해는 대체로 주관적인 관점의 지배를 받는다. 이것은 우리가 환경과 우리 자신의 인지 구조를 통해서 사물을 인식한다는 의미이다. 예를 들면, 화병에 있는 꽃을 볼 때 우리는 이미 그것의 모양과 색상, 냄새에 영향을 받아 그 관점에서 꽃을 본다. 우리는 우리가 경험하는 꽃의 모양, 색상, 냄새가 그 특정한 꽃의 참된 실상이라고 여긴다. 그리고 이런 요소들이 결합된 결과는 우리에게 즐거움과 만족감, 행복감까지 안겨준다. 꽃에 대한 우리의 이해와 경험은 대체로 여기서 멈춘다. 그런 맥락과 그 단계에서, 꽃은 아름다움의 표본이고 긍정적인 정서의 전달자이다.

하지만 꽃이라는 존재를 좀 더 전체적으로 조명해 본다면, 꽃이 그렇게 아름다운 상태로 피어나는 것이 아님을 깨닫게 된다. 씨앗에서 자라는 일년생 식물이든, 구근에서 자라는 다년생 식물이든, 더 오랫동안 사는 나무에서 피어나는 꽃이든, 꽃이 존재하려면 흙, 물, 햇빛, 비료 등과 같은 다양한 요소의 합작을 통해서 가능하다. 이 모든 요소가 한 송이의 꽃이 피기 위해 필요한 꽃의 일부분인 것이다.

꽃이 핀 뒤에 사그라지는 과정은 전혀 다른 모습을 보여준다. 화병의 꽃이 시들기 시작하면 줄기는 말라비틀어지고, 물과 섞이면서 역겨운 냄새를 피운다. 아름답게 활짝 피어 우리 눈을 즐겁게 하던 모습만큼, 역겨운 냄새를 피우며 부패하는 모습도 역시 꽃의 한살이 한 부분이다.

불교에서는 사물의 존재 과정을 생성[生], 유지[住], 변화[異], 소멸[滅]이라는 네 단계를 통해서 설명한다. 꽃은 싹을 틔워 자라다 봉오리를 맺고(생성), 얼마 동안 활짝 피었다가(유지), 시나브로 시드는 과정을 겪고(변화), 결국은 더 이상 존재하지 않는다(소멸). 인간도 탄생, 성장, 노화, 죽음이라는 네 단계를 거친다. 자연도 같은 방식으로 주기를 밟아간다. 하루는 아침, 점심, 저녁, 밤이라는 주기를 거치고, 1년은 봄, 여름, 가을, 겨울이라는 주기를 거친다.

꽃을 사랑하는 이들은 꽃이 장차 시들고 썩으면서 고약한 냄새를 피울 것이라는 이유로 활짝 핀 꽃에 끌리는 것을 거부하지는 않는다. 어느 단계가 꽃의 한살이에서 진면모라고 말할 수 있을까? 현상적으로 보이는 실재는 꽃이 자라는 흙, 꽃이 빨아들이는 물, 꽃이 흡수하는 햇빛, 꽃이 썩으면서 생겨나는 썩은 물과 역겨운 냄새를 꽃 자체와 구별해야 한하고 주장하는 듯하다. 꽃은 분명 흙과도 다르고 물과도 다르며 악취와도 다르다. 우리는 이런 모든 요소를 분리해서 본다. 개별적 존재와 그 이름이 현상계에 대한 우리의 지식을 구성하기 때문에 언어적 관례는 실재에 관한 이런 분리주의적 이해에 무게를 싣는다.

불교에서는 이런 것을 '세속적 진리'라고 한다. 하지만 '꽃'이라는 이름은 꽃의 본질을 지칭하는 것이 아니다. 꽃이라는 이름은 그 존재를 가능하게 하는 여러 요소로 이루어진 복합적인 존

김일엽, 한 여성의 실존적 삶과 불교철학

재를 지칭한다. 불교는 이런 것을 '궁극적인 진리'라고 부른다. 어떤 한 요소로 꽃을 정의할 수 없기 때문에, 불교는 그것을 공空이라고 말한다. 즉 꽃은 무엇이라 정의할 수 있는 단일한 본성이 부재[空]한다는 것이다.

일엽에게 존재의 이런 두 측면, 즉 세속적 개별성과 궁극적인 공을 이해하는 것은 개인이 자신의 진정한 재능을 실현하고 자유를 누리는 법을 배울 수 있게 한다는 점에서 매우 중요했다. 일엽은 '나'에 관한 논의에서 이런 개념을 논했다.

나를 찾아서

인간으로 태어난 소중한 환생: 업과 윤회

일엽은 출가 당시를 돌아보면서, 그때 자신이 매우 절박한 심정이었다고 말했다. 그녀는 그 절박함을 "살고 보자!"라고 표현했다. 경허가 폭풍우 몰아치는 밤에 죽음의 실상과 직면했을 때 실존적인 위기와 절박한 심정을 경험한 것처럼 일엽도 출가 당시 삶과 인간 존재의 의미에 관해 막다른 상황과 직면하고 있었다.

그때 일엽의 스승 만공은 그녀에게 "세상을 버리고 산에 들어와서 하는 공부는 '먼저 살고 보자!'는 것이다"[24]라고 말했다. 만공의 이러한 가르침은 일엽의 위기의식을 더욱 증가시켰다. 당시 만공이 불교 수행의 근본이라고 말한 실존적인 절박함은 일엽의 마음 깊이 다가왔을 것이다.

"살고 보자!"라는 표현은 곤경에 처한 이가 당면한 어려움을 넘어서기 위해 어떤 수단도 불사하겠다고 마음먹은 것을 말한다. 이런 결심을 한 사람은 후에 어떤 대가를 치르는 한이 있더라도 보통의 상황에서라면 꿈도 꾸지 못한 행동을 감행할 것이다. 당면한 문제를 해결하는 것이 급선무이기에 문제를 해결하기 전까지 그에 따른 어떤 결과도 돌아보지 않을 것이다. 절에 들어간다는 한국어 표현은 '출가出家'이다. 세속의 모든 것을 남겨두고 절에 들어가는 과격한 행동을 하는 것은, 분명 대단히 깊은 위기의식을 바탕으로 할 것이다. 만공이 표현한, 불교를 수행하는 실존적인 절박함은 일엽 자신의 절박한 심경을 그대로 대변해주는 말이었다.

일엽은 〈만공 대화상을 추모하며〉에서 스승 만공의 가르침에 빚진 것을 표현하며 출가 이후 초반에 겪은 깊은 절망감을 떠올렸다. 그때 "먼저 살고 보자!" 하는 일엽의 노력은 별다른 성과를 얻지 못했다.[25] 일엽은 공부의 진척이 더디다고 실망하고 절망했지만, 출가한 것을 후회하지는 않았다. 그녀는 "'견성성불見性成佛'한다는 이런 무상법無上法을 발견하지 못한 채 죽었다면 '사람 몸[人身]'이라도 받은 가장 귀한 이번 생을 그저 보내게 되는 것이 아닌가"[26] 라고 말했다.

죽음이 삶의 끝이 아니고, 뭇 생명 가운데 인간의 삶이 가장 소중하다는 것을 자각하면서 일엽은 인간으로 산다는 것이 무슨 의미인지 깊이 생각했다. 이 생각은 일엽의 첫 번째 책《어느 수도인의 회상》의 주요 주제가 되었다.

전통적인 불교의 우주론에서 인간은 유일무이한 위치를 차지한다. 불교는 뭇 생명이 생명이라는 형태로 윤회하는 여섯 가지 영역을 육도윤회六道輪廻라고 한다.[27] 신들의 영역[天], 인간의 영역[人], 천신이 아닌 신이나 귀신들의 영역[阿修羅]은 세 개의 상층 영역을 구성한다. 동물의 영역[畜生], 원혼들의 영역[餓鬼], 지옥地獄은 세 개의 하층 영역을 이룬다.

이 여섯 영역 중에서 인간의 영역은 깨달음을 이루는 것이 가능한 유일한 영역이다. 그러므로 인간 존재는 흔히 인간으로서 소중한 재탄생이라고 표현하기도 한다. 어떤 이들은 천상에 태어나는 것이 인간 세상에 태어나는 것보다 더 바람직하다고 생각할 수 있겠지만, 불교의 논리는 그렇지 않다.[28] 천상은 행복만 가득한 세계라서, 천상의 존재는 종교적 수행에 관한 욕망이나 열의가 없다. 인간은 천상에 거주하는 존재와 달리 고통과 행복을 함께 경험한다. 그 결과 무상無常을 자각하고, 윤회를 극복하기 위해 영적인 수행에 참여하고 싶은 욕구와 열의를 갖게 된다.

'업業(karma)'은 존재의 '윤회輪廻(saṃsāra)'라는 불교의 세계관을 뒷받침하는 개념이다. 업의 산스크리트어 카르마karma는 문자 그대로 '행위'를 의미하며, 흔히 도덕적 인과율로 정의된다. 의도적인 행위는 업의 에너지 혹은 업력을 창출하고 행위 당사자의 미래 행위와 삶에 영향을 미친다. 행위의 성격은 그 행위의 영향이 긍정적인지 부정적인지에 따라 결정된다.

불교학자들은 오랫동안 업과 윤회에 관한 이론을 고심해왔다. 불교는 영원한 자아는 존재하지 않는다고 말한다. 그게 사실이라면 도대체 무엇이 혹은 누가 행위의 영향을 받으며, 무엇이 혹은 누가 윤회를 한단 말인가? 환생은 한 존재가 갚아야 하는 업보를 여전히 갖고 있다는 증거가 된다. 그런데 세상의 어떤 것도 독자적인 본질을 갖고 있지 않다면, 선행이나 악행이라는 것을 어떻게 규정하고 정의할 수 있겠는가?[29]

불교 역사 전체에 걸쳐서 불교학자들은 이 질문과 씨름해왔다. 그들이 오랫동안 고민해온 더 실질적인 질문에는 다음과 같은 것이 있다. 만일 좋은 업과 나쁜 업이 사람의 인생을 결정한다고 하면, 업이 불교의 맥락에서 우주적 정의를 설명하는 것인가? 과연 그렇다면, 업이라는 이 우주적 정의 이론이 인간 삶과 사회에서 일어나는 수많은 비극과 문제점, 곧 자연재해, 전쟁, 유아 사망, 사회적 차별, 계층 사회의 문제 등을 어떻게 설명할 것인가? 예를 들어, 업 이론은 자연재해로 희생된 사람들에게 이번 생에서의 삶이 그 이전 삶의 업의 결과이기 때문에 그들이 그러한 비극을 받아 마땅하다고 말하는 것인가?

업이라는 개념은 불교에서 시작한 것이 아니다. 이는 불교가 출현하기 훨씬 전, 인도에 이미 있던 개념이다. 학자들은 불교 이전에 사용된 업과 불교의 업의 개념 차이를 연구해 왔다. 이 맥락에서 불교윤리학자 피터 하비Peter Harvey는 불교 출현 이전, 힌두교 전통에서 업 개념은 '윤리적으로 옳은' 행위를 의미하기보다 '제례祭禮 상으로 옳은' 행위와 더 관련이 깊다고 말했다.[30]

인도 전통에서 업 개념의 출현 및 진화과정을 연구한 초기 불교 연구자 요하네스 브롱코스트Johannes Bronkhorst는, "불교가 업의 응보라는 개념을 심리화했다"고 지적했다.[31] 그는 힌두교나 자이나교의 업 개념이 행위와 관련된 반면, 불교에서 업 개념은 '욕망'과 행위의 '의도'를 강조한다고 지적했다. 업을 행위와 연결하든 아니면 행위의 배경에 있는 의도를 강조하든, 업의 기본 개념은 행위가 결과를 낳으며 미덕은 상을 받고 악덕은 벌을 받는다는 것이다.

가치, 행위, 선택

근대에 불교가 서구 세계와 만나면서 업과 윤회 이론은 많은 도전을 받았다. 만일 한 개인의 과거 업이 그의 현재 삶을 지배한다면, 개인은 자신의 현재 상태를 자책하는 것 말고 할 수 있는 일이 없다는 논리가 되기 때문이다. 이런 관점에서 불교를 보면, 불교는 현상 유지적, 심지어 숙명론적 종교나 철학이 된다. 이는 분명 사람들에게 문제가 아닐 수 없다. 그러나 여러 학자의 연구에서 볼 수 있듯이, 불교의 업 개념은 그 개념을 숙명론적으로 전락시키거나 우주적 정의로 포장하지 않고서도 그 해석이 가능하다. 그런 해석 가운데 하나가 불교의 '상호연관성 개념'과 '행위에서 선택의 중요성'에 초점을 맞추어 업을 이해하는 것이다.

불교는 다층적인 인과율이라는 관점을 통해서 세계를 본다. 한 행위의 결과를 전부 이해하기 위해서는 그 행위의 '원인과 조건'을 이해해야 한다. 예를 들어 다음과 같은 경우를 생각해 보자. 내가 물이 담긴 내 커피잔에 소금을 한 숟가락 가득 집어넣었다고 가정하자. 내 행위의 결과로 커피잔 속의 물이 짜게 된 것을 어렵지 않게 알 수 있다. 이번에는 같은 양의 소금 한 숟가락을 태평양 한가운데 집어넣는다고 해보자. 내 행위의 결과로 태평양이 분명 전보다 더 짜게 되었겠지만, 그 차이를 알 수 있는 미각을 가진 사람은 아마 없을 것이다.

똑같은 행위(원인)이더라도, 그 행위를 행하는 조건에 따라 전혀 다른 결과를 빚어낸다. 우리 삶에서 그 어떤 행위도 진공 속에서 일어나지 않는다. 다양한 '조건'은 우리 행위의 환경이며, 그 환경을 누구도 완전히 측량할 수 없다. 한 행위의 결과를 이해하려 할 때 '의도'가 중요시되는 이유가 여기에 있다. 물속에 소금을 넣겠다는 의도로 행동했다면 그 사람은 대체로 결과가 어떻게 나오리라는 것을 알겠지만, 결과의 정확한 범위를 측정할 수는 없다.

업과 '의도'에는 또 다른 중요한 측면이 있다. 그것은 바로 인간 행위가 외적으로 타인에게 영향을 미칠 뿐 아니라, 내적으로도 행위자 자신에게 영향을 미친다는 점이다. 예를 들어, 내가 친구에게 나쁜 말을 했다면, 표면상으로 나쁜 행동 탓에 해를 입은 사람은 내 친구이다. 나는 가해자이고 친구는 피해자이다.

그러나 불교적으로 보면, 행위는 외적으로뿐 아니라 내적으로도 영향을 준다. 나는 기분이 좋지 않은 상태가 아니라면 나쁜 말을 할 수 없을 것이며, 행위 전후의 이런 부정적인 기분과 심리 상태는 나의 다른 행동에도 분명 영향을 미칠 것이다. 그러므로 외적인 피해자인 친구뿐만 아니라 나 자신 역시 내 행위의 희생자이다.

이는 업 이론이 한 행위를 기계적으로 계산해서 선행과 악행, 보상이나 체벌을 규정하는 이론이 아님을 설명한다. 그와 반대로, 업 이론은 행위를 하는 행위 주체자의 선택과 행위에 책임을 강조하는 개념이다. 모든 행위는 행위의 주체뿐 아니라 그 행위에 드러나게 혹은 드러나지 않게 관여한 모든 관련된 존재에 영향을 미친다. 따라서 업 이론은 행위자들이 어떤 행동을 하든 숙고 후에 조심스럽게 행동하라고 말한다.

똑같은 행동이 다른 결과를 낳을 수 있고 행위 결과의 본질을 계량할 수 없다면, 불교에서 행위의 지침이 되는 것은 무엇인가? 행위 결과의 범위는 다양하지만 행위가 가치에서 완전히 벗어나 있는 것은 아니다. 불교 전통은 행위를 평가할 때 '유익함[善]'과 '해로움[不善]'이라는 개념을 사용한다.

부처가 자신의 법문에서 분명히 밝혔듯이, 부처의 가르침의 근본은 중생을 고통에서 벗어나게 하는 데 있다. 행위의 성격을 규정할 때도 불교에서는 고통의 제거라는 목표에 근거를 둔다. 자신이나 타인의 고통을 없애는 데 도움이 되는 행위는 선한 행위로 규정되고, 자신이나 타인에게 고통을 안겨주는 행위는 선하지 못한 행위이다. 그러므로 선행은 권장되고, 선하지 못한 행위는 피해야 한다고 가르친다.

불교의 우주관은 인간 세계에 환생하는 것을 가장 좋은 환생으로 여긴다. 그리고 업과 윤회 이론을 통해 '가치-행위-선택'의 중요성이 인간 삶의 핵심에 자리하는 세계를 그린다. 일엽은 자신이 "인간으로 태어난 이 소중한 삶"에서 시간을 허비할 수도 있다는 생각에 거듭 애통해했다. 그런 절망적인 감정의 배후에는, 인간으로 산다는 것은 인간 존재의 가치를 추구한다는 것이며, 가치의 추구는 항상 행위의 형태로 나타나고, 각 개인은 자신의 행위에 전적으로 책임져야 한다는 일엽의 생각이 깔려 있다.

이 경우 행위는 신체의 움직임만으로 한정되지 않는다. 불교는 인간이 몸, 마음, 입의 세 가지 방법으로 업을 짓는다고 말한다. 즉 신체의 움직임을 통해서 신업身業, 생각을 통해서 의업意業, 생각을 말로 표현하는 것을 통해서 구업口業을 짓는다. 그리고 이런 행위들은 우리의 도덕적 선택을 바탕으로 이루어진다. 도덕적 선택은 '의도적인 행위'의 결과이고, 의도적인 행위는 불교에서는 업을 낳는다.

'인간으로 태어난 축복'이라는 불교의 생각을 통해 일엽은 인간으로서 자신의 현재 삶의 가치를 재확인했고, 현생을 최대한 이용해 그 가치를 실현하려는 자신의 노력을 긍정했다. 그녀에게는 인간 존재의 궁극적 가치를 실현하는 것이야말로 삶의 근본적인 목표였다.

신여성으로서 일엽은, 여성의 특정한 역할을 강요하는 한국사회가, 완전한 인간이 될 수 있는 자신의 능력을 제한했다고 판단하고, 가부장제 사회의 규범에 도전했다. 사회운동가에서 승려로 신분을 바꾸면서, 일엽은 더 실존적인 관점으로 여성 문제에 접근했다. 그녀는 자신이 삶에서 경험한 온갖 제약이 사회 구조보다 더 깊은 곳에서 비롯되었으며, 가부장제에 대한 자신의 불만이 더 깊은 문제의 한 측면에 불과하다는 것을 깨달았다. 삶에 대한 자신의 불만을 들여다본 끝에 일엽은 존재의 근본에 대해 자문하게 되었다. '진정한 나'란 무엇을 뜻하는 것일까? 어떻게 하면 '진정한 나'를 찾을 수 있을까? 이런 의문들과 함께 일엽은 자아를 발견하려는 새로운 여정을 시작했다.

인간 존재

일엽은 자신의 시대를 잃어버린 자아의 시대라고 규정했다. 이런 평가는 일엽의 사상에서 '진정한 나'를 찾는 일이 얼마나 중요했는지 알려준다. 《어느 수도인의 회상》에 수록된 〈인생〉이라는 글의 서두에서, 일엽은 인간됨의 의미를 물으면서 잃어버린 자아라는 근본적인 문제에 관해 다음과 같이 말했다. "존재적 가치표준은 내가 나의 생활을 하게 되는 존재 위에 서게 되는 것이다. 내가 내 생활을 하는 존재가 최고가적最高價的 존재라니 누구일까?"[32] 일엽은 인간 존재의 조건들과 완전한 인간이 된다는 것의 의미를 성찰하는 것으로 이 의문에 답했다.

불교에서는 '불만족 혹은 불편함'을 인간 존재의 일반적 조건으로 여긴다. 사성제四聖諦의 첫 번째 진리 '고성제苦聖諦'는 아직 깨달음을 얻지 못한 존재들의 실존적인 환경이다. 우리는 대부분 일상생활에서 다양한 종류의 불만족을 경험한다. 불교에서는 이를 우리가 우리 삶의 주인이 아니라 존재의 조건과 환경에 통제받는 증거라고 설명한다. 제한적인 존재는 '나'의 주인이 될 수 없다. 행위의 주체는 본래 자기 행위를 자신이 전적으로 도맡는 자여야 하기 때문이다.

일엽은 끊임없이 외적 조건들에 강요받는다고 느끼는 '자아'를 '소아小我'라고 규정했다. 소아에 반대되는 '대아大我'는 제 뜻대로 자유롭게 행동한다. 일엽은 현실 세계의 일상적인 자아인 소아를 바다의 파도에 비유했다. 파도는 바다라는 환경에서 존재하며 바다와 분리될 수 없다. 하지만 동시에 파도와 바다는 같은 것이 아니다. 우리가 파도만 보고 그 근원인 바다를 보지 못하면 우리는 스스로를 소아 속에 가둬버리게 된다는 것이다.

일엽에게 '부처[佛]'는 소아가 눈을 뜨고 자기 존재의 전체를 보게 되는 바다의 다른 이름이다. 일엽은 '부처'를 "우주 현상(생각 후)과 현실의 창조 전(생각 전)의 합치라, 불佛은 우주의 본명이다"[33]라고 말한다. 이에 관해 일엽은 다음과 같이 더 분명하게 밝힌다.

불佛은 이것저것, 어제 오늘, 너와 나의 단일화 물單一化 物이다. 곧 일체화의 '나' 하나다. 그러므로 불佛은 나의 별명이다.

우주는 나의 본체로 만유가 나 자체다. 만유가 나 자체이기 때문에 만유의 기능을 발휘할 수 있는 나를 가진 존재라야 존재적 가치를 인증하게 되는 것이다.

존재는 생적 절대평등권을 지녔기 때문에 어떤 위치, 무슨 몸을 가졌거나 나의 생활을 할 수 있는 존재면 존재적 가치표준이 세워진 최귀적最貴的 위치를 차지하게 되는 것이다.[34]

일엽의 파도와 바다의 구별은 이원론을 용인하는 것으로 해석될 수도 있다. 하지만 일엽은 그와는 반대되는 주장을 펼쳤다. 즉 파도와 바다는 같지 않지만, 완전히 분리되는 것도 아니라는 것이다. 불교에서는 이런 진리를 불이不二의 개념을 통해서 '같지도 않고 다르지도 않은' 것이라고 설명한다. 불이론不二論은 현상적 진실을 이해하는 불교적 방식의 한 특징이다.[35] 불이에 대한 일엽의 시각은 다음과 같이 요약해볼 수 있다.

첫째, 우리는 각자 현상적 수준에서 개인으로 존재한다. 하지만 우리가 일상에서 초점을 맞추는 단편적인 현상들은 단편적인 움직임에서 그치는 것이 아니다. 만일 우리 존재의 구조를 연구해본다면, 단편적이고 개별적인 존재나 사건처럼 보이는 것이 사실은 다양한 원인과 조건의 조력으로 생겨난 것을 알게 될 것이다. 그러므로 존재나 사건은 다른 것과의 관계망 속에서 형성되는 것이다.

둘째, 우리는 일상을 주체의 관점에서 평가하기 때문에 일상에 대한 우리의 단편적인 이해는 고통을 유발한다. 하지만 우리가 그것을 더 넓은 관점에서 본다면 자신에게 초점을 맞춘 제한된 관점의 부담에서 벗어날 뿐만 아니라 고통과 불만에서도 해방될 수 있다. 그 단계에서 우리는 고통의 원인이 되는 '나'라고 하는 경계가 단지 잠정적 의미라는 것을 알게 된다.

셋째, 존재의 근본 구조는 인간이든 깨진 기와 조각이든 상관 없이 모든 존재에 동일하게 적용된다. 모든 것은 다양한 원인과 조건의 결과로 존재한다. 인간과 깨진 기와 조각이 같은 실존적 논리의 토대 위에서 존재하기 때문에 그것들은 형이상학적인 시각으로 볼 때 평등하다.

일엽은 존재의 근본적인 평등성을 가리키는 데 창조성, 본정신, 자아, 불성, 진리, 본마음 등과 같은 다양한 용어를 사용했다. 이 본정신을 잘 간직해야만 인간으로서 삶을 영위할 수 있다고 일엽은 주장했다. "무적 존재無的存在인 인간적 본정신을 찾아 자기 임의로 쓰게 되는 때라야 인간적 생활이 개막되는 것이다. 그때는 환경에 휘둘리지 않는 독립적 인간이 되어, 어느 때 어느 몸으로 어디서 어떤 생활을 하든지 안신입명安身立命을 하게 되는 것이다."[36]

일엽에게 불교의 가르침의 의미는 자신에게 부과된 한계에서 자아를 해방하는 데 있다. 속박의 근원은 사회적인 것일 수도 있고 생물학적인 것일 수도 있고 그저 망상에서 비롯된 것일 수도 있다. 불교 수행은 그런 속박을 알아차리는 자아를 찾고 속박에서 스스로를 해방시키는 과정이다. 그리하여 일엽은 "귀의불歸依佛이 귀의자아歸依自我"[37]라고 선언했다.

불교, 문화, 창의성

문화와 무념無念

일엽이 대아大我 혹은 큰자아를 설명하기 위해 자주 사용한 개념은 '문화'이다. 불교 수행을 문화의 한 유형으로 규정한 것은 불교에 대한 일엽의 독특한 해석이라 할 수 있다.

문화를 의미하는 영어 단어 '컬쳐culture'는 '컬티베이트cultivate', 즉 '재배하다'와 관련이 있다. 라틴어 '꼴레레colere'에서 나온 이 표현은 후에 영어로는 '켈티베이트cultivate', 프랑스어로는 '뀔띠베cultiver'가 되었는데, 두 단어 모두 땅을 경작한다는 의미가 있다.[38] 이 단어가 주는 이미지는 유기적, 농업적이며, 가장 기본적인 의미는 대부분 작물이나 동물 같은 '무엇인가를 돌본다'는 뜻이다.[39] '컬쳐culture'는 한국어로 '문화'로 번역되었다. 한자어 문화文化는 영어 단어 '컬쳐culture'에 담긴 농업적 이미지를 반영하지 않지만, 문화의 두 번째 글자, '화化'가 전환과 변화를 의미하는 데서 컬쳐culture의 개념과 연관을 지을 수 있다.

일엽이 이 용어의 어원학적 역사를 알고 있었는지는 모르지만, 일엽이 사용한 문화라는 용어는 경작과 수행, 변화라는 개념을 적절히 반영한다.

일엽에게 '문화'라는 용어는 인간의 창조적인 활동의 총체를 가리킨다. 창조성은 그 주체가 자유로울 때 발휘할 수 있는 인간의 능력이다. 하지만 자유롭다는 말이 반드시 신체의 자유를 상정하는 것은 아니다. 갇힌 공간에 있는 사람도 충분히 창조성을 발휘할 수 있기 때문이다. 육체적으로 감금된 상황에서 쓴 옥중일기를 비롯해 다양한 글이 창조성의 이와 같은 면을 입증한다.

일엽의 창조성이라는 개념은 우리가 세계를 보는 방식과 더 깊은 관련이 있다. 우리가 현상을 단편적인 현실로 이해하고 집착할 때, 창조성은 제 기능을 발휘하지 못한다. 일엽은 스승 만공의 말을 빌려 부처를 다음과 같이 정의한다. "불佛이란 생각하는 나와 생각하기 전 나, 곧 창조성創造性의 단일화單一化의 완인完人인데, 창조성은 생각의 반면反面인 무념無念이라, 생각을 철저히 전환轉換시키면 이때 이 자리에서 얻어지는 법法이 있기 때문이다."[40]

일엽은 불교를 논의할 때, 불교 경전은 거의 언급하지 않았다. 하지만 '부처[佛]'에 관해 서술하는 일엽의 글에는 선불교의 영향이 뚜렷하게 드러난다. 일엽에게 '부처'는 역사적 부처만을 의미하는 것이 아니라 생각과 무념無念이 하나가 된 존재를 의미한다.

'무'라는 개념과 마찬가지로 선불교 담론에 자주 등장하는 '무념' 혹은 '무심無心'은 사람들이 이해하기 쉽지 않은 개념이다. 무념 혹은 무심이란 과연 어떤 상태를 말하는 것일까? '무념'이란 말 그대로 '생각하지 않음'을 뜻하는 것인가? 전혀 아무 생각도 하지 않는다는 것이 가능한 일일까?

육조 혜능은 무념에 대해 명쾌하게 설명한 바 있다. 사람들은 생각을 인간 특유의 활동이라고 말한다. 생각은 또한 생각하는 '주체가 하는' 활동이며, 그 '주체의' 활동이기도 하다.

스위스 언어학자 페르디낭 드 소쉬르Ferdinand de Saussure(1857-1913) 는 언어를 배우기 전의 우리의 생각 상태를 연속적인 물의 흐름 혹은 '형체 없는 덩어리'의 이미지를 사용해 설명했다.[41] 아직 구분되지 않은 연속적인 물의 흐름과 같은 상태에서 우리의 생각이 '일어날' 때, 우리는 우리가 사용하는 언어의 구조, 개인의 선호도, 개인적 사고의 관점 등을 이용해 구분되지 않은 생각에 구분을 만들어서 재구성한다는 것이다. 우리가 우리 앞에 전개된 어떤 상황을 이해할 때, 그 이해는 이미 우리의 주관적인 생각과 그 상황을 바라보는 주관적인 방식에 의해 해석되고 이해된다는 것이다.

'무념' 혹은 '무심'은 현 상황에 대한 우리의 개인적, 주관적 해석이 그 상황을 재해석해내기 이전의 상태이다. 우리는 일상의 사건들에 대한 우리의 이해와 경험이 이미 각 개인의 선호도에 따라 걸러낸 생각의 결과라는 것을 대부분 알아차리지 못한다. 무념 혹은 무심의 상태는 가치중립적인 상태이다. 비록 대부분의 경우 우리는 이런 상태를 의식하지 못하지만, 혹 과거에 일어난 일들을 되돌아볼 때, 이처럼 가치중립적인 상태를 어렴풋이 경험하기도 한다.

우리 삶에서 생각과 무념은 정반대의 개념이다. 생각은 주체가 자아와 자아의 환경을 주관적으로 이해하는 방식인 반면, 무념은 주체가 세계와 창조적으로 만나는 것을 의미한다. 이 경우 주체는 자신의 고정된 사고방식에 편향되지 않으므로 자유롭다.

무념의 해방된 상태는 일엽이 왜 불교의 깨침을 창조성이라고 정의했는지 설명한다. "무념은 만공滿空인 일체구족경一切具足境이라. 거기서 이루어진 문화계가 물심합치의 진문화계眞文化界, 곧 문화 비문화가 하나로 된 평화세계이다."[42] 따라서 무념은 그것이 자연이든 사회이든 혹은 인간관계이든, 우리가 삶의 환경과 창조적으로 관계를 맺는 상태를 지칭한다.[43]

일엽은 문화로서 불교 개념의 연장선상에서 '문화인'이라는 표현을 사용하고, 부처를 '대문화인大文化人'으로 지칭했다. 일엽은 "문화인이 되려면 대문화인인 부처님의 문하로 직접 들어와야 할 것을 알고 입산한 것이다"[44]라고 말한다. 이에 관해 그녀는 다음과 같이 좀 더 상세히 설명한다. "문화인이 되려는 생각은 업신業身의 사도使徒를 면하고 내 주인인 본정신의 주재主宰로 사는 인간, 곧 자유인이 되려는 것이다."[45]

문화인은 이원론에서 스스로를 해방시킴으로써 자유에 이른다. 일엽의 관점에서 볼 때, 이원론은 자타自他의 분리를 빚어내며, 이는 개인에게 두 가지 치명적인 결과를 안긴다. 첫 번째 결과는 잘못된 정체성 개념이다. 자아와 타자가 서로 분리되어 존재한다는 생각은 개인에게 개별적 정체성을 확고하게 하고, 이를 통해, '나'는 '나 아닌 것들'에 완전히 독립되어 존재한다는 생각을 일으킨다. 더 나아가 '나'는 타인들을 내가 원하는 대로 지배할 수 있다는 단계까지 이르게 한다. 그러나 사실, 자아와 타자를 이처럼 분리해서 생각하는 것은 자아의 한계를 입증한다. 자아의 존재는 타인의 존재에 의해 제한될 수밖에 없으므로, 자아는 '나'를 위한 공간을 확보하기 위해 끊임없이 타인들과 투쟁을 벌이는 상황에서 존재하게 된다.

철학과 문화에서 모두 서구의 근대성modernity은 인간의 이성적 능력의 결정체로서 '나'를 강화하며 시작되었다. 자아와 타아가 서로 연관관계에서 존재한다는 일엽의 논리는 이러한 서구의 근대적 자아관에 대한 도전이 될 수도 있다. 일엽에게 '나'는 자타의 위계적 관계를 조성하는 것이 아니라 자타의 통합인 존재의 근원을 깨달음으로써 힘을 얻는다. 일엽은, "이 '나[我]'는 부처님이니 하나님이니 하는 우상도 여의고, 불교니 예수교니 하는 조직체도 벗어난 자타(가) 하나화化한 절대자유인 존재이다"라고 주장한다.[46]

개인의 요구에 맞춘 이해로서 '생각', 개인이 해석하기 이전의 사물이나 사건의 가능성 전체로서 '무념', 이러한 생각과 무념의 합일을 통해 하나의 현상을 이해하는 것은 우리에게 왜 평등이 세상의 모든 존재가 공유하는 본질로 이해되어야 하는지에 대해 새로운 시각을 제공한다.

부처와 마구니

밀물과 썰물, 낮과 밤처럼 생각이 일어났다 사라지는 것은 정신 생활의 두 측면이다. 사람들은 흔히 불교 수행의 목표를 초탈하는 것이라고 말하기도 한다. 불교를 수행하는 사람이라면 일상의 다양한 사건과 감정 상태에서 자신을 분리하고 자신을 다스려야 한다고 말한다. 불교 수행을 이런 방식으로 이해하는 사람은 한 생각이나 감정이 일어날 때 불교 수행자라면 그것에서 자신을 떼어놓아야 한다고 말한다. 그러나 불교의 목표는 생각이 일어나는 것을 멈추는 데 있는 것이 아니다. 생각의 일어남과 사라짐이라는 두 측면의 통일체를 보는 데 있다.

생각이 일어날 때 그 주체는 독립된 실체로서 존재하며, 이것이 바로 우리에게 친근한 현상계이다. 불교는 우리가 현상계에서 보는 개별적 실체들은 단지 그들의 겉모습일 뿐이며 어떤 존재도 독립적이거나 자족적이지 않으며, 이는 우리 존재가 단지 개별적인 사건이 아니라 다양한 원인이 필요한 사건임을 뜻한다고 말한다.

일엽은 이것을 한 생각이 일어나기 전의 상태라고 부르고, 더 나아가 그 상태를 '창조성'과 동일시했다. 일엽은, "나는 상기상멸想起想滅(생각이 일어나고 사라짐)의 양면적 존재로 상기想起는 현식, 상멸想滅은 내저 본길로 곧 창조성인네, 이 양면을 합치시킨

것이다"라고 말한다.[47]

일엽이 해석한 불교에서 양극의 통일은 그녀가 '부처'를 모든 양극이 통합된 존재로 정의할 때 절정에 이른다. 일엽은 "나를 완성한 불佛은 마불魔佛(마구니와 부처)의 합치적 존재"라고 말한다.[48]

부처가 마구니와 부처를 합한 존재라는 일엽의 정의는 우리의 상식을 벗어난다. 상식의 세계에서는 깨달은 존재인 부처와 피하거나 없애버려야 마땅한 사악한 존재인 마구니는 같은 위치에 놓일 수 없다. 그런데 일엽은 둘을 같은 위치에 놓을 뿐만 아니라 '부처'가 결국 양자를 모두 포함하는 존재를 의미한다고 선언하기까지 했다. 일엽은 거기서 한 걸음 더 나아가 다음과 같이 상세히 설명했다. "마魔는 외면(상상하는 현실 전체)이요, 불佛은 내면(현실의 내적 본질인 무無)인데, 불佛이라고만 치우칠 때도 또한 마魔가 됩니다. 마불魔佛의 합치가 성불成佛(完人)입니다."[49]

우리 존재의 외적 측면과 내적 측면은 무엇을 말하는 것일까? 일엽은 여기서 내면의 영혼과 외면의 몸이라는 이원론적인 개념을 제시하는 것이 아니다. 외적인 측면은 개별적인 것들이 분리된 실체들로 존재하는 현상계이다. 그것들이 어떤 식으로 존재하는지 살펴볼 때 우리는 그들의 존재의 특성이 모든 것에 똑같이 적용된다는 사실을 알게 된다. 사물들은 원인과 조건을 통해서 존재한다. 따라서 영원하고 독립적인 본성이 결여되어 있다. 무의 개념은 개별적인 한 존재 속에 영원하고 독립적인 본성이 존재하지 않는 상태를 말한다.

일엽이 말하는 마구니는 도덕적인 개념이 아니다. 그것은 우리 존재의 겉모습을 이르는 말이다. 우리의 시야가 단지 겉모습만 보는 식으로 제한되어 있을 때 그 시야는 마구니적인 것이 되며, 우리가 다른 것들은 다 제쳐놓고 '부처'만 귀하게 여기는 경우도 그와 마찬가지이다.

이런 생각이 상식에 어긋나는 것으로 비칠 수도 있겠지만, 일엽은 양극의 화합을 보통 사람들이 능히 이룰 수 있는 것이라고 믿었다. 일엽은 '불성佛性이 곧 성인간成人間(인간이 되는 것)'[50]이라고 주장한다. 일엽에게 불교는 휴머니즘이지만, 이 휴머니즘은 반反 휴머니즘 혹은 비非 휴머니즘이라고 말할 수 있다. 왜냐하면 일엽의 휴머니즘은 인간을 세계의 중심에 놓는 그런 사고가 아니기 때문이다.

20세기 프랑스 철학자 장 프랑수아 리오타르Jean-François Lyotard(1924-1998)도 탈근대 세계를 논의하며, 비슷한 개념의 휴머니즘을 언급했다.[51] 진정으로 인간적인 존재는 자기중심적인 세계관뿐만 아니라 인간 중심적인 세계관도 넘어서야 한다는 의미에서이다. 일엽은 자기 생각의 파편인 물 한 방울도 존재의 일체 요소를 갖추고 있다고[52] 말한다. 다른 존재도 모두 마찬가지이다. "존재의 일체 요소"라는 말은 일엽이 공空 혹은 무無와 거듭 동일시한 말이다. 공과 무는 개별적 존재의 토대이며, 모든 존재의 자유와 근본적인 평등성을 주장하는 일엽의 논점의 토대가 되는 개념이기도 하다.

김일엽, 한 여성의 실존적 삶과 불교철학

선악을 넘어서: 기독교에 대한 회상

종교 그리고 무지한 종교 수행의 문제점

기독교 가정에서 태어난 김일엽은 어린 시절부터 종교로서뿐 아니라, 한국의 교육체제를 포함한 문화적 현상으로서도 기독교에 깊은 영향을 받았다. 이는 일엽이 중학교 때부터 계속 기독교계 학교에서 교육을 받은 사실에서도 알 수 있다.[53]

여자아이에게 정규교육의 기회를 주는 것이 대부분의 한국인에게 낯설던 시절에 자신의 어머니가 여자아이를 학교에 보내겠다는 근대적인 생각을 하게 된 것은 기독교 덕분이라고 김일엽은 말했다. 그녀의 기독교 신앙은 아버지의 영향을 많이 받았다. 일엽은 자신의 아버지를 한국에서 가장 독실한 기독교인이라고 말하면서, 그의 신앙은 바위 같았고 임종할 때조차도 하나님을 찬양했을 거라고 말했다.

일엽이 정확히 언제 기독교에서 멀어졌는지는 명확하지 않다. 출가하기 5년 전쯤에 불자가 되었다는 일엽의 말에 근거해 계산해보면, 일엽이 개종한 것은 대략 그녀가 〈불교〉지 문예란에 글을 발표한 1927년에서 1928년 무렵이었을 것이다. 일엽은 또한 출가하기 전 10여 년 동안 종교를 갖지 않았다고 말했다.[54] 그렇게 보면 그녀가 기독교 신자이기를 포기한 것은 1918년 무렵으로 추정해볼 수 있다.

일엽은 생애 후반에 이르러서야 자신과 기독교의 관계에 관해 이야기했다.《어느 수도인의 회상》은 그녀가 기독교 문제를 공개적으로 거론한 최초의 책이었다. 그전까지 일엽이 기독교를 언급한 것은 자신이 기독교 가정에서 태어났고, 아버지가 확고한 신앙을 지닌 목사였다는 내용 등의 사실뿐이었다.

《어느 수도인의 회상》에서 우리는 기독교의 다양한 신학적 문제에 진지하게 대면하는 일엽의 모습을 만난다. 일엽은 자신이 기독교를 떠났다고 걱정하는 친구에게 공개적으로 응답하는 글에서 자기가 기독교 신앙을 잃게 된 데는 아버지의 배타적인 기독교 복음주의가 큰 영향을 미쳤다고 말한다.

일엽의 아버지가 자신의 딸을 신실한 기독교인으로 만들려고 했다는 것에는 의문의 여지가 없다. 그는 일엽이 기독교에 관해 조금이라도 회의하는 기색을 보였다면 자신의 딸이 하나님 앞에서 죄인이 될지도 모른다는 생각에 온몸을 떨었을 것이다. 이에 관해 일엽은 이렇게 썼다.

> 그때 아버지께서는 (…) 질문 비슷한 말만 해도 그런 범람汎濫한
> 소리 하지 말고 회개하는 마음으로 하나님께 경건한 믿음을 구하
> 는 기도만 하라는 것이었나이다.
> 아버지는 집에 화재가 나서 집과 물건이 다 탔는데 가족은 살았
> 다면 사람은 살려 주셨으니 하나님께 감사하고, 가족이 다 타죽
> 었으면 나를 살려주신 하나님께 감사하고, 내가 타서 죽게 되면
> 하나님이 나를 당신의 나라로 데려가시니 더욱 감사한다는 식으
> 로 믿으시는 그 믿음 위에는 불법佛法은 몰랐더라도 '나'를 깨닫
> 는 그 꽃을 곧 피게 할 수도 있었을 터인데 사선死線을 넘으실 때
> 에도 찬미가를 부르시며 기쁘게 천당으로 가신 아버지는 하나님
> 께 법문을 들으시고 아주 해탈경에 이르셨기를 바랄 뿐이외다.[55]

기독교 교리에 대해 일엽이 심각하게 회의했을 수 있지만, 그
정도는 어떤 기독교인이라도 한 번쯤 겪을 만한 일이다. 일엽의
문제는 기독교 교리에 의문을 가졌다는 것이 아니라, 그녀의 아
버지의 엄격한 복음주의가 의심의 여지를 허용해주지 않았고 그
것이 딸의 종교생활에 부정적인 영향을 미쳤다는 데 있었다. 이
에 관해 일엽은 이렇게 썼다. "아버지나 신도들에게 문의도 못 한
것은 신심이 없어서 그런 범람한 생각이 나니 회개하는 마음으로
기도만 하라는 것이외다. 그러니 의심을 풀 길은 없었나이다."[56]

〈신여자〉 창간호(1920년 3월)에 수록된, 일엽의 초기 단편소설 〈계시啓示〉는 종교 수행에 대한 진실한 이해 없이 종교생활을 하는 것에 대한 일엽의 문제 제기를 어렴풋이 암시한다. 이 소설은 표면상으로는 종교 수행과 기독교에 대한 헌신을 통해서 죽어가는 아들을 구하려고 필사적으로 애쓰는 어머니의 이야기를 다루고 있다.[57]

첫아들이 병들었을 때 어머니 김 부인은 아이를 낫게 하려고 무당을 찾아가 거액의 돈을 들이지만 결국 아들은 죽고 만다. 그녀가 아들의 죽음을 슬퍼하는 동안 기독교를 전도하는 부인이 찾아와 무당의 굿으로는 사람의 목숨을 살릴 수 없으니, 구원을 바라거든 차라리 하나님을 믿고 회개해야 한다고 이야기한다.

둘째 아들 인원이 병들어 눕자 김 부인은 하나님에게 헌신해서 아들을 구하기로 결심한다. 전도 부인을 만난 뒤 김 부인은 독실한 기독교인이 되었고, 인원이 병들기 전 3년 동안 한 번도 빠지지 않고 일요 예배에 참석했다. 김 부인은 이번에는 무당한테서 도움받을 생각은 추호도 하지 않았다. 그녀는 이제 독실한 기독교인이었기 때문이다. 같은 교회의 많은 교인이 찾아와 아들의 회복을 위해 함께 기도해주었고, 김 부인에게 그녀의 신앙이 아들의 목숨을 구해줄 것이라고 이야기했다. 하지만 이런 모든 노력에도 불구하고 소설의 끝에서 인원은 표지가 가죽으로 된 성경책을 갖고 싶다고 갈망하면서 죽는다.

소설의 표면적인 구조에서 우리는 기독교에 대한 헌신을 보지만, 이 표면적 내용은 결국 어떤 종교적인 헌신도 한 어린아이를 죽음에서 구해내지 못한다고 이야기하는 소설의 심층 구조에 패배하고 만다. 소설의 이런 이중 구조는 독자에게 작가가 전달하고자 하는 메시지가 무엇인지 생각하게 한다. 〈편집인들이 여쭙는 말씀〉에서 일엽은 이 소설이 "우매한 세상 사람들의 무지한 종교 관념과 폐할 수 없는 죽음이 사정없이 모자의 사이를 사별케 함을 묘사"한 것이라고 말한다.[58]

김 부인의 동료 교인들은 하나님에 대한 믿음이 병든 아들을 구해줄 것이라고 위로하지만, 이 소설은 결국 인간 존재의 불가항력적인 현실인 죽음의 절대적 무차별성을 드러내면서, 종교 수행이 이러한 인간 현실에 아무 힘도 갖지 못한다고 말하는 듯하다. 김 부인과 죽어가는 아이를 포함한 신자들은 믿음과 기도가 죽음이라는 가차 없는 현실을 바꿀 힘이 있다고 믿는다. 그렇지만 죽음은 그 아이를 살리고 싶다는 인간의 바람을 철저히 무시한다. 그 첨예한 대조는 종교 수행과 죽을 수밖에 없는 숙명을 지닌 인간 삶의 실상의 분명한 간극에 대한 일엽의 견해를 드러낸다.

그러나 일엽은 이 소설에서 종교의 역할 혹은 수행의 본질을 완전히 부정하지 않았다. 이 소설이 문제로 삼은 것은 모든 형태의 종교 수행이 아니라 앞에서 인용했듯이 '무지한 종교 관념'에 근거한 종교 수행이었다. 그렇다면 일엽에게 '현명한' 종교 수행이란 어떤 것일까?

이 질문은 일엽의 불교가 일엽의 기독교를 만나게 되는 접합점을 드러낸다. 그 접합점에서 일엽은 하나님과 인간, 선과 악, 천국과 지옥 같은 기독교 개념들을 불교의 비이원론[不二]적 개념과 결부시켜 재해석했다.

하나님과 부처

일엽은 자신의 기독교 신앙이 처음 흔들린 때를 회고하면서 하나님에 대한 자신의 믿음을 뒤흔든 문제 가운데 하나로 악의 존재를 꼽았다. 만일 신이 세상을 창조했다면, 악의 존재도 그의 책임이어야 하지 않느냐는 것이 일엽의 생각이다. 마찬가지로 하나님이 인간을 창조했다면, 아담과 이브를 포함한 모든 인간의 실수에 대한 책임도 하나님이 져야 할 것이다. 그런 의미에서 인간은 하나님이 창조해낸 온갖 문제점의 죄 없는 희생자로 볼 수 있다고 일엽은 논리를 전개한다.

일엽은 이렇게 묻는다.

"지옥에서 고통받고 있는 죄인이, '자기는 창조해달라고 요구한 적도 없는데 하나님 마음대로 창조해 놓고 이제 와서 자기를 지옥에서 고통받게 하고 있다'고 말한다면 하나님은 과연 이에 대해 해명할 수 있을까? 만일 천국에 있는 사람이 자기 식구들이 지옥에서 고통받는 모습을 본다면 그때도 천국에서 마음 편히 지낼 수 있을까?"

기본적인 기독교 신학에 대한 일엽의 물음의 바탕에는 이원론이라는 문제가 깔려 있었다. 일엽은 '선과 악', '창조주인 하나님과 피조물인 인간', '천국과 지옥' 같이 이원론에 근거한 논리가 성립될 수 없다고 보았다. 이원론의 양극은 서로 분리되는 것이 아니라, 이원론의 한쪽은 언제나 다른 쪽이 필요할 수밖에 없기 때문이다. 천국은 지옥 없이는 존재할 수 없고, 선이라는 개념은 악이 없이는 생겨날 수 없다는 것이 일엽의 생각이었다.

이와 관련해 일엽은 다음과 같이 말한다.

"하나님은 아담과 이브의 마음속에 믿음의 씨앗을 심어 그들을 자신의 일부가 될 수 있게 하려고 금단의 선악과를 주었지만, 그들은 하나님을 배반하고 죄인이 되었다. 기독교 신자들은 하나님이 아담과 이브에게 자유를 주셨다고 말하지만 그런 주장은 상식에 어긋난다. 설사 하나님이 실제로 아담과 이브에게 자유를 주고 싶어 하셨더라도 탐욕스러운 인간들이 분명 그 과일을 먹어버릴 것을 알고 계셨음이 분명하다."[59]

일엽은 〈청춘을 불사르고: B씨에게〉라는 편지 형식의 글에서 이 문제를 좀 더 상세히 서술했다.

하나님은 모르시는 것이 없으시다면서 선악과수善惡果樹를 에덴에 두시고 자유까지 왜 주셨을까? 선악과를 먹어 배태胚胎되었다면 창조하신 분이 왜 선인으로 개조하지 않으시고 독생자를 보내서 십자가에 못을 박히는 분주奔走를 피셨을까? 예수께서는 선악세상을 다 구원하실 수 있어야 구세주라는 의의가 서지 않을까? 그리고 불가능한 일이 없는 예수가 왜 온 세계 인류를 다 믿게는 못하시는가? 하나님이 우리 마음에 계시다니 선악심이 어느 마음에 계신가? 평등심을 가진 하나님이니 어느 마음에나 다 계실텐데 마음이 다 하나님 화化하지 않고 선악심이 그대로 있게 되는 것은 웬일일까?[60]

일엽의 질문은 어째서 하나님이 자신의 전능한 힘으로 아담과 이브를 타락에서 구하지 않고 죄를 저지르도록 방치했는지에 국한되지 않았다. 하나님과 인간이 창조주와 피조물이라는 상·하의 위계질서로 명확하게 분리된 이원론적 존재론으로 이해되는 것이 그녀에게는 더 근본적인 문제였다. 창조주는 진리이고 선하고 독립적이고 전능한 데 반해, 인간은 잘못을 저지르기 쉽고 의존적이다. 하나님의 전지전능한 창조주의 지위는 하나님이 스스로 존재하는 제1 원인일 때만 가능하다. 그런데 한 존재가 어떻게 독자적으로 스스로 생겨나는 일이 가능할 수 있을까?

일엽은 하나님이 세상을 창조했다면 바로 그 자신이 악의 존재와 세상의 모든 문제에 책임을 져야 할 것이라고 말했다. 기독

김일엽, 한 여성의 실존적 삶과 불교철학

교 존재론을 그 존재론 자체와 맞서게 하며, 그 이론의 기반에 도전한 것이다. 이런 논리에 근거해 일엽은 하나님을 창조주라고 부르는 것은 하나님을 모욕하는 일이라고까지 말한다.

일엽의 불교관은 창조자와 피조물 간에 어떤 존재론적 차이도 없다는 것을 강조한다. 한쪽으로 치우친 것은, 그것이 선이든 악이든 상관없이 우상이며, 이는 편협한 마음이 만들어낸 집착이다. 따라서 종교 수행의 대상이 되어서는 안 된다는 것이다. 양극화와 이에 수반되는 이원론적 가치 판단은 삶의 '하나됨oneness'이 파괴되어 파편적으로 이해될 때 일어나는 일이라는 것이 일엽의 생각이다.

삶의 하나됨은 현상계에서 다양한 모습으로 나타난다. 탄생과 죽음, 생겨남과 사라짐, 낮과 밤처럼 이원론의 양극처럼 보이는 현상들은 사실상 서로 배척하지 않으며 같은 존재의 다른 모습이다. 이원론적 논리를 통해 이해되는 존재는 고립되고 파편적인 모습으로 나타난다. 개별적으로 독립된 정체성을 주장하기 위해 필요불가결한 경계를 형성해야 하므로 이 경우 존재의 본래 능력은 제한받을 수밖에 없다. 일엽은 이런 관점을 자유에 대한 속박의 근원이라고 설명한다.

일엽에게 불교 수행이란, 그리고 더 큰 의미에서 종교 수행이란, 이원론적 가치 구조에 대해 새롭게 생각을 정립하고, 수행자가 자신의 완전한 능력과 자유를 회복하기 위해 존재의 전체성을 배워나가는 한 방법이다. 그녀는 자신의 능력을 완전히 회복한 존재가 '부처'라고 생각했다. 그녀에게 '부처'는 순수한 선을 증명하는 존재가 아니라, 선과 악 양쪽 모두의 근원이다.

불교를 이해하는 데 자신의 목소리를 찾아가면서 일엽은 자신의 불교 이해를 통해 기독교를 재해석했다. 기독교 신자로서 어린 시절에 의문을 제기한 하나님의 개념과 달리, 이제 그녀는 하나님을 부처처럼 존재의 모든 능력을 완전하게, 자유롭게 구사하는 존재로 다시 그렸다.

일엽은 하나님이나 부처, 깨닫지 못한 중생의 차이는 존재론적 차이가 아니라고 말했다. 하나님과 부처는 자신의 능력을 완전히 알아차리고 구현하는 존재인 반면, 깨닫지 못한 중생은 자신들의 능력을 알지 못해서 그것을 제대로 활용하지 못하는 존재라는 것이다. 일엽은 이런 의미에서 '부처나 하나님이나 다름없는 씨앗의 소생所生"[61]이라고 주장했다.

일엽은 부처가 존재의 근본이 되는 하나를 깨달은 존재라고 말한다. 부처는 사람들이 살아가면서 경험하는 경계로 갇힌 상태란 영원한 것이 아니며, 존재의 능력에서는 사실상 한계가 없다는 깨달음에 이른 존재라고 보았다. 일엽이 볼 때, 하나님은 사람들에게서 완전히 분리된 존재가 아니며, 숭배의 대상이어서도 안 된다. 하나님과 부처는 본보기가 되는 존재이다. 그들은 개별적인 존재란 궁극적인 의미에서 전체적인 존재라는 것을 보여주는 산 증거이다. 따라서 종교의 목적은 자기 존재를 더 확장된 시각으로 볼 수 있게끔 이런 전체성을 가르쳐주는 것이라고 일엽은 말한다. 창조주 하나님은, 우리 각자가 가지고 태어난 창조성을 삶에서 구현한 존재라는 의미에서만 존재 의의가 있다고 본 것이다. 일엽은 다음과 같이 말한다.

> 당신(B씨)은 이렇게 말했습니다. 하나님은 창조주, 곧 만능적 자아를 파악하여 운용할 뿐 당신도 피조자인 만큼 일체 책임은 하나님이 지게 된 것이 아니라고. 어쨌든 일체 존재는 각자가 자조自造된 것이라고. 그리고 하나님이 마음에 계신 것이 아니요, 하나님이 곧 마음인데 희로喜怒를 느끼는 이 마음은 내 마음으로 (그것이) 하나님의 하나님이라고. 그 마음은 하나님도 일체도 다 창조한 창조주라고. 그 마음은 누구나 다 가지고 있는 것으로 그 마음을 찾지 못한 동안은 완전한 인간이 아닌 줄이나 알아야 한다고.[62]

신에 대한 일엽의 개념은, 하나님이라는 기독교적 개념에서 자신의 창조적 본성을 완전히 이해하고 활용하는 존재라는 개념으로 변화한 것을 우리는 볼 수 있다. 일엽은 창조주 하나님이라는 기독교의 개념과 선불교의 마음의 개념을 결합하여 하나님을 이해하려고 한 것이다. 불교에서 마음은 모든 착각의 근원인 동시에 모든 자유의 원천이기도 하다. 부처와 하나님은 자신들의 창조적인 능력을 완전히 구사할 수 있는 자유로운 존재들이라는 의미에서만 창조주이다. 일엽은 따라서 다음과 같이 말한다.

부처님과 하나님을 창조주로 아는 것은 오인이다. 그들은 자신의 창조성을 파악하여 쓸 줄 알기 때문에 자신과 남의 몸과 혼을 자가적自家的 작품으로 만들 수 있는 대문화인大文化人일 뿐이다. 창조주인 인생이 되려면 인생이 되게끔 가르치는 종교(종합적 교육)를 선택해야 한다.[63]

존재한다는 것은 우리 자신과 환경의 창조적 만남이다. 우리가 사는 사회와 문화의 맥락은 때로 우리가 자아 및 환경과 만나는 데 장애가 되기도 한다. 그러나 사회와 문화는 우리 존재의 조건이기에 그냥 없애버릴 수 없다. 개인이 자신이 속한 환경에 압도되거나 조종당하고 싶지 않다면, 창조적인 만남은 참된 존재의 첫걸음이다.

일엽은 종교란 각 개인에게 자신의 본래의 능력을 일깨우는 교육이라고 여겼다. 개인은 그 본래 능력을 깨달음으로써 고통을 넘어서서 자유롭게 살게 된다. 일엽은 다음과 같은 말로 믿음과 종교적 수행의 중요성을 강조했다.

이 법法에 지향만이라도 해야 한다고 지향하는 마음이 곧 종교심이다. 종교심이 없으면 나무가 뿌리를 떠난 것 같아서 존재적 생명선을 놓치는 것이다. 부처님이나 하나님을 믿는 것만 종교심이 아니고 누구나 나의 지도자로 성의껏 섬기거나 무슨 일에나 몸과 마음을 다하여 하는 것은 다 종교심이요, 행行인 것이다."[64]

법화경, 영원한 부처와 방편

일엽은 그녀의 아버지와 유달리 가까운 관계였고, 그러한 일엽
의 마음은 몇몇 글에 잘 나타난다.[65] 일엽은 아버지의 굳건한 믿
음에 강한 존경심을 보였다. 하지만 부모님의 기독교와 종교 수
행을 회고하면서 안타까워하는 마음도 서술했다.

> 그때 단순하고 진실하신 아버지는 천당 대 지옥으로, 천당도 물
> 질계라는 것을 모르고 하나님이 계신 천당에만 가면 일체 모든
> 문제가 남김없이 해결되는 줄로만 알고, 내가 진실한 예수교 신
> 자만 되기를 하나님께 언제나 빌고 계시는 어머니는 내 딸 하나
> 가 남의 열 아들 부럽지 않게 세상에 뛰어나서 큰사람 되게 해 달
> 라고 하나님께 빌었던 것이외다.[66]

아버지의 추호도 흔들림 없는 신앙과 기도에 대한 일엽의 저항
감이나 기독교 신학에 대한 회의가 꼭 일엽이 신앙이나 종교를
버리는 결과를 초래할 필요는 없었다. 진지한 종교 수행자들은
대개 종교에 회의하는 단계를 거치기 마련이다. 20세기 일본의
사상가 니시타니 게이지西谷啓治(1900-1990)는 '큰 의심'을 종교
수행자가 자신의 믿음을 굳건한 기반 위에 정착하기 위해 지나가
는 필요불가결한 과정이라고 설명했다. 종교란 본래 신이든 부처
든 간에 무한한 존재와 유한한 인간의 관계를 다루는 것이기에,

이런 '큰 의심'의 단계를 거치는 것은 피할 수 없다는 것이다.[67]

무한자와 유한자의 간극은 종교를 필요한 것으로, 그리고 종교가 가능하게 하는 요소이다. 믿음은 이런 간극을 메우는 길이다. 실존주의 기독교 철학자 쇠렌 키르케고르Søren Kierkegaard(1813-1855)는 믿음이라는 종교적 행위를 "내가 무한으로 뛰어넘어갈 수 있게 하는 거대한 도약"[68]이라고 말했다. 어떠한 논리적 이론도 유한에서 무한으로 뛰어넘는 이 길을 설명해줄 수 없기에, 종교 수행은 반드시 '도약'이라는 행위가 필요하다. 그리고 이때의 도약은 눈을 가리고 뛰는 도약이다.

불교에서 부처님은 존재론적으로 '완전히 다른 존재'가 아니라 다른 수행자와 마찬가지로 한 인간이었기 때문에, 우리는 불교 수행은 '종교적 도약'이 필요하지 않다고 생각할 수도 있다.[69] 불교의 불이적不二的 세계관은 가끔 불교 수행의 이론적 측면을 복잡하고 모순된 것으로 보이게 만들기도 한다. 선불교는 이런 불교적 모순의 극치라고도 볼 수 있다.

선불교에서는 기본적으로 부처(깨달은 존재)와 중생(깨닫지 못한 사람들)이 둘이 아니라고 믿기 때문에, 모든 사람이 이미 부처이고, 깨달았다고 말한다. 이런 이론적 전제는 "'나'는 부처임과 동시에 부처가 아니다"라는 선불교의 역설적인 주장의 토대가 된다.

믿음은 이와 같은 존재의 두 면의 본질을 열어주는 열쇠이다. 수행자는 깨달은 상태에 이르기 위해, 비록 '내'가 깨닫지 못한 사람처럼 행동한다 해도 사실 '나'는 부처와 같은 존재라는 믿음이 필요하다. 이런 맥락에서 불교학자 박성배는 불교 수행에서 '믿음'의 중요성을 강조하며, 믿음은 수행자와 궁극적 실재의 관계를 상징한다고 말한다.[70]

믿음은 종교 수행자가 따르는 종교적 가르침과의 약속이며 그 가르침에 참여하는 행위이다. 어떤 것에 대해 믿음이 있다는 것은 믿음의 대상을 맹목적으로 추종한다는 것을 뜻하지 않는다. 믿음이 있다는 것은 참여의 행위이고, 수행하는 종교와 그 가르침에 따라서 살겠다는 약속이다.

부처는 신이 아니다. 일엽이 이해한 부처나 하나님은 숭배의 대상이 아니었다. 그러나 부처를 초월적인 존재, 불교 수행자들의 구원자로 서술한 불교 경전 역시 적지 않다. 일엽의 글에서도 역시 부처를 그렇게 표현한 대목을 볼 수 있다. 그녀의 글 〈인생〉에 나오는 다음 구절이 그 예이다.

> 시간과 장소와 귀천을 가릴 것 없는 무차법無差法, 즉 아무 수속도 없이 다만 아무 때나 간절한 마음으로 연락만 되면 가르쳐 주실 부처님이란 대선생大先生이 계시지 않는가.
> 부처님은 영원이오. 무·한대의 씨, 즉 석가불이 산석産席에서 "천상천하에 유아독존"이라 하신 일체아一切我를 알아 얻어 쓰는 자유로운 인생이 되게 하시는 분이다.[71]

여기에 나타나는 '부처'의 모습이 신 중심인 종교의 전지全知한

신의 이미지와 다르다고 볼 수 있을까? 부처'에 대한 이러한 일엽의 태도는 그녀의 다른 주장과 모순되는 것일까? 이 질문에 답을 찾기 위해 불교의 주요 경전인《법화경》을 간단히 살펴보자.

동아시아 불자들은 오랫동안 대승불교 경전인《법화경》을 소중히 여겨왔다.《법화경》의 주요 주제는 불교의 창시자인 석가모니 부처님의 죽음이다. 신이 아닌, 언젠가는 죽어야 하는 존재이기에 석가모니 부처 역시 여든이라는 나이에 죽음에 직면한다. 그의 임종이 가까워지자 제자들은 부처의 가르침의 미래를 걱정하며 통곡한다. 부처가 열반한 뒤에 자신들이 스승의 가르침을 왜곡한다면 누가 나서서 그 잘못을 바로잡아줄지 비탄에 잠긴다.

그러나《법화경》에서, 부처는 자신이 시간과 공간에 구속받지 않는 영원한 존재라고 이야기하면서 제자들을 안심시킨다. 부처는 만일 제자들이 그의 불멸성을 알고 있었다면 불교 수행의 시급함을 이해하려 들지 않았을 것이기에 자기가 죽을 운명을 지닌 존재인 척했다고 말한다.

이 대목에서《법화경》의 영원한 부처는 자신의 아들들이라고 부르는 제자들을 걱정하는 모습을 보인다. 부처와 제자들의 부자지간과 같은 관계는《법화경》의 주요 이미지가 된다. 불교학자 엘런 콜Alan Cole은 이러한 부처의 모습에 초점을 두어《아버지로서의 경전Text as Father》이라는 책을 발표했다.[72] 콜이 '부성적 유혹paternal seduction'이라고 묘사한《법화경》의 '영원한 부처'의 모습은 분명 불교 신앙 전통에서 그 경전의 명성을 높이는 데 기여했

을 것이다.[73]

　아버지 같은 부처 혹은 '초월적인 영원한 존재'로서 부처의 모습이 어떻게 무아, 일체무상, 부처와 중생의 불이론을 포함한 불교 교리와 조화를 이룰 수 있는지 묻는 사람도 있을 것이다. 이에 대한 한 가지 대답은, '부처'의 개념과 이미지가 불교 종파마다 크게 다르다는 것이다. 특히 상좌부불교와 대승불교를 비교할 때 이런 차이는 현저하게 드러난다.

　《법화경》의 잘 알려진 또 다른 주제는 '방편方便(upāya)'이라는 개념이다.[74] 영어로 'skill-in-means' 혹은 'expedient means'로 번역되는 우파야upāya는 듣는 이의 능력과 상황에 따라 각기 다른 방법을 적용해서 가르침을 준다는 뜻이다. 우파야, 즉 방편은 또한 불교의 가르침을 제대로 설명하기에는 언어의 한계가 있어서, 그것을 제대로 알게 하기 위해서는 다양한 방법이 필요하다는 뜻이기도 하다. 불교의 발전 과정에서 여러 전통은 방편을 각기 다른 방식으로 사용해왔다.

　'영원한 부처'라는 개념은 부처의 가르침이 일시적이고 특수한 환경들에 제한된 그의 육신에 있는 게 아니라는 점을 보여주는 한 방편이다. 《법화경》은 부처의 가르침은 육체적인 실체로서 부처라는 존재와는 정반대로 영원하고, 모든 존재에 평등하게 적용되며, 그런 가운데 모든 사람이 결국 깨달음에 이른다고 주장한다.

　이런 의미에서 모든 사람이 구원받는다는 것은 《법화경》의 또 다른 주요 주제이다. 《법화경》 제5장 〈약초유품藥草喩品〉은 세상의 모든 것 위로 떨어지는 비 이야기를 전한다. 여기서 비는 큰 구름에서 떨어져 제각기 다른 크기와 모양을 지닌 나무, 약초, 덤불을 적신다. 비는 그 모든 것 위로 평등하게 쏟아져 내리지만, 식물들은 각각 나름의 방식으로 그것을 흡수한다. 이와 마찬가지로 부처의 가르침은 하나지만, 그것은 존재마다 각기 다르게 작용하며, 존재들은 그것을 각기 다른 방식으로 흡수한다.

《법화경》은 '이마에 둥그렇게 난 백호에서 빛을 발하는' 우주적 부처의 이미지를 통해서 구원의 보편성을 이야기한다.[75] 깨달음은 깨달은 자 개인만의 사건이 아니다. 깨달은 자의 존재는 부처의 이마에서 나오는 빛처럼 세상 전체를 비춘다. 이는 더 나은, 더 의미 있는 삶을 살아가는 모든 이들에게 존재의 본보기가 된다. 깨닫지 못한 이들은 깨달은 이를 본받으며 깨침의 상태에 한걸음 더 가까이 다가갈 수 있는 것이다. 따라서 일엽은 '부처'를 다음과 같이 정의했다.

불佛이란 일체의 대칭대명사로 우주의 별호別號요, 각자적 나의 본명이다. 곧 세상 내외 면면 전체가 오직 불佛 자 하나뿐이다. 상상할 수 있는 현상, 곧 감각 계도計度의 분별로 버려져 있는 온갖 현실상現實相은 불의 외면이요 불의 내면은 생각하기 전 존재라, 곧 하나님이니 부처님이니 하는 명상名相이 생기기 전이다. 다시 말하면 우주의 일체 요소를 갖추고 내저 본질인 창조성으로 일체

김일엽, 한 여성의 실존적 삶과 불교철학

존재의 만능적 자아인 것이다.[76]

　기독교 신학에 관한 일엽의 회의는 결국 이원론적 세계관에 대한 그녀의 도전으로 이해할 수 있다. 신의 전능함과 인간의 자유의지, 그에 따른 타락, 죄와 벌, 천국과 지옥, 창조주와 피조물에 관한 일엽의 의문은 근본적으로 이원론의 문제로 요약될 수 있기 때문이다. 존재에 특정한 본질을 부여하는 관점은 창조주와 피조물을 가르고 선과 악을 도덕적 스펙트럼의 양 끝에 배치한다.

　여기에서 우리는 일엽의 종교관이 여성에 관한 사회규범에 대한 그녀의 도전과 분명한 연관성이 있음을 볼 수 있다. 신여성으로서 일엽은 남성과 여성을 이원론적으로 가르고 그에 따라 사회가 정한 역할을 부과한 것에 도전했다. 개인의 성별에 따라 역할을 편파적을 가르는 사회 체계를 향한 일엽의 의문과 도전의 밑바탕에는, 고착된 가치체계는 개인의 자유를 구속한다는 그녀의 확신이 깔려 있었다. 신과 인간, 선과 악의 관계를 재해석하면서, 일엽은 자신이 기독교와 화해할 수 있는 길을 닦고 있었다.

김일엽과 종교철학

철학과 종교를 정의하다: 이노우에 엔료

신의 존재, 선과 악, 종교적 수행의 의미에 관한 일엽의 논의는 특히 서구에서 종교로 대표되는 유대교, 기독교의 종교사상과는 다른 종류의 종교 행위를 생각해 볼 수 있게 한다. 여기서 우리는 일엽의 종교 사상을 동아시아에서 철학과 종교가 시작된 맥락 속에 배치하고, 동아시아 종교철학을 살펴보기 위해 그녀의 사상을 일본의 두 사상가와 연결해 보고자 한다.

서구 철학에서 '종교철학philosophy of religion'은 오랜 역사를 가진다. 종교철학이라는 학문 분야는 서구 지성사의 특수한 맥락 속에서 발생하고 성장했다. 종교철학이 서양에서 생겨났다는 사실은 서구 학계가 불교, 유교, 도교를 포함한 아시아 전통을 철학이나 종교로 분류하기 어렵다고 여기는 데에도 영향을 주었다.

종교는 자신의 존재를 이해하고자 하는 인간의 끊임없는 시도 가운데 하나이다. 많은 사람에게 종교는 삶의 의미와 가치의 지침을 제공한다. 동아시아에도 그런 역할을 수행해온 사상적 정신적 전통이 있다. 하지만 서구적인 의미의 '종교religion'라는 동아시아 단어 자체는 19세기 중반에 이르러서야 밀러드 필모어Millard Fillmore(1800-1874) 미 대통령과 매튜 페리Matthew C. Perry(1794-1858) 제독의 편지를 번역하는 과정에서 동아시아 세계에 첫선을 보였다.[77]

1853년 7월 8일, 미국 전함들이 일본 해안에 나타났다. 일본을 찾아온 매튜 페리 제독은 필모어 대통령이 일왕에게 보내는 서신을 지참하고 있었다. 미 대통령의 서신은 다음과 같은 문구를 담고 있었다. "미국 헌법과 법률은 다른 나라의 종교, 정치 문제에 대한 어떠한 간섭도 금하고 있습니다."[78] 일왕에게 보내는 페리 제독의 서신에도 미 대통령의 말과 유사한 의미로 종교와 관련된 다음과 같은 구절이 들어있었다. "미국은 유럽의 어떤 정부와도 관련이 없으며, 미국의 법률은 다른 나라의 종교는 물론이요, 그 나라 시민들의 종교에도 간섭하지 않습니다."[79]

두 편지는 미국이 일본의 국민이나 그 나라의 종교적 관심사에 간섭할 의사가 전혀 없다는 점을 일본에 강조했다. 미국은 각나라나 개인이 각자의 종교를 추구할 권리가 있다는 것을 처음부터 분명히 다짐해 둘 필요가 있다고 느꼈음이 분명하다. 그들은 일본과 외교관계를 수립할 때 종교가 분쟁의 근원이 될 소지가 있다는 것을 분명히 알고 있었다. 이는 또한 '종교'라는 표현이 이미 특정한 사회, 정치적 의미를 내포하는 말임을 의미했다.

새로운 언어가 하나라도 사회로 들어오면 필연적으로 그 언어가 생겨난 근원이 되는 전통도 따라오지 않을 수 없다. 일본 종교 연구자 제러드 클린턴 고다트Gerard Clinton Godart는 일본에 '종교'라는 범주가 들어오고 난 뒤, "동아시아와 동남아시아의 종교들은 프로테스탄트의 '종교' 모델을 자신들의 전통에 채용하고 적용했으며, 그 결과 종교들은 그 종교의 기본 경전과 창시자를 통해 정체성을 찾기 시작했고, 종교 수행보다는 믿음을 더 강조하게 되었다"[80]라고 지적했다. 동아시아와 동남아시아에서의 종교 현상을 프로테스탄트 종교 모델의 수용이라는 점으로 평가한 고다트의 지적은 서구의 영향력이 아시아의 종교 현장에서 어떤 영향을 주었는지 잘 설명한다.

'종교'라는 용어와 마찬가지로 '철학哲學'이라는 동아시아 단어 역시 서구어의 번역을 통해 19세기 중반 이후에야 등장했다. 일본의 철학자 니시 아마네西周(1829~1897)는 《백일신론百一新論》(1874)이라는 그의 저서에서 '철학'이라는 용어를 소개했다.[81] 니시는 '철학'이라는 용어뿐 아니라 동아시아에서 아직도 사용되고 있는 이성理性, 도덕道德, 의식意識, 직관直觀, 정서情緖 같은 여러 가지 철학 용어를 만들어낸 장본인이다. 이 경우 번역이란 단지 한 언어에서 다른 언어로 변화하는 이상의 의미를 지닌다. 이

'새로운' 어휘들의 한자어와 그에 짝을 이루는 영어 어휘들의 의미를 각각 비교해보면, 그 사이에 분명한 차이가 있다는 것을 알게 된다. 이러한 차이는 철학하기의 방법과 산 경험에 접근하는 방식의 차이를 보여주는 것이기도 하다.

'철학'과 '종교'가 하나의 연구 분야로 등장함에 따라 동아시아 사상가들은 각각의 고유한 본질을 탐구하기 시작했고, 새로운 분류기준에 따라 동아시아 전통 사상의 자리매김을 규정하려 노력했다. 예를 들어 불교와 같은 동아시아 전통을 철학으로 분류할 것인지, 종교로 분류할 것인지 하는 문제에 부딪히게 된다.

이런 과제를 처음으로 연구한 근대 일본의 사상가로 이노우에 엔료井上円了(1858-1919)를 들 수 있다. 그는 자신의 글 〈불교철학〉에서 이렇게 말했다. "현재 우리가 직면한 문제는 불교가 철학인가, 아니면 종교인가 하는 것이다."[82] 엔료에게 불교가 종교인지 철학인지, 하는 문제는 왜 그렇게 중요했을까?

동아시아 사상가 가운데 이 문제의 중요성을 인지한 사람은 엔료 한 사람만이 아니었다. 필자가 다른 글에서 다룬 바와 같이, 철학과 종교라는 서구의 개념과 불교라는 동아시아 전통의 만남은 동아시아에서 '철학'이 태어난 맥락 안에서 이루어졌다. 서구와 동아시아 두 세계의 권력구조에 따라 서구 전통은 철학과 종교에 대한 정의 기준을 일방적으로 제공하려 한 반면, 동아시아 사상가들은 서구와는 다른 자신들의 사상 전통을 이미 존재하는 철학과 종교라는 기본 형식과 어떻게 정렬할 것인지 고민해야 했다. 엔료는 이 문제를 다루면서 철학과 종교를 다음과 같이 정의했다.

(1) 철학은 알 수 있는 것에서 알 수 없는 것으로 나아가고, 종교는 알 수 없는 것에서 시작해서 알 수 있는 것으로 나아간다.[83]

(2) 철학은 알 수 없는 것을 허용하는 반면, 종교는 그런 것의 존재를 설명하려고 시도한다.[84]

(3) 철학은 마음의 지성 능력을 기반으로 하고, 종교는 느낌과 정서의 기능을 기반으로 한다.[85]

(4) 지력은 능동적이고, 느낌은 수동적이다.

(5) 철학은 '사상'과 관련된 것이고, 종교는 '믿음'과 관련된 것이다.

(6) 철학은 세상의 도리道理를 낳고, 종교는 계시를 낳는다.

이런 과정에서 엔료는 종교에 대한 철학적인 해석 자체가 역설임을 깨닫게 된다. "지성을 기반으로 하는 철학이 어떻게 인간 지성 밖에 있는 것을 알게 되겠는가?"[86] 당연히 인간의 마음으로는 종교적 행위를 가능케 해주는 기본 요소인 '알 수 없는 것[不可知]'에 접근할 수 없는 것이다. "미지의 것은 바로 내가 그것을 알 수 없기 때문에 미지의 것이다."[87] 철학은 이성을 통해서 미지의 것에 관해 추론해볼 수 있지만, 모든 철학자는 결국 "그 안으로는 들어가지도 못한 채 그 주위만 맴돌고 만다."[88]

김일엽, 한 여성의 실존적 삶과 불교철학

엔료는 알 수 있는 것의 논리를 미지의 것에 적용해서 그것에 접근하는 것은 허용되지 않는다고 주장하면서도 미지의 것을 알게 될 가능성을 완전히 부정하지 않았다. 엔료는 지성이 미지의 것에 접근하려고 애쓰다 보면 절대에 가까이 접근할 수 있을 것이라고 말한다.[89] 하지만 궁극적인 의미에서 보면, 미지의 것은 말로 표현할 수 없다.

말로 표현할 수 없는 것, 불이론 등과 같은 불교의 난해한 개념을 이해하는 한 방법은 화엄 불교를 통해 접근하는 것이다. 화엄 불교에는 "먼지 하나가 온 우주를 다 담고 있다"[90]라는 말이 있다. 세상에서 가장 작은 것이 어떻게 가장 큰 것을 포함할 수 있을까? 중국의 화엄 사상가 법장法藏(643-712)은 숫자 체계를 예로 들어 이를 설명한다.

숫자 체계 전체가 1에서 10이라고 가정해 보자. 그 체계 속의 각 숫자는 어떻게 자신의 정체성을 가지는 것일까? 2라는 숫자는 3과 다르고, 또한 4와도 다르다. 따라서 2는 자체의 고유한 정체성이 있다. 하지만 2라는 숫자는 다른 아홉 개의 숫자가 존재하기 때문에 2로서 기능할 수 있다. 다른 아홉 개의 숫자가 없다면 2라는 숫자는 어떤 의미도 갖지 못한다. 이런 의미에서 2라는 하나의 특수한 숫자는 그 숫자 자신보다 훨씬 크고 보편적인 전체의 체계, 즉 다른 모든 숫자를 포함하는 것이다.

이런 논리는 세상에서 가장 작은 단위인 먼지 하나가 가장 큰 단위인 온 우주를 포함하고 있다는 화엄의 표현을 설명한다. 특수한 2라는 숫자가 보편적인 숫자 체계 전체를 포함하고 있으므로 2라는 숫자의 궁극적인 정체성을 말로 표현하는 것은 불가능하다.

엔료는 특수와 보편의 불이성의 개념을 '상호 포함의 이론[相含の理]'으로 설명한다.[91] 이런 의미에서 2라는 숫자와 그 숫자가 포함된 숫자 체계 전체는 비록 이름은 다르지만, 서로 분리된 것이 아니다. 그것들은 불이적 관계에 있다. 불교는 이와 같은 논리에 따라서 깨닫지 못한 중생(특수)과 부처(보편을 깨달은 이)가 서로 다른 두 존재이기는 하지만, 동시에 이 둘은 완전히 떨어진 존재가 아니라고 말한다.

불교의 불이론은 초월자 개념과 논리 개념 양쪽에 모두 직접적인 영향을 미친다. 불교에서 초월적인 것 혹은 엔료가 말하는 미지의 것은 독일의 프로테스탄트 신학자 루돌프 오토Rudolf Otto(1869-1937)가 《성스러움의 개념》에서 말한 '완전한 타자'로 존재하지는 않는다. 부처는 깨달은 존재이며, 이것은 깨닫지 못한 중생도 깨달음을 얻음으로써 부처가 될 수 있다는 것을 뜻한다. 불교의 이런 주장은 창조주와 피조물을 분명한 이원론으로 다루는 다른 종교들과 그 성격이 완연히 다르다.

부처와 중생이 완전히 다른 존재가 아니라는 불이론은, 중생이 부처가 되는 것이 별로 어려운 일이 아니라는 오해를 일으킬 수도 있다. 하지만 사실상 이 변화는 그리 쉬운 일이 아니다. 그럼에도, 초월자적인 상태에 대한 불교의 입장이 이원론적 종교 전

김일엽, 한 여성의 실존적 삶과 불교철학

통의 세계관과는 아주 다르다는 것은 분명하다.

특수와 보편을 둘이 아닌 것으로 이해하는 불교의 논리는 과연 어떤 것인가? 앞에서 이야기했듯이, 2라는 숫자는 하나밖에 없는 고유한 2지만 다른 숫자들이 없이는 2가 존재할 수 없다는 의미에서 또한 2가 아니기도 하다. 이를 다시 말하자면, 'A'는 'A가 아닌' 구성 요소들에 의해 A가 된다. 이 논리에 입각해 엔료는 "모순은 진리이다"[92] 라고 주장하기에 이른다.

다른 예로, 빛과 어둠의 관계를 생각해보자. 상대적으로 볼 때 빛과 어둠은 별개의 정체성을 갖는다. 그러나 우리가 궁극적인 수준에서 그 둘의 존재 양식을 살펴보면, 빛은 어둠 때문에 빛이 되는 것이다. 빛의 정체성은, 빛이 아닌 어둠에 의해서 결정된다.

'모순'과 '서로를 포함하는 정체성'의 논리에 관한 엔료의 논의는 모순이 우주의 원리라고 말한 일엽의 주장을 떠올리게 한다. 모순의 논리와 서로 포함하는 정체성의 논리는 일엽이 '작은 나'와 '큰 나'라는 개념을 세운 토대였다.

불교의 불이론 개념, 그리고 'A는 A 아닌 것을 포함하고 있기에 A다'라는 불교의 논리는, 철학 및 종교와 관련하여 불교의 위치를 정하는 것이 왜 이노우에 엔료를 포함한 근대 동아시아 사상가에게 시급한 문제였는지 어느 정도 설명한다. 불교는 철학과 종교의 양 측면을 모두 포함하고 있어, 어느 한쪽만으로 규정될 수 없기 때문이다. 서구 철학의 관점에서 볼 때, 불교의 논리는 서구에서 생각하는 논리 개념에 전적으로 어긋난다. 따라서 서구 철학의 기준에서 보면, 불교는 철학의 자격을 갖추지 못한다. 종교의 입장에서 보면, 깨친 자와 깨치지 못한 자를 불이론의 개념으로 이해하는 불교는 서구의 지적 전통에서 유래된 종교의 기본적 특성인 초월자의 개념을 제대로 제시하지 못한다.

엔료는 불교를 서구 철학 및 종교의 여러 특성과 자세히 대조하고서, 불교는 철학이면서 동시에 종교이며, 그것이 불교의 강점이라고 결론을 내렸다.[93] 또 다른 근대 일본 사상가 다나베 하지메의 불교 논의는 이런 개념을 더 발전시켰다.

참회와 무無: 다나베 하지메

이성도 오류를 범할 수 있다

서구의 철학적 담론은 합리적 사고가 우리를 객관적이고 보편적인 진리로 이끌어준다고 전제한다. 이를 근거로 이성은 특권적 지위를 가지며, 서구의 많은 철학 담론에서 더없이 중요한 역할을 해왔다. 서구 전통에서 감정과 믿음은 주관적이고, 잘못을 저지르기 쉽지만, 합리적 사고와 논리는 사람들을 오류 없는 진리로 이끌어주는 객관적 탐구를 가능하게 한다고 여겼다.

근대 서구의 합리주의 철학자들은 종교 현상 역시 철학적 탐구에 포함되어야 하고, 신의 존재 증명도 철학적으로 이루어져야 한다고 주장했다. 종교에 대한 합리주의적 접근은 종교철학

김일엽, 한 여성의 실존적 삶과 불교철학

의 시작을 알리는 신호탄이었다.

르네 데카르트René Descartes(1596-1650)는 신의 존재를 증명하는 것은 신학자의 일이 아니라 철학자의 일이라고 주장했다. 헤겔은 1821년에 시작해, 1824년, 1827년, 1831년에도 종교철학을 강의했다. 그는 거대한 종교 도식을 만들어, 세계의 모든 종교를 그 안에 배치하고, 동양의 종교는 인류 종교 발전 단계의 원시적 단계에 해당하고, 종교의 가장 최고 발전 단계에 기독교가 있다고 주장했다. 종교 현상은 문화에 따라 다름에도, 그는 세계의 다양한 종교를 '동질적인' 것으로 보면서, 절대자 혹은 절대자와 인간의 관계에 대한 여러 가지 개념이 단순히 원시성이나 성숙도의 표현이 아니라 세계와 존재에 관한 각기 다른 관점이라는 가능성을 고려하지 않았다.

엔료는 종교뿐 아니라 철학도 믿음이 필요하다고 주장하며, 서구 근대 철학의 기본적인 전제에 도전했다. 일엽은 부처나 신 같은 절대적 존재와 평범한 종교 수행자들 간의 차이가 존재론적인 차이가 아니라고 주장했다. 부처와 신은 그 능력과 자유를 완전히 구현하는 존재이다. 일엽은 이렇게 자신의 원래 능력을 완전히 되찾은 존재는 이원론의 양극단을 모두 포함한다고 말했다. 이러한 일엽의 주장은 우리의 도덕적 상상력에 새로운 관점을 제공한다. 극단이 정점에 이르면, 그 반대 방향으로 돌아서서 나아가게 마련이다. 이런 의미에서 부처조차도 부처와 마구니의 결합체인 것이다.

교토학파 사상가 다나베 하지메田辺元(1885-1962)는 모든 것은 자체 내에 양극단을 포함한다는 이해를 이성에 대한 '절대적 비판'의 근거로 삼았다. 다나베의 철학은 2차 세계대전 후 일본의 상황이라는 맥락에서 이루어졌다. 그는 《참회도로서의 철학懺悔道としての哲学》에서 자신은 2차 세계대전 기간에 일본 제국주의를 지지하는 잘못을 저질렀다고 고백하고, 그러한 잘못된 판단을 한 후에도 철학하기가 가능한지 묻는다. 철학은 진리 추구를 그 근본으로 삼는다. 그러해야 하는 철학이 역사적 현실의 옳고 그름을 판단하는 데 눈이 멀었을 때, 우리는 여전히 철학이 존재할 수 있다고 말할 수 있는가?[94]

이에 대한 답으로 다나베는 '참회'를 이성의 취약점을 넘어서는 철학으로 제시했다. 이러한 논리를 펼치는 데에, 그는 정토종淨土宗의 타력他力 개념을 사용했다. 자력의 철학은 이성에 의지해서 가능한 철학이기에 필연적으로 한계에 부딪힐 수밖에 없다고 그는 주장했다. 왜냐하면 철학이 그 기반이라고 전제하는 이성은 실제 현실과 만나면 모순에 빠질 수밖에 없기[95] 때문이다. 다나베는 인간 이성의 오류 가능성을 극복하기 위해서 자아가 타력을 의지하고 따라야 하고, 그렇게 함으로써 자아가 변화의 과정을 밟도록 해야 한다고 제안했다.

다나베는 근대 서양 철학 전통에서 이성이 차지하는 특권적 위치에 도전하면서 "이성의 요구는 자력의 입장에서만 보면 완전히 충족할 수 없는 이상에 불과하다"[96]라고 말했다. 그는 철학이

김일엽, 한 여성의 실존적 삶과 불교철학

스스로 타력에 완전히 따르게 해야만 이성의 무력함을 극복하고 절대를 탐구하는 그 역할을 제대로 해낼 수 있다고 주장했다.

이 과정에서 믿음은 철학적 탐구를 하는 데 꼭 필요한 구성요소가 된다. 믿음은 타력에 대한 자아의 복종에 근거가 되기 때문이다. 따라서 다나베는 "철학과 신앙은 서로 독립적이면서 동시에 서로 호응하는 것"[97]이라고 말했다.

무無와 종교 행위

다나베는 그가 만든 용어인 '메타노에틱metanoetik', 일본어로는 '참회도懺悔道'라고 부르는 개념을 이용해 주체의 자기 부정 과정을 설명했다. '메타노에틱'이란 문자 그대로 말하면, 지성의 경험을 초월하는 것이다. 그는 우리가 인식 과정[노에시스noesis]을 통해서 외적 대상[노에마noema]을 지각하는데, 우리는 제한된 존재이기에 인식 과정이 항상 오류 가능성에서 벗어나기 어렵다고 주장한다. 합리성이 주체의 의식 영역에 머물러 있다면, 주체의 능력으로서의 합리성은 주관성에서 벗어날 수 없기 때문이다.

다나베는 인간의 능력에 대한 절대적 비판은 의식이나 지적 행위가 아니라 이성이나 의식적, 합리적인 사고를 초월하는 것으로 가능하다고 보았다. '참회도' 혹은 '메타노에틱'은 타력에 대한 주체의 완전한 복종을 뜻하는 것이며, 다나베는 그것을 '무無'와 동일시했다. 즉 무는 "존재의 죽음과 부활, 내지는 '방편공方便空을 성립시킨다.' 무는 주관적으로는 자유로운 자기로 자각되고 객관적으로는 공으로 나타난다. 현실은 이러한 상징으로 공화 되고, 자유의 매개로 장엄함을 드러낸다"[98]라고 했다.

일엽과 마찬가지로, 다나베 역시 무를 인간 자유의 기반으로 보았다. 존재 혹은 유[有]는 한계가 있지만, 무는 한계가 없기 때문이다.

> 그렇다면 인간 자유의 기반이 되어주고 의지가 성립되는 자리를 제공해주는 것은 존재[有]가 아니라 무다. 자유론을 다루기 어려운 이유가 여기에 있다. 무는 직접적인 경험이 입증해줄 수 있는 것이 아니다. 직접적으로 경험할 수 있거나 객관적인 측면에서의 직관적인 이해가 가능한 것은 뭐든지 무가 아니라 유에 속해 있다. 그러므로 자유가 포괄적인 직관 행위로 포착이 될 수 있다고 가정하는 것은 자유를 존재로 전환하는 것과 같은 행위이며, 따라서 자유의 무로서의 본질을 빼앗는 일이 된다.[99]

다나베는 자유는 "미래를 향한 무에서 창조하여 성립"[100]된다고 말한다. 그는 교토학파의 다른 사상가들과 마찬가지로 자신의 사상을 발전시키는 데에 칸트, 헤겔, 키르케고르, 니체 같은 유럽 철학자들에게 크게 의지했다. 하지만 그의 사상은 또 분명히 불교의 무아론과 무의 개념에도 역시 기반을 두었다. 일엽의 경우와 마찬가지로 다나베는 '무'가 구속받는 상대적 자아를 속박에서 풀어주는 근원이라고 말한다. 무에 대한 명상을 통해서 자아는 스스로 대아大我로 확장하게 되는 것이다.

다나베는 정토종과 그 종파의 타력에 대한 강조를 자신의 이론 기반으로 활용했다. 정토종에서 '아미타불'을 염송하는 것은 수행자가 새로운 존재로 변화하는 것을 가능하게 하는 한 방법이다.

타력에 의지하게 되면, 그것을 우상으로 숭배하는 위험을 안고 있다고 문제를 제기할 수도 있다. 그러나 다나베는 그런 걱정을 하지 않아도 된다고 보았다. 그의 철학에서 타력은 어떤 존재가 아니라 '절대적인 무[絕對無]'이기 때문이다. 무란 말 그대로 존재하지 않는 것, 즉 유가 아니다. 따라서 우상이 될 수 없다.

다나베는 이성이 제 기능을 하려면 이성은 무너져야 하며, 이런 붕괴는 절대적 무의 절대적 변화력을 통해서 일어나야 한다고 여겼다.[101] 여기서 우리는 동아시아의 종교와 철학 전통에서는 '존재'가 아니라 '무'를 통한 사고가 중요하다는 것을 또다시 알게 된다. 일엽 역시 존재의 기반은 '무'라고 전제했다. 일엽은 존재의 무적 뿌리를 자각하는 것이 자유로 가는 근본적인 길이라고 보았다.

타력을 통해서 자기 변화를 이루는 데는 '자기성찰'이 중요한 요소가 된다. 다나베는 '행위[行]-믿음[信]-증언[証]'의 세 단계를 통해 '메타노에틱'의 과정을 설명한다. 이 세 단계에서 행위는 종교 수행을 가리키며, 믿음은 이 과정에서 수행자의 믿음을 가리킨다. 그리고 행위-믿음은 수행자 자신의 체험에 의해서, 즉 행위와 믿음을 자신의 삶에서 구현함으로써 확인된다. 다나베는 이를 일러 '증언'이라고 했다.

다나베는 12세기 일본의 도겐道元(1200-1253) 선사의 '현성공안現成公案 개념'을 적용해 그 과정을 설명한다. 다나베는 현실이 모두 과거라는 한계와 미래에 의한 형성이라는 모순적 구조로 되어 있기에, 모두 공안公案이 될 수 있다[102]고 말한다.

현실은 모순에 기반을 두고, 공안의 이야기들이 불러일으키는 역설은 존재의 모순을 그대로 보인다. 일엽과 다나베에게 무는 그런 역설을 포용한다는 것을 뜻하고 주관성을 넘어서서 나날의 삶의 구체적인 현실 속에서 세계와 창조적으로 어우러짐을 말한다.

무와 자아의 변환

근대성modernity의 기본 전제는 독립적인 자아를 인정하는 것이다. 하지만 이런 전제는 근대성의 부담이 되기도 한다. 독립적인 자아는 현상적 자아이고, 다나베가 말한 것처럼 상대적 자아이다. 근대적 자아는 독립성을 주장함으로써 부득이 자체의 한계를 인정할 수밖에 없다. 근대적 자아는 자체의 독립성을 선언하고 싶어 하는 것만큼이나 유한한 현실을 극복해야 할 필요성을 깨닫게 된다. 자아가 자체의 독립성을 주장하면서도 그 한계를 극복할 힘을 확장해 나가려면 어떻게 해야 할까?

일본 철학자 스에키 후미히코末木文美士는 자신의 책《근대 일본과 불교近代日本と仏教》에서 이러한 근대성의 도전에 대응하는 근대 일본 사상의 두 가지 특징을 국가주의와 무라고 제시했다. 국가주의를 통해 '개인'은 자신을 국가의 일원으로 여김으로써 그 한계를 극복하려고 시도한다. 국가주의에 관한 논의는 이 책의 범위를 벗어나는 것이지만, 이미 다른 학자들이 교토학파 사상가들의 철학에 깊이 스며 있는 국가주의에 주목해왔다.[103]

독립적이지만 다른 한편으로 파편적인 근대적 자아를 극복하기 위한 또 다른 방법으로서 무는 존재의 본질에 접근하는 동양적 성격을 분명히 보인다. 이 패러다임에서, 파편화된 개인은 자신의 제한된 조건을 극복하기 위해 변화되고 재탄생되어야 한다. 일엽과 다나베의 책에서는 죽음과 재탄생이라는 이 영원한 종교적 주제를 하나의 궁극적 존재를 통해서가 아니라 무에 대한 명상을 통해서 그려낸다. 무가 제한된 자아에서 무한한 자아로 변화가 일어나는 공간으로 설정된다.

일엽은 이런 과정을 '작은 나[小我]'에서 '큰 나[大我]'로 변화하는 과정으로 설명했다. 일엽과 다나베는 이러한 변화가 주체의 합리적인 사고가 아니라 자아를 한계에서 해방하는 자기 부정에서 일어난다고 말한다. 무를 통한 이러한 변화는 일엽의 경우는 여성이라는 젠더의 한계에서 개인을 해방하는 것이고, 다나베의 경우는 합리적인 사고의 한계에서 개인을 해방하는 것으로 제시된다.

무를 통한 변화의 과정에서 윤리는 종교에 자리를 내준다. 일엽과 다나베에게 윤리는 항상 자기모순을 내포했지만, 종교에서 모순은 우주의 한 원리로 이해될 수 있었다. 합리적 도덕 평가의 세계 안에서 볼 때, 긍정적이든 부정적이든 상관없이, 궁극적인 존재는 그 둘 중 하나를 대변하는 존재가 아니었다. 일엽이나 다나베에게 궁극적인 존재는 현상계에서 볼 때, 사물과 존재는 필연적인 양극화의 양상을 보여주지만, 그 현상계의 뒷면을 보면 근원적인 실체란 존재하지 않으며, 궁극적으로 공空이라는 것을 알고 있는 존재였다. 따라서 일엽과 다나베에게 철학과 종교는 존재의 이런 현실을 자각하는 행위였다.

　동아시아 사상가들이 특히 종교 '행위'와 관련해서 합리적 사고와 이성에 대해서 보인 도전은 철학과 종교가 모두 이성의 한계를 넘어서야 한다는 것을 말한다. 여기서 '초월'은 초월적인 존재의 힘으로 되돌아가야 한다는 뜻이 아니다. 이 '초월'은 주체가 무를 통해 지속해서 자기를 새롭게 하는 과정을 거쳐 주체성의 한계에서 스스로 해방하는 상태를 말한다. 무는 지속적인 자기 변화가 일어나는 공간, 그 공간을 대신하는 이름이다.[104]

김일엽, 한 여성의 실존적 삶과 불교철학

6장

여행의 끝에서

행과 불행의 사이(1960-1971)

비판자들: 성聖과 속俗의 중간에서

김일엽은 때로는 모순되는 것 같은 사상과 이상을 아우르는 다
양한 삶을 살았다. 그녀는 독실한 기독교 신자였다가 불교의 출
가수행자가 되었다. 출가하기 전에는 성의 자유를 요구했던 신
여성이었지만 비구니가 된 뒤에는 금욕의 삶을 살았다. 그녀는
작가였지만, 20년 가까이 자진해서 절필했다(혹은 자신이 쓴 글의
발표를 중단했다).

일엽이 살아온 삶의 다양한 면모는 여러 의문을 불러일으켰다.
그 가운데 가장 자주 떠오르는 주제는, 출가한 후 일엽이 여성운
동에 어떠한 입장이었는지 하는 것이다. 일엽이 출가하기 전 신
여성으로서 세간의 이목을 끌었던 점을 고려한다면 이런 의문은
충분히 예상할 만하다. 1990년대 이르러 한국에서는 신여성에
관한 연구가 활발해졌고, 그런 맥락에서 당대 여성운동에 일엽

이 보인 태도는 자연히 학자들 사이에서 많은 관심을 끌었다.

일엽이 출가 후 여성 문제를 언급한 초기의 자료는 〈개벽〉 1935년 1월호에 실린 〈삭발하고 장삼長衫 입은 김일엽 여사의 회견기〉라는 인터뷰에서 찾아볼 수 있다. 이 기사의 제목은 일엽의 삶에 일어난 변화에 대한 대중의 호기심을 그대로 드러낸다. 또한 그 호기심이 그녀의 내면보다 외면 변화에 초점을 맞추고 있음을 보여준다.

일엽은 1929년 재가승 하윤실과 결혼했고, 사람들은 그녀가 행복하게 결혼생활을 하고 있다고 생각했다. 일엽은 몇몇 글에서 하윤실과 결혼생활을 평화롭고 만족스러운 것으로 묘사했고, 남편에 대한 애정과 감사의 마음을 표현했다. 사람들은 일엽이 마침내 정착하여 정상적인 결혼생활을 하고 있다고 여겼다.

〈개벽〉지 인터뷰에서 기자가 세속의 일에 대해 출가한 일엽의 의견을 물으며, "여성운동 같은 것은…?"이라고 묻자, 일엽은 "일시적 순간적 구급책에 불과합니다. 영원한 무한한 진리가 못 됩니다"[1]라고 답했다. 기자도 일엽도 그 문제에 관해서는 더 이상 이야기하지 않았다.

물론 두 사람 모두 여성운동에 대한 일엽의 당시 입장을 이렇게 간략하게 정리하고 넘어간 것이, 50여 년 뒤 페미니스트들과 여성 문제를 다루는 학자들에게 어떻게 비칠지 생각하지 못했을 것이다. 이 인터뷰에서 일엽의 대답은 많은 사람에게, 일엽이 출가 후 여성운동을 버렸을 뿐만 아니라, 여성운동에 참여한 일을 그리 중요하지 않게 여긴다는 의미로 받아들여졌다. 그리고 이런 해석은 우리에게, '승려로 산다는 것이 반드시 사회문제와 단절되어야 한다는 것을 의미하는가?'라는 의문을 불러일으킨다.

일엽이 출가한 후 여성 자유와 여성해방에 어떤 입장을 취했는지 하는 문제는 최근 불교학자들, 특히 서구 불교학자들의 관심을 끄는 문제와 맞물려 들어간다. 일엽의 사례는 다음의 두 문제에 긴밀히 연결되어 있기 때문이다. 첫째는 불교의 사회참여라는 문제이고, 둘째는 불교와 여성이라는 주제이다. 두 가지 주제 모두 우리 시대에 불교의 의미를 이해하는 데 중요한 문제이고, 그런 맥락에서 최근 20년, 30년 동안 상당히 많은 연구가 이루어졌다.

선불교의 사회참여는 가능한가?

최근 서구 불교학은 선불교의 사회참여가 가능한지 의문을 제기했다. 그 이유는 선 수행이 개인주의로, 심지어 이상주의로까지 보인다는 데 있다. 선 수행자들이 현실사회를 도외시하고 단절된 환경에서 수행자의 깨달음만을 우선시한다는 것이다. 또한 선 수행자들은 실존적이고 존재론적인 문제에 몰두해 세속의 문제를 간과하는 것을 정당화한다는 것이다. 일본불교 연구자 크리스토퍼 아이브스Christopher Ives는 이런 상황을 다음과 같이 서술했다.

선 수행자들은 대개 특정 사회의 상황들과 사실상 분리된 환경에서 '보편적인' 종교 문제들을 다룬다. 그들은 이상적인 용어를 동원해가며 어떤 환경이라도 상관없이 언제 어느 곳에서나 깨달을 수 있다는 식으로 이야기한다. 언제 어느 곳에서나 깨달을 수 있다고 강조하는 것은 무엇보다 중요한 종교적 관심사와 특수한 사회적 관심사를 갈라놓는다. 그 결과 사회적 고통은 무시되거나 부차적인 위치로 멀리 밀려나 버린다. 역사적으로 선 수행자들은 사회에 만연한 고통을 연구하거나 분석해보지 않았고, 또 자기 비판적인 자세로 그런 고통에 응답하지도 않았다. 비판 정신의 결여는 귀족이든, 사무라이든, 군국주의자든, 대재벌이든 상관없이 무조건 현실을 옹호하는 문제 있는 태도를 낳는 데 공헌했다.[2]

아이브스의 시각에서 볼 때, 개인의 깨달음에 집중하는 선불교는 존재론적 혹은 실존적 고통의 보편성만을 중시하느라 사회적, 일상적으로 만연한 존재의 고통을 부정하는 역설적 결과를 빚어냈다. 선불교가 사회문제를 다룰 능력이 없다는 것을 심각하게 문제시한 학자는 아이브스뿐만이 아니다. 불교의 사회참여가 중요하다는 인식이 높아지면서 사회참여불교 운동이 생겨났다.

베트남 승려 틱낫한Thich Nhat Hanh(1926-2022)은 모든 불교는 그 근본에서는 참여불교라고 주장하면서 '사회참여불교socially engaged Buddhism'[3]라는 표현을 만들어냈다. 그의 주장은 다음의 두 가지 점을 강조한다.

(1) 불교는 고통이 실존적이든 사회적이든 정치적이든 상관없이, 인간이 겪는 모든 고통의 원천을 다루어야 한다. 이런 개념은 특히 대만에서 '인간불교人間佛教'가 생겨나는 결과를 낳았다.
(2) 사회참여불교 운동은 정신적, 영적 변화가 개인의 사회참여에 근본적인 영향을 미친다는 믿음을 표현해야 한다. 우리는 진공상태에 홀로 동떨어진 개인으로 사는 것이 아니라 온갖 존재와 사건의 그물망 속에 존재하기 때문이다.

학자들이 선불교의 사회참여 능력을 의심하지만, 선 전통에서 이런 문제를 전혀 논하지 않은 것은 아니다. 그 예로 선불교 수행 과정을 소를 찾아가는 열 단계로 나타낸 〈십우도十牛圖〉가 있다. 십우도 가운데 가장 잘 알려진 것은 중국 송대 보명普明이 그린 것과 곽암 사원廓庵師遠이 그린 것이다. 한국에서는 곽암 사원의 〈십우도〉가 가장 유명하다.[4]

〈십우도〉에서 수행자가 고요하게 더없이 행복한 모습으로 머무는 깨달은 상태는 8단계에 나온다. 선 수행의 목표가 개인적인 깨달음을 얻는 것이고 깨달음은 세속에서 벗어난 고요한 상태여야 한다는 일반적인 인식과 반대로, 〈십우도〉는 깨달음의 경험 '뒤'에 두 단계를 더 보여준다. 아홉 번째 그림에는 "근원으로 되돌아간다[返本還源]"라는 제목이, 마지막 열 번째 그림에는 "장터에 들어가 손을 드리우다[入廛垂手]"라는 제목이 붙어 있다.[5]

이 그림들은 불교의 두 날개인 '지혜'와 '자비'를 병행하는 중요성을 보여준다. 장터에서 다른 사람들을 도와주는 것 같은 자비의 행위는 깨달음을 통해 획득한 지혜의 결과이다. 〈십우도〉가 현대 미국 불교학계에서 선불교의 본질을 해석하는 데 그다지 많은 영향을 주지는 못하지만, 그 그림들이 보여주는 상징적 진술은 좀 더 주목받을 만한 가치가 있다. 〈십우도〉가 선불교와 사회의 관계를 떠올리게 한다는 점에서 특히 더 그렇다.

〈십우도〉의 마지막 두 단계가 실제로 선불교의 사회적 인식을 상징하는지는 논쟁의 여지가 있다. 원래의 〈십우도〉는 8단계까지 포함하고, 곽암의 것만 마지막 2단계가 추가되었다. 마지막 2단계를, 깨달음이란 결국 모든 사람이 이미 알고 있는 일상의 삶과 다르지 않다는 점을 강조하는 선적 수사법으로 해석할 수도 있다.

경허 성우는 〈심우가尋牛歌〉에서 이 그림을 논평하면서 "본래 소를 잃어버린 적이 없었는데 무엇 때문에 갑자기 그것을 찾아나서는가?"[6]라는 말로 시작한다. 10단계에 이르러 경허는 이렇게 썼다. "이 상태가 전에 숲에서 소를 찾고 있었던 상태와 같은가, 다른가?"[7]

경허의 해석은 결국 〈십우도〉가 선불교의 사회적 관심을 입증해주는 것이 아니라는 점을 확인해주는 것일 수 있다. 하지만 그

김일엽, 한 여성의 실존적 삶과 불교철학

경우에도 우리는 여전히 그 전통을 재평가할 수 있고, 선불교 수행에서 자비와 지혜의 의미를 깊이 음미해볼 수 있다.

근대 한국불교의 사회 참여: 만해 한용운

불교와 사회, 불교와 일반 대중의 관계는 20세기 초, 개혁 정신을 지닌 한국 불교사상가들의 주요 관심사였다. 그 대표적인 예로, 민중불교는 불교를 대중의 일상 환경으로 끌어들이려는 한국불교의 노력을 상징한다. 이 맥락에서 만해滿海 한용운韓龍雲(1879-1944)은 불교의 사회참여를 구상한 대표적인 인물이었다.

그는 근대성과 전통, 참선 수행과 사회적 구원 간의 균형을 강조했다. 그는 참선 수행과 불교의 가르침을 사회개혁과 연결하려고 노력하면서 선禪과 교敎의 관계를 새롭게 해석해야 한다고 제안했다.[8] 또한 불교가 당대의 사회변화에 제대로 대처하지 못했다고 비난하고 불교의 적극적인 사회참여를 주장했다.

절이 산간에 있을 때 어떤 일이 일어나는가. 먼저 진보 사상이 없어질 것이다. (…) 다음으로 모험적인 사상이 없다는 점을 지적할 수가 있다. (…) 다음으로 구세救世의 사상이 없음을 들 수가 있다. (…) 궁벽한 산중 그윽한 골짜기에 거처하여 천지가 비록 깨진다 해도 알지도 못하고 지나가는 형편이었다. 그러기에 종교와 종교

의 대적하는 북과 피리 소리가 땅을 진동하건만 불교는 싸움은
고사하고 종을 울려도 패잔병이나마 거두지 못하고. (…) 불교는
항기降旗나마 세울 힘이 없는 실정에 있다.[9]

만해는 또한 불교가 일반 대중의 삶을 이해하지 못하고 있다
고 비난했다. 한국불교는 고통받는 민중보다 왕실과 국가의 편
을 들어왔다. 만해는 한국불교의 오랜 전통이 된 '호국불교護國佛
敎'에 맞서 다음과 같이 말했다. "불교는 사찰에 있는가? 아니다.
불교는 승려에 있는가? 아니다. 불교는 경전經典에 있는가? 또한
아니다. 불교는 실로 각인各人의 정신적 생명에 존재하며, 그 자
각에 존재하는 것이 아닌가? 이 자각을 환발喚發하여 각인의 가
치를, 광명을 인정하는 길이 하나둘이 아닌즉, 나는 불교가 참으
로 그 대리大理에 서서 민중과 접하며 민중으로 더불어 동화同化
하기를 바라노라."[10]

만해는 이런 전제를 통해, 불교가 대중을 위해 일하는 데 초점
을 맞추도록 요구하는 민중불교 개념을 제시했다. 그는 불교가
민중과 함께하는 길은, "첫째, 그 교리를 민중화民衆化함이며, 그
경전을 민중화함이로다. 둘째, 그 제도를 민중화함이며, 그 재산
을 민중화함이로다"[11]라고 주장했다.

만해가 불교사회참여론에 기반으로 삼은 것은 평등주의와 구
세주의救世主義라는 불교의 두 측면이다. 전자는 불교 세계관의
절대적 측면을, 후자는 불교를 세속의 삶에 적용하는 측면을 가

김일엽, 한 여성의 실존적 삶과 불교철학

리킨다.

대승불교는 생명을 가진 존재[有情]든 생명이 없는 무생명체[無情]든 모든 존재가 다 불성이 있으므로 평등하다고 주장한다. 깨진 기와 조각 하나조차 인간과 같은 자유를 갖고 있다는 일엽의 말처럼, 절대적 평등에 대한 일엽의 강조가 불교 교리에서 유래된 것이라는 점은 이미 살펴봤다. 만해는 이러한 평등 개념과 불교의 자비 개념을 통합해서 세상 구원의 원리를 발전시켰다.

만해는 평등사상이 저절로 평등한 현실로 전환되는 것은 아니라고 강조했다. 불교의 평등성 개념이 일상의 현실이 되려면, 세속의 문제점들과 씨름하는 것이 절대적으로 필요하다고 그는 주장했다. 그는 "불교가 출세간出世間의 도가 아닌 것은 아니나 세간世間을 버리고 세간에 나는 것이 아니라 세간에 들어서 세간에 나는 것"이라고 말했다.[12] 그는 개인의 구원과 세속에 대한 전면적인 참여가 동시에 일어나야 한다고 믿었다.

만해는 또 한국불교에서 참선과 교리적 접근법의 개념들을 재정리했다. 한국불교 전통은 선禪과 교敎를 서로 상충하는 것으로 보는 경향이 있었다. 선 수행을 중시하는 종파는 선은 언어에 의지하지 않는다고 주장하는 반면, 교리를 중시하는 종파는 경전 연구에 불교의 가르침의 기반을 두어야 한다고 주장한다. 만해는 선과 교리 연구가 변증법적 긴장 관계 속에서 상호보완적인 전체를 이루고 있다고 보았다. 선 수행은 개인의 정신적 수행을 위해 필요하고, 교리 연구는 개인이 자기 자신, 타인들, 사회와 어우러지는 법에 관한 구체적인 가르침을 제공해준다는 것이다. 따라서 그는 적극적인 사회참여는 개인의 실존적 자유의 구체적인 표현이라고 주장했다.

만해는 수행자가 눈앞의 문제에 지나치게 열중하면 수행의 종교적 차원을 잊어버릴 가능성이 있다고 지적하면서, 선 수행은 그와 같은 부정적인 결과를 예방해주는 수행이라고 말했다.

기독교 운동가이자 학자인 정경일은 기독교 운동가의 관점으로 본 불교와 기독교의 대화라는 문맥 속에서 만해와 비슷한 견해를 밝혔다.[13] 사회운동가들은 인간 존재의 어두운 현실을 다루기 때문에, 분노나 그 밖의 부정적인 감정에 쉽게 사로잡힐 수 있다. 그런 상황이 일어날 때 선의 명상은 파괴적인 잠재력을 가진 부정적인 감정을 다스리는 데 도움이 된다고 그는 말한다. 동시에 선 불교가 사회문제에 귀를 기울이는 것은, 대중의 삶의 현실에서 동떨어질 수 있는 선 명상이 그러한 정체상태에 빠질 위험성에서 스스로 깨어나게 하는 원동력이 된다고 정경일은 말한다.

선 명상과 사회운동의 상호관련성에 관한 정경일의 견해는 만해가 선을 살아 있는 선[活禪]과 죽은 선[死禪]으로 구분한 것을 떠올리게 한다.[14] 만해의 이런 구분은 또 화두 수행에서 지눌이 말한 살아 있는 구절[活句]과 죽은 구절[死句]의 개념과도 상통한다고 하겠다. 같은 맥락에서 한국불교 연구자 박포리는, 만해에게 "사회적 구원은 불교 전통에서의 실존적 구원과 조화를 이뤄야만 했다"[15]고 말한다. 사회적 구원과 실존적 구원을 연결함으로

김일엽, 한 여성의 실존적 삶과 불교철학

써 만해는 "불교의 사회적 관심도 결여와 그에 따른 사회참여에 대한 열정의 결여 상태를 개선할 수 있기"[16]를 바랐다고 박포리는 말한다.

민중불교

불교의 사회참여에 대한 만해의 주장은 민중불교운동에서 구체적인 형태를 갖추었다. 민중불교는 한국사회가 군사독재와 급속한 산업화의 부작용으로 고통받은 1970년에서 1980년대 사이에 활발했다.[17] 일부 불교 사상가들이 불교의 사회적 책임이라는 개념을 부활하며, 사회문제에 응답하고자 민중불교운동을 일으켰다.

민중불교는 불교 수행의 근본 목표가 고통을 없애는 것이며, 이 고통은 정신적 심리적 고통뿐만 아니라, 사회적 경제적 정치적 상황으로 야기된 모든 고통의 근원을 다뤄야 한다고 주장했다. 민중불교운동의 주요 사상가 법성은, 불교의 자유는 정치적 독재, 경제적 착취, 사회적 차별에서 비롯되는 고통에서 벗어나야 얻을 수 있으며, 불자들이 사회적 실천 운동에 참여해야 한다고 주장했다.

또 다른 민중불교 사상가인 여익구呂益九(1946-2012)는 천태종, 화엄종, 선불교가 부처의 가르침을 이상주의적 관점으로 해석하고, 마음과 마음의 공성空性을 지나치게 강조한다고 주장했다. 그 결과 민중의 사회, 정치적 현실에 무관심하고, 민중의 고통이라는 문제를 제대로 다루지 못한다고 비판한다.[18] 그렇지만 그는 선불교의 가르침은 권위에 대해 강력하게 거부하는 태도를 취하고 이는 사회가 제대로 그 기능을 하지 못해 생기는 고통에서 민중을 해방하는 강력한 힘으로 작용할 수 있다고 믿었다. 그는 선불교가 세속과 격리된 주관적 이상주의의 피난처에서 나와 사회와 어우러져야 한다고 주장했다.

법성은 선불교의 주관주의적 입장을 비판하고 화두 참선을 선의 사회적 실천의 한 가지 형태로 해석한 여익구의 입장에 동참한다. 법성은 불교의 깨달음을 "의식과 존재, 자아와 세계에 관한 모든 실재의식에서 단박 놓여나는 일"[19]이라고 정의한다. 그는 깨달음을 위한 수행은 근본적으로 사회적 훈련이며, "선禪과 행行의 이원화는 바로 불교철학에의 배반일 뿐이다"[20]라고 주장한다. 법성이 계속해서 강조하는 논점 중 하나는, 화두 참선은 개인의 "내면적 영적 신비"의 만남이 아니라 "관념의 고정화, 어떤 것의 즉자적 절대화를 끊임없이 부정하는 인식운동 자체"[21]라는 점이다.

화두 참선을 이런 식으로 이해할 때, 화두는 법성이 설명한 대로 "허위와 환상을 반대하는 사유운동이자 상황의 모순구조 속에서 인간의 자주성을 실현해 가는 창조적 역사운동이다. 그러므로 화두타파話頭打破는 많은 관념주의적 선사禪師들이 주장하듯 완전하고 성스러운 자아로 되어버리는 공부가 아니라 (…) 문

김일엽, 한 여성의 실존적 삶과 불교철학

제 되는 상황에 대한 인간 자신의 실천적 물음"[22]이라고 법성은 말한다.

민중불교는 이와 같이 불교의 사회참여라는 맥락 속에서 불교와 화두 참선에 대한 정교한 해석을 제공했다. 하지만 하나의 운동으로써 민중불교는 한국이 민주화된 이후에는 서서히 약화되었고, 불교 환경운동을 포함한 다른 형태의 불교사회참여 운동으로 점차 대체되었다.

선불교의 사회참여 가능성에 관해 학자들의 의심을 불러일으킨 주요 이유로 다음의 두 가지를 들 수 있다. 첫째는 참선 수행과 정신적 수행이 반드시 사회에서 격리된 공간이 필요한가? 하는 것이고, 둘째는 정신적 수행은 필연적으로 사회문제에 대한 자각으로 이어지는가? 하는 질문이다. 이 두 질문은 모두 일엽에 관해 우리가 논의하는 문제와 관련이 있으며, 일엽에게 이 문제는 여성해방에 대한 일엽의 입장으로 구체적으로 나타난다.

불교와 여성운동

일엽은 출가 후 자신이 출가 전에 그토록 열심히 관여한 사회문제, 즉 성차별의 현실을 외면하고, 개인의 구원이라는 영역으로만 물러선 것일까? 지금까지 김일엽의 연구는 대개 출가 이전 신여성으로서 김일엽과 작가로서 김일엽에만 초점이 맞추어졌다.

한 나혜석 연구자는 일엽을 나혜석과 비교하면서 여성 문제에 대한 일엽의 입장을 강력하게 비판했다. 나혜석은 일엽과는 절친한 친구였고, 〈신여자〉에 글도 기고했다. 일엽이 사회에서 적극적으로 활동하는 공인이었을 때, 두 사람은 일간지에서 주최한 여성 문제 공개 토론회에 함께 참여하기도 했다.

한국 최초의 여류 서양화가 나혜석은 한국사회의 성차별에 관해 일엽과 많은 생각을 공유했다. 그녀는 한국에서 고등학교를 마친 뒤 일본으로 건너가, 1913년부터 1918년까지 도쿄에서 서양화를 공부했다. 또한 그 시기에 한국 유학생들이 발간한 잡지에 글을 발표했다. 나혜석이 1914년 〈학지광學之光〉에 최초로 발표한 〈이상적 부인〉이라는 글은 일본 신여성 운동의 대표적인 인물 히라쓰카 라이초가 당시 19세인 나혜석에게 미친 영향을 잘 보여준다.

이 글에서 나혜석은 라이초를 포함해 이상적인 여성상에 부합하는 다섯 인물을 열거했고, 당대 사회가 공인한 '현모양처'라는 이상적인 여성상에 도전했다.

우리는 차 장소長所의 범사를 취득하여 일일日日이 수양된 자기의 양심으로 축출築出한 바 최最히 이상에 근접한 신상상新想像으로 생장生長치 아니하면 아니 되겠도다. 습관에 의하여 도덕상 부인, 즉 자기의 세속적 본분만 완수完守함을 이상이라 말할 수 없도다. 일보一步를 경진更進하야 차 이상以上의 준비가 없으면 아니 될 줄

김일엽, 한 여성의 실존적 삶과 불교철학

로 생각한 바요, 단單히 양처현모良妻賢母라 하여 이상을 정함도 필취必取할 바가 아닌가 하노라. 다만 차를 주장하는 자는 현재 교육가의 상매적商賣的 일호책一好策이 아닌가 하노라.[23]

여기서 표현된 나혜석의 이상적인 여성상은 〈나를 잊지 않는 행복〉(1924)이라는 글에서 다시 나타난다. 이 글을 쓸 무렵 그녀는 이미 결혼해서 두 아이를 키우고 있었다. 이 글에서 나혜석은 "우리는 확실히 예부터 오늘까지 다 '나를 잊고' 살아왔다"[24]라고 썼다. 그녀는 자기 자신을 잊지 않는 것을 "여자의 해방, 자유, 평등"의 기반이 되는 것이라고 강조했다. 그녀는 자신을 잊지 않는 것은 사랑, 혁신적인 삶, 경제적인 독립의 기반이 되는 것이기도 하다고 주장했다. 동시에 사치품에 탐닉하면서 얻는 행복이나 일상의 안락함은 진정한 행복이 아니라, 삶에 대한 일종의 모욕이라고 그녀는 말했다.

표면적인 행복에 대한 비판과 자신의 참된 정체성을 찾겠다는 나혜석의 결의는 일엽이 《어느 수도인의 회상》에서 강하게 피력한 정신과 비슷해 보인다. 나혜석과 김일엽이 신여성으로 활동할 때 주요한 추진력이 되어준 것은 진정한 정체성의 추구와 그에 따른 참된 삶의 추구였다.

앞서 논의한 바와 같이 1930년 이혼 이후 나혜석의 삶은 균형을 잃고, 결국 그녀는 극심한 정서적, 경제적 곤경을 겪게 된다.[25] 1937년 그녀는 완전히 피폐한 상태로 수덕사로 일엽을 찾아간다. 그녀가 그때 실제 수덕사로 출가할 생각이 있었는지는 확실하지 않다.

나혜석의 전기를 쓴 정규웅에 따르면, 당시 나혜석은 경제적으로 완전히 빈털터리 신세가 되었고, 전남편은 자식을 만나려는 그녀의 처절한 노력을 전적으로 가로막았다고 한다. 정규웅은 이렇게 썼다. "혜석이 절을 생각하고, 김일엽을 떠올린 것은 자연스러운 일이었다. 스님이 되느냐 아니냐 하는 것은 다음의 문제였고, 당장 자신을 맞아 줄 곳은 절이요 김일엽 스님밖에 없다고 생각한 것이다."[26] 나혜석은 그때까지 지니던 소유물을 모두 팔아버리고 수덕사로 갔다.

1937년 이전, 나혜석과 불교의 인연이라고는 1929년 고향인 수원의 어떤 절에서 전시회를 연 일밖에 없었다. 그녀는 전시회장에 자신이 유럽과 미국을 여행하며 그린 그림과 여행 도중 사모은 그림을 전시했다.[27] 불교와의 인연이 별로 없었지만, 일엽은 나혜석이 비구니가 될 뜻을 품고 수덕사로 자기를 찾아왔다고 말했다.[28]

일엽은 나혜석을 만공 선사에게 소개했고, 만공 선사는 나혜석에게 고근古根이라는 법명을 주었다.[29] 만공을 만난 뒤에도 나혜석은 출가를 망설이다가 결국 출가하지 않기로 결정했다.

하지만 그녀는 1944년에 이르기까지 몇 년 동안 수덕사 근방에 있는 수덕여관에서 지냈다. 1938년에 일엽이 기분전환 삼아 가보라고 주선한 해인사를 방문했을 때를 빼놓고 그녀는 줄곧 그 여관에 머물러 있었다. 나혜석은 1938년 봄부터 가을까지 해인사에서 지냈고, 〈해인사海印寺의 풍광風光〉에서 그때 경험한 내용을 썼다. 그 글이 나혜석이 죽기 전 마지막으로 발표한 글이 되었다. 대중에게 알려진 그녀의 마지막 그림 〈해인사海印寺의 석탑石塔〉과 〈해인사海印寺의 풍경風景〉 역시 이 시기에 그린 것들이다.

미술 비평가 윤범모는 나혜석이 수덕여관에 머물면서, 무소유의 삶을 살았다고 주장했다. 윤범모는 나혜석이 말년에 비참한 삶을 살았다는 일반적인 견해에 이의를 제기하고, 그녀가 물질적인 한계나 정신적인 한계에 구속받지 않는 삶이라는 불교적 개념대로 '무애無碍'의 삶을 살았다고 해석했다.[30]

이 시기 나혜석의 삶을 불교적 의미의 무소유와 무애의 삶으로 해석하는 것은 좀 과장된 것으로 보인다. 그러나 다른 한편으로 보면 윤범모의 해석은 나혜석의 삶이나 다른 신여성들의 삶을 이해하는 하나의 새로운 지평을 제공해주기도 한다.

한국사회는 한국의 대표적인 세 신여성 김일엽, 나혜석, 김명순의 삶을 흔히 '실패'로 표현한다. 이 여성들을 비판하는 이들은, 나혜석이 비극적인 종말을 맞이하고 거리에서 죽었기 때문에 그녀의 삶은 실패이고, 김명순이 재정적인 파탄과 정서적인 피폐로 고통받다가 정신병동에서 죽었다는 것으로 그녀의 삶을 실패라고 규정하며, 김일엽이 출가해서 승려가 되었으니 실패한 삶이라고 말한다.

이와 같은 평가를 대하면, 우리는 한 사람의 삶을 평가할 때 어떤 요소들로 평가해야 하는지 질문하지 않을 수 없다. 누군가의 삶을 두고 성공과 실패를 가르기 위해 어떤 틀을 적용해야 하는 것일까? 그 삶을 '성공' 혹은 '실패'라고 판단하는 것은 우리에게 이미 삶을 측정하는 고정된 개념이 있다는 것을 말해준다. 하지만 삶은 고정된 실체가 아니다.

우리는 살아가는 동안 여러 단계를 거치며, 단계마다 도전에 직면한다. 이런 도전과 맞닥뜨릴 때 우리는 자기 행위의 결과를 정확히 예견할 수 없다는 것을 안다. 하지만 여전히 우리는 추구할 가치가 있다고 믿는 가치를 위해 행동한다. 우리가 이 책에서 논의한 세 신여성의 삶은 표준화된 가치 지표에 따라서 삶을 판단하는 정신 구조에 도전한 삶이었다. 그들의 삶을 평가하는 데 단지 '성공'이나 '실패'라는 한 단어로밖에 표현하지 못하는 사상의 빈곤함과 비교하면, 그들은 삶의 다면성과 인간 삶의 복잡성, 그 삶을 살아낸 사람의 무게를 느끼게 한다.

나혜석 연구자 이상경은 나혜석이 출가를 거부한 것을 '자기 자신을 잊지 않는 행복'의 삶을 살고자 한 결단의 구체적인 표현으로 해석했다. 이상경은 '자기 자신을 잊지 않는 행복'을 유지하기 위해 불교에 종속되지 않기로 한 나혜석과 불문佛門에 투신한 김일엽은 좋은 대조를 이룬다고 말한다. 이상경은 일엽이 출가한 것을 '포기'로 해석했다. 그는 일엽이 가부장제 한국사회의 참혹한 현실과 직면했을 때 자신이 글로 쓴 여성해방에 대해 기존의 입장을 고수할 수 없었기에 절로 도피했다는 것이다.

그는 한 걸음 더 나아가 일엽의 출가는 그녀가 실패한 신여성이었다는 증거이며, 자신의 페미니즘 활동의 실패를 받아들이기를 거부한 데서 비롯된 위장된 삶이라고 주장했다. 그는 김일엽과 나혜석의 삶을 비교하면서 일엽은 "조선 여성의 현실을 미처 파악하지 못하고 외국에서 들여온 새로운 이론과 그 이론의 용감한 실천자라는 박수 소리를 뒤쫓는" 사람이라고 비판했다. "(한국사회에서) 여성에 대한 억압이 얼마나 강고한 것인지 깨닫는 순간, 맞붙어 싸워볼 엄두도 못 내고 퇴각하고, 퇴각을 하면서도 또 부처님의 길이라는 새로운 명분을 갖다 붙이는 주체적이지 못한 태도"[31]라고 일엽의 출가를 규정하고 나혜석이 이를 조소했을 것이라고 말한다.

그는 나혜석은 일엽과는 반대로 삶이 끝날 때까지 자신의 독자적인 정체성을 유지하려는 의지를 고수했다고 주장한다. 이와 같은 이상경의 일엽에 대한 평가는 일엽의 신여성으로서 활동뿐만 아니라 비구니로 산 삶의 진정성에 대해서도 의문을 제기한 것이 된다. 이것은 매우 심각한 주장이라고 말하지 않을 수 없다. 이 주장은 또한 일엽이 한국의 비구니들, 불자들, 그 밖의 한국 여성들에 끼친 영향과 그녀의 역할을 전면적으로 무시하는 것이다. 일엽에 대한 이상경의 평가는 한국에서 비구니에 대한 통속적인 이미지와 여성이 불문에 들어간 동기에 대한 일부의 편견을 보여주는 것이기도 하다.

세속 시대에 왜 성스러움을 갈망하는가?

한국 불교 연구자 로버트 E. 버스웰Robert E. Buswell은 한국에서 승려로 생활한 경험을 바탕으로《파란 눈 스님의 한국 선 수행기 Zen Monastic Experience》라는 책을 발표했다. 이 책에서 그는 1970년대 한국 남성들이 출가하는 이유를 세 가지로 들었다.

첫 번째는 베트남전쟁에 참전했다 귀국한 뒤 소외감을 느낀 제대군인이 출가한 경우이다. 이 경우에 대해 버스웰은 "이런 이유로 출가한 많은 사람에게 절은 규율이 잘 잡힌 안정된 군대와 민간인 생활의 불확실성 사이에 자리 잡은 일종의 '중간지대', 혹은 대도시 공장의 작업대를 대체할 수 있는 매력적인 대안이었다"[32]라고 썼다.

두 번째는 "서구문명과 문화가 아시아에서 점차 그 영향력을 확대해가고 있는 것에 대한 토착 문화의 반발"[33]로 승려가 된 경우이다. 버스웰은 이런 유형의 승려들은 서구 철학을 공부한 뒤 동양 종교와 철학 연구 쪽으로 돌아섰다고 말한다. 그들은 "불교 교리를 공부하고 참선 수행을 하는 것에 그들의 동료들보다" 더 깊은 관심과 열의를 보였고, 이들은 "대부분의 승려보다 편협한 면이 훨씬 덜 하고 개혁적인 면이 강한 이들이었다"[34]라고 말한다.

이 두 그룹의 출가자들은 1970년대 한국의 사회적 역사적 상황을 반영한다고 볼 수 있다. 버스웰이 설명한 세 번째 그룹은 이와는 반대로 더 전통적인 이유로 절에 들어온 사람들이다. 즉

"불교를 믿는 집안에서 집안의 복을 지을 수 있도록 아들 하나는 절에 보내고 싶어 하는 마음"에 의해 출가한 사람들이다.[35] 이런 전통적 생각은 아들이 부모와 가족을 부양해주기를 기대하는 현실과 상충된다.

버스웰은 승려가 되는 가장 흔한 동기가 무엇이든 상관없이 "불교를 믿는 가정의 일부까지 포함해서 대부분 한국 가정에서는 승려 생활을 자기네 아들의 직업으로는 절대적으로 열등한 선택으로 여겼고, 그래서 자식의 출가를 결단코 반대한다"[36]고 썼다. 버스웰은 또한 다음과 같이 덧붙였다. "모든 절에서는 물론 일반적인 한국인들이 가장 흔하게 추정하는 출가의 두 가지 이유에 해당하는 승려들도 찾을 수 있는데, 곧 실연이나 게으름 때문에 수계를 받는 경우이다."[37]

출가의 이유나 동기에 대한 한국인들의 인상을 서술한 이 짧은 내용은 일엽의 삭발이 어째서 주위 사람들에게 부정적인 인상을 안겨줬는지 어느 정도 이해할 수 있게 해준다. 이상경은 바로 이런 견해에 동조해서 일엽의 출가를 '실패'로 평가한 것이 아닌가 생각된다. 그녀가 말한 실패는 사랑의 실패일 수도 있고, 신여성으로서 활동의 실패일 수 있다. 그리고 일엽의 삶 전반을 실패라고 말하고 있을 수도 있다.

하지만 우리는 묻지 않을 수 없다. 일엽과 한국의 다른 승려들도 일엽의 삶에 대해 이상경과 같은 그런 평가에 동의할까?

일엽의 손상좌 비구니 월송은 일엽의 생애 말년에 일엽의 상좌上佐로 있으면서 일엽이 열반할 때까지 곁에서 시봉했다. 월송은 일엽이 《어느 수도인의 회상》을 출간할 때 원고를 정리하기도 했는데, 그 책에는 월송이 스승 일엽을 기리는 짧은 글이 하나 수록되어 있다. 이 글에서 월송은 자신이 출가할 때 사람들의 반응을 다음과 같이 묘사했다. "여승이 불쌍하다고 동정하는 속인俗人에 대하여 애석함을 금할 수 없었습니다. 우리 어머니는 딸이 중이 됐다고 통곡하며 아버지 오빠 동생까지 가련하다고 눈물 방울이 흐르셨었고 친우들의 애석해하는 모양 울고 있는 영상影像"[38]을 기억하고 있었다.

하지만 월송은 출가자의 삶에 대한 이와 같은 속세인의 반응과 상상력이 사실상 출가자의 마음을 이해하기에는 턱없이 부족하다고 개탄했다. 그녀는 그들이 자신을 위해 눈물을 흘렸지만, 이들이 흘린 눈물은 그녀에게는 "허무 그것이었고 어느 배 밑바닥에 잠재해 있던 감정들도 부동不動 그것이 되었습니다"라고 말한다. 그리고 그녀는 덧붙였다. "이것이 오로지 노스님(일엽)의 강경한 법문과 그 교훈의 결과結果였던 것입니다. 한 인간적人間的인 감정을 죽인다는 것보다 불제자佛弟子로서 나의 위치位置는 나를 그렇게 하고도 남았던 것입니다."[39] 월송의 설명은 세속에 사는 이들이 추구하는 가치와 종교 생활에 자신을 완전히 바친 사람들이 추구하는 가치가 분명히 다르다는 것을 입증한다.

현대 사회는 종교와 수행의 의미가 날로 쇠약해 가는 세속적 사회로 정의되곤 한다. 캐나다 철학자 찰스 테일러Charles Taylor

김일엽, 한 여성의 실존적 삶과 불교철학

는 자신의 책《세속의 시대A Secular Age》에서 "1500년경의 서구 사회를 생각하면 신을 믿지 않는다는 것 자체가 사실상 불가능했던 반면, 2000년에는 많은 이들이 신을 믿지 않는 것이 대수롭지 않을 뿐 아니라 불가피한 일로까지 여겨지는 이유는 무엇인가?"[40]라고 묻는다. 그는 종교적인 세계관에서는 "인간의 주체성은 사회의 한 부분이고, 사회는 우주의 한 부분이며, 우주는 신을 포함하고 있다"[41]라고 말한다.

현대 사회는 가치 기준이 세속화됨에 따라 그런 전체적이고 통합적인holistic 관점이 점차 붕괴되었다. 인간은 초월적인 신성한 존재가 인간 삶의 의미와 가치의 근원으로 기능하는 전통적인 신 중심의 세계의 대안으로서 인간 중심의 세계관을 발전시켜왔다.

독일 신학자 루돌프 오토Rudolf Otto(1869-1937)는 종교적 세계는 사람들이 '무한한 외경심'과 '무한한 경이'를 체험하게 하는 세계라고 말했다.[42] 삶과 초월적 존재에 대한 외경심과 경이는 종교적 세계관의 바탕을 이룬다. 그러나 세속의 시대에서 그런 외경심과 경이를 불러일으키는 우리 존재의 원천은 이제 더 이상 우리의 의미와 가치 체계의 필수적인 요소가 아니다. 출가자에 대한 한국사회의 부정적인 반응과 일엽의 출가를 '도피'라고 주장한 이상경의 비판은 바로 종교 수행의 가치에 대한 의심이 얼마나 만연해 있는지 보여준다.[43]

우리 시대는 '종교'라는 용어 자체가 부정적으로 인식되곤 한다. 그 이유는 '종교'가 제도화된 종교라는 맥락 안에서 이해되면서 제도화된 종교의 권위, 관습, 의식儀式 등이 종교 수행을 권장하기보다 종교에 대해 부정적인 이미지를 심어주는 역할을 해왔기 때문이다. 하지만 제도화된 종교에 대한 반감이 인간의 마음속에 있는 종교의 필요성을 완전히 지워버릴 수는 없다. 그런 의미에서 제도화된 종교 대신, '종교성' 혹은 '영성spirituality'이 종교수행의 내용이 되고, 이는 제도화된 종교의 권력 놀음에서 자유로운 종교적 수행을 의미하고 있다.

일엽은 그녀의 글 여러 곳에서 종교 교육의 중요성을 거듭 강조했다. 그녀는 종교 교육과 종교 수행을 개인이 존재의 근본적인 의미를 깨닫게 해주는 것이라고 정의했다. 종교에 대한 그녀의 이해 속에 내포된 실존적인 의미는 종교를 도덕에서 분리할 것을 요구한다.

> 종교교육宗敎敎育이라는 것은 선행자善行者를 만드는 것보다 악선적惡善的 판단을 지울 줄 아는 정신精神, 곧 인간적人間的 본정신本精神을 회복回復시켜 인간人間다운 생활生活을 정定함이 없이 경계境界에 따르는 법法이기 때문이다. 선악善惡은 인간의 행위行爲에 지나지 않는 것이요, 천당天堂 지옥地獄은 일체존재적一切存在的 행로行路에 과정過程으로 미래세未來世가 다함이 없이 상속相續될 뿐이다.[44]

일엽은 세속의 교육이 사람들에게 지식을 얻도록 도와준다면, 종교 교육은 사람들에게 '깨달음에 이르도록' 돕는다고 말한다. 깨달았다는 것은 "환경에 휘둘리지 않는 사상적 기반이 확립되고, 사업적 방안을 명백하게 정하고, 일관적 노력을 하게 되"는 것을 의미한다고 그녀는 말한다.[45]

즉 일엽에게 종교와 종교 교육은 종교기관, 종교적 권위 혹은 도덕 교육을 의미하는 것이 아니다. 종교는 인간 존재의 바탕을 발견하는 길이고, 종교 교육은 우리가 자신을 완전히 책임질 수 있는 존재가 되게 해주는 교육을 말한다.

종교와 종교 교육에 관한 일엽의 논의는 여성문제와 관련해서 그녀를 비판하는 이들에 대해 그 문제를 직접적으로 거론하지 않으면서 답한 것이라고도 할 수 있다. 그녀는 신여성으로서 사회가 강요한 여성의 정체성에 도전함으로써 자유로운 개인으로 살 수 있는 길을 추구했다. 그녀의 출가는 해방된 자아 추구의 연장선상에서 이루어진 일이라고 볼 수 있으며, 일엽에게 종교 교육과 수행은 한 개인이 삶의 의미와 자유를 추구하려는 노력의 다른 이름이었다. 일엽의 삶과 철학에서 여성문제와 불교철학의 관계는 《행복과 불행의 갈피에서》라는 일엽의 마지막 저서에서 더 선명해진다.

생명, 누구도 없앨 수 없는 존재의 근원

삶을 새기다: 사랑 이야기

《행복과 불행의 갈피에서》는 사랑에 관한 이야기로 시작된다. 이 글에서 일엽은, 자신이 이제부터 인간의 생활 중에서도 가장 사람을 뇌쇄惱殺시키는 그 사랑을 이겨내고 자신이 임의로 쓸 수 있는 물건으로 만드는 방법을 알리려고 한다고 말한다.[46]

겉으로 보기에 이 책은 사랑에 대한 상담서처럼 보인다. 이 책의 전반부에서 일엽은 자신의 사랑 이야기를 포함해 다섯 여성의 사랑 이야기를 자세히 다루고 있어, 그렇게 판단하는 것도 전적으로 잘못된 것은 아니다. 하지만 사랑 이야기가 이 책의 전부는 아니다. 책의 후반부에서 일엽은 어조를 바꾸어, '불佛을 향하는 마음'과 '법열法悅과의 대좌對座'라는 두 장을 통해 불교의 가

김일엽, 한 여성의 실존적 삶과 불교철학

르침을 폭넓게 다룬다.

이 책은 사랑 이야기와 불교에 관한 논의를 균등하게 다루는데, 이는 여성운동 참여와 아울러 일엽의 삶의 여러 단계가 이 책에서 하나로 모이는 것을 말해준다.

일엽은 백성욱과 관계를 다시 이야기하는 것으로 이 책을 시작한다. 그녀는 이미 《어느 수도인의 회상》에 실린 〈B씨에게〉라는 서간문에서 이 이야기를 했고, 이 글은 나중에 《청춘을 불사르고》에서 〈청춘을 불사르고: B씨에게〉라는 제목으로 다시 출간되었다. 《어느 수도인의 회상》과 《행복과 불행의 갈피에서》는 불과 4년을 사이에 두고 발간되었지만, 그 사이에 이 사건에 대한 일엽의 마음가짐이 변한 것을 볼 수 있다.

《행복과 불행의 갈피에서》에서 일엽은 백성욱과 관계에 관해 전에는 밝히지 않은 이야기를 들려준다. 《청춘을 불사르고》에서 그녀는 백성욱이 자기 곁을 막 떠나고, 자신이 얼마나 참담한 심경이었는지 자세히 서술했다. 이별을 이해하려는 그녀의 몸부림이 이 긴 글의 주요 내용이었다. 백성욱은 1928년에 일엽을 떠났고, 그녀는 그로부터 30년이 지나서야 비로소 그 사건을 담담히 받아들일 수 있게 된 것 같다.

이 회고록에서 일엽은 백성욱과 관계뿐만 아니라 자신의 기독교적 배경으로 시작하는 생애도 독자들과 공유했다. 그녀의 부모가 자기를 독실한 기독교 신자로 키웠다는 것, 그녀가 목사였던 아버지와 얼마나 가까운 사이였는지, 아버지의 복음주의가 자신의 말문을 막으면서 기독교 교리를 의심하기 시작해 결국 신앙을 잃었다고 그녀는 술회했다. 일엽은 불교에 대해 깊이 이해하게 되면서 아버지한테서 배운 기독교의 근본 교리를 과거와는 다른 관점을 통해서 자기 나름으로 재해석했다.

이런 의미에서 서간문 〈청춘을 불사르고〉는 그녀를 버리고 떠난 연인과 화해일 뿐만 아니라, 자기 삶과 화해하려는 노력에서 나온 글이었다. 이 글은 자신의 아버지와의 화해이기도 했다. 일엽은 아버지와 유달리 가까웠지만 아버지의 믿음을 포용할 수 없었다. 이글은 또한 세간에서 유명한 공인이었고, 어렸을 때 가족을 모두 잃은 외로운 한 여성으로서 일엽이 자신의 과거 삶과 화해하려는 노력이기도 했다. 그녀는 이제부터 자유로운 존재로서 자기 자신을 찾기 위해 미래세가 다할 때까지, 아니 이후까지도 불법 수행에 전념하겠다는 결의로 이 글을 끝맺었다.

〈청춘을 불사르고〉는 대체로 '비구니가 된 유명한 신여성'의 연애담으로 읽혔기에 한국사회에 큰 반향을 일으켰지만, 사실 이 글은 한 개인이 자기 삶에서 일어난 '변화'를 담은 글이었고, 그 변화는 다양한 측면을 가지고 있었다.

이 글의 시작에서 일엽은 연인과의 결별 뒤에 혹심한 절망에 빠진 여성이었고, 자기 삶에 일어난 사건들이 도무지 이해되지 않았던 존재였다. 하지만 이 고백의 글이 끝날 무렵, 그녀는 "이 정신精神의 정체正體, 곧 '나'를 발견發見하게 되는 법法을 따라 전력全力을 기울여보려는 생각을 결정決定"한 굳건한 신념을 품은

김일엽, 한 여성의 실존적 삶과 불교철학

존재로 다시 태어난다. 그녀는 나아가 이렇게 "결정決定하고 나니 우주宇宙가 그래도 하나라 현실現實은 나의 몸이요 현실의 내적內的 본질本質, 곧 면목面目이 나타나지 않은 현실現實은 나의 정신이라는 생각이 명확明確해졌나이다"라고 말한다.[47]

일엽이 이처럼 "믿을 데도 없고 의지依支할 데도 없는 절망絶望의 바위 끝에서" 서 있던 여성에서, 자신의 참된 자아를 찾겠다고 결심한 여성으로 변화하는 과정에는 기독교와 불교가 모두 중요한 역할을 했다. 기독교는 일엽이 어린 시절에 충실히 따른 종교였으며, 일엽에게 절대적 존재, 세상의 시작, 선과 악이라는 가치, 세계의 창조, 종교 수행의 의미 등에 관해 생각해 볼 기회를 제공해주었다. 일엽은 한때 기독교에 대한 믿음을 상실했었지만, 〈청춘을 불사르고〉는 기독교와의 만남이 일엽의 불교에 얼마나 큰 영향을 미쳤는지 입증한다. 그녀가 기독교에서 불교로 '개종'했다고 보는 견해는 일엽의 삶과 사상에서 기독교와 불교가 어떻게 상호작용했는지 제대로 설명하지 못한다.

일엽에게 기독교는 아버지의 종교와 삶을 상징했고, 기독교에 대한 비판은 곧 자신의 아버지에 대한 비판을 의미하는 것이기도 했다. 이 글에서 일엽은 기독교의 신, 선악에 대한 이해와 불교에 대한 이해를 연결하며 자신의 아버지와의 화해 그리고 기독교와 화해를 추구한다. 기독교 역시 불교와 마찬가지로 일엽이 자신을 이해하는 수단이자, 신여성으로서 갈망한 자유를 찾는 수단이었다. 〈청춘을 불사르고〉의 끝부분에서 일엽은 자신의 마음 상태를 다음과 같이 묘사한다.

나는 노래를 부릅니다.

나의 노랫소리에 시간時間의 숫자와 공간空間의 한계도 그만 녹아

버리나이다.

나는 나의 노래에 절대 자유絶對自由를 위爲하여,

노랫가락의 고저高低와 장단長短을 맞추는 아름다운 구속拘束도

사양하였나이다.

그저 내 멋대로 나의 노래를 소리 높여 부를 뿐이외다.

나의 노래는 슬픔을 품고 기쁨을 돕는 서정시抒情詩도 아니외다.

더구나 착한 것을 권勸하고 악한 것을 말리는 교훈敎訓의 글귀도

아니외다.

그렇다고 하늘사람의 거룩한 말씀이나 지하地下 사람의 고통苦痛

의 부르짖음도 아니외다.

그리고 나의 노래를 찬양讚揚하거나 뜻을 안다는 이가 있다면, 그

것은 나의 노래에 흠점欠點을 내는 일이 될 뿐이외다.

그러면 석가불도 모르는 우주의 원리원칙을 들먹거려 보려고 하

느냐고요. 그런 망발의 생각을 할 리도 없나이다. 다만 유정有情

무정無情이 일용日用하고 있는 백천삼매百千三昧의 묘구妙句 그대

로 읊조릴 뿐이외다.

그래서 썩은 흙덩이나 마른 나무 등걸이라도 나의 노래에는 감응

感應이 있게 되나이다.

허공虛空이 너무 느껴지는 바람에 비가 눈물을 그치고 바람이 웃음을 멈추게 되나이다.

끊임없이 요동搖動하던 파도波濤는 바쁜 걸음을 멈추고, 우주적 게으름뱅이 평평한 대지大地가 다 궁둥이를 들먹거리나이다.[48]

리듬의 규칙이든 멜로디의 규칙이든, 어떤 관습에도 구속받지 않는 이 노래의 자유로움은 일엽이 이제는 자신은 자유로운 존재라고 선언하는 모습을 보여주는 듯하다. 기쁨이든 슬픔이든, 천국이든 지옥이든, 이제 어떤 이원론도 그녀를 구속할 수 없다는 것이다. 일엽은 이원론적 판단이 사람에게 그대로의 자신이 되지 못하게 한다고 말한다. 일엽은 세상에 존재하는 것이 있는 그대로 존재할 때 나오는 소리를 노래하는 것이다. 그녀는 자신의 노래가 부처의 가르침을 전해주는 일과 관련이 있다는 것조차도 부정한다. 일엽은 있는 그대로의 것들의 노래를 부르고 있기에 유정, 무정을 불문하고 세상 모든 존재가 노래에 감응한다. 그녀는 세상과 더불어 하나이다.

이 대목에서 우리는 중국의 도가 철학자 장자莊子(BC 369?-BC 286?)의 〈제물론齊物論〉을 떠올리지 않을 수 없다. 〈제물론〉에서 장자는 '다름'은 존재의 근본적인 양식이요, 각 존재는 자기 나름의 방식으로 존재하고, 따라서 나름의 소리를 낸다고 말한다. 장자는 그 소리를 일러 천뢰天籟 혹은 하늘의 소리라고 불렀다.

일엽은 출가하기 전 이름난 지식인으로서 자유의 추구를 강도 있게 주장했다. 자유의 추구를 위해, 그녀는 한국사회의 성차별에도 도전했다. 30년 넘게 불교 수행을 한 뒤, 이제 일엽은 자신이 그런 자유를 얻었다고 말하고 있다. 이 말이 사실이라면, 일엽이 여성해방 운동에서 자신의 입장을 포기했다고 말할 수 있을까? 그녀가 불교 수행을 통해서 얻은 자유는 여성운동의 의미와 무관한 것일까?

나는 일엽의 삶의 두 단계, 즉 신여성으로서 일엽과 출가자로서 일엽의 삶이 서로 단절된 것이 아니라 자유의 추구라는 점으로 연결된다고 나의 이전 논문에서 주장했다.[49] 우리는 여기에서 한 걸음 더 나아가 《어느 수도인의 회상》과 일엽의 마지막 책인 《행복과 불행의 갈피에서》에 수록된 고백의 글들이 여성의 자유 선언이자 가부장적인 한국 사회가 여성에게 부과한 여성의 정체성에서 독립하는 선언이라고 생각해 볼 수 있다. 일엽은 자기 삶을 포함해서, 여성들의 삶을 글로 옮기며, 그들에게 분명한 목소리를 부여해주었다. 이를 통해 여성들의 삶은 더 이상 보이지 않고, 잊히기 쉽고, 일회용기처럼 대체할 수 있는 그런 삶이 아니라는 것을 일엽은 말하는 것이다.

여성들의 삶에 관한 글을 쓰는 것만으로 가부장적 현실과 성차별에 제대로 도전할 수 있는지 물을 수도 있다. 삶을 글로 각인하는 것이 성차별이라는 엄혹한 현실에 도전하는 일이 될 수 있을까? 글쓰기는 반란이 될 수 있을까?

이 문제에 대해 곧 깊이 다루게 될 것이다. 그 전에 먼저 일엽이 여성들의 삶을 묘사한 방식, 곧 '사랑 이야기'라는 주제를 생각해보자.

일엽은 여성들의 삶을 표현하면서 그들의 애정 생활에 초점을 맞췄다. 여기에는 이유가 있다. 《행복과 불행의 갈피에서》에서 묘사한 사랑 이야기들은 그저 연애 사건에 관한 이야기에 그치는 것이 아니다. 일엽에게 사랑 이야기는 무엇보다 자아에 관한 이야기이다. 누군가와 관계를 맺는 행위는 그 행위를 위해 최소한 두 사람 이상의 개인이 필요하다. 그것은 자아와 다른 자아의 만남이며, 사랑하는 관계는 내가 아닌 다른 자아와의 가장 강렬한 만남이다. 가장 강렬하다는 것은 긍정적인 상황을 낳을 수도 있고, 부정적인 상황을 만들 수도 있다.

이러한 관계에서 자아는 자진해서 다른 자아에게 자신을 내어주고, 그러므로서 그 다른 자아와 가까워지기를 소망한다. 이 합일의 갈망은 애정 관계를 그 사람의 삶에서 가장 위험한 사건으로 만든다. 자아가 독립성을 잃을 위험과 직면하게 되기 때문이다. 애정 관계의 참여자들은, 자아의 독립성을 유지하면서도 다른 자아와의 합일을 갈망하는 모순적 상황에 직면한다. 백성욱과의 관계에 대한 일엽의 자기 분석과 《행복과 불행의 갈피에서》에 나오는 다른 네 여성의 애정 생활은, 사랑의 이러한 본질에 대한 일엽의 탐구이기도 하다.

일엽은 백성욱과 관계를 비판적으로 평가하면서, 그와 사랑에 빠지면서, 사랑이 자신을 소진해버렸으며, 사랑을 위해서는 자아를 발견하고 유지하는 일이 수반되어야 한다는 사실을 미처 알지 못했다고 그 상황을 분석한다. 자아에 대한 분명한 이해가 있어야만 비로소 두 사람 간의 참된 관계가 이루어질 수 있다는 것이 일엽의 주장이다.

《행복과 불행의 갈피에서》의 서두에서 일엽은 이 책의 목적은 사랑의 위기에서 절망한 젊은이들에게 조언하려는 것이라고 말했다. 하지만 일엽이 이야기한 사랑은 남녀 간의 로맨스에만 국한된 것이 아니라, 다층적인 의미가 있었다. 일엽은 살아가면서 여러 종류의 사랑을 경험했으며, 그 과정에서 사랑에 대한 일엽의 시각도 변했다. 신여성으로서 그녀는 사랑할 권리를 요구했고,《행복과 불행의 갈피에서》에서 일엽은 이제 세상의 모든 존재 형태 속에 존재하는 사랑에 눈을 떠야 한다고 주장한다.

> 핵무기는 물질적인 세상만 상하게 하지만 사랑은 세상과 내적인 혼까지 자지러지게 만드는 것이다. (…) 그것[사랑]은 태초보다도 먼저 있었던 부처님이나 하느님이나 또는 일체 생령生靈, 즉 생명이라고 느끼기 전의 원천인 우주 전체력이다. 위에서 말한 사랑이란 우주의 전체력이며 생령의 본체의 생사가 걸린 인간의 가장 큰 문제다. 그 사랑에 매혹되면 이 몸의 한 생명력을 잃어버리기보다 생명의 근원이 끊어지고 만다. (…) 미친 사람, 백치, 문둥이까지라도 사랑을 찾는 정신만은 잃어버리지 않는 것이다. 그러므로 정신력이 흐려진 지금의 인간들은 살고 죽는 제 생명의 일보

다 직접적인 사랑의 고민을 제일로 한다.[50]

일엽에게 사랑은 세상 모든 것의 근원이다. 사랑은 원초적 힘이자 우주의 전체성이다. 그녀에게 사랑은 또한 사람들을 온통 뒤흔들고 숨 막히게 하는 것이기도 하다. 사랑은 모든 사람이 다 가지고 있는 능력이지만, 사람들이 이 능력을 항상 사용하는 것은 아니다. 일엽은 자기 시대의 사람들이 자신에게 있는 이 능력을 사용하지 못한다고 한탄한다. 바로 앞에서 언급한 사랑의 서로 상충하는 이미지들은, 사랑의 서로 다른 면모를 가리킨다. 다음에 인용하는 글에서 그녀는, 자신이 이해하는 사랑의 서로 다른 층들의 관계를 상징적으로 표현한다.

> 나는 사랑의 상징은 꽃이라고 생각한다. 꽃은 극히 착하고 가장 부드럽다. 또한 너그럽다. 그리하여 꽃의 세계에서는 쏘는 벌이나 썩히는 쇠파리까지 웃으며 맞아들인다. 그보다 더 힘이 세고 너그럽고 아름다운 것은 사랑이다.
>
> 문화의 표징表徵도, 사람의 참 마음의 대표도 사랑이다. 비문화인인 살인강도는 꽃을 미워한다. 그러나 사랑은 할 줄 안다. 그러므로 지옥인들의 가슴에도 사랑은 지녀져 있지만 그 표징과 꽃은 지옥세계에서는 피지 못한다 한다. 불에 꽃이 없는 것처럼.[51]

일엽은, 꽃이 비록 상징적이지만, 보이기도 하고 보이지 않기도 하는 사랑의 가시적인 표현이라고 설명한다. 표현은 구체적인 현실이며, 그것은 사랑의 무한한 본질을 제약한다. 표현은 인지하고 음미할 수 있지만, 또 오해받고 거부당할 수도 있는 것이다. 하지만 표현을 거부한다고 해서 그 상징이 드러내는 것까지 거부한다는 것을 의미하지는 않는다. 일엽은 지옥처럼 최악의 상황에도 사랑은 존재하지만, 지옥 같은 상황에서는 사랑이 그 자체를 드러낼 수 없다고 말한다.

일엽이 보기에 모든 인간은 사랑할 수 있는 능력이 있다. 사랑은 한 존재의 삶을 가능케 해주는 원초적인 에너지이다. 일엽의 사랑 개념이 '연인 사이의 에로틱한 사랑'에서 '인간 존재에 만연한 특성'으로 변화하면서, 그녀는 인간이 아닌 유정의 생명, 나중에는 무정의 존재들까지도 사랑을 할 수 있는 능력이 있다고 보게 되었다.

에로틱한 사랑은 사랑의 한 표현이다. 우리가 그 표현을 단편적인 방식으로만 이해해서 그 원천인 무한한 에너지를 알아보지 못한다면, 드러난 그 사랑은 고통과 번뇌를 불러일으키게 된다. 일엽은 사랑이 모든 존재의 구성요소이므로, 사랑의 본질을 자각하는 것은 우리의 인간성을 회복하는 일이 된다고 생각했다. 그리고 부처는 인류의 이런 목표를 성취한 본보기라고 말한다.

그리하여 일엽은, "불성佛性이 곧 성인간成人間이라"[52]고 말하기에 이른다. 사랑에 관한 일엽의 이해가 두 개인 사이의 에로틱하고 로맨틱한 사랑에서 존재의 모든 형태의 바탕을 구성하는 생명 에너지로 확장되면서 그녀의 세계관도 사회운동가의 관점에서 종교 수행자의 관점으로 변화하게 된다.

죽음을 향한 사랑: 윤심덕과 나혜석

우리 삶에서 사랑과 죽음은 정반대되는 개념이다. 우리는 사랑은 어떤 희생을 치르더라도 좇지만, 죽음은 무슨 수를 써서라도 피하려고 한다. 하지만 사랑과 죽음은 우리 삶에서 그처럼 완전히 동떨어진 두 단계가 아닐지도 모른다. 어떤 이들의 삶에서는 사랑과 죽음의 모순적인 짝 맞춤이 다른 이들에게보다 더 또렷하고 극적으로 나타난다. 일엽은 비극적 죽음으로 끝난 두 사랑 이야기를 들려준다. 그녀의 옛 친구 나혜석과 윤심덕의 이야기이다.

나혜석은 삶의 말년에 이혼 뒤에 찾아온 경제적, 정서적 피폐로 고통 속에 살았다. 소프라노 가수이자 배우인 윤심덕尹心悳(1897-1926)은 배우이자 부유한 유부남인 연인 김우진金祐鎭(1897-1926)과 동반자살을 했다. 그때 그녀의 나이는 겨우 스물아홉이었다.

일엽이 두 여성의 이야기를 들려준 이유는, 그들의 삶에서 어떤 일이 일어났는지를 보여주기 위해서라기보다는, 그들이 자신이 처한 상황에 어떤 식으로 대응했고, 어떤 동기에서 그렇게 대응했는지 생각해보려는 과정이라고 할 수 있다.

일엽은 나혜석과 최린의 연애에 대해서 찬성도, 반대도 표현하지 않았다. 일엽은 그저 나혜석이 인간으로서 타고난 자기 능력을 제대로 깨닫지 못한 것을 애석해했다. 일엽은, 나혜석이 마음을 차분히 가라앉히고 자신이 스스로 발전할 수 있는 무한한 능력이 있다는 것을 알았다면, 이혼 뒤에 직면한 절망적인 상황에도 충분히 살아남을 수 있었을 것이라고 말한다.

윤심덕과 김우진의 동반자살에 대해서, 일엽은 그 목적이 윤심덕이 바란 그대로 그들의 사랑을 영원한 것으로 만들기 위한 것이었다면 그런 죽음도 역시 의미 있는 것이라는 점을 인정했다. 하지만 일엽은 윤심덕의 죽음이 그녀가 바란 대로 본인의 사랑을 불멸의 것으로 승화시킬 수 있다는 점에는 동의하지 않았다.

윤심덕이 부른 노래 중 가장 잘 알려진 노래는 〈死의 찬미〉이다. 노래 가사는 다음의 구절로 시작한다. "광막한 광야에 달리는 인생아/너의 가는 곳 그 어데이냐." 노래에 깊이 스며들어 있는 회의는 일엽에게, 과연 그녀의 친구 윤심덕의 죽음이 죽을 수밖에 없는 존재인 인간 운명을 초월하는 영원한 사랑을 추구하는 희망 어린 행동이었는지 의심하게 했다.

일엽은 젊은 시절에 나혜석, 윤심덕과 더불어 여성해방에 대해 같은 생각을 공유했다. 일엽은 그녀들의 삶, 그리고 자신과 백성욱의 관계를 되돌아보면서, 만일 여성들이 자유를 얻으려 한다면 우선 존재의 본질과 자아의 본질을 알아야 한다고 말한다. 일엽을 포함한 신여성들은 사랑을 자유의 표현이자 가부장적인 전통 사회에 대한 도전으로 여겼다. 하지만 일엽은 여성들이 자아와 사랑의 참된 본질을 깨닫지 못한다면 사랑은 그들을 해방하게 만드는 것이 아니라 소진하게 만든다는 것을 깨닫기에 이르렀다.[53]

일엽은 장애련과 이순실이라는 다른 두 여성의 삶도 이야기한다. 이들은 가공의 인물일 가능성이 크다. 두 여성의 이야기에서 남성들은 그들을 속이고, 잔혹하게 모욕하고, 결국은 버린다. 일엽은 남성들이 바람을 피우는 것이 전염병처럼 한국사회에 만연한 그녀의 시대에, 이들의 이야기를 특정 개인의 이야기가 아닌 당시 많은 한국 여성의 이야기로 제시한다.

1920년대, 일엽이 신여성으로 활동할 때, 일엽은 한국 사회에서 오랫동안 만연한 남성들의 부정不貞에 대해 '신 정조론新貞操論'을 제시하는 것으로 대응했다. 신 정조론을 통해 일엽은, 여성들은 남자들의 성적 배신이라고 하는 어디에서나 볼 수 있는 흔한 현상 속에서 성차별의 현실과 구체적인 실태를 알아야 한다고 말했다. 그리고 이런 앎을 통해 여성들은 자신을 위해서 성적 자유를 주장해야 한다고 제안했다.

그때부터 40년이 지난 뒤 유명한 승려가 된 일엽은 남자들의 성적 폭력이 여성들의 삶에 안겨준 절망감과 비극을 잊지 않았다. 그러나 《행복과 불행의 갈피에서》에서 일엽은 이전과는 다른 조언을 한다. 즉 여성들은 자아를 발견하고 지켜야 한다는 조언이다. 이 패러다임에서 성적 자유는 여성이 자신의 독립성을 자각하고 한 인간으로 자아의 무한한 능력을 활성화하는 여성들의 일부이다. 하지만 여성이 자아를 발견하지 못한다면 여성은 자신의 성적 자유를 주장하는 기반이 되는 사랑에 오히려 소진되고 말 것이다. 일엽이 보기에 나혜석과 윤심덕의 삶은 사랑으로 소진된 경우였다. 반대로 장애련과 이순실의 삶은 독립성을 유지한 경우였다.

여성이 자아를 발견하고 독립적인 존재가 되고, 그 상태를 잘 유지하려면 어떻게 해야 할까? 이야기 속에서 장애련과 이순실은 불교를 만나 결국 출가한다. 일엽은 장애련이 자살 기도에 실패한 뒤 불교를 만나 새로운 삶을 발견하고 승려가 되는 과정을 서술했다. 일엽은 장애련의 삭발이 비극적 과거를 가진 여성이 출가를 통해 도피한 것이 아니라 '재탄생'이자 새로운 시작이라는 점을 분명히 했다.

일엽은 사람마다 경우는 다르더라도 장애련과 비슷한 상황을 겪은 사람이 많을 것이라는 점을 덧붙였다.[54] 이렇게 일엽은 미래 세대가 여성해방에 관한 그녀의 입장에 대해 제기할 의문과 비판에 이미 대답했다. 삶은 일방통행로가 아니다. 사람들은 저마다 각기 다른 삶을 산다. 각기 다른 무대에서 만난 다른 상황은 우리에게 삶을 살아가는 다양한 방식을 살펴볼 수 있게 한다.

이러한 과정을 통해 우리는 각자가 소중하게 여기는 의미에 더욱 새로운 의미를 부여한다. 일엽이 볼 때 여성운동도 이 점에서는 예외가 아니었다. 누군가는 일엽이 1920년대에 신여성으로 행동한 것처럼, 여성해방을 직접 다루는 글을 쓰기도 할 것이고, 또 누군가는 거리 시위에 참여하는 것으로 혹은 충실하게 삶을 사는 것으로 그 운동에 기여할 것이다.

일엽은 부처의 가르침을 따르고 출가하는 것이 그 시대 여성들이 가부장적인 한국사회에서 겪은 문제에 대응하는 유일한 해답이라고 생각했을까?

일엽은 여성들이 자신의 참된 자아를 발견한다는 목표를 이루기에 불교 수행이 가장 좋은 방법이 될 것이라 믿은 것 같다. 그러나 필자는 일엽의 시각이 그보다 더 넓었다고 주장해왔다. 불교에 대한 일엽의 태도가 이따금 모순된 것은 사실이다. 어느 때 그녀는 하나님과 부처님이라는 우상이 필요하지 않다고 급진적으로 선禪적인 태도를 보이고, 또 어느 때는 불교가 '유일한' 해답이라고 주장하기도 한다.[55]

일엽의 사상에 나타나는 이런 불일치를 간과할 수는 없다. 그러나 일단 그 모순을 모순으로 지적하는 선에서 멈추고, 《행복과 불행의 갈피에서》에서 일엽이 다룬 사상 체계의 마지막 정점에 초점을 맞추어 보자. 그 마지막 초점은 '생명'이다. 이 개념은 일엽을 비판하는 이들에게 하나의 답일 수 있고, 또한 김일엽 철학의 마지막 단계, 결정체를 보여주는 것이기도 하다.

여행의 끝에서

《행복과 불행의 갈피에서》의 머리말 제목은 〈생명〉이다. 머리말 서두에서 일엽은 이렇게 썼다.

> 본연의 생명은 생명이라고 느끼기 전이다.
> 생명은 작용하는 것이다.
> 생명의 작용은 생각이다.
> 생각은 온갖 엄청난 생각을 일으킨다.
> 생각이 곧 다양적 생활과 삼라森羅한 만상萬象이다.
> 생각과 만상의 본체가 생명이니 무릇 생명을 가진 자는 자기가 생각할 수 있는 것이 나머지 없이 이루어질 것은 사실이다.[56]

일엽이 사회운동가이자 지식인에서 종교 사상가이자 수행자로 삶의 방향을 바꾸었을 때, 사상의 주요 관심사도 역시 변했다는 것은 주목할 만하다. 신여성으로 활동했을 때 그녀는 삶의 사회적 차원에 관심을 집중했다. 종교 수행자의 길을 걸으면서, 그녀는 존재의 의미에 주목하기 시작한다. 삶의 마지막 단계에서 일엽의 생각은 존재의 실존적 현실 속으로 깊이 파고들면서, 세상 모든 존재 속에 두루 스며 있는 생명력에 초점을 맞췄다.

일엽은 자신의 '생명' 개념이 만공의 가르침에서 온 것이라고 말한다.[57] 그녀는 스승 만공 선사가 현대의 사람들은 마치 기계

부품처럼 존재하여, 서로 연결되지 못한다고 생각했다고 말한다. 파편과 같은 존재성은 조각난 생각만을 불러일으키고, 결과적으로 인식 능력과 정서적 능력의 발전을 방해한다. 인식 주체는 주체적 관점이 그 주체의 시야를 제한하기 때문에 제대로 계발되지 못한 인식에 의지하여 편향된 관점을 갖게 된다. 주체의 정서 세계가 타인들의 정서와 감정을 헤아리지 못하고 자신의 문제에만 집중하기 때문에 제대로 기능하지 못한 정서 능력은 그 주체가 타인들과 교감하는 것을 방해한다. 만공은 이런 현상을 기계적 사고방식이 생명을 지배하는 상태로 평가하고, 만일 인간이 인간적인 삶을 영위하고 싶다면 '총체적인 생명력의 회복'이 필요하다고 보았다.

불교는 이와 같은 삶의 양상은 '고통[苦, duhkha]'을 야기한다고 말한다. 일엽은 《어느 수도인의 회상》에서 '고苦'에 관해 거듭 이야기했다. 주체의 시야가 주관적인 관점으로 제한되어 있기에 그 주체는 부족함을 느끼거나 자신과 타인들 및 세계와의 경험에 불만스러워한다. 파편화는 필연적으로 주체와 세계의 간극을 빚어내기 마련이다. 이런 간극이 빚어낸 문제를 어떻게든 해결하지 못할 경우, 주체는 살아가는 과정에서 끊임없이 고통과 불만을 겪을 수밖에 없다.

이런 간극을 해소하기 위해 사람들은 상반된 두 가지 방법을 사용해왔다. 첫 번째는 세계를 주체의 영역 속으로 끌어들이려고 노력하는 것이다. 이런 방법은 전체주의적 세계관의 토대가 된다. 두 번째는 주체와 세계가 서로가 서로에 의지해서 존재한다는 것을 이해하고, 서로 도움이 되는 관계로 만들어가는 것이다.

프랑스 철학자 모리스 메를로퐁티Maurice Merleau-Ponty(1908-1961)는 주체와 세계 사이의 간극을 그리스어로는 '카이chi'라고 발음되는 '엑스x' 자를 이용해 '카이아즘chiasm' 혹은 '교차 이론'을 통해 설명한다. 메를로퐁티는 세계와 주체의 관계는 주체와 세계가 따로 떨어져 존재하는 두 개의 수직 평행선과 같은 관계가 아니며, 그렇다고 주체나 세계, 어느 한쪽이 다른 쪽을 지배하는 두 개의 수평선 같은 관계도 아니라는 점을 강조한다.[58] 그는 그 관계는 주체와 세계가, 혹은 주체와 타자가 서로 만날 수밖에 없고, 또한 서로의 역할이 언제든 뒤바뀔 수 있는 '엑스x'와 같은 두 개의 교차 선과 같다고 말한다.

메를로퐁티는 이런 교차 관계를 이용해서 우리의 지각 경험을 설명한다. 상식적인 세계에서 우리가 "나는 나무를 보고 있다"라고 말하면 이상하지 않다. 하지만 메를로퐁티는 나무에 대한 우리의 이와 같은 인식은 이와 반대에 해당하는 인식, 즉 "나무가 나를 보고 있다"라는 인식과 함께 이해되어야 한다고 말한다. 이러한 메를로퐁티의 주장에 대해 우리는 즉각적으로 다음과 같이 반응할 수 있다. 나무가 사람을 볼 수 있는 감각 기관이 있나? 나무가 사람을 인지하고 알아볼 수 있는 의식이 있나?

물론 이런 질문은 메를로퐁티의 제안에 대한 당연한 반응이다. 하지만 그의 인식 철학은 문자의 이해를 넘어 우리의 경험을 생각해보라고 제시한다. 이를 설명하기 위해 메를로퐁티가 제시한 예 하나는 오른손과 왼손이 서로 맞잡고 있는 상황이다. 이 경우 어느 손이 어느 손을 잡고 있고, 어느 손이 잡히고 있는가? 오른 손이 왼손을 건드리고 있는 동안 오른손은 또 왼손의 건드림을 당하고 있기도 하다. 이런 상황은 왼손을 놓고 봐도 마찬가지이 다.[59]

내가 만일 나무에 대한 참된 이해를 추구하는 사람이라면, 내 가 나무를 볼 때 나는 나무를 보고 있지만 그와 동시에 나무도 나를 보고 있다는 점을 인정하지 않을 수 없을 것이다. 이 경우 나는 나무를 보는 주체이자 나무가 보고 있는 객체이다. 나의 인 식 작용은 인식의 대상인 타자와 관계없이는 불가능하다는 의미 이다.

초기 인도 불교는 이와 같은 주체와 객체의 상호작용을 '18계 十八界'라는 개념으로 설명한다. 18계는 다음과 같이 이루어진다. (1) 여섯 가지 감각 기관: 눈, 귀, 코, 혀, 몸, 마음. (2) 이 여섯 감 각 기관에 상응하는 여섯 감각 대상: 모양, 소리, 냄새, 맛, 감촉, 심상心象. (3) 감각 기관과 감각 대상이 접촉한 결과: 눈 의식(시 각), 귀 의식(청각), 코 의식(후각), 혀 의식(미각), 몸 의식(촉각), 마 음 의식(정신)이 그것이다.

불교적 세계관에서 몸과 정신은 존재의 다른 두 차원으로 분 리되지 않고, '정신'이 다른 다섯 가지 감각 기관들과 같이 감각 의 범주 속에 포함된다는 점은 주목할 만하다. 18계를 이해하는 데 중요한 점은 이 요소들 가운데 어떤 것도 혼자 기능할 수 없으며, 각 요소는 다른 요소와 상호작용을 통해서만 기능한다는 점이다. 이것은 우리가 주체의 측면, 즉 여섯 개의 감각 기관을 그 대상(객체)과 분리할 수 없다는 것을 의미한다. 예컨대 '봄' 혹은 '보이는 현상'은 눈이라는 감각 기관이 시각 대상과 만나면서 기능하기에 가능하며, 그 결과로 시각 의식이 생겨난다.

일본의 인도불교 연구자 히라카와 아키라平川彰는, 18계 이론은 우리의 존재가 항상 다양한 다른 것들의 조건으로 규정됨을 보여준다고 설명하며, "상호의존해서 일어남, 즉 연기緣起란 곧 (…) 계界와 동일한 의미"[60]라고 말한다.

여기서 우리는 주체와 객체의 관계를 이해하는 데 메를로퐁티의 철학과 불교 사상이 서로 유사한 생각을 공유하는 것을 볼 수 있다.[61] 주체, 세계, 타자를 이해할 때, 주체와 객체의 상호 참여 개념을 두 철학이 공유하기는 하지만, 메를로퐁티가 말하는 인식의 현상학적 '교차 가역성交叉 可逆性(chiasmic reversibility)'과 불교에서 상호의존성을 말하는 연기緣起 및 계界라는 개념의 차이점 역시 간과할 수는 없다.

메를로퐁티의 입장은 주체가 세계를 구성하고 객체는 주체가 구성하는 대로만 의미를 지닌다는 모더니즘의 주관적 관념론이 얼마나 잘못된 것인지 보여주는 데 있다. 메를로퐁티는 주관주의 철학을 비판하는 입장에서 이렇게 선언했다. "내가 나무를 보는 만큼 나무도 나를 본다." 하지만 메를로퐁티는 나무 그 자체의 물질적 구성에 이의를 제기하지는 않는다. 그는 현상학자로서 우리가 세계를 인식하는 방식을 이해하는 것이 철학의 주 관심사였다. 그리고 그는 우리가 주체에서 객체로 나아가는 일방통행로가 아니라 주체와 객체의 상호교류의 뒤얽힘을 통해서 세계를 인식한다고 주장하는 것이다.

불교는 인식되는 현상뿐 아니라 그 이상에 관심이 있다. 불교는 지각의 장에서 주체와 객체의 뒤얽힘이 우리가 존재하는 방식이며, 우리 존재가 구성되는 방식이라는 것을 말하고 있다. 베트남의 승려이자 운동가인 틱낫한은 《반야심경》에 관한 그의 책 서두에서 그 차이를 다음과 같이 설명한다.

당신이 시인이라면, 이 종잇장 속에 구름이 떠다니고 있는 것을 분명히 보게 될 것입니다. 구름이 없다면 비도 없을 것입니다. 비가 없다면 나무도 자랄 수 없습니다. 나무가 없다면 우리는 종이를 만들 수도 없습니다. 종이가 존재하려면 반드시 구름이 있어야 합니다. 만일 구름이 없다면, 종잇장도 여기에 있을 수 없습니다. 그러므로 우리는 구름과 종이는 더불어 존재한다고 말할 수 있습니다. '더불어 존재함inter-being'이라는 말은 아직 사전에 등재되지 않은 말이지만, 만일 우리가 접두사 '사이inter-'를 '있다/존재한다to be'라는 동사와 결합한다면 '사이-존재하다' 혹 '더불어 존재하다inter-be'라는 새로운 동사를 만들 수 있습니다. 구름이 없다면 우리는 종이를 가질 수 없으므로 우리는 구름과 종잇

장이 '더불어 존재한다inter-are'라고 말할 수 있습니다.**62**

이 경우에 '나'와 '나무'의 상호 연관됨은, 내 지각에만 국한되는 것이 아니다. 틱낫한에게 그것은 내 존재의 존재론적, 실존적 현실이다. 나라는 존재는 나만의 유일한 본질이라고 주장할 만한 요소가 있지 않으며, 이는 세상에 존재하는 나무나 다른 모든 것도 마찬가지이다. 이에 관해 틱낫한은 이렇게 말한다.

> 우리가 이 종잇장을 좀 더 깊이 들여다본다면, 그 속에서 햇빛을 볼 수 있을 것입니다. 만일 햇빛이 거기 없다면, 숲은 자라지 못할 것입니다. 아니 사실은 그 어떤 것도 자랄 수 없습니다. 우리 조차도 햇빛이 없으면 성장할 수 없습니다. 그러므로 우리는 이 종잇장 속에 햇빛도 역시 있다는 것을 알게 됩니다. 우리가 계속해서 들여다본다면, 나무를 베어서 그것을 종이로 변하게끔 제재소로 옮기는 벌목꾼을 볼 수 있을 것입니다. 그리고 우리는 밀을 봅니다. 우리는 그 벌목꾼이 매일 먹는 빵이 없다면 그가 생존할 수 없으리라는 것을 압니다. 그러므로 그가 먹을 빵이 된 밀도 역시 이 종잇장 속에 있습니다. 그리고 그 벌목꾼의 아버지, 어머니도 역시 그 안에 있습니다. 이렇게 본다면, 우리는 이 모든 것들 없이는 이 종이 한 장이 존재할 수 없다는 것을 알게 됩니다.**63**

여기에서 틱낫한이 소개한 '상호 뒤얽힘'과 '더북어 존재함'이 개념은 화엄종에서 개별자의 정체성과 타자와의 관계에 대해 이해하는 상징적 개념인 '인드라망'에도 잘 표현되어 있다. 중국 화엄종의 시조로 알려진 두순杜順(557-640)은 인드라망을 다음과 같이 설명했다.

> 신들의 황제인 인드라(제석천)의 (…) 하늘을 뒤덮고 있는 보석 그물을 일러 인드라망이라고 한다. 이 그물은 온통 보석으로 이루어져 있다. 그 보석들은 하나같이 맑고 투명하기에 서로의 모습을 비춰준다. 그것들은 서로의 모습을 끝없이 비춰주는 모습으로 나타나며, 하나의 보석 속에 모든 보석의 모습이 동시에 나타난다 (…) 이제 잠시 남서쪽 방향으로 돌아서서 하나의 보석을 집어 들고 들여다보라. 이 보석은 동시에 모든 보석의 모습을 보여줄 수 있으며, 다른 모든 보석도 역시 이 보석처럼 동시에 모든 보석을 보여준다. 그러한 비춰줌은 무한히 계속된다. 이렇게 무한히 거듭되는 비춰줌이 하나의 보석 속에서 선연하게 다 드러나며, 다른 보석들은 이런 비춰줌을 방해하지 않는다 (…) 하나의 보석 속에서 그 보석을 벗어나지 않고도 모든 보석 속으로 들어가므로 우리는 이 한 보석을 벗어나지 않고도 모든 보석 속에서 한 보석 속으로 들어간다.[64]

화엄불교에서는 개개인을 인드라망 속의 보석에 비유한다. 인드라망 속에서 보석들은 독립된 실체로 존재하지만, 사실 그 정체성은 각각의 보석에 비친 그물 속의 모든 보석의 결합으로 이루어진다. 틱낫한은 '더불어 존재함'이라는 개념을 통해서 이것을 설명했으며, 일엽은 이것을 일러 '하나'라고 표현했다. 이 하나는 공空이며, 이것을 일엽은 '생명'이라고도 표현했다.

《행복과 불행의 갈피에서》의 후반부는 자아, 하나, 공, 생명에 대한 일엽의 성찰을 보여준다. 불교의 공空 개념은 우리가 일상의 대화에서 사용하는 공과 크게 다르다. 컵에 물이 반쯤 차 있을 때 우리는 그 컵이 반쯤 비었다고 말한다. 이 경우 빔은 물의 결여를 의미한다. 반면 불교에서는 그 컵이 자체의 독자적인 본성을 '갖고 있지 않다'는 본성의 결여라는 의미에서 '컵이 비어 있다'라고 말한다. 그런데 만일 그 컵이 자체의 '컵다움cup-ness'을 갖고 있지 않다면, 그것은 어떻게 존재하는가?

컵은 컵의 존재에 기여하는 여러 다른 요소를 통해 존재한다. 따라서 그 컵은 비어 있다. 공이다. 마찬가지로 물도 비어 있고, 자아도 역시 비어 있다. 공은 세계와 존재의 비실체적 현실을 가리킨다. 세상의 모든 것은 자체의 독립적인 본질을 통해서가 아니라 조건화된 현실을 통해서 존재하므로 모든 것은 비어 있다.

일엽은 공이 "만유의 내적 본질이요, 생령의 본체요, 혼의 대휴식처요, 생각하게 하는 나요, 우주의 창조주다"라고 말한다.[65]

틱낫한이 설명했듯이 선불교 전통에서 공(비어 있음)은 충만(가득 차 있음)을 뜻한다. 독립적인 본질의 결여는 다른 모든 것이 충만함을 의미하기 때문이다. 실존적 현실로서 공의 개념은 일엽

김일엽, 한 여성의 실존적 삶과 불교철학

에게 존재한다는 것은 움직임을 의미하며, 이 움직임이 우리 '생명'의 바탕이라는 것을 깨닫게 해주었다. 생명은 분리할 수 없다는 의미에서 하나이며, 우리 존재의 이 '하나임oneness'을 깨닫는 것이, 곧 일엽이 '소아(작은 나)'라고 부른 조각난 자아의 반대인 '대아(큰 나)'를 깨닫는 것이다.

일엽은 자신의 글에서 윤리 철학을 직접적으로 다루지 않았다. 하지만 일엽의 불교에서 윤리 철학의 바탕을 찾기는 그리 어렵지 않다. 신여성으로서 그녀는, 남녀라는 성별에 따라 도덕률을 다르게 적용하는 것은 도덕적이지 않다고 지적했다. '하나임'과 비어 있음(공)을 통해 설명되는 일엽의 불교철학은 '함께함togetherness'의 윤리를 제시한다. 모든 것이 하나라는 원리는 남성이든 여성이든, 인간이든 인간이 아니든, 유정이든 무정이든 변하지 않기 때문이다. 하이데거의 용어를 빌려 말하자면, 일엽에게는 존재의 이 '서로서로 함께함belonging together'을 깨닫는 것은 참된 존재의 출발점이다. 이런 깨달음은 우리를 '작은 나'에서 '큰 나'로 나아가도록 이끌어준다.

큰 나를 회복하는 이런 행위는 공적인 차원을 갖고 있다. 작은 나에게 예속된 개인은 살면서 계속 고통을 경험하고 불만을 느끼게 된다. 그러한 파편화된 존재에서 해방된 큰 나는 존재가 창조적인 삶을 영위하는 힘을 불어넣는다. 일엽에게 부처는 그런 창조적 삶을 산 대표적 존재이다.

하지만 이와 같은 존재의 해방은 단지 한 개인의 삶에만 영향을 주는 사건이 아니다. 인드라망 속 하나하나의 보석은 그물에 걸려 있는 다른 모든 보석을 비춰준다. 해방된 보석의 빛은《법화경》속 부처의 이마에서 나오는 빛처럼 다른 모든 보석을 비출 것이다.

신여성으로서 일엽은 신여성들이 사회의 남녀차별 문제를 자각하지 못한 사람들을 일깨워줄 책임이 있다는 점을 강조했다. 일엽은 또 여성들이 성차별을 해소하기 위해 사회 변화를 이루어내야 할 책임이 있다는 점도 강도 있게 주장했다.

출가자가 된 일엽은 이런 책임의 범위를 실존적인 영역으로 확대해, 한 인간의 최우선적이고 근본적인 의무는 그 삶에 책임을 지는 것이라는 점을 우리에게 일깨워준다. 일엽은 책임을 진다는 것이 우리가 우리 존재의 본질, 생명의 하나 됨, 공개념의 자각을 의미한다고 보았다. 그렇게 하는 것을 이루지 못할 때, 우리 자신뿐 아니라 타인에게도 영향을 미치게 된다고 일엽은 말한다.

> 인간이란 우주 자체예요. 한 조각이에요. 책임이라면 다시 어쩔 것 없이 다 얻어진 거예요. 물론 '책임'이란 그 말과 그 뜻도 꼭 부합됩니다. 그런데 지금은 책임이 얼마나 흔하고 헐어빠지고 도무지 천하기 이를 데가 없어요. 아무 데나 버려두고, 귀중한 줄도 모른다 그 말이에요. 그러니깐 가짜 인간들, 가짜 생활을 한다는 줄이나 알아야 할 건데 자기가 자기를 상실한 줄도 모르고, 그러

니까 찾을 생각도 없고…**66**

이 책임은 어떻게 져야 하는가? 작은 나에서 해방하는 것이 사회 변화 없이 가능할까? 일엽의 불교에서 사회 이론은 중요한 쟁점이 아니다. 그러나 우리가 인간으로서 책임이라는 문제를 다룰 때 불교와 불교의 사회적 책임에 대한 의문은 다시 생각해보지 않을 수 없다.

일엽은 자신의 75회 생일 때 시를 하나 썼다. 그리고 그때부터 1년이 채 지나지 않아 세상을 떠났다. 그 시의 제목은 〈이 생에서 오늘은 다시 오지 않는다[一生不再來今日]〉이다.

생을 통하여 다시 오지 않는 오늘인데

영겁에 얻기 어려운 이 몸이라.

태어나 이제까지 험로에서 이 산에 이르러

오늘 문득 옛 근심 잊었노라.**67**

이 시와 더불어 일엽은 화해를 완성했다고도 할 수 있다. 일엽은 자신이 깨달음을 얻었다고 주장한 적은 없다. 하지만 자신이 정신적 훈련에 있어서 일정 수준의 단계에 이르렀다는 말은 한 적이 있다. 그리고 이 시에서 보여주는 일엽의 모습은 생애 마지막 단계의 마음 상태, 곧 본인이 자유로운 존재라는 점을 잘 밝히고 있다.

7장

살아낸 삶

여성과 불교철학

글쓰기와 불교 수행, 의미의 생산

김일엽은 왜 20년 이상의 침묵을 깨고 다시 글을 발표해야겠다고 생각했을까? 이런 의문은 그녀가 출가한 뒤 여성운동에 대한 그녀의 입장과 더불어 그녀의 생애에 관해서 가장 자주 제기되는 질문이다.

이 질문에 대한 답은 일엽이 이전에 발표한 글이나 책에서 이미 찾을 수 있다. 1935년에 발표한 〈불도佛道를 닦으며〉에서 일엽은 글을 읽지도 말고 쓰지도 말라는 스승의 조언을 따르기로 결심한 일에 관해 분명히 밝혔다. 그녀는 글을 읽지도, 쓰지도 않는 일이 자신에게 어떤 의미인지, 그리고 왜 그런 훈련을 하기로 결심했는지 분명히 밝혔다. 〈불도를 닦으며〉에서 일엽은 이렇게 썼다.

톨스토이나 괴테나 이렇게 큰 예술가들은 모두 스님이 말씀하시는 대오大悟를 얻은 신분인 듯, 참으로 위대한 예술이란 것은 철저히 깨달은 위에서 되는 것인 줄 압니다. 인생관이 서지 않고서 지어진 작품, 그는 필경 아침 이슬같이 사라질 것이외다. … 저도 참으로 위대한 예술가가 되어지이다 하고 원한다면 먼저 인생과 우주를 다 알고 난 뒤에 붓을 잡을 바인 줄 압니다. 지난날 무엇이라도 몇 자 쓴 모든 것이 지금 돌아보면 다 우습습니다. 다 부끄러울 뿐이외다.[1]

일엽은 절필하겠다고 선언했지만, 글 쓰고 싶은 욕구가 사라진 것도 아니었고, 글쓰기를 완전히 포기할 의도도 없었다. 일엽의 손상좌 월송은 일엽이 한밤중에 종이 여백에 글을 쓴 것을 기억했다.[2]

일엽이 〈개벽〉지 기자와 인터뷰한 내용에도 글쓰기에 대한 일엽의 마음가짐을 엿볼 수 있다. 기자가 절에서 아직도 글을 쓰고 있느냐 묻자, 일엽은 글 쓸 준비가 제대로 되지 않았을 때 글을 쓰려 해서는 안 된다고 응답했다. 수행이 무르익었을 때 글쓰기의 새로운 지평을 열 생각이 있느냐고 기자가 묻자 일엽은 "네, 석가와 같이…"[3]라고 응답했다.

일엽은 1960년대에 다시 문예계로 돌아와 1971년 열반할 때까지 왕성하게 글을 썼다. 그녀는 또 자신이 좋은 글의 소재를 찾아 좀 더 호소력 있는 글을 쓰고자 승려가 되었다고 분명하게 선언하기도 했다.[4] 그녀는 부처를 깨달음에 이른 위대한 작가로도 지칭했다.

〈불교와 문화〉라는 글에서 일엽은 당대 작가들과 예술가들에 비판적인 태도를 보였다. 그녀가 보기에 참된 예술은 창조성으로 이루어진 예술을 의미했다. 작가나 예술가에게 창조성이 영감의 원천이 된다는 생각은 그다지 새롭지 않다. 그러나 앞에서 이야기한 것처럼 일엽에게 '창조성'은 상상력을 통해 세계와 만나는 일반적인 창조성의 개념을 넘어서는 의미가 있다. 일엽은 창조성을 존재의 근원으로 여겼다. 창조성은 생명력의 활동과 생명 에너지의 만남을 포함한다. 일엽에게 어떤 예술작품이 창조성을 통해서 나올 때, 그것이 그림이든 조각이든 책이든, 그것은 '생명', 존재 그 자체를 드러낸다. 생명과 창조성의 구체적인 현실을 일엽은 문화라고 불렀다.

일엽은 당대 예술가들이 예술작품의 이런 영적 차원을 알지 못하는 것을 개탄하면서 이렇게 말했다. "문화재文化財가 무엇인지도 모르고 생각하는 법法을 사물事物에서 얻으려는 현세문화인現世文化人은 생명生命 있는 창작創作을 하지 못하는 것이다. (…) 우주자체화宇宙自體化가 일가一家라는 것도 모르는 문화인文化人들인 것이다."[5]

위대한 작가가 되고 싶어 하는 사람들에게 일엽은 다음과 같이 충고한다. "백 년百年의 구상構想보다 천 년千年의 시작試作보다 일 분一分의 무념처無念處에서 얻은 창작력創作力이 효율效率이 나은 것이다.[6]

글쓰기는 의미를 부여하는 행위이다. 작가들은 언뜻 보면 관련이 없어 보이는 삶의 여러 사건을 가능성 있는 의미 구조로 형성하면서 이야기를 창조한다. 작가에게 매일 반복되는 삶의 행위들에 대해 상식적인 이해를 뛰어넘는 통찰력이 없다면 통상적인 이해를 넘어 삶을 이해하기는 힘들 것이다.

20세기 초, 러시아의 문학비평가 빅토르 시클롭스키Viktor Shklovsky(1893~1984)는 예술작품에서 일어나는 이와 같은 변화를 '낯설게 하기'라고 말한 바 있다. "예술의 목적은 사물을 이미 알려진 대로가 아니라, 우리가 인식하는 그대로 전하는 것이다. 예술의 기법이란 대상을 '낯설게' 만들고, 형식을 어렵게 만들고, 인식의 어려움과 길이를 증가시키는 것이다. 인식 과정은 그 자체로 미학의 목적이고, 따라서 (그 경험은) 연장되어야 하기 때문이다."[7]

시클롭스키의 견해에 따르면, 낯설게 하기는 사람들이 삶의 감각을 회복하고, 사물들을 느끼도록 하고, 따라서 돌을 돌답게 만들기 위해 존재한다.[8] 시클롭스키의 낯설게 하기 개념은 문학 언어의 기교적 측면을 강조하는 것처럼 보이지만, 그것은 그가 속하는 러시아 형식주의 문학 이론이 가장假裝하는 것이다. 러시아 형식주의 문학 이론의 정치적 측면을 여기서 논의하지 않겠지만, '기교적'이라는 표현이 예술을 정치 선전에 이용하려는 어떠한 시도라도 미리 막으려는 목적이었음을 지적하고자 한다.

선불교 전통은 언어적 표현이 지닌 '변화의 힘'에 특별히 민감했다. 한국불교 전통에서 공안 수행과 화두 참선은 의미를 부여하는 인간의 행위에서 낯설게 하기가 중요하다는 사실을 강조한

김일엽, 한 여성의 실존적 삶과 불교철학

다. 선불교 수행자들이 보기에 낯설게 하기의 경험은 일종의 정신 수행의 목적이 있다.⁹ 의미를 추구하는 행위들은 대체로 익숙하고 습관화된 우리의 일상 삶 속에 매몰되어 있다. 20세기 독일의 현상학자 에드문트 후설Edmund Husserl(1859-1938)은 이런 것을 우리가 일상의 태도에 대해 의문을 제기하기 이전의 '자연적 태도die natürliche Einstellung'라고 불렀다.

후설의 이런 견해를 우리는 '작가란 마음의 습관에 도전하는 사람'이라는 일엽의 생각과 연결해볼 수 있다. 이러한 도전은 '무념의 경험' 혹은 '우주와 하나 됨'의 경험을 통해서 가능해진다.

일상적 삶에서 우리는 우리가 만나는 외적인 대상들의 존재를 당연하게 여기면서, "여기에 우리 집이 있다" "집 앞에 나무가 있다" "차가 있다" "매일 지나가는 사람들이 있다"라고 말한다. 우리는 우리가 그 대상들을 이해하고 있다고 생각한다. 하지만 잠시 멈춰 서서 그들의 의미에 관해서 생각해보면 여러 가지 의문이 일어난다. 그들은 누구이고 무엇이며, 그들이 존재한다는 것은 무엇을 의미하는가? 그들에 대한 우리의 인식은 있는 그대로의 그들 혹은 그것들을 정확하게 포착하고 있는가?

우리 마음이 흔들리면서 외적 대상의 본질에 의문을 품기 시작하면, 어느 시점에 이르러 그 의문은 방향을 바꿀 것이다. 그리고 우리 외부의 대상들이 의문의 주제가 되는 것과 마찬가지로 우리는 우리 자신에게도 의문을 제기하게 될 것이다. '나는 누구인가?' '내가 존재한다는 것은 무슨 의미인가?'

일엽의 불교 철학은 '나'에 관한 그녀의 의문들을 바탕으로 세워졌다. '내'가 '나'라는 것은 어떤 의미인가? 그러한 현실은 어떤 것들을 포함하고 있는가? 그것은 내가 아닌 것들과 어떤 관계가 있는가?

이때 세계를 비판 없이 있는 그대로 수용하는 소박한 태도(자연적 태도)는 도전받지 않을 수 없다. 우리가 일단 삶에 관해 질문하기 시작하면, 우리는 자기 자신과 외부 세계에 대한 우리의 이해를 다시 시작할 수밖에 없다. 후설은 이 성찰적인 접근법을, 세계를 소박하게 수용하는 태도와 대비되는, '철학적 태도'라고 불렀다. 철학적 태도를 지닌 개인 속에서 일어나는 이러한 질문은 삶에 대한 허무주의적인 의심이 아니라 우리에게 아직 명확하게 드러나지 않은 삶의 참된 의미에 관한 질문이다.

후설은 자연적 태도를 넘어서는 경험을 이해하는 방법으로 '에포케epochē' 혹은 판단중지로 알려진 방법을 제안했다. 이 방법으로 우리는 대상에 대한 우리의 즉각적인 이해를 일단 괄호 안에 넣고, '아무 입장도 취하지 않는 태도'를 통해서 경험을 이해하기 위해 잠시 멈춰 선다. 외적 대상들과 우리 자신에 대한 우리의 경험은 대개, 각자의 개인적 선호도를 통해 재해석한 결과이다. 후설의 현상학적 판단중지는 일상에서 습관화된, 뭐든 당연시하는 우리의 태도를 괄호 속에 집어넣으라고 요구한다. 그런 의미에서 판단중지는 선불교의 '무념無念'에 포함된 '무無'의 개념을 떠올리게 한다.[10]

김일엽, 한 여성의 실존적 삶과 불교철학

판단중지는 주체가 '아무 입장도 취하지 않는 태도'를 통해서 대상을 만날 수 있도록 주체에게 '주관적' 입장을 괄호 속에 집어 넣으라고 요구한다. 우리는 우리가 아무 입장도 취하지 않고 다른 사람들을 객관적으로 이해하는 것이 그리 어려운 일은 아니라고 생각할 수도 있다. 하지만 선불교에서 존재의 실상에 대한 '깨침'을 강조하는 것은 이러한 일이 그리 쉽지 않다는 것을 알려준다. 앞에서 논의했듯이 악을 배제하고 부처의 선함 만을 강조하거나, 지옥을 고려하지 않은 채 오로지 천국만을 지양하는 것은 편향된 견해라고 일엽은 말한다. 양극 가운데 어느 한쪽도 다른 한쪽 없이 존재할 수 없기 때문이다.

삶의 경험이란 고정되고 정적인 실체가 아니다. 우리 일상에서 사건이 일어날 때마다, 우리가 경험하는 대상은 변화한다. 그렇다면, 판단중지라는 것은 우리 일상의 잇따라 변화하는 경험에서 어떻게 기능하는가?

프랑스 현상학자 메를로퐁티는 후설이 자연적 태도와 철학적 태도를 분명하게 분리한 것을 비판하면서, 이 두 태도는 공존한다고 말한다.[11] 메를로퐁티는 현상학적 판단중지가 다음과 같은 두 가지 위험성이 있다고 지적한다. 첫째는 경험을 고착화해서 그것을 왜곡할 위험성이고, 둘째는 현실과는 동떨어진 초월적인 세계를 만들어낼 위험성이다.

현상학적 판단중지가 이러한 위험성을 안고 있다는 것을 인정하더라도 만일 판단중지를 전혀 하지 않는다면, 우리는 우리의 습관적 이해로, 채색되지 않은 있는 그대로의 현실을 잠시라도 볼 수 있는 가능성마저 잃게 된다. 우리는 습관화된 경험에 우리를 맡기게 될 것이고, 그 상황에서 각자의 선호도와 자기중심적 세계관에 지배당할 것이다. 메를로퐁티가 습관적인 자연적 세계와 현상학적 판단중지에 의해 이루어지는 세계의 경험이 공존한다고 제시한 이유가 여기에 있다.

불교는 진속이제眞俗二諦, 즉 세속적 진리와 궁극적 진리라는 '두 진리'의 개념을 통해 이러한 공존을 설명한다. 현실과 마주칠 때 우리는 끊임없이 주관적 관점을 투영한다. 하지만 우리의 개인적인 관점은 우리가 삶과 대상들과 우리 자신을 이해하는 방식을 지속해서 바로잡아주는, 세계에 대한 깨달음의 관점에서 다시 조정해야 한다는 것이다.

글쓰기는 판단중지 상황의 경험과 일상의 경험을 이어주는 다리라고 할 수 있다. 글쓰기는 존재에 대한 무관점적無觀點的 관점에서 시작하여 거기서 생성된 견해들을 각 개인의 의미부여 행위와 연결한다.

이번 장의 시작에서 우리는 왜 일엽이 20년 이상의 침묵을 깨고 글쓰기를 다시 시작하고 작품을 출간하기로 결심했는지 물었다. 이에 대해서 나는 그녀가 좋은 작가가 되기로 결심한 것으로 이미 그런 질문에 답했다고 말했다. 하지만 이제 같은 질문을 다시 해보자. 일엽이 책을 출판한 이유, 그리고 그 책을 그러한 형식으로 쓴 진정한 이유는 무엇이었을까?

김일엽, 한 여성의 실존적 삶과 불교철학

일엽이 책을 출판한 1960년경 일엽은 이미 잘 알려진, 영향력 있는 선사였다. 그러한 일엽이 불교를 알리기 위해 책을 쓰는 일은 당연하다고 할 수 없다. 하지만 그녀는 왜 불교에 관한 글을 쓰면서 아버지의 기독교에 대한 반감, 식구들의 죽음, 자신이 겪은 외로움의 고통, 과거에 로맨틱한 관계를 맺은 연인들과의 내면적 이야기 등 자기 삶의 세세한 면을 드러내는 방식으로 글을 쓴 것일까?

《어느 수도인의 회상》 서문에서 일엽은 당시 사람들이 종교나 진지한 문제에 별로 관심이 없기 때문에 불교의 가르침과 자신의 삶의 이야기를 섞어서 글을 썼다고 말한다. 그녀는 사람들의 관심을 끌기 위해 그녀의 표현대로 "비빔밥" 같은 글을 쓴 것이다. 일엽이 자신의 생애를 되돌아본 이유가 꼭 이것 하나 때문이었을까?

우리는 일엽의 생애와 철학이라는 서술 행위를 통해, 그리고 좀 더 넓게 보아서는 우리가 삶의 경험을 철학의 의미 부여 행위와 연결하는 방식에서, 다양한 의미의 층들을 발견하게 된다.

경험과 서사적 정체성Narrative Identity : 배제의 논리

우리는 매일 우리의 삶을 산다. 우리는 아침에 일어나 샤워하고, 커피를 마시고, 아침 식사를 하고, 일하러 나간다. 이처럼 익숙한 연속적인 행위가 우리의 일상을 이룬다. 우리는 처음 이러한 행위를 배운 이후로, 이를 무수히 반복해왔다. 이렇게 자주 반복하는 행위에서 우리는 어떻게 의미를 발견할 수 있을까? 아니, 의미는 어떻게 만들어질까? 우리는 우리의 삶 속에서 의미가 있거나 마땅히 의미 있어야 할 행위와 잊어야 하는 무시하거나 폐기해야 할 행위를 어떻게 구별하는 것일까? 한 번의 행위로, 의미가 생길 수 있을까? 아니면 연속적인 행위로만, 의미가 생기는 것일까? 행위는 어떻게 결합하여 의미를 만들어내는가? 각기 다른 행위를 결합해서 이런저런 의미 단위를 만들어내는 접착제는 무엇인가?

줄리아 크리스테바는 한나 아렌트Hannah Arendt(1906-1975)의 삶을 기록한 글에서 이렇게 말한다. "우리는 우리 삶의 이야기를 해야 한다. (…) 우리가 그것에 의미를 부여하게 되기 전에 말이다."[12] 우리는 우리가 행동이나 언어 표현을 통해 의미를 창조하기 전에 이미 의미가 존재한다고 생각하는 경향이 있다. 우리는 '이야기'란 우리가 전하고 싶어 하는 의미나 메시지를 전달해주는 도구라고 생각한다.

하지만 의미라는 것은 우리가 화물처럼 옮길 수 있는 고정된 실체가 아니다. 만일 의미가 그처럼 옮길 수 있는 것이라면, 그래서 의미가 열차에 실린 트렁크처럼 실제 사건에서 그 사건을 경험하는 주체에게 고스란히 이동될 수 있는 것이라면, 우리는 주체의 입장으로 타자를 이해하든, 균형 잡힌 중립적, 객관적 관점으로 타자를 이해하든 상관없을 것이다. 주체가 의미를 제대로 포착하지 못할 때조차 고정된 의미는 저 밖에서 주체의 편견에 아무 영향을 받지 않고 의연하게 존재할 것이기 때문이다. 그 경우 우리는 결국 그저 인식론적인 실수에 지나지 않을 우리의 실수를 발견할 수 있을 뿐이다.

그러나 의미는 어느 관찰자가 쉽게 점검할 수 있는 고정된 실체가 아니다. 의미는 주체와 사건의 상호작용으로 생산된다. 우리가 하나의 사건에 어떻게 접근하고 그 사건을 어떻게 경험하는지는 후설이나 메를로퐁티 같은 현상학자나 김일엽 같은 불교 수행자의 탐구 주제이다. 일엽은 생애의 마지막 단계에서 자기 존재를 이해하기 위해 노력하며 작가로서 능력을 극대화했고,

이를 통해 자신의 글쓰기를 궁극적으로 의미를 부여하는 행위, 화해하는 행위, 더 나아가 명상하는 행위로까지 만들었다.

해체철학을 만들어낸 자크 데리다는 '해체'철학의 기원을 설명하면서, 자기 삶에 일어난 경험을 이해하기 위해 새로운 철학적 구조가 필요했고, 그래서 해체철학을 만들었다고 한다. 데리다가 말하는 그 경험은 1942년 그가 열한 살 때 겪은 일이었다. 데리다는 알제리에서 태어난 유대계 프랑스인으로, 알제리의 수도 알제Algiers에 살았다. 어느 날 한 교직원이 그를 사무실로 부르더니, "얘야, 넌 이제 집으로 돌아가도록 해라. 네 부모님께 통지가 갈 거다"[13]라고 이야기했다.

데리다는 아무 설명도 듣지도 못하고 학교에서 퇴학당했다. 그는 반유대주의가 무엇을 의미하는지 정확히 몰랐을 것이다. 데리다는 이 사건을 돌아보며 이렇게 묻는다. "그때 나는 아무것도 이해하지 못했다. 하지만 그 후에는?"[14]

열한 살 소년이 반유대주의라는 현실을 이해하지 못하는 것은, 단지 아직 지식이 부족하다는 의미이고, 이는 쉽게 개선될 수 있는 문제이다. 하지만 반유대주의를 허용하는 체제의 의미를 이해하는 것은 서양철학사 전체와 맞서는 것을 의미했다. 이에 대해 데리다는, "내게 1942년은 균열 혹은 트라우마를 의미한다. 당시 내 내면에는 무의식적인 앙금이 생기고 굳어졌으며, 그에 못지않게 무의식적으로 하나의 지적 결의도 굳어졌다."

퇴학이라는 단순한 사건이 불러일으킨 균열 혹은 트라우마는 데리다에게 그 균열 뒤편에 자리 잡은 심연을 보여주는 사건이었다. 그는 퇴학당한 뒤 유대인 학교로 전학했지만, 그 학교를 좋아하지 않았고, 1년가량 학교에 가시 않았다고 한다. 데리다는 그 사건을 이렇게 돌이켰다. "그 당시에 어떤 일이 일어났는지, 그저 말하는 것 이상의 무엇이라도 하려면 새로운 범주를 찾아내야 했다."[15]

그는 자신이 속한 문화에서 배척되고, 소외당하며 생긴 트라우마를 설명하기 위해 새로운 범주를 만들어냈다. 그리고 그것이 그의 철학을 낳게 하는 역할을 했다. 새로운 범주를 찾는 작업의 중심에는 정체성의 문제가 자리 잡고 있었다. 열한 살 난 어린 '재키Jackie'(쟈크 데리다의 아명)를 쫓아낸 사람들은 프랑스 땅을 점령한 독일인들이 아니라 같은 나라 사람인 프랑스인들이었다.

데리다는 이런 소외의 관점에서 언어의 문제를 조명하면서 "프랑스어는 단 하나뿐인 내 모국어이다. 하지만 어렸을 때 나는 프랑스어가 진정으로 내 모국어는 아니라고 막연히 느끼고 있었다"[16]라고 말한다. 그것은 그가 설명하다시피 진정한 프랑스어는 알제리에서 사용하는 프랑스어가 아니라 프랑스 본토에서 사용하는 프랑스어, 더 정확히 말하면, 파리에서 사용하는 프랑스어이기 때문이다. 즉 중심부의 언어가 진정한 프랑스어였다.

데리다가 배제당한 경험은, 우리가 자신의 것이라고 옹호하는 우리의 정체성이, 사실 가변적인 것임을 말한다. 우리의 정체성은 언제든지 바뀔 수 있을 뿐만 아니라, 우리 삶에서 의미와 가치가 일어나는 범주의 정당성을 결정하는 우리 사회의 권력 구조에 통제받고, 종속된다.

어린 데리다가 반유대주의를 옹호하는 사회규범에 따라 학교에서 쫓겨난 것과 마찬가지로, 한국의 신여성들은 가부장제 체제를 옹호하는 사회에서 쫓겨났다. 여성해방을 주장하는 신여성들의 언어는 사상을 표현하기에 부적당한 언어라고 취급받았고, 성적 자유에 대한 그들의 담론은 문란하고 음탕한 것으로 매도당했다.

일엽의 경우, 이렇게 뚜렷한 사회적 차별은 동료들, 곧 지식인들의 위선으로 더욱 심화되었다. 당시 지식인들은 이론상으로는 여성해방이라는 개념을 옹호했지만, 막상 신여성들이 자신들의 삶에서 개념을 실천에 옮겼을 때는 그들을 비난했다.

일엽의 관심이 사회적 수준을 넘어 인간 존재의 범주로 심화되면서 배제의 문제는 더 높은 수준으로 올라간다. 결국 배제됨의 가장 극단적인 형태는 죽음이다. 죽음은 삶에서 배제되는 것이기 때문이다. 배제의 논리는 정체성을 기반으로 하고, 이 경우 정체성은 자아의 정체성으로만 국한되지 않는다. 종족의ethnic 정체성, 젠더의 정체성, 성적 취향, 국적 등이 모두 우리 정체성의 일부분이며, 심지어는 생명 그 자체까지도 정체성의 개념을 포함한다.

만일 한 개인이 조국에서 쫓겨난다면, 혹은 그 개인이 속한 사회가 그가 사용하는 모국어는 그 언어를 쓰는 올바른 방법이 아니라고 말한다면, 그 개인은 어떻게 응답할까? 가장 흔한 반응은 그 개인이 자신을 질책하는 것일 것이다. 그 개인은, 사회가 자신을 쫓아내려고 하거나 비난하는 것이 자신의 탓이니 자신이 직질한 사회규범을 배우고, 모국어를 정확히 할 수 있는 법을 배워야 한다고 생각할 것이다. 이와 같이 정체성 원칙을 기반으로 행동을 평가할 때, 우리는 옳고 그름이라는 이원론적 전제를 만나게 된다.

데리다의 해체 철학은 이원론의 양극은 항상 이미 상호 연결되어 있다는 것을 엄밀하게 입증하며, 정체성 원칙이라는 개념에 맞서는 새로운 범주를 도입했다. 예를 들어 중심은 주변이 있기 때문에 중심이 된다. 데리다는 이러한 생각을 "외부는 내부이다 The outside ⨯ the inside.; Le dehors ⨯ le dedans."라고 내부와 외부를 연결하는 동사 '이다' 위에 엑스표를 했다.**17** 내부 혹은 특권을 가진 중심에 존재하는 이들과 외부 혹은 내부 규칙으로 쫓겨난 존재는 사실상 상호 의존적일 뿐만 아니라, 그들의 위치는 가변적이므로 내부와 외부는 '이다'라는 동사로 확정할 수 없다는 것이다. 외부가 없으면 내부도 없고 내부가 없으면 외부도 없다는 의미에서 내부는, 곧 외부이므로 내부는 존재하기도 하고 또한 존재하지 않기도 한다. 외부도 이와 마찬가지이다.

불교철학은 그 사상의 전개 과정에서 다양한 방식으로 이와 같은 '있음is'과 '있지 않음is not'의 논리를 발전시켰다. 그런 형식은 용수의 '사구부정四句否定(tetralemma)'의 논리**18**에서 《금강경》의 논리에 이르기까지 다양하게 발전되어왔다. 불교철학 연구자 시게노리 나가토모는 《금강경》의 논리를 'A는 A가 아니며, 따라서 A는 A이다'[19]라는 표현으로 설명한다.

여기서 또다시 혜능의 말을 인용해볼 수 있다. "어둠은 홀로 어둠이 되는 것이 아니다. 빛이 있기 때문에 어둠이 있는 것이다. 어둠은 홀로 어둠이 되는 것이 아니다. 빛과 더불어 어둠은 변하고, 어둠이 있기에 빛이 드러난다. 빛과 어둠은 서로의 원인이 되는 것이다."[20]

우리는 공동체의 한 구성원으로서, 우리가 다시 쫓겨나지 않도록 적절하게 행동하는 법이 있음을 스스로 수긍하려고 애쓴다. 우리 언어를 말하는 올바른 방식이 존재하는 것이 분명하다고 생각하고, 우리는 파리이든 서울이든 워싱턴 D.C.이든 어디든 간에 중심부의 언어를 완벽히 하려고 노력한다. 중심부의 권력은 어디에서 나오는가? 누가 혹은 무엇이 누구를 집단에서 쫓아내는 것을 정당하게 만드는가? 어떤 언어가 중심부의 언어여야 하는가?

비교문학과 탈식민주의 연구자 가야트리 차크라보르티 스피박Gayatri Chakravorty Spivak은 그녀의 유명한 글 〈서발턴은 말할 수 있는가Can the Subaltern Speak?〉에서 탈식민지 주체들이 식민 지배에서 해방된 뒤, 그 지배자 문화에서 자유로운 자신들의 세계를 실제로 창조해낼 수 있는지 물었다. 탈식민지 시대의 사회 재구성은 대체로 식민지 지배자의 문화에 동화되어 이루어진다. 따

김일엽, 한 여성의 실존적 삶과 불교철학

라서 식민지 지배 형태는 탈식민지 역사에서도 지속된다.

스피박은 이렇게 글을 끝맺는다. "'서발턴Subaltern(피억압자)'의 말살된 여정에서 성차별의 행로는 이중으로 영향을 받는다. (…) 식민지 생산의 맥락 속에서 서발턴(피억압자)은 자체의 역사를 가질 수 없었고 말도 할 수 없는 처지였다면, 서발턴(피억압자)인 여성은 한층 더 깊은 어둠 속에 가려져 있다."[21]

식민지 현실과 성차별이 주변인으로써 여성을 이중으로 소외시킨 것과 마찬가지로 당대 한국의 정치 현실은 일엽과 신여성들의 소외와 주변부화를 심화시켰다. 식민지에서 벗어난 20세기 중반의 한국에서는 근대화와 경제발전이 국가 건설의 핵심 의제였다. 사회학자 문승숙은《군사주의에 갇힌 근대Militarized Modernity and Gendered Citizenship in South Korea》에서 근대 한국의 국가 건설이 시민을 '징계'로 다스리는 것에 바탕을 둔 성차별적 접근을 낳았다[22]고 말한다. 국가 건설이라는 이데올로기에 밀려 신여성들이 20세기 전반기에 전하려고 노력했던 여성 문제들은 한국의 국가적, 학문적 담론에서 들어설 자리가 없었다.

식민지 상태에서 벗어난 주체들은 말을 하더라도, 그들의 언어는 이미 식민지 지배자들의 문화로 가득 차 있다. 마찬가지로 여성들이 말을 하더라도, 그들의 언어는 이미 가부장제의 규범과 가치로 가득 차 있다. 데리다가 말하듯, 새로운 범주를 창조한다는 것은 새로운 언어, 즉 새로운 글쓰기 스타일과 새로운 논리를 창조하는 것이나 다름없다.

데리다가 자신이 배척당한 경험과 변두리에서 말해본 경험을 이해하기 위해 새로운 범주를 창조했다는 것은, 그가 이런 배제를 허용한 중심부의 언어와 범주를 완전히 없애버릴 수 있음을 의미하는 것이 아니다. 데리다에게 형이상학이란 소외된 이들을 배제하는 것을 허용한 정체성 원칙을 기반으로 하는 철학이다. 형이상학적인 사고방식이 제아무리 문제가 많더라도 우리가 형이상학을 배제하려고 시도할 때 사용하는 언어가 이미 형이상학이 뒷받침해주는 가치에 물들어 있기 때문에, 그것을 완전히 배제하는 것은 불가능하다.

데리다의 전략은 현존하는 언어와 범주를 이용해서 그것들 자체에 맞서는 것이다. 데리다는 문학과 철학 텍스트의 면밀한 분석을 통해 한 텍스트가 일관성 있는 생각을 내세울 때 어떻게 항상 자기모순을 내포하는지 입증한다. 철학 텍스트의 자기모순을 통해 데리다가 보여주려는 것은 그 텍스트가 오류를 포함한다거나 텍스트 속의 주장이 충분히 성숙하지 못하다는 점이 아니다. 그리고 데리다가 주장하는 것이 우리가 모순을 제거하고 더 일관성 있는 주장을 만들어내야 한다는 것도 아니다. 우리가 언어로 우리 생각을 표현할 때 모순은 피할 수 없는 현실이다. 따라서 데리다는 하나의 주장 속에 들어 있는 본질적인 모순을 지적해서 우리가 알고 있는 일관성 있는 사상 체계가 영구적인 것이 아니라, 일시적 혹은 잠정적이라는 것을 보여준다.

다나베와 니시다를 포함한 교토학파 사상가들과 마찬가지로 일엽이 오랫동안 주장했던 바와 같이, 모순은 정체성의 원리이자 우주의 원리이다. 내부가 외부에 의존하고 있다는 것은 내부가 곧 외부이기 때문에 내부의 모순된 정체성을 가리킨다. 이런 모순은 내부가 내부라는 것을 부정하는 것이 아니라, 내부는 단지 일시적으로 내부일 뿐이라는 것을 가리킨다. 데리다의 철학적 사유의 근본 방식을 구성하는 텍스트 분석은, 사건이 일어나는 텍스트와 만남이 없는 추상적 형식 속에서는 철학이 이루어질 수 없다는 것을 보여준다. 데리다에게 '텍스트'란 철학적 텍스트만으로 한정되는 것이 아니다. 그것은 글로 쓴 모든 자료를 포함하는 개념이다. 나아가 궁극적인 의미에서 세계 자체가 하나의 텍스트이다.

일엽에게 텍스트는 자기 자신의 삶의 이야기였다. 일엽이 쓴 세 권의 책을 모두 지배하는 형식인 '스토리텔링storytelling' 혹은 '이야기하기'는, 철학이 우리 일상의 경험에 내재된 것임을 입증하는 그녀 나름의 방식이었다. 세 권의 책 속에 담긴 자전적인 글쓰기는 일엽이 자기 존재의 의미를 추구하고 전달하는 독특한 방식을 우리에게 보여준다. 자서전을 쓴다는 것은 살아가면서 일어난 일들을 그 일이 일어난 맥락으로 되돌려서 인간화하려는 시도이다. 자서전적 글쓰기는, 삶에서 사건이 일어난 당시에는 당사자도 분명히 그 의미를 알지 못했을 이야기를 사건의 맥락으로 되돌려줌으로써 당사자가 철학적 사유를 통해 자기 삶과 만나도록 한다.

여성과 불교철학

여성, 불교, 철학. 세 단어의 공통점은 무엇일까? 1980년대 말 이래, 불교 전통에서 여성을 어떻게 인식하고 대했는지에 대한 연구가 많이 발표되었다. 본서는 기존의 연구들과는 다른 방향에서 여성과 불교철학의 만남을 살펴보았다. 여성들은 '무엇 때문에' 그리고 '어떤 방식으로' 불교철학과 만나는가? 이 책은 이러한 질문에 답함으로써 여성의 불교철학의 본질을 밝히고 남성 중심적이고 서구 중심적인 철학 사유의 한계를 드러내고자 했다.

　서구 학계에서 동양철학이 철학의 주변부에 머무는 것은 더 이상 비밀이 아니다. 학계 안팎의 가부장적 시스템에서 여성들이 처한 위치도 마찬가지이다. 여성과 불교철학을 결합하면 우리는 이중적인 주변인의 위치와 만나게 된다. 성차별과 철학적 차별이 맞물린 상황은 학문 영역과 개인 영역 양쪽에서 여성과 불교철학의 만남이 직면한 현실의 전형을 보여준다.

일엽은 가부장제 사회에서 성별에 근거해 정체성을 주장하는 것이 근거가 없을 뿐만 아니라 개인에게 잘못된 정체성을 낳기도 하며, 그런 정체성의 의미를 무비판적으로 수용하는 이들에게 고통을 안긴다고 주장했다. 그녀는 이러한 자신의 주장을 펼치는 데 불교를 어떤 식으로 활용할 수 있는지 입증하였다.

또한 불교에 대한 일엽의 접근법은 여성들이 불교철학과 만나는 다양한 모습을 우리에게 보여준다. 신여성으로서 일엽은 남녀평등을 주장하면서 그 주장대로 삶을 살았고, 그로 인해 값비싼 대가를 치러야 했다. 승려로서 일엽은 불교철학에 대해 글을 쓰고 가르치고 그 가르침대로 삶을 살았다.

페미니스트 불교학자 리타 그로스는 자신의 책 《가부장제 이후의 불교Buddhism after Patriarchy》(1992)에서 불교와 페미니즘의 관계를 검토하면서, 불교와 페미니즘이 공유하는 중요한 특징은 살아낸 경험lived experience에 대한 강조라고 주장한다. 이와 관련하여 리타 그로스는, "불교와 페미니즘은 모두 경험으로 시작해서 경험적 이해를 강조하며 (…) 경험에서 이론으로 옮겨가고, 이론은 경험의 표현이 된다"[23]라고 말했다.

일엽 철학의 경험적 차원은 가부장제 사회에 사는 여성들과, 서구철학이 지배하는 아카데미 철학 속에서 불교철학이 공유하는 한 측면이다. 여성과 불교철학이 모두 생생한 경험을 우선시하는 것은 이들이 경험을 이해하고 제시하는 방식에도 영향을 미친다. 이런 맥락에서 서사narratives와 이야기하기storytelling는 일엽의 철학적 사유에서 가장 중요한 방식이 되었다.

일엽이 승려로서 출간한 책들은 전기傳記 형식으로 불교철학을 논한 점에서 근대 한국 불교계의 다른 저술과 뚜렷하게 구분된다. 일엽은 '삶을 이야기하기'를 통해 모순처럼 보이는 요소들을 안고 있는 자신의 변화 많은 삶에서 의미를 창조해냈다. 우리가 하나의 삶의 이야기를 특정한 저자가 만들어낸 것, 즉 중심을 가진 이야기라고 이해한다면, 그 이야기는 여러 가지 한계를 안게 될 것이다. 하지만 우리가 저자를 변동하는 이야기의 일부라고 이해할 경우, 삶을 서술로 이해하거나 혹은 '이야기하기'로 이해한다면, 우리의 경험을 해석하는 데 열린 자세를 보여줄 수 있다.

근대 서양철학은 논리와 합리성을 '철학하기'의 근본으로 삼았다. 여성철학과 불교철학은 그러한 근대 서양철학의 철학하기 방식을 넘어서서 산 경험을 통해서 철학을 창조하고, 이야기하기를 통해서 그런 경험에 관해 사유할 수 있는 가능성을 보여준다. '서사 철학narrative philosophy' 혹은 '삶의 철학philosophy of life'은 기존의 개념이나 구조에 따라 우리 삶의 경험을 해석하는 것이 아니라, 삶의 '경험'을 통해 의미를 생산해 내는 과정을 보여준다.

이런 의미에서 여성의 철학, 불교철학, 여성의 불교철학은 모두 엄격한 논리와 합리성만을 철학의 근간으로 여기는 지배적인 철학의 한계를 입증한다. 우리는 동양과 서양의 철학적 사유 방

김일엽, 한 여성의 실존적 삶과 불교철학

식 간의 차이, 여성과 남성의 철학적 사유 방식 간의 뚜렷한 차이를 지적하고, 서사와 생생한 경험이 논리 및 합리성과 반대되는 것임을 밝혀왔다. 하지만 서구의 철학에서 생생한 경험과 서사 철학을 강조한 철학자들이 없는 것은 아니다.[24]

산 경험과 서사를 철학을 전달하는 데 사용한다는 것은 필연적으로 전기傳記가 철학적 사유와 큰 관련이 있음을 의미한다. 철학에 대한 데리다의 정의는 그 한 예가 될 수 있다, 데리다는 철학이란 "심리학과 전기를 합한 것, 살아있는 정신의 움직임, 개인의 삶과 그 삶의 전략의 움직임이다. 모든 철학소哲學素(philosopheme)와 진리를 가장하는 것들을 함께 모아놓은 것"이라고 정의했다.[25]

철학이 전기와 심리학의 복합체에서 나온다고 정의하는 것은 서구의 철학적 전통에서 흔히 받아들여지는 견해는 아니다.[26] 하지만 하이데거 연구자 테어도르 키실Theodore Kisiel은 전기에 대한 하이데거의 견해에 관한 논의에서 다음과 같이 언급했다. "주체의 해석학적 입장을 철학의 적절한 문제로 그리고 철학적 개념 형성의 적절한 장場이라고 인정하는 것은 일반적인 생각 없는 삶의 태도를 넘어서서 크게 한 발을 내딛는 일이 된다. 그것은 사실 더 강력한 사유의 삶으로의 전환을 특징짓는 태도이다."[27]

반면에 철학자의 삶 이야기를 배제하는 태도는 철학이 탐구하는 가치와 진리가 맥락 혹은 문맥과는 무관하며, 따라서 일상의 우발적인 사건들의 영향을 받지 않는다고 전제한다. 이러한 배제는 우리의 철학적 사유를 둘러싸고 있는 권력 구조와 직접적인 관련이 있다. 지금까지 우리는 특권을 누리지 못하는 젠더와 주변부로 밀려난 철학적 전통의 전형들로서 여성과 불교철학을 하나로 묶어서 분류했다.

이 분야에서 연구하는 학자들의 저술은 이러한 우리의 시도가 전혀 근거 없는 주장이 아님을 보여준다. 불교철학자 마크 시더리츠Mark Siderits는 그의 책《철학으로서의 불교Buddhism as Philosophy》(2007)에서 철학이라는 학문을 분석하는 것으로 시작한다. 시더리츠는, 불교철학은 '구원론' '믿음' '유신론적 실재'와 관련이 없으며, 그 대신에 '세계의 본질에 관한 합리적인 탐구'를 통해서 해방이라는 궁극적 목표에 이르는 것에 초점을 맞추고 있다는 주장으로 불교철학을 종교와 구별했다.[28]

불교를 철학으로 논의할 때, 불교가 구원론이나 믿음과 유신론적 실재와 무관한지는 논쟁의 여지가 있다. 이 책의 앞에서 우리는 철학과 종교가 모두 믿음이 필요하다는 이노우에 엔료의 주장을 다루었다. 또한 철학은 인간의 이성을 넘어서야 한다는 다나베 하지메의 주장도 논의했다. 김일엽은 하나님과 같은 전통적인 신적 존재를, 창조주가 아니라 자신의 창조력을 완전히 실행하고 구현하는 존재로 해석했다.

불교를 철학으로 제시하려고 한 시더리츠의 노력은 역설적으로 서양철학계에서 불교가 아직 완전히 철학으로 받아들여지지 않았다는 점을 말해준다. 시더리츠는 불교가 철학이라고 주장하

김일엽, 한 여성의 실존적 삶과 불교철학

기 위해서 전통적인 서양철학의 범주가 지닌 특징을 불교에 부여해야만 했다.

제이 가필드Jay Garfield의 《불교 이해하기Engaging Buddhism》(2015)는 '철학으로서의 불교'라는 문제가 포함하는 정치적이고 도덕적인 차원을 강조한다. 가필드는 철학의 역사를 단지 서양철학에만 국한하려는 경향은 "지적인 무능력에 해당하는" 장애일 뿐만 아니라 "도덕적 차원에서의" 장애이기도 하다고 밝힌다. 왜냐하면 "서구의 식민지 사업과 인종주의, 그리고 이들의 비서구에 대한 무지는 플라톤, 성 아우구스티누스, 갈릴레오와 마찬가지로 우리(서양)의 지적 유산의 일부"이기 때문이다.[29]

또한 가필드는 서양철학을 철학적 사유의 '기본 규격'으로 여기는 태도는 '철학'이라는 표현이 당연히 '서양철학'을 가리키고, 아시아 철학, 아프리카 철학, 불교철학처럼 그 외의 철학을 표현하기 위해서는 아시아, 아프리카처럼 별도의 '표시'를 추가해야 하는 상황을 만들었다고 말한다. 여성철학의 경우도 사정은 마찬가지이다. 여성철학에 상응하는 '남성철학'이라는 표현은 존재하지 않는다. 남성철학은 남성이라는 표현 없이 철학의 기본 규격으로 여겨왔기 때문이다.

우리는 서양철학과 동양철학, 남성철학과 여성철학 간의 권력의 불균형을 알고 있다. 그럼에도 힘을 가진 자의 언어인 현존하는 철학적 범주와 언어에 의지하지 않고 철학을 한다는 것은, 우리가 원하는 바이지만, 실현이 가능한 일은 아니다.

여성철학과 불교철학이 남성 지배의 서양철학 전통과 구별되는 성격이 있고, 이 철학이 생생한 경험과 서사를 통한 정체성 narrative identity, 그리고 삶의 철학 등으로 특징된다고 주장하는 것은, 이것을 철학의 고정불변하는 요소로 규정하려는 것은 아니다. 또한 이러한 구별을 변화하지 않는 구분으로 주장하려는 것도 아니다.

김일엽의 삶과 철학을 불교와 관련된 여성 철학의 대표적 예로서 연구하면서, 우리는 여성들이 어떻게 불교와 만나고 어떻게 철학과 만나는지, 그 구체적인 모습에 우리의 시선을 집중했다. 이러한 연구는 우리에게 우리 사고방식과 존재 방식에 내재한, 그리고 사고와 존재 방식의 제도화된 표현 형식이라고 부를 수 있는 철학이라는 학문 활동에 내재한 권력구조에 민감한 새로운 철학하기의 길을 열어준다.

머리말

이 책은 2012년도 정부(교육과학기술부)의 재원으로 한국학중앙연구원 한국
학진흥사업단의 지원을 받아 수행된 연구이다(AKS-2012-AAZ-104).

1. Jin Y. Park, "Gendered Response to Modernity"를 참고하라; Park,
*Reflections of a Zen Buddhist Nun*의 "Translators' Introduction"을 참조
하라.

2. 이런 맥락에서 나온 첫 번째 책 중 하나는 Sharma, *Women in World
Religions*이다. 또한 Peach, *Women and World Religions*도 중요한 자료이
다. 이 책들은 각 장에서 세계의 주요 종교 전통을 다룬다. 그러나 여
성과 불교가 논의된 것은 1980년대가 처음이 아니다. 일찍이 1927년
에는 Law의 *Women in Buddhist Literature* 같은 문헌을 볼 수 있다. 그
러나 1980년대에 이르러서야 여성과 불교에 관한 주요 출판물이 등장
했다. Paul and Wilson의 1985년 책 *Women in Buddhism*은 이와 관련
한 대표적인 출판물이다. Rita Gross의 *Buddhism after Patriarchy*는 단
순히 종교적 전통의 가부장적 성격을 비판하는 것이 아니라 전통을

'재평가'할 필요가 있음을 지적함으로써 불교를 포함한 세계 종교와 젠더[性]를 결합하는 새로운 기조와 방향을 설정했다.

3. 한 가지 예외는 도교이다. 가치 역설에 대한 도교의 인식은 성별(젠더)에 대한 계층적 이해를 거부하고 여성성을 생명의 원천으로 생각한다. 도교와 여성에 대한 논의는 Despeaux and Kohn, *Women in Daoism*과 Laughlin and Wong, "Feminism and/in Taoism"을 참조하라.

4. 기원전 5세기에 불교의 출현은 당시 여성들에게 혁명적인 전환점으로 여겨졌다. 불교의 근본 교리는 (일체) 중생의 무아無我를 선언한다. 인간과 같은 지각 있는 존재[유정물有情物]이든, 바위나 나무와 같은 지각 없는 존재[무정물無情物]이든, 불교적 관점에서 존재(중생)는 항상 원인과 조건이 기여한 결과이다. 성차별의 주요한 문제가 본질주의적 관점에서 젠더를 변하지 않는 본질로 보고 위계적 위치를 젠더의 본질로 본다는 점에서, 세계와 존재에 대한 불교의 무아적 접근은 젠더 문제에 대한 새로운 비전을 제시할 수 있다.

그러나 불교의 역사는 젠더 문제에 관한 한 우리의 기대대로 진행되지는 않았다. 불교는 가장 초기 전통 기록부터 눈에 띄는 성차별을 보여주었다. 예는 충분하다. 부처님의 전생 이야기를 담고 있는 자타카 설화는 우리에게 여덟 가지 부처를 만드는 자격을 말해주는데, 그들은 성별에 전적으로 무관하지 않았다. 여덟 가지 중 하나는 부처가 되기 위해 '남성'이어야 한다는 성별 조건이 포함된다(Fausböll, *Buddhist Birth Stories or Jātaka Tales*, pp. 52-53).

여성을 위한 상가saṃgha, 즉 승단을 만들기 꺼리는 부처님의 태도는 불교에 나타난 성차별의 또 다른 예이다. 비구를 위한 승단이 만들어진 후, 여성 수행자들은 부처님에게 여성 수행자를 위한 승단을 설립할 것을 요청했다. 부처님의 양어머니이자 이모인 마하파자파티 고타미 Mahāpajapatī Gotamī는 여성 수행자(비구니)들의 공동체를 만들기 위해 노력한 열렬한 수행자이자 청원자 중 한 사람이었다. 부처님은 비구니 승단을 만드는 것을 꺼렸다고 기록돼 있다. 부처님의 제자 아난다가 여성 출가 수행자들을 대신하여 여러 차례 부처님께 간청하였고, 부처님은 팔경계八敬戒라는 여성 출가 수행자에게만 적용되는 규칙을 만든 후에야 비로소 이를 허락하였다. 팔경계에 따르면, 비구니比丘尼(Skt. bhikṣunī; Pāli Bhikkhunī)는 항상 비구比丘(Skt. bhikṣu; Pāli bhikkhu)보다 낮은 자리에 앉아야 한다. 비구니는 수행 기간이 길더라도 상관없이 당일 계를 받은 비구보다 낮은 자리에 앉는다. 또한 비구니들은 비구니 승단 내의 다양한 활동과 의사결정에서 비구들의 허락을 받아야 한다(팔경계의 목록은 Bancroft, "Women in Buddhism." pp. 83-85 참조).

부처님은 또한 불교 승단의 문을 여성에게 개방할 때 실망과 걱정을 표했다고 기록돼 있다. 그 기록은 다음과 같다. "아난다여, 만약 여래가 설한 교리와 규율에 따라 여성들이 가정생활을 떠나 집 없는 상태에 들어가는 것을 허락하지 않았다면, 아난다여, 청정한 종교는 오래 지속되고, 정법正法은 천 년 동안 굳건히 지켜졌을 것이다. 그러나 아난다여, 여성들이 이제 (출가를 또는 승단을) 인정받으면, 순수한 종교는 그렇게 오래 지속되지 않을 것이며, 정법正法은 이제 겨우 500년 동안만 유지될 것이다."(Bancroft, "Women in Buddhism," p. 82)

불교에서 여성을 이렇게 저평가하는 정당한 이유는 무엇인가? 불교에서 여성이 지닌 어려움과 낮은 지위에 대한 전통적인 해석은 업karma을 이용하여 성차별을 설명하는 것이다. 여성은 전생에 악업을 쌓았고, 그래서 남성보다 더 낮은 지위를 받을 만하다는 것이다. 불교에서 여성에 대한 차별을 정당화하는 업보 이론은 한계가 있으며, 이는 불교가 대승불교 전통으로 발전함에 따라 문제가 된다(5장의 카르마에 대한 논의 참조). 대승불교에서는 모든 사람이 부처의 성품을 가지고 있다고 주장하며, 이를 '불성佛性'이라고 한다. 만약 모든 사람에게 불성佛性이 있다면, 여성들이 깨달음을 획득할 가능성을 부정해서는 안 된다. 대승불교는 이 문제를 의식하고 있었던 듯하며, 따라서 경전에서 이 문제를 변신론(여성변신성불론女性變身成佛論)으로 고찰한다. 경전은 여성이 여성의 몸으로 깨달음을 얻을 수 있는지 묻고, 그 질문의 초점은 여성의 몸의 본질로 이어진다. 대승불교의 주요 경전 중 하나인《법화경法華經》에서는 용왕의 여덟 살 먹은 딸이 자신이 깨달음을 얻었다[成佛]고 주장하는데, 사리불이 그녀의 주장에 대해 비난한다. 사리불이 용녀龍女를 비난하는 유일한 근거는 그녀 신체의 여성성이다. 사리불은 "여성의 몸은 불결하고, 법의 그릇이 아니다"라고 말하면서 "여성인 용녀의 몸에는 여전히 다섯 가지 장애가 있다"라는 당대에 정당하게 수용된 생각을 언급한다. 그 장애는 여자가 부처가 될 수 없다는 것을 포함한다(Katō, *The Threefold Lotus Sutra*, p. 135).

용녀가 '여성의 몸'이라는 이유로 사리불에게 자신의 성불을 의심받자, 그녀는 자신의 몸을 남성으로 바꾸고 사리불에게 이제 자신의 성불을 받아들일 수 있는지 묻는다. 그렇지만 용녀가 남성의 몸으로 그녀의 몸을 변화시킨 행위는 여성의 몸으로 성불할 수 있는가, 아니면 남성으로 변화해야만 하는가, 하는 모호한 메시지를 남긴다(Peach, "Social Responsibility, Sex Change, and Salvation; Levering, "Is the Lotus Sutra 'Good News' for Women?" 참조.).

또 다른 유명한 대승경전인《유마경維摩經》에도 역시 여성의 신체 변화에 대한 이야기가 포함되어 있다. 그 이야기에서 사리불은 여성이 깨달음을 얻을 수 있는 가능성에 대한 의심을 다시 표현하여 천녀天女에게 여성의 몸이 오염되었다는 것을 상기시킨다. 천녀는 사리불의 의심을 듣고 용녀와 마찬가지로 자신의 몸을 남성의 몸으로 바꾼다. 그러나 이번에는 천녀가 사리불 또한 여성의 모습으로 변화시켜, 이 몸이라는 것이 변하지 않는 본질이 아님을 보여준다(Thurman, *The Holy Teaching of Vimalakirti*, pp. 61-63).《법화경》이 여성이 깨달음을 얻을 수 있는가, 하는 문제에 대해 충분하게 명확하지 않았다면,《유마경》은 성별과 그 성별의 가시적인 발현인 이 육체가 단지 잠정적인 지표에 불과하다는 점을 잘 보여준다.

현대 불교학자들은 여성에 대한 불교의 입장을 나타내는 지표로 신체 변형 문학을 사용한다. 그러나 신체 변형 문헌이 불교 전통 내에서 또는 역사적으로 불교가 중추적인 역할을 한 사회에서 실제로 양성평등에 기여했는지 여부는 여전히 의문이다. 즉, 오늘날 우리가 이해하는 것처럼 신체 변형 문학이 실제로 성 문제를 다루고 있었는가?

선불교는 불교의 가부장제에 또 다른 문제를 추가했다. 사회 계급과 교육 수준에 관계 없이 모든 존재의 평등을 주장함에도, 미리암 레버링Miriam Levering이 그녀의 논문에서 설명한 것처럼, 선불교는 남성 중심의 수사법을 사용한다("Lin-chi(Rinzai) Ch'an and Gender" 참조).

5. Gross, *Buddhism after Patriarchy*, p. 3.

6. Powell, *Jacques Derrida*, p. 17.

7. Lacoue-Labarthe, *The Subject of Philosophy(Le sujet de la philosophie*, 1979, p. 1993). 1장 "The Fable" 참조.

8. Merleau-Ponty, Signes, 207; Merleau-Ponty, *Signs*, p. 128.

9. 위와 같음.

10. Merleau-Ponty, Signes, 226; Merleau-Ponty, *Signs*, p. 139.

11. Hadot, *What Is Ancient Philosophy?*, p. 3. 불교학자 James Apple은 Pierre Hadot의 '철학적 담론Philosophical discourse'과 '철학적 삶의 방식Philosophical way of life'의 구분에 따라 불교의 자기 수양 전통을 해석한다. Apple, "Can Buddhist Thought Be Construed as a Philosophia, or a Way of Life?" 참조.

12. 김일엽, 〈불문佛門 투족投足 2주년二周年에〉, p. 155.

1장 빛과 어둠 사이

1. 김일엽, 〈동생의 죽음〉(수필), p. 390.

2. 위의 책, pp. 390-391.

3. 위의 책, p. 394.

4. 위와 같음.

5.   위의 책, p. 397.

6.   김일엽, 《어느 수도인修道人의 회상回想》, p. 89; Park, *Reflections of a Zen Buddhist Nun*, p. 145.

7.   비구니 월송 스님에 따르면, 김일엽의 불교 사상은 계몽사상의 영향을 받았는데, 이는 모친의 영향이라고 한다.

8.   2007년 6월 29일, 서울에서 필자가 진행한 월송 스님과의 개인 인터뷰.

9.   김일엽, 《어느 수도인修道人의 회상回想》, p. 89; Park, trans, *Reflections of a Zen Buddhist Nun*, p. 45.

10.   김일엽, 《어느 수도인修道人의 회상回想》, p. 44; Park, trans, *Reflections of a Zen Buddhist Nun*, p. 78. 일엽의 기독교에 대한 논의는 이 책의 5장을 참조하라.

11.   김일엽, 〈진리를 모릅니다〉, p. 274.

12.   위와 같음.

13.   위의 책, pp. 273-274.

14.   김일엽, 〈동생의 죽음〉(시), pp. 38-39.

15.   김일엽, 〈동생 묻은 뒷동산 -봄날이 오면 그리운 그곳〉, pp. 404-405.

16.   글에서 일엽은 그 일이 일어났을 때 자신이 예닐곱 살이었다고 썼지만 (〈동생 묻은 뒷동산〉, p. 404), 이것은 정확하지 않은 것 같다. 첫째 여동생은 일엽이 6세 때 태어났고, 둘째 여동생은 2년 후에 태어났으니, 그때 여덟 살 정도 되었을 것이다. 여동생 한 명은 일엽이 열두 살이던 1907년에 죽었다.

17.   김일엽, 〈진리를 모릅니다〉, p. 277.

18.   김일엽, 〈동생의 죽음〉, pp. 390-398.

19.   김일엽, 〈계시啓示〉, p. 103.

20.   위의 책, p. 104.

21.   위와 같음.

22.   김일엽, 〈어머니의 무덤〉, pp. 131-132.

23.   위의 책, p. 131.

24. 김일엽, 〈아버님 영전靈前에〉, p. 97.

25. 위와 같음.

26. 위와 같음.

27. 위의 책, p. 96.

28. 위와 같음.

29. 위와 같음.

30. 위와 같음.

31. 김일엽, 〈꿈길로만 오는 어린이〉, p.152.

32. 김일엽, 《청춘青春을 불사르고》, p. 9. 이광수는 김원주가 한국의 히구치 이치요樋口一葉(1872-1896)가 되어야 한다고 했다. 김일엽은 출가한 후에도 필명을 유지했으며, 그 이름이 선불교의 창시자라 일컬어지는 보리달마(5-6세기)와 관련이 있는 것으로 해석되기 때문에, 그 이름을 그대로 자신의 법명으로 사용했다. 설화에 따르면, 보리달마는 나뭇잎 하나로 만든 배[一葉片舟]를 타고 중국에 도착했다고 한다(경완, 〈일엽 선사의 출가와 수행〉, p. 230).

33. 김일엽, 《청춘青春을 불사르고》, p. 10.

34. 김항명 외, 《영원한 삶을 찾아: 김일엽》, p. 36. 이 책은 한국에서 방송된 텔레비전 드라마를 바탕으로 김일엽의 생애를 허구적으로 표현한 것이다. 세부 사항 중 어느 만큼이 신뢰할 수 있는 출처와 사실에 기반하는지 명확하지 않다.

35. 김일엽과 히구치 이치요의 비교에 대해서는 다음을 참조하라. 노미림, 〈히구치 이치요와 김일엽의 여성성 대조〉, 히구치 이치요의 삶의 관한 영문 출처는 다음을 참조하라. Danly, *In the Shade of Spring Leaves*.

36. 방민호, 〈김일엽 문학의 사상적 변모 과정과 불교 선택의 의미〉, p. 360.

37. 김근수, 《한국잡지사》, p. 56; 유진월, 《김일엽의 신여자 연구》, p. 30에서 재인용.

38. 유진월, 《김일엽의 신여자 연구》 p.30; 연구공간 수유+너머 근대매체 연구팀, 《신여성: 매체로 본 근대여성 풍속사》 부록 01.

39. 이상경,《나는 인간으로 살고 싶다: 영원한 신여성 나혜석》, p. 26.

40. 김일엽, 〈창간사創刊辭〉, p. 103.

41. 연구공간 수유+너머 근대매체연구팀,《신여성: 매체로 본 근대여성 풍속사》부록 01.

42. 김일엽, 〈신여자新女子의 사회社會에 대對한 책임責任을 논함〉, pp. 107-108.

43. 이배용, 〈일제시기 신여성의 역사적 성격〉, p. 21.

44. 연구공간 수유+너머 근대매체연구팀,《신여성: 매체로 본 근대여성 풍속사》, p. 13.

45. 이배용, 〈일제시기 신여성의 역사적 성격〉, p. 22.

46. 위와 같음.

47. 위의 책, p. 23.

48. 이노우에 가즈에井上和枝, 〈조선 신여성의 연애관과 결혼관의 변혁〉, pp. 156-157.

49. 전경옥 외,《한국 여성문화사》1, pp. 135-163 참조.

50. 위의 책, p. 71.

51. 위의 책, p. 72. 여기서도 말장난이 있었다. 영어 'modern'의 한국식 발음은 '모단'이다. '모毛(머리카락)'와 '단斷(절단)'을 나타내는 한자 두 개를 사용하여 '모단'도 짧은 머리 스타일을 의미하게 되었다.

52. 전경옥 외,《한국 여성문화사》1, pp. 72-76 참조. 이 책의 저자들은 이광수, 김동인, 현진건, 염상섭 등 당대의 남성 작가들을 비판했다. 그들은 남성 작가들이 신여성을 환상과 사치에 탐닉하는 것 외에는 아무것도 하지 않는 것으로 묘사하여 신여성에게 부정적인 이미지를 조장한 책임이 있다고 주장했다.

53. 연구공간 수유+너머 근대매체연구팀,《신여성: 매체로 본 근대여성 풍속사》, p. 27.

2장 보는 것과 보여지는 것

1. 이명온, 《흘러간 여인상女人像, 그들의 예술과 인생》, p. 28(최혜실, 《신여성들은 무엇을 꿈꾸었는가?》, p. 269 각주 224에서 재인용)

2. 김항명 외, 《영원한 삶을 찾아: 김일엽》, p. 26.

3. 위의 책, pp. 139-137.

4. 위의 책, pp. 111-113.

5. 노미림, 〈히구치 이치요와 김일엽의 여성성 대조〉, pp. 156-157.

6. 임노월, 《임노월 작품집》, 머리말, xxx.

7. 최혜실, 《신여성들은 무엇을 꿈꾸었는가?》, p. 354. 최근 임노월의 문학에 대한 새로운 관심이 나타났다. 다음의 책들을 참고하라. 방민호, 〈사랑과 절망과 도피의 로망스〉; 박정수, 〈임노월 20년대 악마적 모더니스트〉; 이희정, 〈1920년대 초기의 연애담론과 임노월 문학: 매일신보를 중심으로〉; 유문선, 〈임노월 문학비평 연구〉.

8. 7번 참조.

9. 김항명 등은 김일엽이 아현고등학교 교사였다고 진술한다(《영원한 삶을 찾아: 김일엽》, p. 163). 그리고 《미래세未來世가 다하고 남도록》 1권에서는 김일엽이 성북동 고등학교 교사였다고 한다.(김일엽, 《미래세未來世가 다하고 남도록》상, p. 497의 '일엽선사 연보').

10. 김항명 외, 《영원한 삶을 찾아: 김일엽》, p. 168.

11. 〈무심을 배우는 길, R씨에게〉라는 수필 이외에, 김일엽과 임노월의 관계에 대한 자세한 내용을 찾을 수 있는 유일한 출처는 전기 소설 《영원한 삶을 찾아: 김일엽》(pp. 119-185)뿐이다. 이 소설은 김일엽의 삶을 허구적으로 표현한 것이기 때문에, 그 묘사가 얼마나 믿을 만한 것인지 알 수 없다.

12. 도쿄 동양영화여학교東洋英和女学校

13. 김일엽, 〈혜원蕙媛〉, p. 145.

14. 위의 책, pp. 145-146.

15. 위의 책, p. 146.

16. 위의 책, p. 149.

17. 나중에 논하겠지만, 김태신이 김일엽의 아들인지 아닌지, 그에 대한
     진실과 상관없이 김태신의 이야기는 잘못된 정보로 가득하다. 만일 김
     일엽이 그때(1921년) 이혼했다면 임노월과 함께 있었을 것이고 오타
     세이조太田淸藏와 함께 아이를 낳을 수 없었을 것이다.

18. 김일엽은 1919부터 1920년까지 일본을 처음 방문하는 동안 도쿄 동
     양영화여학교東洋英和女学校 다녔다. 1921년에 김일엽이 이 학교에
     다녔다고 확증할 어떤 정보도 없다.

19. 인터뷰는 2007년에 서울에서 진행했다.

20. 김팔봉, 〈영원永遠의 청춘青春을 얻은 사람〉(김일엽, 《청춘青春을 불사르
     고》, p. 1 수록.)

21. 김일엽, 《어느 수도인修道人의 회상回想》, p. 89; Park, *Reflections of a
     Zen Buddhist Nun*, p. 145.

22. 김일엽, 〈진리를 모릅니다〉, p. 269.

23. 위의 책, p. 275.
     한국과 서양은 나이를 세는 방법이 다르기 때문에 사람의 나이를 역년
     과 일치시키는 데 다소 융통성이 있어야 한다. 한국에서는 아이가 태
     어나는 그해에 바로 한 살이 된다. 즉 만약 아기가 2009년 11월 1일에
     태어났다면, 2010년 1월에 그 아기는 이미 두 살이 될 것이다. 왜냐하
     면 나이 계산이 생년월일이 아닌 역년을 기준으로 하기 때문이다. 이
     는 김일엽이 자신의 저술에서 사람들의 나이를 계산하는 방식과 서양
     의 방식으로 계산한 사람들의 실제 나이가 최대 2년 가까이 차이가 날
     수 있다는 것을 의미한다.

24. 김일엽, 〈근래近來의 연애문제戀愛問題〉, p. 184.

25. 김일엽, 〈사나히로 태어났으면〉.

26. 김일엽, 〈L양에게〉, p. 150.

27. 위의 책, p. 153.

김일엽, 한 여성의 실존적 삶과 불교철학

28. 김일엽, 〈우리의 이상理想〉, p. 82.

29. 맹자, 《맹자孟子》, 〈등문공滕文公〉下-2; Lau, Mencius, p.27.

30. Li, "The Confucian Concept of Jen and Feminist Ethics of Care," p. 35 에서 인용.

31. 김일엽, 〈진리를 모릅니다〉, p.298.

32. 위와 같음.

33. 김일엽, 〈신여자新女子의 사회社會에 대對한 책임責任을 논함〉, p. 108.

34. 김일엽, 〈나의 정조관情操觀〉, p. 117.

35. 위의 책, p. 119.

36. 김일엽, 〈우리의 이상理想〉, p. 83.

37. 나혜석과 최린에 대한 자세한 논의는 다음을 참조. 이용창, 〈나혜석과 최린, 파리의 '자유인'〉. 나혜석의 페미니즘과 결혼 관계에 대한 비판적 평가는 다음을 참조. 허송명, 〈나혜석의 급진적 페미니즘과 개방 결혼 모티브〉. 나혜석의 모더니티의 대립적 성격에 대해서는 다음을 참조. 김은실, 〈조선의 식민지 지식인 나혜석의 근대성을 질문한다〉.

38. 최혜실, 《신여성들은 무엇을 꿈꾸었는가?》, pp. 349-351.

39. 위의 책, p. 352.

40. 최혜실은 이 사건을 '강간'으로 묘사하고 있지만, '강간'이라는 표현을 사용한 것은 김명순이 자신의 의사에 반하여 중위와 성관계를 맺었다는 것을 나타내는 상징적인 의미도 있다. 최혜실이 묘사한 강간은 연인에 의한 강간에만 국한되지 않는다. 김명순은 사생아라는 이유로 그녀와 '정상적인' 관계는 원치 않는 그녀의 남자들에게 강간을 당했다. 그러나 그녀는 또한 그녀가 속한 사회에 의해 혼외자이자 여성이라는 이유로 강간을 당했고, 그녀를 공동체의 일원으로 인정하지 않은, 그녀의 조국에 의해서도 강간을 당했다. 최혜실, 《신여성들은 무엇을 꿈꾸었는가?》, pp. 356-374 참조.

41. 김일엽, 〈불도佛道를 닦으며〉, p. 210.

42. 나혜석, 《나혜석 전집》, p. 695.

43. 김일엽,《행복幸福과 불행不幸의 갈피에서》, p. 115.

44. 위와 같음.

45. 김일엽, 〈자각自覺〉, p. 170; Yong-Hee Kim, *Questioning Minds*, p. 63.

46. 김일엽, 〈자각自覺〉, p. 171-172; Yong-Hee Kim, *Questioning Minds*, p. 64.

47. 김일엽, 〈자각自覺〉, p. 172. 다른 번역은 다음을 참조하라. Yong-Hee Kim, *Questioning Minds*, p. 64.

48. 김일엽, 〈자각自覺〉, p. 173; Yong-Hee Kim, *Questioning Minds*, p. 65.

49. 김일엽, 〈꿈길로만 오는 어린이〉, p. 153.

50. 최혜실,《신여성들은 무엇을 꿈꾸었는가?》, p.356. 최혜실의 책은 이 정보의 출처나, 김명순이 고아들을 돌본 것에 대한 정보의 출처를 제시하지 않고 있다.

51. 최혜실,《신여성들은 무엇을 꿈꾸었는가?》, p.356.

52. 김유선, 〈김명순金明淳 시의 근대적 욕망과 모성성〉, p. 444.

53. 유진월,《김일엽의 신여자 연구》, p. 19.

54. 이노우에 가즈에井上和枝, 〈조선 신여성의 연애관과 결혼관의 변혁〉, p. 158.

55. Derrida, "I Have a Taste for the Secret," p. 35.

56. 이 주제에 관한 논의는 다음을 참조하라. 문옥표 외 지음,《신여성: 한국과 일본의 근대 여성상》.

57. 김일엽, 〈진리를 모릅니다〉, p. 298.

58. Hiratsuka Raichō, *In the Beginning, Woman Was the Sun*, p. 178. 또한 다음을 참조하라. Lowy, *The Japanese "New woman"*, p. 8-9; 이지숙, 〈1910년대 일본 신여성문학-「세이토青鞜」를 중심으로〉, p. 166 각주 18.

59. 이지숙, 〈1910년대 일본 신여성 문학-「세이토青鞜」를 중심으로〉, p. 160.

60. 위의 책, p. 162.

61. 위의 책, p. 171.

62. 平塚らいてう, 〈元始, 女性は太陽であった: 平塚らいてう自伝〉上, p. 328. 이 책의 영역본, Hiratsuka, *In the Beginning, Woman Was the Sun*, p. 157.

김일엽, 한 여성의 실존적 삶과 불교철학

63. 平塚らいてう, 〈元始, 女性は太陽であった: 平塚らいてう自伝〉上, p. 328; Hiratsuka, *In the Beginning, Woman Was the Sun*, p. 158.

64. 메이지 유신과 함께 신도神道와 민족주의의 관계에 대해서는 다음을 참조하라. Hardacre, *Shintō and the State*.

65. 平塚らいてう, 〈元始, 女性は太陽であった: 平塚らいてう自伝〉上, p. 328; Hiratsuka, *In the Beginning, Woman Was the Sun*, p. 157.

66. 平塚らいてう, 〈元始, 女性は太陽であった: 平塚らいてう自伝〉上, p. 329; 이 책의 영역본, Hiratsuka, *In the Beginning, Woman Was the Sun*, pp. 157-158.

67. 平塚らいてう, 〈元始, 女性は太陽であった: 平塚らいてう自伝〉上, p. 333; Hiratsuka, *In the Beginning*, Woman Was the Sun, p. 160.

68. 平塚らいてう, 〈元始, 女性は太陽であった: 平塚らいてう自伝〉上, p. 331; Hiratsuka, In the Beginning, Woman Was the Sun, p. 159.

69. 위와 같음.

70. 平塚らいてう, 〈元始, 女性は太陽であった: 平塚らいてう自伝〉上, p. 335; Hiratsuka, *In the Beginning, Woman Was the Sun*, p. 161.

71. 平塚らいてう, 〈元始, 女性は太陽であった: 平塚らいてう自伝〉上, pp. 334-335; Hiratsuka, *In the Beginning, Woman Was the Sun*, p. 161.

72. 平塚らいてう, 〈元始, 女性は太陽であった: 平塚らいてう自伝〉上, p. 335; Hiratsuka, *In the Beginning, Woman Was the Sun*, p. 161.

73. 최근 출판된 《니체와 불교Nietzsche and Buddhism》에서 Antoine Panaïoti는 니체 철학의 삶에 대한 긍정과 불교의 관련성을 논한다. Panaïoti, *Nietzsche and Buddhist Philosophy* 참조. 니체와 선의 실천, 그리고 그들의 윤리적 함의에 대한 또 다른 관련 연구는 Braak, *Nietzsche and Zen*이 있다. 니체와 불교에 관한 초기 간행물로는 Mistry, *Nietzsche and Buddhism*과 Morrison, *Nietzsche and Buddhism*도 있다.

74. Hiratsuka, "Hiratsuka Raichō," p. 1151.

75. 위의 책, pp. 1151-1152.

76. 위의 책, p. 1150.

77. 이지숙, 〈1910년대 일본 신여성문학-「세이토靑鞜」를 중심으로〉, p. 171.

78. 문옥표 외 지음, 《신여성: 한국과 일본의 근대 여성상》, p. 285.

79. Lowy, *The Japanese "New woman"*, p. 61.

80. 위와 같음.

81. 위의 책, pp. 64-78.

82. Sato, *The New Japanese Woman*, p. 7.

83. Bordin, *Alice Freeman Palmer*, p. 2. Bordin은 또한 영국에서 1984년 에 'New Woman'이라는 용어를 발명한 것은 페미니스트 소설가 Sara Grand(머리말 미주 1번)에 기인한 것이라고 지적한다.

84. 위와 같음.

85. 위와 같음, 인용문은 Cott, Nancy F. *The Grounding of Modern Feminism.*, p. 39에서 발췌.

86. Bordin, *Alice Freeman Palmer*, p. 3.

87. Todd, *The "New Woman" Revised*, pp. xxvi-xxvii.

88. 위의 책, p. 2.

89. 위의 책, p. 3.

90. 위의 책, p. 7.

91. 위와 같음.

92. Downey, *Portrait of an Era as Drawn by C. D. Gibson*, p. 196에서 인용.

93. Todd, *The "New Woman" Revised*, p. 8.

94. 위의 책, pp. 34-35.

95. 미국에서도 일반적으로 여성운동과 특히 신여성the New Women 운 동은 1930년대와 1940년대에 보수적인 단계를 거쳤으며, 1950년대에 양성평등을 요구하는 관심이 회복하면서 여성운동의 의제가 되살아났 다. Freedman, "The New Woman"을 참조하라.

김일엽, 한 여성의 실존적 삶과 불교철학

3장 반항의 의미와 무의미

1. De Angelis, "Ellen Key," p.1.

2. 1909부터 1912년까지, Ellen Key의 다섯 작품이 영어로 출판됐다. 다섯 작품은 *The Century of the Child*(1900), *Woman Movement*(1909), *The Education of the Child*(1910), *Love and Marriage*(1911), *Love and Ethics*(1912)이다. 히라쓰카 라이초平塚らいてう는 엘렌 케이Ellen Key 의 두 작품을 번역했다. Ellen Key의 생애에 관한 완전한 전기는 De Angelis, *"Ellen Key."*를 참조하라.

3. 노자영, 〈여성운동의 제1인자 엘렌 케이〉를 참조하라.

4. Key, *Love and Marriage*, pp. 14-15.

5. 위의 책, p. 290.

6. 위의 책, p. 129.

7. Key, *Love and Ethics*, p. 11.

8. 위의 책, pp. 19-20.

9. 위의 책, p. 21.

10. 나혜석, 《나혜석 전집》, p. 411.

11. 문옥표 외 지음, 《신여성: 한국과 일본의 근대 여성상》, pp. 286-292.

12. 김일엽, 〈진리를 모릅니다〉, p. 298.

13. 김일엽, 〈우리의 이상理想〉, pp. 84-85.

14. 위의 책, 86.

15. 平塚らいてう, 〈處女の眞価〉, p. 57; Hiratsuka, "Hiratsuka Raichō," p. 1158.

16. 위와 같음.

17. 김일엽, 〈우리의 이상理想〉, p. 81. 입센과 함께 이 대목에서 언급된 '헬렌 켈러'의 정체는 명확하지 않다. 김일엽의 1927년 에세이 〈나의 정조관情操觀〉의 마지막 부분에도 다음과 같이 거의 동일한 구절이 나타난다. "재래의 모든 제도와 전통과 관념에서 멀리 떠나 생명에 대한

청신한 의미를 환기코자 하는 우리 새 여자, 새 남자들은 무엇보다도 우리들의 인격과 개성을 무시하는 재래의 성도덕에 대하여 열렬히 반항치 아니할 수 없습니다. 그래서 벌써 시대에 뒤떨어진 감이 없지 않지만 〈입센〉이나 〈헬렌 켈러〉의 사상을 공명하게 됩니다."(김일엽, 〈나의 정조관情操觀〉, p. 119). 1924년 에세이의 헬렌 켈러는 이제 1927년 에세이의 헬렌 케이Hellen Key로 대체되었다. 헬렌 켈러는 성도덕에 대한 도전과는 아무런 관련이 없으며, 이 문제에 강력한 영향력을 행사한 헬렌 케이라는 인물도 없다. 이것은 1924년 글에서 김일엽이 엘렌 케이Ellen Key와 헬렌 켈러Hellen Keller를 혼동하고, 1927년 글에서 헬렌 켈러라는 이름을 엘렌 케이와 혼동하여 헬렌 케이라는 이름을 사용한 것으로 보인다.

18. 김일엽, 〈나의 정조관情操觀〉, p. 119.

19. 김일엽, 〈진리를 모릅니다〉, p. 298.

20. 김일엽, 〈나의 정조관情操觀〉, p. 119.

21. 김일엽, 〈처녀處女, 비처녀非處女의 관념觀念을 양기揚棄하라〉, p. 194.

22. 김일엽, 〈1933년 첫날 여성 친구들에게 세 가지 충고〉, pp. 189-190.

23. 김일엽, 〈학창을 떠나는 여성에게 다섯 가지 산 교훈을 제공한다 〉, pp. 200-202.

24. 김일엽, 〈인격 창조에 -과거 1개년을 회상하여〉, p. 87.

25. 위와 같음.

26. 위와 같음.

27. '신 개인주의'라는 표현은 1934년 11월에 출간된 김일엽의 에세이에 다시 등장한다.

28. 김일엽, 〈인격 창조에-과거 1개년을 회상하여〉, p. 88.

29. 일부 학자들은 이 글에 드러난 일엽의 모성애 언급을 김태신이 그녀의 아들이라는 증거로 해석한다. 앞서 2장에서 논의한 것처럼, 김태신이 일엽의 아들이라는 것은 의심스러우며, 김일엽은 자신에게 아이가 있다고 언급한 적이 없다. 이 점을 고려해, 필자는 모성애 문제를 추측을

사용하는 대신 상징적인 해석으로 남겨두고자 한다. 필자가 인용한 다음 구절은 일엽이 모성애를 여성의 자질로 받아들였다는 필자의 주장을 뒷받침하며, 모성애에 대한 일엽의 논의는 그녀가 아이를 낳았다는 주장을 뒷받침하지 못한다.

30. 김일엽, 〈인격 창조에-과거 1개년을 회상하여〉, p. 89.

31. 창의성에 대한 자세한 논의는 5장을 참조하라.

32. 김명순, 〈네 자신自身의 위에〉, 《생명生命의 과실果實》, pp. 76-77.

33. 최혜실, 《신여성들은 무엇을 꿈꾸었는가?》, pp. 361-362.

34. 김일엽, 〈일체一切의 세욕世欲을 단斷하고 〉, p. 466.

35. 위의 책, p. 469.

36. 또한 만일 김일엽이 1934년의 에세이, 〈일체一切의 세욕世欲을 단斷하고〉에서 묘사한 상태를 지속했다면 김일엽이 한국 사회에서 자신의 페미니즘 사상을 실현하는 데 실패하고 그것을 모면하기 위해 출가했다고 비판한 그녀의 비평가들이 많은 정당성을 얻었을 것이다.

37. 김일엽과 임노월의 관계에 대한 논의는 2장을 참조하라.

38. 임노월, 〈사회주의社會主義와 예술藝術, 신 개인주의新個人主義의 건설建設을 창唱함〉, p. 23.

39. 위의 책, p. 24.

40. 위의 책, p. 28.

41. 방민호, 〈사랑과 절망과 도피의 로망스: 한국 최초의 예술지상주의자 임노월 소설집〉, p. 159.

42. 위의 책, p. 160.

43. 이종기, 〈사회주의社會主義와 예술藝術을 말하신 임노월林蘆月 씨에게 묻고저〉, p. 27.

44. 김기진 〈김원주씨에 대한 공개장〉, p.164.

45. 방민호, 〈사랑과 절망과 도피의 로망스: 한국 최초의 예술지상주의자 임노월 소설집〉, p. 162.

4장 나를 잃어버린 나

1. Julia Kristeva, *"Hannah Arendt,"* xix.

2. 영역 *"Hannah Arendt"*는 Julia Kristeva의 3부 작, *Le Génie féminin*의 제1권이다. 이 3부작에서 Kristeva는 자신이 선택한 여성 '천재' 세 사람의 삶과 작품에 대해 논한다. 그 세 천재는 독일의 정치 사상가 한나 아렌트Hannah Arendt(1906-1975), 오스트리아-영국 심리학자 멜라니 클라인Melanie Klein(1882-1960), 프랑스 소설가 콜레트 Colette(1873-1954)이다.

3. 성낙희, 〈김일엽 문학론〉; 정영자, 〈김일엽 문학연구〉.

4. 노미림, 〈히구치 이치요와 김일엽의 여성성 대조〉.

5. 유진월, 《김일엽의 신여자 연구》; 이화형李和炯·유진월兪珍月, 〈신여자와 근대 여성 담론의 형성〉.

6. 김미영, 〈1920년대 신여성과 기독교에 관한 고찰: 나혜석, 김일엽, 김명순의 삶과 문학을 중심으로〉; 유정숙, 《한국 근대 여성 작가와 기독교의 연관성 연구: 나혜석, 김일엽, 김명순을 중심으로》

7. 이 문제를 집중 조명한 첫 번째 출판물은 Jin Y. Park, "Gendered Response to Modernity."이다.

8. Bonnie B. C. Oh, "Kim Iryŏp's Conflicting Worlds."

9. Park, "Gendered Response to Modernity"; 방민호, 〈김일엽 문학의 사상적 변모 과정과 불교 선택의 의미〉.

10. Park, "Gendered Response to Modernity"; Park, *Reflections of a Zen Buddhist Nun*, 1-26.

11. 김항명, 오재호, 한운사, 《영원한 삶을 찾아: 김일엽》, p. 221.

12. 김일엽, 〈불문佛門 투족投足 2주년二周年에〉, p. 154.

13. 위와 같음.

14. 위와 같음.

15. 위의 책, p. 155.

김일엽, 한 여성의 실존적 삶과 불교철학

16. 현대한국불교에서 권상로의 개혁운동과 그 의미에 대한 논의는 다음 자료를 참고하라. 이재헌, 《이능화와 근대 불교학》; 김종인, 〈권상로의 조선 불교혁명론-한국 근대기 불교의 정체성과 근대성〉; 김경집, 《한국 근대 불교사》.

17. 20세기 전반 한국 불교의 맥락에서 한용운의 개혁운동에 대한 논의는 다음 자료를 참고하라. Pori Park, *Trial and Error in Modernist Reforms*.

18. 이영재에 관한 논의는 다음 자료를 참조하라. 김경집, 《한국 근대 불교사》; 김광식, 〈이영재의 생애와 조선불교혁신론〉.

19. 김일엽, 〈불문佛門 투족投足 2주년二周年에〉, p. 157.

20. Sørensen, "Korean Buddhist Journals during Early Japanese Colonial Rule," p. 19.

21. 방민호, 〈김일엽 문학의 사상적 변모 과정과 불교 선택의 의미〉를 참조.

22. 불교 모더니즘에 관한 논의는 다음 자료를 참조하라. McMahan, *The Making of Buddhist Modernism*.

23. 이중표, 〈한국 불교철학의 성과와 전망〉, p. 541.

24. 백성욱의 전기와 불교에 관한 논의는 다음 자료에서 찾아볼 수 있다. 김영진, 〈근현대 불교 인물 탐구: 백성욱〉.

25. 근대 한국불교에 대한 연구는 영어권뿐만 아니라 한국에서도 비교적 그 역사가 짧다. 1990년대 말 한국에서 근대 불교에 관한 출판물이 갑자기 번성했고, 이는 오늘날까지 이어지는 추세이다.

26. 동서철학의 만남이라는 맥락과 한국 불교철학의 형성에 있어서 백성욱의 불교철학에 관한 논의는 다음 자료를 참고하라. Jin Y. Park, "Philosophizing and Power"; "Burdens of Modernity."

27. 김원수, 《붓다가 되신 예수》, p. 16.

28. 위와 같음; 백성욱, 《백성욱 박사 문집》, p. 400. 백성욱이 파리와 독일에서 공부하는 데 그의 친구들 중 일부가 재정적인 도움을 주었다고 한다(p. 378).

29. 김원수, 《붓다가 되신 예수》, p. 17.

30. 백성욱,《백성욱 박사 문집》, p. 3.

31. 이중표,〈한국 불교철학의 성과와 전망〉, p. 541.

32. 동아일보, "동양철학박사 백성욱씨 귀국" 3.

33. 백성욱,《백성욱 박사 문집》, p. 373.

34. 백성욱,〈나의 신앙과 늣김〉, p. 12.

35. 김일엽,《어느 수도인修道人의 회상回想》, p. 101; Park, *Reflections of a Zen Buddhist Nun*, p. 158.

36. 김일엽,《어느 수도인修道人의 회상回想》, pp. 101-102; Park, *Reflections of a Zen Buddhist Nun*, pp. 158-159.

37. 김일엽,《어느 수도인修道人의 회상回想》, p. 91; Park, *Reflections of a Zen Buddhist Nun*, p. 147.

38. 김일엽,《어느 수도인修道人의 회상回想》, p. 84; Park, *Reflections of a Zen Buddhist Nun*, p. 140.

39. 김일엽은〈불교〉 1931년 10월호에 발표한 〈용강온천행龍岡溫泉行〉에서 여행을 "결혼 2년 후 고향에 간다"라고 표현했다. 2년 전 남편의 고향 대구에 결혼식을 위해 갔을 때의 심정과 당시 심경을 비교했다. 이는 김일엽이 1929년에 하윤실과 결혼했음을 나타낸다(김일엽,〈용강온천행龍岡溫泉行〉, p. 417).

40. 김일엽,〈신불信佛과 나의 가정家庭〉, p. 430.

41. 위와 같음.

42. 위의 책, p. 431.

43. 김일엽의 수필 〈가을 소리를 들으면서〉가 1937년 〈학해學海〉에 발표된 것은 이례적으로 보인다. 이 수필은 그 내용 또한 의문스럽다. 이 수필은 1937년 가을에 대한 명상으로 시작한다. 일엽이 비구니가 된 지 3년째 되는 해이다. 가을에 대한 명상 후, 일엽은 남편의 기력을 돋우려고 남편의 여름 휴가 동안 자신의 고향 용강에 있었다고 서술한다 (p. 480). 일엽은 하윤실과 이혼하고 출가한 상태이기 때문에 이는 말이 안 된다. 1931년의 용강 여행은 그녀의 수필 〈용강온천행龍岡溫泉行〉

김일엽, 한 여성의 실존적 삶과 불교철학

에서 묘사한 바와 같다. 〈가을 소리를 들으면서〉가 비록 1937년에 출판되었지만, 이러한 문제들을 고려해볼 때, 이 자료는 신뢰성이 의심스럽다.

44. 김일엽, 〈불도佛道를 닦으며〉, p. 212.

45. 김일엽,《어느 수도인修道人의 회상回想》, p. 33; Park, *Reflections of a Zen Buddhist Nun*, 65.

46. 위와 같음.

47. 위와 같음.

48. 김일엽,《청춘靑春을 불사르고》, p. 258.

49. B 기자記者, 〈삭발削髮하고 장삼長衫 입은 김일엽金一葉 여사女史의 회견기會見記〉, p. 15.

50. 위와 같음, pp. 13-14.

51. 김일엽,《어느 수도인修道人의 회상回想》, p. 34; Park, *Reflections of a Zen Buddhist Nun*, pp. 66-67.

52. 김일엽,《어느 수도인修道人의 회상回想》, pp. 34-35; Park, *Reflections of a Zen Buddhist Nun*, p. 67.

53. B 기자記者, 〈삭발削髮하고 장삼長衫 입은 김일엽金一葉 여사女史의 회견기會見記〉, p. 16.

54. 한국사회와 불교의 첫 만남에 관한 주요 문헌자료는 유학자 김부식金富軾(1075-1151)이 1145년에 편찬한《삼국사기三国史記》, 1215년 승려 각훈覚訓(?-1230?)이 편찬한《해동고승전海東高僧伝》, 승려 일연一然(1206-1289)이 1281년에서 1289년 사이에 집필한《삼국유사三国遺事》가 있다. 세 문헌 모두 불교가 최초로 한국에 전해진 5세기보다 훨씬 늦은 12세기에서 13세기 사이에 기록되었다.

55. 김부식,《삼국사기》1, p. 346.

56. 김부식,《삼국사기》2, p. 37.

57. 김부식,《삼국사기》1, pp. 76-78.

58. 한국 사람들이 불교의 정교한 철학에 익숙해지기 전, 불교가 서민과

통치 계급에게 모두 물질적인 문화로 마음을 사로잡은 점은 주목할 만
하다. 불상은 샤머니즘 같은 토착 종교에서는 볼 수 없던 방식으로 종
교적 헌신의 대상을 제공했다. 순도順道(?-?)가 가져온 미륵불상에 예
배를 올리면서 가족과 국가의 안녕을 기원했다. 고구려 사람들에게 예
불은 자신의 가족을 번창하게 하고 국가를 평안하게 할 것이라는 믿음
의 표현이었다. 통일신라 시대에 불교는 번영했다. 불교 사찰의 큰 법
당과 불상, 탑 등은 불교의 위력을 보여주는 가시적 물질문화였다. 불
교의 가시적 물질문화는 일엽의 불교 건축에 대한 논의에서 잘 묘사된
다. 일엽은, 불교가 가장 활발하던 삼국시대야말로 한국문화의 전성기
라고 생각했다. 일엽은 수덕사 법당을 한국에서 가장 가치 있는 문화
재 가운데 하나라고 여겼다. 일엽에게 이러한 문화유산은 불교의 정신
을 상징했다.

59. 신라시대에 가장 유명한 불교 인물에는 위대한 화쟁和諍 사상가 원
효元曉(618-86)와 한국 화엄華嚴 불교의 창시자 의상義湘(625-702)이
있다. 원효 저작의 영어 번역은 Muller, *Wŏnhyo: Selected Works*를 참
고하라. 의상의 저술은 McBride, *Hwaŏm*과 Odin, *Process Metaphysics
and Hua-Yen Buddhism*을 참고하라. 신라불교에 관한 훌륭한 논의는
McBride, *Domesticating the Dharma*를 참고하라.

60. 고려불교에 관한 논의는 Vermeersch, *The Power of the Buddhas* 참고하라.

61. 7세기 중반에 이르자 한국의 승려들도 중국에서 발전한 선종禪宗을
접하게 되었다. 중국 선불교와 관련된, 한국 최초의 기록은 중국 선
종의 4대조인 도신道信(580-651)과 함께 공부한 신라 승려 법랑法朗
(632-646)과 관련돼 있다. 그 후 2세기 동안 한국의 승려들은 이 새로
운 형태의 불교를 배우기 위해 계속 중국으로 구법여행을 떠났고, 결
국 구산선문九山禪門으로 발전되었다. 구산선문은 선종의 아홉 종파
를 의미하는 것이 아니라, 모두 중국에서 공부한 선종의 아홉 개창자
들에 의해서 개설된, 아홉 개의 산에 위치한 선종의 아홉 장소를 가리
킨다. 비록 신행神行(704-779)은 신수神秀의 북종선을 전래했지만, 구

산문의 개창자 가운데 한 사람을 제외하고 모두 남종선의 홍주종洪州宗을 개창한 마조 도일馬祖道一(707-786)의 제자와 함께 수학했다.

구산선문은 한 세기에 걸쳐 발전했다. 9세기 초 중국에서 돌아와 가지산문을 연 도의道義(821년 귀국)는 한국 선종의 시조로 알려진다. 그러나 구산선문에 대한 최초의 기록은 11세기 후반(1084)으로, 학자들의 연구에 따르면, 구산선문의 형성은 통일신라시대(676-935) 말엽보다 늦었을 것으로 추정된다. 구산선문과 지눌 이전의 선종의 변화에 대한 영어 논의는 다음의 논문을 참조하라. Buswell, *Collected Works of Chinul*, pp. 9-17.

62. 지눌, 《목우자수심결牧牛子修心訣》(H4, 708b). Buswell, *Tracing Back the Radiance*, p. 140.

63. '즉문즉답卽問卽答'의 성격에 관해서는 많은 논의가 있었다. 선종 공안公案의 핵심인 자발성이 수사학적인 문제인지의 여부(Faure, *The Rhetoric of Immediacy and Chan Insights and Oversights* 참조), 수행자가 공안 수행을 통해 도달할 수 있는, 언어를 넘어서는 상태가 존재하는지의 여부, 공안이 언어 게임의 한 유형에 불과한지의 여부 등의 질문이 제기되었다. 이런 맥락에서 Dale Wright는 공안이 선종 사찰의 언어 게임의 일부라고 그의 논문 "Rethinking Transcendence"에서 주장했다. 또한 다음 자료를 참고하라. McRae, *Seeing through Zen*; Park, "Zen and Zen Philosophy of Language"; Park, "Zen Language in Our Time."

64. 혜심의 《선문염송집》에서 가려 뽑은 100가지 공안에 대한 영문 번역은 다음을 참고하라. Hyesim, *Gongan Collections I*과 *Gongan Collections II*.

65. 이에 대한 논의는 다음을 참조하라. Miura and Sasaki, *The Zen Koan*. 공안의 다양한 측면에 대한 논의는 다음을 참조하라. Heine and Wright, *The Kōan*.

66. 선의 착어着語에 대한 논의는 Hori, *Zen Sand*를 참조하라.

67. Hsieh, "A Study of the Evolution of k'an-hua Ch'an in Sung China"; Levering, "Ch'an Enlightenment for Layman."

68. 지눌의 간화선看話禪에 대한 논의는 다음을 참조하라. Buswell, "The 'Short-Cut' Approach of K'an-hua Meditation"; Buswell, "Chinul's Systematization of Chinese Meditative Techniques in Korean Sŏn Buddhism"; Park, "Zen Language in Our Time."

69. 퇴옹 성철은 이 논쟁의 중심에 있었다. 이와 관련한 논의는 다음을 참고하라. 박진영, 〈퇴옹 성철의 불교 해석학과 윤리〉.

70. 조선시대 초기의 유불논쟁에 대해서는 다음을 참조하라. Muller, trans. *Korea's Great Buddhist-Confucian Debate*.

71. 이에 대한 필자의 논의는 다음을 참고하라. Park, "Wŏhyo's Writings on Bodhisattva Precepts and the Philosophical Ground of Mahayana Ethics."

72. 《송고승전宋高僧伝》(988)과 《해동고승전海東高僧伝》(1215)은 오랫동안 이 목적을 수행해 왔다. 최근 연구들은 승려의 생애(전기)와 그 생애의 상징적 의미에 대한 보다 깊은 연구를 시도했다. 그 예로 다음 연구를 참고하라. Buswell, "Wŏhyo as Cultural and Religious Archetype"; Faure, "Random Thoughts."

73. 경허의 전기는 《경허집》, 406-426, 영역본은 Park, "*A Crazy Drunken Monk*."를 참고하라. 또한 다음을 참고 바란다. 이흥우, 《경허 선사: 공성의 피안길》; 최인호, 《경허: 길 없는 길》; 한중광, 《경허: 길 위의 큰스님》; 현담, 《경허선사 일대기》. 영어로 된 경허의 선불교에 대한 논의는 다음을 참고하라. Sørensen, "Mirror of Emptiness."

74. 경허, 《경허집鏡虛集》, p. 422/p. 424. (《鏡虛集》의 한문 페이지/한국어 페이지 병기.)

75. 경허, 《경허집鏡虛集》, p. 400/pp. 408-409; 이 책의 영역본, Park, "A Crazy Drunken Monk," pp. 134-135.

76. 경허, 《경허집鏡虛集》, p. 400/ p. 409; Park, "A Crazy Drunken Monk," p. 135.

77. 이흥우, 《경허 선사: 공성의 피안길》, pp. 60-61.

김일엽, 한 여성의 실존적 삶과 불교철학

78. 경허,《경허집鏡虛集》, p. 422/ p. 424.

79. 경허,《경허집鏡虛集》, p. 400/ p. 409; Park, "A Crazy Drunken Monk," p. 135.

80. 《연등회요聯燈會要》제24권.

81. 경허,《경허집鏡虛集》, p. 401/p. 409; Park, "A Crazy Drunken Monk," p. 135.

82. 한암은 그의 〈선사 경허화상 행장禪師 鏡虛和尚 行狀〉에서 이 사건에 대해 다음과 같이 기록했다.

한 사미승이 옆에서 시중을 드는데 속성은 이씨라 그의 부친이 좌선을 여러 해 동안 하여 스스로 깨달은 곳이 있어서 사람들이 다 이 처사라고 부르는데, 사미의 사부가 마침 그 집에 가서 처사와 이야기를 하는데, 처사가 말하기를 "중이 필경에는 소가 된다" 하니 그 스님이 말하기를 "중이 되어 마음을 밝히지 못하고 다만 신도의 시주만 받으면 반드시 소가 되어서 그 시주의 은혜를 갚게 된다"고 했다. 처사가 꾸짖어 이르기를 "소위 사문의 대답이 이렇게 도리에 맞지 않습니까?" 그 스님이 이르기를 "나는 선지禪旨를 잘 알지 못하여서 그러하오니 어떻게 대답해야 옳습니까?" 하니 처사가 이르기를 "어찌 소가 되기는 되어도 콧구멍 뚫을 곳이 없다고 이르지 않는고?" 그 스님이 묵묵히 돌아가서 사미에게 이르기를 "너의 아버지가 이러이러한 이야기를 하던데 나는 무슨 뜻인지 모르겠다." 사미가 이르기를 "지금 주실籌室 화상이 선 공부를 심히 간절히 하여 잠자는 것도 밥 먹는 것도 잊을 지경으로 하고 있으니 마땅히 이와 같은 이치를 알지라, 사부께서는 가서 물으소서." 그 스님이 흔연히 가서 예배를 마치고 앉아서 이 처사의 말을 전하는데.

경허,《경허집鏡虛集》, p. 401/p. 409; Park, "A Crazy Drunken Monk," p. 136.

83. 경허,《경허집鏡虛集》, p. 401/p. 410; Park, "A Crazy Drunken Monk,"

p. 136.

84. 도원,《경덕전등록景德傳燈錄》T51, no. 2076, p. 262c.

85. 지눌,《간화결의론看話決疑論》(H4, p. 735a). 영역본은 다음을 참조하라. Buswell, *Chinul*, p. 336.

86. 경허,《경허집鏡虛集》, p. 340/ p. 343; Park, "A Crazy Drunken Monk," p. 136.

87. 만공에 대한 영어 논의는 다음을 참고하라. Mu Seong, "Sŏn Master Man'gong and Cogitations of a Colonized Religion.." 한국 선불교에 대한 선별된 기본자료에 대해서는 다음을 참고하라. Mu Seong, *Thousand Peaks*.

88. 방한암에 대한 논의는 다음을 참고하라. Uhlmann, "Sŏ Master Pang Hanam."

89. 예는 다음을 참고하라. Faure, *Rhetoric of Immediacy, and Chan Insights and Oversight*. 한국불교의 맥락에서 이 문제에 대한 논의는 다음을 참고하라. 박재헌,〈깨달음의 신화〉.

90. 인경,〈공안선과 간화선〉, p. 93 참조.

91. 한국불교 비구니의 역사적 고찰에 대해서는 다음을 참조하라. Cho, "female Buddhist Practice in Korea-A Historical Account."

92. 김영미,〈삼국, 고려시대 비구니의 삶과 수행〉, p. 79.

93. 위의 책, pp. 79-80.

94. 위의 책, p. 87.

95. 위의 책, p. 85.

96. 이향순,〈조선시대 비구니의 삶과 수행〉참조.

97. Jorgensen, "Marginalized and Silenced," pp. 120-121.

98. 강희정,〈조선 전기 불교와 여성의 역할〉; 이향순,〈조선시대 비구니의 삶과 수행〉.

99. 조선시대 유교에서의 한국 여성에 대한 논의는 다음을 참조하라. Kim and Pettid, *Women and Confucianism in Chosŏn*.

100. 현대 한국의 비구니 승원에 대한 논의는 다음을 참고하라. Pori Park, "The Establishment of Buddhist Nunneries in Contemporary Korea."

101. 수경, 〈한국 비구니 강원 발달사〉, pp. 19-20.

102. 위의 책, p. 25.

103. 위의 책, p. 33.

104. 위의 책, p. 35.

105. 전국비구니회, 《한국 비구니의 수행과 삶》, p. 132.

106. 법희는 충청남도 공주에서 태어났다. 아버지를 세 살 때 잃고, 이듬해 할머니가 손녀를 통도사 미타암으로 보냈다(효탄, 〈비구니 선풍의 중흥자, 묘리 법희 선사〉, p. 201). 그녀의 어머니 또한 이듬해 미타암에 들어갔다. 모녀는 약 1년 정도 미타암에 머물렀지만, 법희의 어머니는 딸과 함께 지내는 것이 수행에 걸림돌이 된다고 생각해 갑사로 옮겼다. 어머니는 법희가 8살 때 세상을 떠났다(하춘생, 〈깨달음의 꽃: 한국 근세를 빛낸 근세 비구니〉, p. 30). 법희는 1901년에 사미니계를 받고, 1910년에 해인사에서 구족계를 수지했다. 동학사에서 강사 만우 스님에게 불경을 공부하고, 청암사에 주석하던 고봉 선사에게 《법화경》을 공부했다. 고봉 선사는 묘리 법희에게 수도암의 만공 선사에게 가서 참선 수행할 것을 권하였고, 법희는 그렇게 했다.

만공 선사 아래서, 법희는 "만물은 하나로 돌아가는데, 그 하나는 어디로 돌아가는가[萬法歸一 一歸何處]?"라는 화두를 들고 수행했다. 5년 수행 후, 법희는 만공에게 깨달음을 획득했다는 인가를 받았다. 만공은 법희에게 '묘리'라는 법호를 주었다. 묘리 법희는 "신비한 원리가 모두 이해되니, 부처님 가르침에 대한 기쁨이 완전하다"는 의미이다. 묘리 법희의 깨달음과 행적에 관한 기록은 많이 남아 있지 않다. 묘리 법희는 그녀가 깨달은 경험이나 수행에 관한 어떤 기록도 남기지 않았다. 법희의 제자들 역시 그런 기록을 남기지 않았다. 그러나 법희는 현대 한국불교에서 비구니 선 전통의 창시자로 인정받는다.

107. 환희대에서 보낸 일과에 대한 정보는 2011년 7월 29일 환희대에서 비

구니 탄호 스님과 진행한 인터뷰에 기초한다.

5장 화해의 시간

1. 김일엽,《어느 수도인修道人의 회상回想》, p.1; Park, *Reflections of a Zen Buddhist Nun*, p. 29.

2. 위와 같음.

3. 불교가 전자에 속하는지 후자에 속하는지 여부는 생각만큼 간단하지 않다. 까짜나Kaccāna의 사례와 함께 논의하겠지만, 전통적으로 불교는 철학적 담론을 거부하는 것으로 알려졌다. 그러나 다른 곳에서 필자가 주장했듯이, 부처가 우주의 영원성이나 부처의 영원한 생명에 대해 논하는 것을 거부한 것은 철학적 담론을 포기한 것이 아니었다. 부처는 특정한 형태의 철학을 포기하고 있었다(Park, *Buddhism and Postmodernity*, chap. 1 참조).

오웬 플래너건Owen Flanagan은 불교에서 초월적 영역이나 비물질적 경향을 삭제한, 자연화된 불교naturalized Buddhism를 제안한다. 그는 "포괄적 고대 철학인 불교에서 말도 안 되는 소리를 빼내면, 과학적 지식을 가지고 있는 21세기의 세속적 사상가들에게 가치 있는 철학"으로서 불교가 된다고 말한다(The Bodhisattva's Brain, xi). 그가 말하는 불교의 "말도 안 되는 소리"란 업과 윤회 등 플래너건이 자연주의적 관점에서 볼 때 확인할 수 없다고 생각한 불교의 요소들이다.

4. *Saṃyutta-nikāya*, II:17. 영역은 다음을 참고하라. Edelglass and Garfield, *Buddhist Philosophy*, p. 16.

5. 혜능,《육조단경六祖壇經》(T48, 343c).

6. Nāgārjuna, *Mūlamadhyamakakārikā*, 24:8. 이 책의 영역본, Garfield, *The Fundamental Wisdom of the Middle Way*.

7. Garfield, "Understanding the Two Truths," p. 227.

8. 위와 같음.

9. 위의 책, p. 225.

10. 필자의 책, *Buddhism and Postmodernity*에서 필자는 19세기 유럽에서 불교의 부정적 수용에 관한 문제를 논의했다. chapters 1과 2를 참조하라.

11. 김일엽, 《어느 수도인修道人의 회상回想》, p. 4; Park, *Reflections of a Zen Buddhist Nun*, p. 33.

12. 김일엽, 《어느 수도인修道人의 회상回想》, p. 47; Park, *Reflections of a Zen Buddhist Nun*, p. 81.

13. 위와 같음.

14. 김일엽, 《어느 수도인修道人의 회상回想》, p. 6; Park, *Reflections of a Zen Buddhist Nun*, p. 35.

15. Heisig, *Philosophers of Nothingness*. 이 책에서 하이직Heisig은 니시다 기타로西田幾多郎(1870-1945), 다나베 하지메田邊元(1885-1962), 니시타니 게이지西谷啓治(1900-1990) 등 세 명의 교토학파 사상가에 대한 포괄적인 토론을 제공한다.

16. Droit, *Le culte du néant*; Droit, *The Cult of Nothingness*. 참조.

17. 헤겔의 《종교철학 강의Lectures on the Philosophy of Religion》에 나타난 그의 불교 이해에 대한 논의는 다음을 참조하라. Park, *Buddhism and Postmodernity*, chapter 2, "Hegel and Buddhism." 헤겔의 불교에 대한 필자의 한국어 논의는 다음을 참고하라. 박진영, 〈헤겔 종교철학 강의와 불교〉, 《불교평론》, 2004년 겨울.

18. Burnouf, *Introduction à l'histoire du Buddhisme Indien*, 16; 이 책의 영역본, Buffetrille and Lopez, *Introduction to the History of Indian Buddhism*, p. 68.

19. Burnouf, *Introduction à l'histoire du Buddhisme Indien*, p. 17; English translation, Buffetrille and Lopez, *Introduction to the History of Indian Buddhism*, p. 69.

20. Droit, *Le culte du néant*, pp. 114-115; Droit, *The Cult of Nothingness*, pp. 78-79.

21. Nishida, *Last Writings*, p. 69; 西田幾多郎,《西田幾多郎全集》11, 東京: 岩波書店, 1978-1980, p. 397.

22. 19세기 유럽의 학자들과 철학자들은 동아시아 사상가와 거의 반대로 무無를 이해했고, 이는 동양과 서양의 사고방식 차이를 나타낸다. 교토학파의 사상가들은 서양철학에 대한 지식이 깊었고 서양과 동양의 철학적 전통에서 무에 대한 이해에 중요한 차이가 있다는 것을 잘 알고 있었다. 교토학파 사상가들의 철학에 나타나는 무에 대한 평가는 다음과 같은 요소의 종합적 결과였다. 첫째는 무/없음nothing보다는 존재/있음being을 다루는 서양철학이 동아시아 지성계에 알려지기 시작했고, 둘째는 교토학파 사상가들이 불교 전통에 익숙하다는 점이다. 이 두 역사적 상황하에서 형성된 환경의 혼합이 철학자들로 하여금 '무'의 의미에 깊이 관여하는 철학적 담론을 만들게 했다.

필자가 교토학파 사상가들과 관련해서 일엽에 대해 논하기는 했지만, 일엽이 그들의 작품을 알고 있었다고 주장하는 것은 아니다. 니시다 기타로西田幾多郎는 1911년에 첫 책을 출판하고, 1945년에 사망할 때까지 활발하게 작품활동을 했다. 다나베 하지메田辺元의 대작《참회도로서의 철학懺悔道としての哲学》은 1946년에 출판되었다. 일엽의 저서《어느 수도인修道人의 회상回想》이 비록 1960년에 출판되기는 했지만, 그녀가 다른 동아시아 사상가들의 저작을 알고 있었다는 증거는 없다. 일엽은 자신의 저서에서 칼 마르크스Karl Marx, 장 자크 루소Jean-Jacques Rousseau, 요한 피히테Johann Fichte를 포함한 서양 사상가들을 언급했다. 1920년대 초반, 일엽은 일본에 머물면서 신여성 이론과 여성운동에 대한 담론을 흡수했다.

23. 혜능,《육조단경六祖壇經》(T48, 338.03c). 얌폴스키Yampolsky의 영역은 Yampolsky, *The Platform Sūtra of the Sixth Patriarch*, p. 139를 참조하라 (한국어 번역본, 연암종서 역,《육조단경연구》, 경서원, 1992)

24. 김일엽,《행복幸福과 불행不幸의 갈피에서》, p. 30.

25. 김일엽,《어느 수도인修道人의 회상回想》, p. 34; Park, *Reflections of a*

김일엽, 한 여성의 실존적 삶과 불교철학

Zen Buddhist Nun, p. 66-67.

26. 김일엽, 《어느 수도인修道人의 회상回想》, p. 34; Park, *Reflections of a Zen Buddhist Nun*, p. 67.

27. 육도윤회六道輪廻는 한국과 동아시아 불교 전통에서 일반적으로 나타나는 윤회도이다. 그러나 어떤 불교 전통에서 살피는가에 따라, 윤회 주기에 얼마나 많은 영역이 있는지는 조금씩 다르다.

28. 불교의 우주론에 대한 논의는 다음을 참고하라. Sadakata, *Buddhist Cosmology*. 이에 대한 간결한 논의는 다음을 참고하라. Gethin, *The Foundations of Buddhism*.

29. 이 문제에 대한 고전적인 논의는 대략 기원전 100년경에 형성된 밀린 다팡하*Milindapañha*에 나타난다. 이 경은 나가세나Nāgasena 비구와 박트리아-그리스Bactrian-Greek의 밀린다(혹은 메난드로스) 왕이 불교 교리에 대해 나눈 대화를 기록한 것이다(Lopez and Buswell, *The Princeton Dictionary of Buddhism* 참조). 영어로 된 축약본은 다음을 참고하라. Pesala, *The Debate of King Milinda*.

30. Harvey, *An Introduction to Buddhist Ethics*, p. 15.

31. Bronkhorst, *Karma*, 21. 업(karma)에 대한 다양한 고찰은 다음을 참조하라. Prebish et al., *Revisioning Karma*.

32. 김일엽, 《어느 수도인修道人의 회상回想》, p. 4; Park, *Reflections of a Zen Buddhist Nun*, 33.

33. 김일엽, 《어느 수도인修道人의 회상回想》, p. 156; Park, *Reflections of a Zen Buddhist Nun*, 92.

34. 위와 같음.

35. 이 맥락에서 불교의 세계관은 현상학의 일종으로 이해할 수 있다. 최근 불교학자들은 불교의 이러한 점에 주목한다. 다음을 참조하라. Lusthaus, *Buddhist Phenomenology*; Park and Kopf, *Merleau-Ponty and Buddhism*; Garfield, Engaging Buddhism.

36. 김일엽, 《어느 수도인修道人의 회상回想》, p. 5; Park, *Reflections of a*

Zen Buddhist Nun, 34.

37. 김일엽,《어느 수도인修道人의 회상回想》, p. 30; Park, *Reflections of a Zen Buddhist Nun*, p. 61.

38. '문화'의 의미에 대한 논의는 다음을 참고하라. 'Culture' in Williams, *Keywords*.

39. Williams, *Keywords*, 87.

40. 김일엽,《어느 수도인修道人의 회상回想》, p. 34; Park, *Reflections of a Zen Buddhist Nun*, p. 66.

41. Saussure et al., *Course in General Linguistics*, p. 112. 여기에서 소쉬르는 다음과 같이 쓴다.

> 생각과 관련된 언어의 특징적인 역할은 아이디어를 표현하기 위한 물리적인 발음 수단을 형성하는 것이 아니라 불가피하게 단위의 상호 구분을 유발하는 조건 아래서 생각과 소리 사이를 연결하는 것이다. 생각이란 원래 혼란스러울 수밖에 없고, 그 생각을 풀어내는 과정을 통해 질서를 찾게 된다. 생각이 물리적인 형태로 주어지지도 않고, 소리가 정신적 실체로 변형되지도 않는다. 다소 불가사의한 사실은 오히려 '생각-소리'가 분열을 내포하고 있으며, 언어는 두 개의 형체 없는 덩어리 사이에서 형태를 취하면서 그 단위를 산출한다는 것이다. 물과 접촉하는 공기를 시각화해 보라. 대기압이 변하면 물의 표면은 일련의 분열, 파동으로 분해될 것이다. 파도는 생각과 음운 물질의 결합 또는 짝지음과 유사하다.

소쉬르의 관심은 생각과 소리 사이의 임의적인 관계(언어적 표현)를 다루는 것이었지만, 이 생각은 우리의 생각이 어떤 사건에 대해 공식화될 때, 그러한 생각들은 이미 상황에 대한 우리의 해석이라는 우리의 논의에도 적용될 수 있다.

42. 김일엽,《어느 수도인修道人의 회상回想》, p. 22; Park, *Reflections of a*

김일엽, 한 여성의 실존적 삶과 불교철학

Zen Buddhist Nun, p. 53.

43. 불교학자이자 환경철학자인 Simon James는 어떻게 선불교가 우리에게 자연과 함께 살아가는 중요성을 가르치는지에 관해 논의한다. 이에 관해서는 다음을 참고하라. James, *Zen Buddhism and Environmental Ethics*, chapter 3.

44. 김일엽, 《어느 수도인修道人의 회상回想》, p. 47; Park, *Reflections of a Zen Buddhist Nun*, p. 81.

45. 김일엽, 《어느 수도인修道人의 회상回想》, p. 22; Park, *Reflections of a Zen Buddhist Nun*, p. 54.

46. 김일엽, 《어느 수도인修道人의 회상回想》, p. 17; Park, *Reflections of a Zen Buddhist Nun*, p. 47.

47. 김일엽, 《어느 수도인修道人의 회상回想》, p. 12; Park, *Reflections of a Zen Buddhist Nun*, p. 42.

48. 위와 같음.

49. 김일엽, 《어느 수도인修道人의 회상回想》, p. 82; Park, *Reflections of a Zen Buddhist Nun*, p. 108.

50. 김일엽, 《어느 수도인修道人의 회상回想》, p. 13; Park, *Reflections of a Zen Buddhist Nun*, p. 42.

51. 20세기 프랑스 철학자 장 프랑수아 리오타르Jean-François Lyotard는 포스트모더니즘을 '비인간'으로 규정했다. 리오타르는 다음과 같이 쓴다. "만일 인간이 휴머니즘(인간주의)의 의미에서, 비인간이 되는 과정에 있다면 어떻게 될까? … 그리고 … 만약, 인간이 되는 가장 '적절한' 방법은 … 비인간이 되는 것이라면 어떨까?"(The Inhuman, p. 2.) 비인간이 일반적으로 순전히 부정적으로 이해되는 것과 달리, 리오타르는 여기서 비인간을 두 가지 유형으로 구분한다. 첫 번째는, 개발이라는 이름의 경제체제든 자유와 민주주의라는 이름의 정치체제든 인간을 어떤 체제를 지지하기 위한 수단으로 취급하는 비인간적 상황을 가리킨다. 비인간의 두 번째 의미는 첫 번째 의미와는 정반대이다. 리오타르

는 이를 다음과 같이 명백하게 구별한다. "현재 (무엇보다) 개발이라는 이름하에 총체적으로 형성되고 있는 체제의 비인간적 성격을 우리의 영혼을 감싸고 있는 극히 비밀스러운 것과 혼동해서는 안 된다." 불교와 관련한 비인간 개념에 대한 논의는 필자의 다음 글을 참조하라. Jin Y. Park, "The Visible and Invisible"

52. 김일엽, 《어느 수도인修道人의 회상回想》, p. 11; Park, *Reflections of a Zen Buddhist Nun*, p. 41.

53. 김일엽, 《진리를 모릅니다.》, p.274.

54. 김일엽, 《어느 수도인修道人의 회상回想》, p.45; Park, *Reflections of a Zen Buddhist Nun*, p. 79.

55. 김일엽, 《어느 수도인修道人의 회상回想》, p.93; Park, *Reflections of a Zen Buddhist Nun*, pp. 149-150.

56. 김일엽, 《어느 수도인修道人의 회상回想》, p.90; Park, *Reflections of a Zen Buddhist Nun*, pp. 146-147.

57. 〈계시啓示〉는 1장에서도 일엽의 죽음에 대한 감성의 맥락에서 논의됐다.

58. 《신여자》 창간호 편집인(김원주), 〈편집인들이 여쭙는 말씀〉, p. 188.

59. 김일엽, 《어느 수도인修道人의 회상回想》, p. 15; Park, *Reflections of a Zen Buddhist Nun*, p. 46.

60. 김일엽, 《어느 수도인修道人의 회상回想》, p. 90; Park, *Reflections of a Zen Buddhist Nun*, p. 143.

61. 김일엽, 《어느 수도인修道人의 회상回想》, p. 159; Park, *Reflections of a Zen Buddhist Nun*, p. 96.

62. 김일엽, 《어느 수도인修道人의 회상回想》, pp. 91-92; Park, *Reflections of a Zen Buddhist Nun*, p. 148.

63. 김일엽, 《어느 수도인修道人의 회상回想》, pp. 7-8; Park, *Reflections of a Zen Buddhist Nun*, p. 37.

64. 김일엽, 《어느 수도인修道人의 회상回想》, p. 30; Park, *Reflections of a Zen Buddhist Nun*, p. 61.

65. 예를 들면, 김일엽, 《어느 수도인修道人의 회상回想》, p. 95; Park, *Reflections of a Zen Buddhist Nun*, p. 152.

66. 김일엽, 《어느 수도인修道人의 회상回想》, pp. 95-96; Park, *Reflections of a Zen Buddhist Nun*, p. 152.

67. Nishitani, *Religion and Nothingness*, pp. 13-22 참조.

68. Kierkegaard, *Fear and Trembling*, p. 30.

69. '완전히 다른 존재'라는 표현에 대해서는 다음을 참조하라. Otto, *The Idea of the Holy*.

70. Sung Bae Park, *Buddhist Faith and Sudden Enlightenment*, 특히 1장 'Faith'를 참고하라.

71. 김일엽, 《어느 수도인修道人의 회상回想》, p. 14; Park, *Reflections of a Zen Buddhist Nun*, p. 44.

72. Cole, *Text as Father*.

73. 《법화경法華經》은 지의智顗(538-597)가 창시한 중국의 천태종과 사이초最澄(767-822)가 확립한 일본 천태종의 경우처럼, 전근대부터 근대에 이르기까지 불교 종파의 근본 가르침이다. 20세기에 등장한 레이유카이靈友會 교단教団(1920년 창립)과 리쇼코세이카이立正校正會(1938 창립)와 같은 새로운 종교도 그들의 기본 교학으로《법화경》을 삼았다. 그 두 종교는 모두 재가자 집단이다(Hardacre, "The Lotus Sūra in Modern Japan."을 참조하라).《법화경》과 관련된 불교 종파와 수행에 관한 논의는 다음을 참조하라. Teiser and Stone, "Interpreting the Lotus Sūra."

74. 방편方便(upāya)에 대한 논의는 다음을 참조하라. Schroeder, *Skillful Means*.

75. 《법화경法華經》(T9, 32c)의 영역은 다음을 보라. Katō et al., *The Threefold Lotus Sūtra*, p. 125.

76. 김일엽, 《어느 수도인修道人의 회상回想》, p.15; Park, *Reflections of a Zen Buddhist Nun*, p. 45.

77. 이에 대한 논의는 다음을 참조하라. 磯前順一, 《近代日本の宗教言説

とその系譜: 宗教,國家,神道》; Godart, "'Philosophy' or 'Religion'?";
Josephson, *The Invention of Religion in Japan*.

78. Fillmore, "*Letter of the President of the United States to the Emperor of Japan*," p. 220.

79. Josephson, *The Invention of Religion in Japan*, p. 265n3에서 인용. 조셉슨Josephson은 필모어Fillmore 대통령과 페리Perry 제독이 일왕에게 미국이 일본과 일본의 종교를 간섭할 의도가 없다고 안심시켰지만, 실제로 일어난 일은 그 반대였다. 이후의 페리의 편지는 일본 원정이라는 목표에서 '일본의 기독교화'가 무역에 버금간다는 것을 확인해주었다. 그는 이러한 맥락에서 다음과 같이 페리의 말을 인용한다. "낯선 사람들을 기독교화하기 위해서는 진솔한 방법으로, 우리의 거룩한 종교의 가르침과 일치하여, 그들의 신뢰와 존경을 얻는 것이 제일 중요하다."(p. 266n4).

80. Godart, "'Philosophy' or 'Religion'?" pp. 73-74.

81. 니시 아마네西周는 1862부터 1865년까지 네덜란드에서 공부했으며, 네덜란드에 가기 전에 이미 일본에서 철학을 가르쳤다.《백일신론百日新論》은 그의 철학 강의를 바탕으로 한다. 강영안,《우리에게 철학은 무엇인가: 근대, 이성, 주체를 중심으로 살펴본 현대 한국 철학사》, pp. 216-217.

82. 井上円了,《井上円了選集》7, p. 107; Heisig et al., "Inoue Enryō," p. 619.

83. 井上円了,《井上円了選集》7, p. 109; Heisig et al., "Inoue Enryō," p. 621.

84. 위와 같음.

85. 井上円了,《井上円了選集》7, p. 109; Heisig et al., "Inoue Enryō," p. 621.

86. 井上円了,《井上円了選集》7, p. 110; Heisig et al., "Inoue Enryō," p. 622.

87. 위와 같음.

88. 위와 같음.

89. 윌리엄 제임스William James는 종교적 경험의 한 요소, 특히 신비주의의 한 요소로 수동성을 들었다. 그는 신비주의에 대한 논의에서 신비

김일엽, 한 여성의 실존적 삶과 불교철학

체험의 4가지 특징을 다음과 같이 밝혔다. (1) 무형언성ineffability -
신비한 만남에서 경험한 것을 구체적인 언어로 묘사하는 것은 불가능
하다. (2) 지적인 특성noetic quality - 신비 체험은 진실을 깊이 통찰한
다. (3) 일시성 transiency - 신비 체험은 30분 또는 최대 한두 시간 정
도밖에 지속되지 않는다. (4) 수동성passivity - 신비적 체험은 우리가
특정 환경을 만들어서 가능한 것이 아니다(James, *The Varieties of Religious
Experience*, pp. 414-415).

90. 한국 화엄종의 개조 의상義湘(625-702)은 〈법성게法性偈〉 또는 《화엄
일승법계도華嚴一乘法界圖》에서 이러한 상호 함축[상즉相卽]과 포
함[상입相入]에 대해 도상으로 설명한다. 의상義湘,《화엄일승법계
도華嚴一乘法界圖》(H2, 1)의 영역은 다음을 참고하라. Odin, *Process
Metaphysics and Hua-Yen Buddhism*, 13-21.

91. 井上円了,《井上円了選集》p. 2, p. 238; Heisig et al., "Inoue Enryō," p. 625.

92. 井上円了,《井上円了選集》p. 2, p. 239; Heisig, et al., "Inoue Enryō," p. 626.

93. 근대 동아시아 철학의 시작에서 불교와 그것의 장르에 관한 논
의는 다음을 참조하라. Jin Y. Park, "Burdens of Modernity"; Park,
"Philosophizing and Power."

94. 미국 학자들은 교토학파 사상가와 관련된 민족주의, 군국주의, 제국주
의를 고찰했다. 예를 들어 다음을 참고하라. Heisig and Maraldo, *Rude
Awakenings*.

95. Tanabe, *Philosophy as Metanoetics*, lvi.

96. Tanabe, *Philosophy as Metanoetics*, p. 26; 田邊元, 〈懺悔道としての哲學〉,
p. 30.

97. Tanabe, *Philosophy as Metanoetics*, p. 29; 田邊元, 〈懺悔道としての哲學〉,
p. 34.

98. Tanabe, *Philosophy as Metanoetics*, p. 122; 田邊元, 〈懺悔道としての哲學〉,
p. 132; 김승철,《참회도懺悔道의 철학》, p. 181 참조.

99. Tanabe, *Philosophy as Metanoetics*, p. 118; 田邊元, 〈懺悔道としての哲學〉,

pp. 128-129; 김숭철,《참회도懺悔道의 철학》, p. 177 참조.

100. Tanabe, *Philosophy as Metanoetics*, p. 118; 田邊元, 〈懺悔道としての哲學〉, p. 128; 김숭철,《참회도懺悔道의 철학》, p. 176 참조.

101. Tanabe, *Philosophy as Metanoetics*, p. 39.

102. Tanabe, *Philosophy as Metanoetics*, p. 126; 田邊元, 〈懺悔道としての哲學〉, p. 136.

103. 미주 94 참고.

104. 이런 맥락에서 정치철학자 프레드 달마이어Fred Dallmayr는 무無를 민주주의와 연결하며, 진정한 민주주의는 자기 갱신 능력을 통해 가능 하다고 주장했다. 그는 민주주의가 제 기능을 발휘하기 위해서는 변화 하는 현실을 따라서 전환할 수 있어야 하며, 이것이 민주주의와 군국 주의를 구별하는 것이라고 말한다. 달마이어Dallmayr는 그러한 변화 를 촉진하는 매개자로서 무를 해석한다("Democracy as Creatio Continua: Whitehead, Tillich, Panikkar").

6장 여행의 끝에서

1. B 기자記者, 〈삭발削髮하고 장삼長衫 입은 김일엽金一葉 여사女史의 회견기會見記〉, p. 15.

2. Ives, *Zen Awakening and Society*, pp.103-104.

3. 틱낫한Thich Nhat Hanh에 대한 논의는 다음을 참고하라. King, "Thich Nhat Hanh and the Unified Buddhist Church of Vietnam." 사회참여 불교에 대한 논의는 다음을 참고하라. King, *Socially Engaged Buddhism*; King, *Being Benevolence;* Queen and King, *Engaged Buddhism.*

4. D. T. Suzuki鈴木大拙는 그의 *Manual of Zen Buddhism*에서 15세기 일 본판 십우도를 사용했다. 그 판본에서 십우도의 마지막 단계는 깨달음 으로 묘사되며, 원 또는 공으로 표현된다.

5. 열 단계는 다음과 같다. "(1) 소를 찾는다. (2) (소의) 발자국을 본다. (3) 소를 발견한다. (4) 소를 붙잡는다. (5) 소를 길들인다. (6) 소를 타고 집으로 간다. (7) 소는 잊히고 사람만 잊히지 않는다. (8) 사람과 소 모두 잊는다. (9) 원점으로 돌아가고 근원으로 돌아간다. 그리고 (10) 선물을 주기 위해 시장으로 들어간다." (Lopez and Buswell, *The Princeton Dictionary of Buddhism*).

6. 경허,《경허집鏡虛集》, p. 344.

7. 위의 책, p. 350.

8. 만해에 대한 논의는 다음을 참고하라. Pori Park, *Trial and Error in Modernist Reforms*; Pori Park, "A Korean Buddhist Response to Modernity."

9. 한용운, 〈조선불교유신론朝鮮佛教維新論〉, pp. 64-68.

10. 한용운, 〈조선불교朝鮮佛教의 진로進路〉, p. 133.

11. 위와 같음.

12. 한용운, 〈조선불교朝鮮佛教의 진로進路〉, p. 167.

13. Jung, "Liberating Zen."

14. 한용운, 〈선禪과 인생人生〉, p. 317.

15. Park, "A *Korean Buddhist Response to Modernity*," p. 56.

16. 위와 같음.

17. 민중불교의 진화와 철학에 대한 자세한 논의는 다음을 참조하라. Jorgensen, "*Minjung Buddhism*."

18. 여익구,《민중불교철학民衆佛教哲學》, pp. 123-127.

19. 법성,《깨달음의 일상성과 혁명성-한국불교 돈점頓漸 논쟁에 부처》, p. 334.

20. 위의 책, p. 339.

21. 법성, 〈민중불교 운동의 실천적 입장〉, p. 223.

22. 위의 책, pp. 223-224.

23. 나혜석, 〈이상적理想的 부인婦人〉, p. 184. 이 책의 영역본, Choi, *New Women in Colonial Korea*, pp. 28-29.

24. 나혜석, 〈나를 잊지 않는 행복〉, p. 263.

25. 상황을 요약하면 다음과 같다. 1927년 나혜석은 유럽과 미국으로 여행하기 위해 남편과 함께 한국을 떠났다. 그해 여름과 가을, 남편은 베를린에서 공부를 하였고, 나혜석은 그림을 그리면서 파리에 머물렀다. 그해 10월, 나혜석은 천도교天道教 지도자 최린을 만났고, 그들은 서로에게 반했다. 1929년 나혜석과 남편은 한국으로 돌아왔는데, 1930년 나혜석과 최린의 불륜이 한국에 알려졌다. 나혜석의 남편은, 나혜석이 이혼을 거부한다면 그녀를 간통죄로 고소하겠다며, 그녀에게 이혼을 요구했다. 나혜석은 1930년 11월 이혼 서류에 서명했다. 자세한 내용은 이 책의 2장을 참조하라.

26. 정규웅, 〈나혜석 평전: 내 무덤에 꽃 한송이 꽂아주오〉, pp. 282-284.

27. 나혜석, 《나혜석 전집》, p. 692.

28. 김일엽, 《행복幸福과 불행不幸의 갈피에서》, p. 114.

29. 정규웅, 〈나혜석 평전: 내 무덤에 꽃 한송이 꽂아주오〉, p. 285.

30. 윤범모, 〈화가 나혜석 〉.

31. 이상경, 《나는 인간으로 살고 싶다》, p. 434.

32. Buswell, *The Zen Monastic Experience*, p. 71.

33. 위와 같음.

34. 위의 책, p. 74.

35. 위의 책, pp. 74-75.

36. 위의 책, p. 75.

37. 위의 책, p. 76.

38. 김일엽, 《어느 수도인修道人의 회상回想》, p. 200; Park, *Reflections of a Zen Buddhist Nun*, p. 217.

39. 위와 같음.

40. Taylor, *A Secular Age*, p. 25.

41. 위의 책, p. 152.

42. Otto, *The Idea of the Holy*, p. 41.

김일엽, 한 여성의 실존적 삶과 불교철학

43. 당시 한국은 기독교인이 전례 없이 증가하였다. 이런 맥락에서 불교를 설명할 때, 종교적인 세계관을 전적으로 부정한다고 주장하는 것은 적절하지 않을 수 있다. 전통(불교)과 근대(서구의 영향)의 대비는 한편으로는 한국인의 삶에서 '종교적' 차원이 급격히 증가하는 현상을 설명하고, 다른 한편으로는 불교 수행자에 대한 부정적인 해석을 설명한다. 이에 대한 논의는 필자의 책 서문을 참고하라. Jin Y. Park, *Makers of Modern Korean Buddhism*.

44. 김일엽, 《어느 수도인修道人의 회상回想》, p. 162; Park, *Reflections of a Zen Buddhist Nun*, p. 111.

45. 김일엽, 《행복幸福과 불행不幸의 갈피에서》, p. 196; Park, *Reflections of a Zen Buddhist Nun*, p. 222.

46. 김일엽, 《행복幸福과 불행不幸의 갈피에서》, p. 13.

47. 김일엽, 《어느 수도인修道人의 회상回想》, pp. 134-135; Park, *Reflections of a Zen Buddhist Nun*, p. 192.

48. 김일엽, 《어느 수도인修道人의 회상回想》, pp. 135-136; Park, *Reflections of a Zen Buddhist Nun*, pp. 193-194.

49. Park, "Gendered Response to Modernity."

50. 김일엽, 《행복幸福과 불행不幸의 갈피에서》, p. 12.

51. 위의 책, p. 20.

52. 김일엽, 《어느 수도인修道人의 회상回想》, p. 13; Park, *Reflections of a Zen Buddhist Nun*, 42.

53. 필자는 자유주의 신여성들의 사랑 개념의 한계에 대해 필자의 에세이 "Gendered Response to Modernity"에서 논의했다.

54. 김일엽, 《행복幸福과 불행不幸의 갈피에서》, p. 137.

55. 이러한 모순은, 일엽이 가톨릭으로 개종한 최남선에게 보내는 〈C씨에게〉라는 수필에 특히 잘 드러난다. 일엽은 불교와 종교수행에 대한 그녀의 담론에서, 종교 수행자의 태도가 중요함을 강조했다. 그녀는 우상 숭배와 제도화된 종교를 비난했다.

그녀가 만약 이런 입장을 주장하려면 그녀가 이 수필에서 표현한 대로 최남선의 개종이 비판의 대상이 되어서는 안 된다. 불교정화운동에 대한 일엽의 입장도 또 하나의 쟁점이 된다. 1950년대와 1960년대에는 독신 비구와 비구니가 기혼 승려들(대처승)을 비판하면서 정화운동이 한국 승단을 휩쓸었다. 그녀는《어느 수도인修道人의 회상回想》에 실려 있는〈불교에서는 왜 정화운동을 일으켰나?〉라는 글에서, 불교에 불순함이 있었기 때문에 불교정화운동이 전개되었다고 주장하였다. 일엽의 불교철학의 핵심은 상대되는 것들의 비이원성에 있다. 빛과 어둠, 선과 악, 심지어 부처와 악마가 공존한다.

만약 그렇다면, 왜 불순함이 그녀에게 그렇게 중대한 문제이며, 불교 승단 체제에서 이러한 불순함은 어떤 결과를 초래하는가? 이런 의미에서 불교정화운동과 개종에 대한 일엽의 입장은 자신의 철학 토대와 모순된다. 1955년, 일엽은〈만공 선사와 불교정화〉라는 글을 발표했다. 그리고 1959년에는〈불교정화의 긴급문제〉라는 제목으로 이 문제에 관한 글을 다시 3편 발표했다.

56. 김일엽,《행복幸福과 불행不幸의 갈피에서》, p. 5.

57. 위의 책, p. 30.

58. Merleau-Ponty, *Le Visible et l'invisible*, chapter 4; Merleau-Ponty, *The Visible and the Invisible*, 4장을 참조하라.

59. Merleau-Ponty, *Phenomenology of Perception*, p. 105.

60. Hirakawa, "The Relationship between Paticcasamuppada and Dhatu," p. 107.

61. Merleau-Ponty와 불교의 비교철학에 대해서는 다음을 참조하라. Park and Kopf, *Merleau-Ponty and Buddhism*.

62. 틱낫한Thich Nhat Hanh, *The Heart of Understanding*, p. 1.

63. 위와 같음.

64. 두순杜順,《화엄오교지관華嚴五敎止觀》(T45, 509a-513b). 이 책의 영역본, Clearly and Clearly, *Entry into the Inconceivable*, pp. 66-67. 영어로 된 화엄 사상은 다음을 참조하라. Cook, *Hua-Yen Buddhism*; Chang,

The Buddhist Teaching of Totality.

65. 김일엽,《행복幸福과 불행不幸의 갈피에서》, p. 191.

66. 김일엽, 〈영생을 사는 길-언론인들에게〉, p. 140; Park, *Reflections of a Zen Buddhist Nun*, p. 233.

67. 김일엽,《미래세未來世가 다하고 남도록》上, p. 98.

7장 살아낸 삶

1. 김일엽, 〈불도佛道를 닦으며〉, p. 212.

2. 월송 스님의 인터뷰는 2007년 6월 29일 서울에서 진행됐다.

3. B 기자記者, 〈삭발削髮하고 장삼長衫 입은 김일엽金一葉 여사女史의 회견기會見記〉, p. 16.

4. 김일엽, 〈한자리의 되풀이〉, p. 486.

5. 김일엽,《어느 수도인修道人의 회상回想》, p. 21; Park, *Reflections of a Zen Buddhist Nun*, p. 53.

6. 위와 같음.

7. Shklovsky, "Art as Technique," p. 16.

8. 위와 같음.

9. 비슷한 맥락에서, 필자는 Julia Kristeva의 시적 언어 혁명에 대한 사상과 관련하여 화두가 유발할 수 있는 변화의 기능에 대해 논의한 바 있다. 다음을 참조하라. Jin Y. Park, "Zen Language in Our Time."

10. 후설Husserl의 현상학과 선불교의 비교 연구를 위해서는 다음을 참조하라. 박순영, 〈후설생활세계 관념에 대한 선불교적 이해: 선문답(공안)의 현상학적 이해를 위한 시론〉; 정은해, 〈초기 선불교 선정론과 후설 시간론 해명〉.

11. 불교철학과 관련하여 현상학적 분류와 그 의미에 대한 간결한 논의는 Garfield, *Engaging Buddhism*의 6장 "Phenomenology"를 참조하라.

12. Kristeva, *Hannah Arendt*, p. 69.

13. Derrida, *The Post Card*, p. 87.

14. 위와 같음.

15. Derrida, "I Have a Taste for the Secret," p. 38.

16. 위와 같음.

17. Derrida, *De la grammatologie*, p. p. 65; Derrida, *Of Grammatology*, p. 44.

18. 사구부정四句否定(tetralemma)과 데리다Derrida의 철학에 대한 비교 논의는 다음을 참고하라. Jin Y. Park, *Buddhisms and Deconstructions*.

19. Nagatomo, "The Logic of the Diamond Sūtra."

20. 혜능, 《육조단경六祖壇經》(T48, 343c)

21. Spivak, "Can the Subaltern Speak?," p. 308.

22. Moon, *Militarized Modernity and Gendered Citizenship in South Korea*.

23. Gross, *Buddhism after Patriarchy*, p. 130.

24. 이를 상세히 논하는 것은 이 책의 범주를 벗어나지만, 형이상학적 추상을 극복하기 위해 '생생한 경험the lived experience'을 강조하는 것은 여성철학에만 국한되지 않는다. 대륙철학적 전통에서도 마찬가지로 철학자들은 삶의 철학의 원천으로서 생생한 경험을 강조하기 위해 노력했다. 그 문제에 관한 논의는 다음을 참고하라. Nelson, "Dilthey and Carnap."

    생생한 경험은 현상학에서 철학적 탐구의 주요한 수단 가운데 하나이고, 메를로퐁티Merleau-Ponty는 그 가치를 끊임없이 강조했다. 특히 그의 다음 저작을 참고하라. 메를로퐁티Merleau-Ponty, 《지각의 현상학Phenomenology of Perception》과 《보이는 것과 보이지 않는 것The Visible and the Invisible》.

25. Derrida, "I Have a Taste for the Secret," p. 35.

26. 전기와 철학에 관한 관점의 다른 측면에서, 우리는 하이데거Marin Heidegger가 한 철학자의 전기를 우리의 철학과 무관하다고 일축한 유명한 구절을 발견한다. 하이데거는 아리스토텔레스에 관한 자신의

김일엽, 한 여성의 실존적 삶과 불교철학

세미나 첫날에 다음과 같이 말했다. "한 철학자의 개인에 관해서는, 그가 특정 시기에 태어난 것, 그가 이룬 업적, 그의 죽음만이 우리에게 유일한 관심사일 뿐이다. 그 철학자의 성격과 그런 종류의 문제는 여기서 다루지 않을 것이다."(Kisiel, "Heidegger and the Question of Biography," p. 15 인용)

27. Kisiel, "Heidegger and the Question of Biography," p. 17.

28. Siderits, *Buddhism as Philosophy*, p. 7.

29. Garfield, *Engaging Buddhism*, ix. 서양철학의 기원에 대한 논의는 다음을 참고하라. Nelson, "Heidegger, Misch, and the Origins of Philosophy."

김일엽(金一葉, 김원주) 작품

김일엽, 〈가을 소리를 들으면서〉, 《學海》, 1937. 12; 一葉禪師文集刊行委員
　會 編, 《미래세未來世가 다하고 남도록》上, 서울: 人物研究所, 1974, pp.
　478-482 재수록.

_____, 〈계시啓示〉, 〈신여자〉 1, 1920. 3; 一葉禪師文集刊行委員會 編, 《미래
　세未來世가 다하고 남도록》上, 서울: 人物研究所, 1974, pp. 100-105 재
　수록

_____, 〈근래近來의 연애문제戀愛問題: 신진여류新進女流의 기염氣焰〉, 〈동
　아일보〉, 1921. 2. 24; 一葉禪師文集刊行委員會 編, 《미래세未來世가 다하
　고 남도록》下, 서울: 人物研究所, 1974. pp. 182-184 재수록.

_____, 김우영 역음, 《김일엽선집》, 서울: 현대문학, 2012.

_____, 《꽃이 지면 눈이 시려라》, 서울: 오상사, 1985.

_____, 〈꿈길로만 오는 어린이〉, 《文藝公論》 3호, 1927; 一葉禪師文集刊行委
　員會 編, 《미래세未來世가 다하고 남도록》上, 서울: 人物研究所, 1974, pp.
　399-403 재수록.

_____, 〈나의 애정관情操觀〉, 〈조선일보〉, 1927. 1. 8; 김일엽, 《꽃이 지면 눈

이 시려라》, 서울: 오상사, 1985, pp. 117-120 재수록.

_____, 〈동생의 죽음〉(수필), 〈신여자〉 3, 1920. 5; 유진월, 《김일엽의 신여자 연구》, 서울: 푸른사상사, 2006, pp. 310-317, pp. 672-679 재수록.

_____, 〈동생의 죽음〉(시), 一葉禪師文集刊行委員會 編, 《미래세未來世가 다 하고 남도록》上, 서울: 人物研究所, 1974, pp. 38-39.

_____, 〈동생 묻은 뒷동산-봄날이 오면 그리운 그곳〉, 《新家庭》, 1933, 3; 一 葉禪師文集刊行委員會 編, 《미래세未來世가 다하고 남도록》上, 서울: 人 物研究所, 1974, pp. 404-405 재수록.

_____, 〈만공선사滿空禪師와 불교정화佛敎淨化〉, 〈동아일보〉, 1955. 8. 2.

_____, 〈만공대화상滿空大和尙을 추모追慕하여 25주기일十五周忌日에〉, 《어 느 수도인修道人의 회상回想》, 충남 예산: 수덕사, 1960, pp. 24-43.

_____, 〈머리말〉, 《어느 수도인修道人의 회상回想》, 충남 예산: 수덕사, 1960, pp. 1-3.

_____, 〈불교佛敎에서는 왜 정화운동淨化運動을 일으켰나?〉, 《어느 수도인修 道人의 회상回想》, 충남 예산: 수덕사, 1960, pp. 156-160.

_____, 〈불교佛敎와 문화文化〉, 《어느 수도인修道人의 회상回想》, 충남 예산: 수덕사, 1960, pp. 15-23.

_____, 〈불교정화佛敎淨化의 긴급문제緊急問題〉, 〈동아일보〉, 1959, 3.

_____, 〈불도佛道를 닦으며〉, 〈三千里〉, 1935. 1; 김일엽, 《꽃이 지면 눈이 시 려라》, 서울: 오상사, 1985, pp. 209-213 재수록.

_____, 〈불문佛門 투족投足 2주년二周年에 〉, 〈불교〉, 1930. 2; 김일엽, 《꽃이 지면 눈이 시려라》, 서울: 오상사, 1985. pp. 154-157 재수록.

_____, 〈B氏에게〉, 《어느 수도인修道人의 회상回想》, 충남 예산: 수덕사, 1960, pp. 84-141.

_____, 〈사나히로 태어났으면〉, 〈동아일보〉, 1922. 1. 3.

_____, 〈수덕사의 노을〉, 서울: 범우사, 1976.

_____, 〈신불信佛과 나의 가정家庭〉, 〈新東亞〉 1931. 12; 一葉禪師文集刊行委 員會 編, 《미래세未來世가 다하고 남도록》上, 서울: 人物研究所, 1974, pp.

429-431 재수록.

_____, 〈신여자新女子의 사회社會에 대對한 책임責任을 논함〉, 〈신여자〉 1, 1920. 3.; 유진월, 《김일엽의 신여자 연구》, 서울: 푸른사상사, 2006, pp. 105-108, pp. 475-478 재수록.

_____, 〈아버님 영전靈前에〉, 〈동아일보〉, 1925. 1. 1.; 김일엽, 《꽃이 지면 눈이 시려라》, 서울: 오상출판사, 1985, pp. 95-98 재수록.

_____, 《어느 수도인修道人의 회상回想》, 충남 예산: 수덕사, 1960.

_____, 〈어머니의 무덤〉, 〈신여자〉 1, 1920. 3; 유진월, 《김일엽의 신여자 연구》, 서울: 푸른사상사, 2006, pp. 129-132, 498-501.

_____, 〈여자 교육의 필요〉, 〈동아일보〉, 1920.4.6; 김일엽, 《꽃이 지면 눈이 시려라》, 서울: 오상사, 1985. pp. 29-32 재수록.

_____, 〈L 양에게〉, 《東明》, 1923. 1; 一葉禪師文集刊行委員會 編, 《미래세未來世가 다하고 남도록》上, 서울: 人物研究所, 1974, pp. 150-155.

_____, 〈여자女子의 자각自覺〉, 〈신여자〉 3, 1920. 5; 유진월, 《김일엽의 신여자 연구》, 서울: 푸른사상사, 2006, pp. 285-287, pp. 649-651.

_____, 〈영생을 사는 길 - 언론인들에게〉, 一葉禪師文集刊行委員會 編, 《미래세未來世가 다하고 남도록》下, 서울: 人物研究所, 1974, pp. 134-144.

_____, 〈용강온천행龍岡溫泉行〉, 〈佛教〉, 1931. 10; 一葉禪師文集刊行委員會 編, 《미래세未來世가 다하고 남도록》上, 서울: 人物研究所, 1974, pp. 416-423 재수록.

_____, 〈우리 신여자新女子의 요구要求와 주장主張〉, 〈신여자〉 2, 1920. 4; 유진월, 《김일엽의 신여자 연구》, 서울: 푸른사상사, 2006, pp. 197-199, pp. 565-567 재수록.

_____, 〈우리의 이상理想〉, 《婦女之光》, 1924. 6(다른 자료에는 4월로 나옴); 김일엽, 《꽃이 지면 눈이 시려라》, pp. 81-86 재수록.

_____, 〈인격 창조에-과거 1개년을 회상하여〉, 〈新女性〉, 1924. 8; 김일엽, 《꽃이 지면 눈이 시려라》, 서울: 오상사, 1985. pp. 87-91 재수록.

_____, 《일엽선문一葉禪文》, 서울: 문화사랑, 2001. 유고

김일엽, 한 여성의 실존적 삶과 불교철학

_____, 一葉禪師文集刊行委員會 編,《미래세未來世가 다하고 남도록》下, 서울: 人物研究所, 1974.

_____, 〈일엽소전一葉小傳: 나의 입산기入山記〉,《미래세未來世가 다하고 남도록》, 上, 서울: 人物研究所, 1974, pp. 256-265 수록.

_____, 〈일체一切의 세욕世欲을 단단斷하고〉;〈三千里〉56호, 1934. 11; 一葉禪師文集刊行委員會 編,《미래세未來世가 다하고 남도록》上, 서울: 人物研究所, 1974, pp. 463-471 재수록.

_____, 〈입산25주년入山二十五周年 새해를 맞으며〉,《어느 수도인修道人의 회상回想》, pp. 44-52.

_____, 〈자각自覺〉,〈동아일보〉, 1926. 6. 19-26; 一葉禪師文集刊行委員會 編,《미래세未來世가 다하고 남도록》上, 서울: 人物研究所, 1974, pp. 160-173 재수록.

_____, 〈종교의 목적〉,《一葉禪文》, 서울: 문화사랑, 2001, pp. 78-79 수록.

_____, 〈진리를 모릅니다〉,〈女性東亞〉, 1971. 12-1972. 6; 一葉禪師文集刊行委員會 編,《미래세未來世가 다하고 남도록》上, 서울: 人物研究所, 1974, pp. 266-384 재수록.

_____, 〈창간사創刊辭〉,〈신여자〉 1, 1920. 3; 유진월,《김일엽의 신여자 연구》, 서울: 푸른사상사, 2006, pp. 102-103 재수록.

_____, 〈1933년 첫날 여성 친구들에게 세 가지 충고〉,〈女性〉, 1933. 1; 김일엽,《꽃이 지면 눈이 시려라》, 서울: 오상출판사, 1985, pp. 191-192 재수록.

_____, 〈청춘靑春을 불사르고〉, 서울: 文宣閣, 1962.

_____, 〈처녀處女, 비처녀非處女의 관념觀念을 양기揚棄하라-정조파괴貞操破壞 여성女性의 재혼론再婚論〉,《三千里》, 1932. 2; 김일엽,《미래세未來世가 다하고 남도록》下, pp. 194-195 재수록.

_____, 〈학창을 떠나는 여성에게 다섯 가지 산 교훈을 제공한다〉,〈新女性〉, 1933. 3; 김일엽,《꽃이 지면 눈이 시려라》, 서울: 오상사, 1985, pp. 200-202 재수록.

_____, 〈한자리의 되풀이〉; 一葉禪師文集刊行委員會 編,《미래세未來世가 다

하고 남도록》上, 서울: 人物硏究所, 1974, pp. 484-494 수록.

_____,《행복幸福과 불행不幸의 갈피에서》, 서울: 徽文出版社, 1964.

_____, 〈혜원惠媛〉, 〈新民公論〉, 1921. 6; 一葉禪師文集刊行委員會 編,《미래 세未來世가 다하고 남도록》上, 서울: 人物硏究所, 1974, pp. 140-149 재수록.

_____, "Awakening." Translated by Yung-Hee Kim, "*Questioning Minds-Short Stories by Modern Korean Women Writers*", University of Hawaii Press, 2009, pp. 55-67.

_____, "Kim Wŏnju: My View on Chastity."; In Hyaeweol Choi., *New Women in Colonial Korea*, New York: Routledge, 2013. pp. 141-142.

_____, "Kim Wŏnju: The Necessity of Women's Education.";In Choi, New Women in Colonial Korea, New York: Routledge, 2013. pp. 50-52.

_____, "Kim Wŏnju: The Self-Awakening of Women."; In Choi, New Women in Colonial Korea, New York: Routledge, 2013. pp. 30-32.

_____, "Kim Wŏnju: Women's Demands and Arguments."; In Choi, New Women in Colonial Korea, New York: Routledge, 2013. pp. 197-199.

원전 자료

韓國佛教全書, 전14권, 서울: 동국대학교출판부, 1979

大正新修大藏經, 東京: 大正一切經刊行會, 1924-1935

卍新纂大日本續藏經, 東京: 国書刊行会, 1975-1989

鳩摩羅什 譯,《金剛般若波羅密經》(T8)

玄奘 譯,《般若波羅密多心經》(T8)

實叉難陀 譯,《大方廣佛華嚴經》(T10)

曇摩伽陀耶舍 譯,《無量義經》(T9)

김일엽, 한 여성의 실존적 삶과 불교철학

鳩摩羅什 譯,《妙法蓮花經》(T9)

杜順,《華嚴五教止觀》(T45)

法藏,《華嚴五教章》(T45)

義湘,《華嚴一乘法界圖》(H2)

臨濟,《臨濟錄》(T47)

敦煌本,《六祖壇經》(T48)

宗寶本,《六祖壇經》(T48)

無門,《無門關》(T48)

圜悟,《碧巖錄》(T48)

一然,《三國遺事》(T49)

贊寧,《宋高僧傳》(T50)

覺訓,《海東高僧傳》(T50)

道原,《景德傳燈錄》(T51)

知訥,《看話決疑論》(H4)

_____,《修心訣書》(H4)

_____, 普照思想研究院 編,《普照全書》, 昇州: 普照思想研究院, 1989.

慧諶,《禪門拈頌拈頌說話會本》(H5)

悟明,《聯燈會要》(X79)

한국어 자료

강건기, 김호성,《깨달음: 돈오돈수인가 돈오점수인가》, 서울: 민족사, 1992.

강석주, 박경훈,《불교근세백년》, 서울: 민족사, 2002.

강영안,《우리에게 철학은 무엇인가: 근대, 이성, 주체를 중심으로 살펴본 현대 한국 철학사》, 서울: 궁리, 2002.

강희정, 〈조선 전기 불교와 여성의 역할〉,《아시아여성연구》41, 아시아여성연구원, 2002, pp. 269-298.

경완, 〈일엽선사의 출가와 수행〉, pp. 221-251; 전국비구니회, 《한국 비구니의 수행과 삶》, 예문서원, 2007(2010) 수록.

경허 저, 석명정 역주, 《경허집》, 양산: 통도사 극락선원, 1990.

고은, 《한용운 평전》, 서울: 민음사, 1975.

권보드래, 〈연애의 시대 - 1920년대 초반의 문화와 유행〉, 서울: 현실문화연구, 2003.

길희성, 〈민중불교, 선 그리고 사회 윤리적 관심〉, 《종교연구》, 한국종교학회, 1988, pp. 27-40.

김경일, 《한국의 근대와 근대성》, 서울: 백산서당, 2003.

_____, 《여성의 근대, 근대의 여성: 20세기 전반기 신여성과 근대성》, 서울: 푸른역사, 2004.

김경집, 《한국근대불교사》, 서울: 경서원, 1998.

_____, 《한국불교개혁론 연구》, 서울: 진각종, 2001.

_____, 〈권상로의 개혁론 연구〉, 《한국불교학》 25, 한국불교학회, 1999, pp. 401-427.

김광식, 〈이영재의 생애와 조선불교혁신론〉, 《한국근대불교사연구》, 서울: 민족사, 1996.

김광식 · 이철교, 《한국근현대불교자료전집》 69집, 서울: 민족사, 1996.

김근수, 《한국잡지사》, 서울: 청록출판사, 1980.

김기룡, 〈내금강 지장암과 백성욱 박사〉, 《백성욱 박사 문집》 제1집, 서울: 동국대학교, 1960.

김기진, 〈김원주씨에 대한 공개장〉, 《신여성》, 1924. 11, p. 164.

김달진, 《보조국사전서》, 서울: 고려원, 1987.

김명순, 《생명의 과실》, 경성: 한성도서주식회사, 1925.

_____, 맹문재 편저, 《김명순 전집: 시, 희곡》, 서울: 현대문학, 2009.

_____, 〈김명순 문학전집〉, 서울: 푸른사상, 2010.

김미영, 〈1920년대 신여성과 기독교에 관한 고찰: 나혜석, 김일엽, 김명순의 삶과 문학을 중심으로〉, 《현대소설연구》 21, 2004, pp. 67-96.

김복순, 〈아나카 페미니즘의 두 계보: 나혜석/김일엽, 히라츠카 라이초/이토〉, 《나혜석연구》 3, 2013, pp. 7-34.

김부식, 《신역 삼국사기》, 서울: 홍신문화사, 2004.

김승철, 옮김. 다나베 하지메 저, 《참회도의 철학: 정토진종과 타력철학의 길》, 서울: 동연, 2016.

김영미, 〈삼국, 고려시대 비구니의 삶과 수행〉; 전국비구니회 《한국 비구니의 수행과 삶》, 예문서원, 2007.

_____, 〈신라 불사에 나타난 여성의 신앙 생활과 승려들의 여성관〉, 《여성신학논집》 1, 1995. 12, pp. 119-148.

김영진, 〈근현대 불교 인물 탐구: 백성욱〉, 《불교평론》 52, 2012 가을.

김원수, 《붓다가 되신 예수》, 서울: 공경원, 2008.

김유선, 〈김명순 시의 근대적 욕망과 모성성〉, 《인문사회과학연구》 제12집, 장안대학 인문사회과학연구소, 2003. pp. 441-457.

김윤정, 〈김명순 시에 나타난 신여성 의식 연구〉, 《비교한국학》 22, no. 1, 2014, pp. 173-205.

김은실. 〈조선 식민지 지식인 나혜석의 근대성을 질문한다〉, 《한국여성학》 24권 2호, 한국여성학회, 2008, pp. 147-186.

김종명, 〈만공의 선사상: 특징과 역할〉, 《종교연구》 34, 2004 봄, pp. 203-232.

김종욱, 《하이데거와 형이상학, 그리고 불교》, 서울: 철학과 현실사, 2003.

김종인, 〈권상로의 조선 불교혁명론 - 한국 근대기 불교의 정체성과 근대성〉; 대한불교조계종 교육원 불학연구소 편, 《불교근대화의 전개와 성격》, 서울: 조계종출판사, 2006.

김종찬, 〈민중불교운동의 전개과정 〉; 법성 등 저, 《민중불교의 탐구》, 서울: 민족사, 1989, pp. 171-196.

김진송, 〈서울에 딴스 홀을 허하라-현대성의 형성〉, 《현실문화연구》, 1999.

김태신, 《라훌라의 사모곡》 2, 서울: 한길사, 1991.

김학명, 오재호, 한운사, 《영원한 삶을 찾아: 김일엽》, 서울: 성도문화사, 1993.

나혜석, 〈이상적 부인〉, 《학지광》 3, 1914. 12, pp. 13-14; 이상경 편집교열, 《나혜석 전집》, 서울: 태학사, 2002, pp. 183-185 재수록.

_____, 이상경 편집교열, 《나혜석 전집》, 서울: 태학사, 2002.

_____, 〈나를 잊지 않는 행복〉, 《신여성》, 1924. 8; 이상경 편, 《나혜석 전집》 p. 263 재수록.

노자영, 〈여성운동의 제1인자 엘렌 케이〉, 《개벽》 8, 1921. 2, pp. 46-53, 《개벽》 9, 1921.3, pp. 45-50.

노미림, 〈通口一葉와 金一葉의 여성성 대조〉, 《일어일문학연구》 40, 2002, pp. 141-165.

대한불교조계종교육원불학연구소, 《비구니 승가대학의 역사와 문화》, 조계종출판사, 2009.

〈동양철학박사 백성욱씨 귀국〉, 〈동아일보〉, 1925. 9. 11.

문옥표 외 지음, 〈조선 신여성의 연애관과 결혼관의 변혁〉, 《신여성: 한국과 일본의 근대 여성상》, 서울: 청년사, 2003, pp. 155-186.

박경준, 〈민중불교 이념의 비판적 고찰〉 ; 법성 등 저, 《민중불교의 탐구》, 서울: 민족사, 1989, pp. 129-170 수록.

박경훈 등 외(불교사학회), 《근대한국불교사론》, 서울: 민족사, 1992

박규리, 〈경허 선시 연구〉, 서울: 아침단청, 2014.

박순영, 〈훗설 생활세계 관념에 대한 선불교적 이해: 선문답(공안)의 현상학적 이해를 위한 시론〉, 《한국현상학연구》 9, 1996, pp. 209-255.

박승희, 〈『신여성』의 독자와 여성 문체 연구〉, 《한민족어문학》 55, 한민족어문학회, 2009, pp. 209-236.

박재현, 《깨달음의 신화: 원형과 모방의 선불교사》, 서울: 푸른역사, 2002.

박정수, 〈임노월 20년대 악마적 모더니스트〉, 《시학과 언어학》 10, 2005, pp. 161-186.

박진영, 〈퇴옹성철의 불교 해석학과 선불교 윤리〉 ; 조성택 엮음, 《퇴옹성철의 깨달음과 수행-성철의 선사상과 불교사적 위치》, 서울: 예문서원, 2006, pp. 19-47.

＿＿＿, 〈헤겔 종교철학 강의와 불교〉,《불교평론》, 2004 겨울호, pp. 146-168.

박희승, 〈이제 승려의 입성을 허許함이 어떨런지요?〉, 서울: 들녘, 1999.

방민호, 〈김일엽 문학의 사상적 변모 과정과 불교 선택의 의미〉,《한국현대문 학연구》20호, 한국현대문학회, 2006, pp. 57-403.

＿＿＿, 〈사랑과 절망과 도피의 로망스: 한국 최초의 예술지상주의자 임노월 소설집〉,《악마의 사랑》, 향연, 2005, pp. 156-183.

백성욱, 〈나의 신앙과 늣김〉,《불교》19, 1926. 1, pp. 11-14.

＿＿＿, 백성욱박사송수기념사업위원회 편,《백성욱 박사 문집》, 서울: 동국 대학출판부, 1957.

범휴자명,《보조지눌의 간화선 연구》서울: 선학연구원, 1986.

법성法性,《앎의 해방, 삶의 해방: 근본불교의 인식론과 실천론》, 서울: 한마 당, 1989.

＿＿＿, 〈깨달음의 일상성과 혁명성-한국불교 돈점頓漸 논쟁에 부쳐〉,《창작 과 비평》82, 1993 겨울, pp. 329-340.

＿＿＿, 〈민중불교 운동의 실천적 입장〉,《종교연구》6, 1990, pp. 223-228.

＿＿＿, 〈불교사상에서 언어와 실천〉《창작과 비평》84, 1994 여름호, pp. 387-400.

법성 등 저,《민중불교의 탐구》, 서울: 민족사, 1989.

B기자, 〈삭발하고 장삼입은 김일엽 여사의 회견기 〉,《개벽》, 1935. 1, pp. 12-17.

성낙희, 〈김일엽 문학론〉,《아시아여성연구》제17집, 숙명여자대학교 아시아 여성연구원, 1978, pp. 307-326.

수경, 〈한국 비구니 강원 발달사〉; 전국비구니회,《한국 비구니의 수행과 삶》, pp. 15-51.

신여자 창간호 편집인(김원주), 〈편집인들이 여쭙는 말씀〉; 유진월,《김일엽의 신여자 연구》, pp. 187-188, pp. 554-555 재수록.

실천불교전국승가회 엮음,《한국현대불교운동사》전 2권, 파주군: 행원, 1996.

양정연, 〈근대시기 여성 지식인의 삶, 죽음에 대한 인식과 불교관: 김일엽의 신여성론과 불교관을 중심으로〉, 《철학논집》 33, 서강대철학연구소, 2013. pp. 59-83.

여익구, 《민중불교철학》, 서울: 민족사, 1988.

_____, 〈민중불교운동을 어떻게 이해할 것인가〉, 《민중법당》, 1985. 7, pp. 10-13.

연구공간 수유+너머 근대매체연구 팀, 《신여성: 매체로 본 근대여성 풍속사》, 서울: 한겨레신문사, 2005.

유문선, 〈임노월 문학비평 연구〉, 《한신인문학연구》 2집, 한신대학교, 2001, pp. 103-127.

유정숙, 《한국 근대 여성 작가와 기독교의 연관성 연구 : 나혜석, 김일엽, 김명순을 중심으로》, 고려대학교대학원 박사학위논문, 2011.

유진월, 《김일엽의 신여자 연구》, 서울: 푸른사상, 2006.

유홍주, 〈고백체와 여성적 글쓰기-나혜석을 중심으로〉, 《현대문학이론연구》 27, 현대문학이론학회, 2006, pp. 197-216.

윤범모, 《화가 나혜석》, 서울: 현암사, 2005.

윤원철, 강인해, 〈종교언어로써의 공안〉, 《종교와 문화》 7, 2001, pp. 59-79.

이광린, 신용하, 《사료로 본 한국 문화사: 근대편》, 서울: 일지사, 1984.

이노우에 가즈에井上和枝, 〈조선 신여성의 연애관과 결혼관의 변혁〉, 문옥표 외 지음, 《신여성: 한국과 일본의 근대 여성상》, 서울: 청년사, 2003, pp. 155-186.

이능화, 《조선불교통사(1918)》 3, 서울: 민속원, 2002.

이명온, 《흘러간 여인상, 그들의 예술과 인생》, 서울: 인간사, 1956.

이민수 역. 《법화경法華經》, 서울: 홍신문화사, 2002.

이배용, 〈일제시기 신여성의 역사적 성격〉; 문옥표, 《신여성》, 서울: 청년사, 2003, pp. 21-50 수록.

이상경, 《나는 인간으로 살고 싶다: 영원한 신여성 나혜석》, 서울: 한길사, 2009.

이용창, 〈나혜석과 최린, 파리의 '자유인'〉,《나혜석연구》2, (2013.6), pp. 74-111.

이재헌,《이능화와 근대불교학》, 서울: 지식산업사, 2007.

이종기, 〈사회주의와 예술을 말하신 임노월씨에게 묻고저〉,《개벽》38, 1923. 8, pp. 25-28.

이중표, 〈한국 불교철학의 성과와 전망〉; (이화여자대학교 한국문화연구원 편,《철학연구 50년》), 서울: 혜안, 2003, pp. 537-578.

이지숙, 〈1910년대 일본 신여성문학-「세이토」를 중심으로〉,《인문학연구》제34권 제1호, 충남대학교 인문과학연구소, 2007, pp. 157-175.

이태숙, 〈여성해방론의 낭만적 지평: 김일엽론〉,《여성문학연구》4호, 한국여성문학회, 2000, pp. 177-201.

이향순, 〈조선시대 비구니의 삶과 수행〉; 전국비구니회 저,《한국 비구니의 수행과 삶》, 예문서원, 2007. pp. 103-127 수록.

이화백년사편찬위원회 편,《이화백년사》, 서울: 이화여자대학교 출판부, 1994.

이화형 · 유진월, 〈신여자新女子와 근대여성 담론談論의 형성形成〉,《어문연구》31-2, 2003, pp. 223-243.

이흥우,《경허 선사: 공성의 피안길》, 서울: 민족사, 1996.

이희정, 〈1920년대 초기의 연애담론과 임노월 문학: 매일신보를 중심으로〉,《현대소설연구》37, 한국현대소설학회, 2008, pp. 151-172.

인경, 〈공안선과 간화선〉,《철학사상》21, 서울대학교 철학사상연구소, 2005. 12, pp. 78-108.

〈인습과 전통에 반항 소년출가한 김일엽〉,《매일신보》, 1930.5.13.

임노월, 〈악마의 사랑〉, 서울: 향연, 2005.

_____, 임정연 편,《임노월 작품집》, 서울: 지식을 만드는 지식, 2008.

_____, 임노월, 〈사회주의와 예술, 신 개인주의의 건설을 창함〉,《개벽》37, 1923. 7, pp. 21-29.

임옥희, 〈신여성의 범주화를 위한 시론〉; 태혜숙,《한국의 식민지 근대와 여성공간》, 여이연, 2004, pp. 78-106 수록.

전경옥 · 변지원 · 박진석 · 김은정,《한국 여성문화사》1: 한국여성근현대사
1: 개화기-1945, 서울: 숙명여자대학교 아시아여성연구소, 2004.

전국비구니회 편,《한국 비구니의 수행과 삶》1, 서울:예문서원, 2007.

전국비구니회 편,《한국 비구니의 수행과 삶》2, 서울:예문서원, 2009

전해주,《의상화엄사상사연구》, 서울: 민족사, 1992.

_____,〈한국 근현대 비구니의 수행〉; 전국비구니회,《한국불교 비구니의 수
행과 삶》, pp. 129-164.

정규웅,《나혜석평전: 내 무덤에 꽃 한송이 꽂아주오》, 서울: 중앙 M&B,
2003.

정영자,〈김일엽 문학연구〉,《수련어문논집》14, 수련어문학회, 1987, pp.
1-26.

정은해,〈초기 선불교 선정론과 후설 시간론 해명〉,《존재론연구》28, 2012,
pp. 29-77.

정휴,《슬플 때마다 우리 곁에 오는 초인》, 서울: 우리출판사, 2000.

《조선불교월보》1-6, 1912;《한국근현대 불교자료전집》, 서울: 민족사, 재수록.

조성택 편,《퇴옹성철의 깨달음과 수행-성철의 선사상과 불교사적 위치》,
서울: 예문서원, 2006.

조승미,《여성주의적 관점에서 본 불교수행론 연구: 한국 여성불자의 경험을
중심으로》, 동국대학교 대학원 박사학위논문, 서울: 동국대학교, 2005.

조은수,〈통불교' 담론을 통해 본 한국불교사 인식: 한국불교를 다시 생각한
다〉,《불교평론》6, 2004 겨울호, pp. 30-51.

주희 집주, 한상갑 역,《맹자 대학》, 서울: 삼성출판사, 1982.

최남선,〈조선불교: 동방 문화 사상에 있는 그 지위〉,〈불교〉74, 1930, pp.
1-51.

_____,〈인생과 종교: 나는 왜 카톨릭에로 개종했는가〉,〈한국일보〉, 1955.
11. 17.

최인호,《경허: 길 없는 길》4, 서울: 샘터, 1996.

김일엽, 한 여성의 실존적 삶과 불교철학

최혜실,《신여성들은 무엇을 꿈꾸었가?》, 서울: 생각의나무, 2000.

태진스님,《경허와 만공의 선사상》, 서울: 민족사, 2007.

태혜숙 편,《한국의 식민지근대와 여성 공간》, 서울: 여이연, 2004.

하춘생,《한국의 비구니 문중》, 서울: 해조음, 2013.

_____,《깨달음의 꽃: 한국 근세를 빛낸 근세 비구니》 1, 서울: 여래, 1998.

_____,《깨달음의 꽃: 한국 근세를 빛낸 근세 비구니》 2, 서울: 여래, 2001.

한국불교잡지총서 전 18권, 서울: 보련각, 1976.

한용운. 〈조선불교유신론〉,《한용운전집》 2권. 불교문화연구원, 2006.

_____. 〈조선불교의 진로〉,《한용운전집》 2권. 불교문화연구원, 2006.

_____. 〈선과 인생〉,《한용운전집》 2권. 불교문화연구원, 2006.

한종만 편,《한국근대 민중불교의 이념과 전개》, 서울: 한길사, 1980.

한중광,《경허: 길 위의 큰 스님》, 서울: 한길사, 1999.

허송명, 〈나혜석의 급진적 페미니즘과 개방 결혼 모티브〉,《인문학연구》 94, 2014, pp. 177-209.

현담,《경허선사 일대기》, 서울: 도서출판 선, 2010.

현응, 〈대승불교의 실천사상: 민중불교운동의 대승적 전개를 위하여〉,《민족불교》 1, 1989, pp. 120-138.

홍사성, 〈민중불교운동의 평가와 전망〉; 법성 등 저,《민중불교의 탐구》, 서울: 민족사, 1989, pp. 89-127.

황정수(태진),《경허·만공의 선사상 연구: 덕숭산문 형성을 중심으로》, 동국대학교 박사학위논문, 서울: 동국대학교, 1999.

황필호, 〈해방신학과 민중불교의 비교분석 〉; 법성 등 저,《민중불교의 탐구》, 서울: 민족사, 1989, pp. 241-281.

효탄, 〈비구니 선풍의 중흥자, 묘리법희 선사〉; 전국비구니회,《한국 비구니의 수행과 삶》, pp. 199-219.

외국어 자료

Aitken, Robert, trans. The Gateless Barrier: *The Wu-Men Kuan (Mumonkan)*. San Francisco: North Point Press, 1991.

Altekar, Anant Sadashiv. *The Position of Women in Ancient Hindu Civilization from Ancient Times to the Present Day*. Delhi: Motilal Banarsidass, 1983.

Apple, James. "Can Buddhist Thought Be Construed as a Philosophia, or a Way of Life?" *Journal of Oriental Philosophy* (December 2010): 43-55.

Baek, Youngsun, and Philip J. Ivanhoe, eds. *Traditional Korean Philosophy: Problems and Debates*. London: Rowman and Littlefield International, 2017 forthcoming.

Bancroft, Anne. "Women in Buddhism." In *Women in the World's Religions: Past and Present*, edited by Ursula King, 81-104. New York: Paragon House, 1987.

Barnes, Nancy Schuster. "Buddhism." In Sharma, *Women in World Religions*, 105-133.

Basham, A. L. *The Wonder That Was India: A Study of the History and Culture of the Indian Sub-Continent before the Coming of the Muslims.* New York: Hawthorn Books, 1963.

Blake, William. "The Marriage of Heaven and Hell." In *William Blake: The Complete Poems*, edited by Alicia Ostricker, 180-194. New York: Penguin Books, 1983.

Bordin, Ruth. *Alice Freeman Palmer: The Evolution of a New Woman*. Ann Arbor: University of Michigan Press, 1993.

Braak, André van der. *Nietzsche and Zen: Self-Overcoming without a Self.* Studies in Comparative Philosophy and Religion. Lanham, MD: Lexington Books, 2011.

Bradsley, Jan. "The New Woman in Japan and the Intimate Bonds of

Translation." In *Translation in Modern Japan*, edited by Indra Levy, 213–233. New York: Routledge, 2011.

Bronkhorst, Johannes. *Karma*. Honolulu: University of Hawai'i Press, 2011.

Buffetrille, Katia, and Donald S. Lopez Jr., trans. *Introduction to the History of Indian Buddhism*. By Eugène Burnouf. Chicago: University of Chicago Press, 2010.

Burnouf, Eugène. *Introduction a l'histoire du Buddhisme Indien*. Vol. 1. Paris: Maisonneuve et C., Libraires-éditeurs, 1876.

Buswell, Robert E., Jr. "Ch'an Hermeneutics: A Korean View." In Lopez, *Buddhist Hermeneutics*, 231–256.

_____, "Chinul's Systematization of Chinese Meditative Techniques in Korean Sŏn Buddhism." In Gregory, *Traditions of Meditation in Chinese Buddhism*, 199–242.

_____, trans. *Chinul: Selected Works*. Seoul: Jogye Order of Korean Buddhism, 2012. Last modified September 4, 2012. http://www.acmuller.net/kor-bud/collected_works.html

_____, trans. *The Collected Works of Chinul*. Honolulu: University of Hawai'i Press, 1983.

_____, "The Koryŏ Period." In *Buddhist Spirituality: Late China, Korea, Japan and the odern World*, edited by Takeuchi Yoshinori, 79–108. New York: The Crossroad Publishing, 1999.

_____, ed. *Religions of Korea in Practice*. Princeton, NJ: Princeton University Press, 2007.

_____, "The 'Short-Cut' Approach of K'an-hua Meditation: The Evolution of a Practical Subitism in Chinese Zen Buddhism." In Gregory, *Sudden and Gradual*, 321–377.

_____, trans. *Tracing Back the Radiance: Chinul's Korean Way of Zen*. Honolulu: University of Hawai'i Press, 1991.

_____, "Wŏnhyo as Cultural and Religious Archetype: A Study in Korean Buddhist Hagiography." *Pulgyo yŏn'gu* 11&12 (November 1995): 79-172.

_____, *The Zen Monastic Experience*. Princeton, NJ: Princeton University Press, 1992.

Chan, Wing-tsit, trans. *The Platform Scripture*. New York: St. John's University Press, 1963.

_____, trans. *A Source Book in Chinese Philosophy*. Princeton, NJ: Princeton University Press, 1963.

Chang, Garma C. C. *The Buddhist Teaching of Totality: The Philosophy of Hwa Yen Buddhism*. 1971. Reprint, University Park: Pennsylvania State University Press, 1991.

Cho, Eunsu. "Female Buddhist Practice in Korea-A Historical Account." In *Korean Buddhist Nuns and Laywomen*: Hidden Histories, Enduring Vitality, 15-44.

_____, ed. *Korean Buddhist Nuns and Laywomen: Hidden Histories, Enduring Vitality*, Albany: State University of New York Press, 2011.

Cho Joo-hyun. "The Politics of Gender Identity: The Women's Movement in Korea in the 1980s and 1990s." In *Women's Experiences and Feminist Practices in South Korea*, edited by Chang Pilhwa and Kim Eun-Shil, 229-258. Seoul: Ewha Womans University Press, 2005.

Choi, Hyaeweol, trans. and ed., *New Women in Colonial Korea: A Sourcebook*. Asian Studies Association of Australia Women in Asia Series. New York: Routledge, 2012.

Clearly, Thomas, and J. C. Clearly, trans. *The Blue Cliff Record*. Boston: Shambhala, 1992.

_____, trans. *Entry into the Inconceivable: An Introduction to Hua-Yen Buddhism*. Honolulu: University of Hawai'i Press, 1983.

_____, trans. *The Flower Ornament Scripture: A Translation of the Avataṃsaka*

Sutra. Boston: Shambhala, 1993.

_____, trans. *Unlocking the Zen Koan: A New Translation of the Zen Classic Wumenguan*. Berkeley, CA: North Atlantic Books, 1997.

Cole, Alan. *Text as Father: Paternal Seductions in Early Mahāyāna Literature*. Berkeley: University of California Press, 2005.

Cook, Francis. *Hua-Yen Buddhism: The Jewel Net of Indra*. University Park: Pennsylvania State University Press, 1977.

Cott, Nancy F. *The Grounding of Modern Feminism*. New Haven: Yale University Press, 1987.

Dallmayr, Fred. "Democracy as Creatio Continua: Whitehead, Tillich, Panikkar." Unpublished paper presented at the annual meeting of the American Academy of Religion, November 20, 2015.

Danly, Robert Lyons. *In the Shade of Spring Leaves: The Life of Higuchi Ichiyō with Nine of Her Best Short Stories*. New York: W. W. Norton, 1981.

Davids, T. W. Rhys, and C. A. F. Rhys Davids, trans. "Mahāparinibbāna-suttanta." In *Dialogues of the Buddha*. London: Luzac, 1966.

De Angelis, Ronald William. "Ellen Key: A Biography of the Swedish Social Reformer." PhD diss., University of Connecticut, 1978.

Derrida, Jacques. *De la grammatologie*. Paris: Les Éditions de Minuit, 1967.

_____, *Du droit à la philosophie*. Paris: Éditions Galilée, 1990.

_____, "I Have a Taste for the Secret." In *A Taste for the Secret*, by Jacques Derrida and Maurizio Ferraris, translated by Giaocomo Donis, 1-92. Cambridge, UK: Polity, 2001.

_____, *Of Grammatology*. Translated by Gayatri Chakravorty Spivak. 1967. Reprint, Baltimore: Johns Hopkins University Press, 1976.

_____, *The Post Card: From Socrates to Freud and Beyond*. Translated by Alan Bass. Chicago: University of Chicago Press, 1987.

_____, *Who's Afraid of Philosophy? Right to Philosophy I*. Translated by Jan Plug.

Stanford, CA: Stanford University Press, 2002.

Despeux, Catherine, and Livia Kohn. *Women in Daoism*. Cambridge, MA: Three Pines Press, 2003.

Dōgen. *The Heart of Dōgen's Shōbōgenzo*. Translated by Norman Waddell and Masao Abe. Albany: State University of New York Press, 2002.

Downey, Fairfax. *Portrait of an Era as Drawn by C. D. Gibson*. New York: Scriber, 1936.

Droit, Roger-Pol. *Le culte du néant: Les philosophes et le bouddha*. Paris: Éditions du Seuil, 1997.

_____, *The Cult of Nothingness: The Philosophers and the Buddha*. Translated by David Streight and Pamela Vohnson. Chapel Hill: University of North Carolina Press, 2003.

Dumoulin, Heinrich. *A History of Zen Buddhism*. Boston: Beacon Press, 1971.

Edelglass, William, and Jay L. Garfield, eds. *Buddhist Philosophy: Essential Readings*. Oxford: Oxford University Press, 2009.

Faure, Bernard. *Chan Insights and Oversights: An Epistemological Critique of the Chan Tradition*. Princeton, NJ: Princeton University Press, 1993.

_____, *Double Exposure: Cutting across Buddhist and Western Discourses*. Translated by Janet Lloyd. Stanford, CA: Stanford University Press, 2004.

_____, 〈Random Thoughts: Wŏnhyo's Life as Thought〉,《불교연구》11&12, 1995, pp. 197-223.

_____, *The Rhetoric of Immediacy: A Cultural Critique of Chan/Zen Buddhism*. Princeton, NJ: Princeton University Press, 1991.

Fausböll, I. V., ed. *Buddhist Birth Stories or Jātaka Tales*. Translated by T. W. Rhys Davids. Boston: Houghton, Mifflin, 1880.

Fillmore, Millard. "Letter of the President of the United States to the Emperor of Japan." In *The Personal Journal of Commodore Matthew C. Perry: The Japan Expedition: 1852-1854*, edited by Roger Pineau, 220-221.

Washington, DC: Smithsonian Institution Press, 1968.

Flanagan, Owen. *The Bodhisattva's Brain: Buddhism Naturalized*. Cambridge: The MIT Press, 2011.

Foti, Veronique. "Heidegger and the Way of Art: The Empty Origin and Contemporary Abstraction." *Continental Philosophy Review 31* (1998): 337-351.

Foulk, Griffith T. "Myth, Ritual, and Monastic Practice in Sung Ch'an Buddhism." In *Religion and Society in T'ang and Sung China*, edited by Patricia Buckley Ebrey and Peter N. Gregory, 147-208. Honolulu: University of Hawai'i Press, 1995.

Freedman, Estelle B. "The New Woman: Changing Views of Women in the 1920s." *Journal of American History* 61, no. 2 (September 1974): 372-393.

Garfield, Jay L. *Engaging Buddhism: Why It Matters to Philosophy*. New York: Oxford University Press, 2015.

_____, trans. *The Fundamental Wisdom of the Middle Way: Nāgārjuna's Mūlamadhyamakakārikā*. New York: Oxford University Press, 1995.

_____, "Understanding the Two Truths: Tsongkhapa's Ocean of Reasoning: A Great Commentary on *Nāgārjuna's Mūlamadhyamakakārikā*." In Edelglass and Garfield, *Buddhist Philosophy: Essential Readings*, 224-237.

Gethin, Rupert. *The Foundations of Buddhism*. Oxford: Oxford University Press, 1998.

Godart, Gerard Clinton. "'Philosophy' or 'Religion'? The Confrontation with Foreign Categories in Late Nineteenth Century Japan." *Journal of History of Ideas* 69, no. 1 (1월2008): 71-91.

Gregory, Peter N., ed. *Sudden and Gradual: Approaches to Enlightenment in Chinese Thought*. Honolulu: University of Hawai'i Press, 1987.

_____, ed. *Traditions of Meditation in Chinese Buddhism*. Honolulu: University of Hawai'i Press, 1986.

Gregory, Peter N., and Daniel A. Getz Jr., eds. *Buddhism in the Sung.* Honolulu: University of Hawai'i Press, 1999.

Gross, Rita M. *Buddhism after Patriarchy: A Feminist History, Analysis, and Reconstruction of Buddhism.* Albany: State University of New York Press, 1993.

Hadot, Pierre. *What Is Ancient Philosophy?* Translated by Michael Chase. Cambridge: Harvard University Press, 2002.

Hardacre, Helen. "The Lotus Sūtra in Modern Japan." In Tanabe and Tanabe, *The Lotus Sutra in Japanese Culture*, 209-224.

_____, *Shintō and the State*, 1868-1988. Princeton, NJ: Princeton University Press, 1989.

Harvey, Peter. *An Introduction to Buddhist Ethics: Foundations, Values, and Issues.* Cambridge: Cambridge University Press, 2000.

Heine, Steven. *Zen Skin, Zen Marrow: Will the Real Zen Buddhism Please Stand Up?* Oxford: Oxford University Press, 2008.

Heine, Steven, and Dale S. Wright, eds. *The Kōan: Texts and Contexts in Zen Buddhism.* New York: Oxford University Press, 2000.

Heisig, James W. *Philosophers of Nothingness: An Essay on the Kyoto School.* Honolulu: University of Hawai'i Press, 2001.

Heisig, James W., and John C. Maraldo. *Rude Awakenings: Zen, the Kyoto School, and the Question of Nationalism.* Honolulu: University of Hawai'i Press, 1994.

Heisig, James W.,Thomas P. Kasulis, and John C. Maraldo. "Inoue Enryō." In *Japanese Philosophy: A Sourcebook*, 619-630.

_____, Japanese Philosophy: A Sourcebook. Honolulu: University of Hawai'i Press, 2011.

Hirakawa, Akira. "The Relationship between Paticcasamuppada and Dhatu." Researches in *Indian and Buddhist Philosophy: Essays in Honour of Professor*

Alex Wayman, edited by Rāma K Śarmā and Alex Wayman, 105-118. Delhi: Motilal Banarsidass, 1993.

Hiratsuka Raichō.(平塚らいてう), 〈元始, 女性は太陽であった: 平塚らいてう自伝〉3, 東京: 大月書店, 1971.

_____, "Hiratsuka Raichō." In Heisig et al., *Japanese Philosophy*, 1148-1164.

_____, *In the Beginning, Woman Was the Sun: The Autobiography of a Japanese Feminist*. Translated by Teruko Craig. New York: Columbia University Press, 2006.

_____, 〈處女の眞価〉,《平塚らいちう著作集》, 2:53-60. 東京 : 大月書店, 1983-1984.

Hori, Victor. *Zen Sand: The Book of Capping Phrases for Kōan Practice*. Honolulu: University of Hawai'i Press, 2003.

Hsieh, Ding-hwa Evelyn. "A study of the evolution of K'an-hua Ch'an in Sung China:Yuan-wu K'o-ch'in (1063-1135) and the function of kung-an in Ch'an pedagogy and praxis." Ph.D. Dissertation, University of California, Los Angeles, 1993.

_____, "Yuan-wu K'o-ch'in's (1063-1135) Teaching of Zen Kung-an Practice: A Transition from the Literary Study of Ch'an Kung-an to the Practical K'an-hua Ch'an." *Journal of the International Association of Buddhist Studies* 17, no. 1(1994): 66-95.

Hutchison, Katrina. *Women in Philosophy: What Needs to Change?* New York: Oxford University Press, 2013.

Hyesim慧諶, *Gongan Collections I: Collected Works of Korean Buddhism*. Vol. 7-1. Translated by Juhn Y. Ann, edited by John Jorgensen. Seoul: The Jogye Order of Korean Buddhism, 2012.

_____, *Gongan Collections II: Collected Works of Korean Buddhism*. Vol. 7-2. Translated and edited by John Jorgensen. Seoul: The Jogye Order of Korean Buddhism, 2012.

Ives, Christopher. *Imperial-Way Zen: Ichikawa Hakugen's Critique and Lingering Questions for Buddhist Ethics*. Honolulu: University of Hawai'i Press, 2009.

_____, *Zen Awakening and Society*. Honolulu: University of Hawai'i Press, 1992.

James, Simon P. *Zen Buddhism and Environmental Ethics*. Aldershot, UK: Ashgate, 2004.

James, William. *The Varieties of Religious Experience: A Study in Human Nature*. A Mentor Book. New York: New American Library, 1958.

Jones, Ken. *The New Social Face of Buddhism: A Call to Action*. Boston: Wisdom Publications, 2003.

Jorgensen, John. "Conflicts between Buddhism and Confucianism in the Chosŏn Dynasty: A Preliminary Survey." *Pulgyo yŏn'gu* 15 (1998): 189-242.

_____, "Marginalized and Silenced: Buddhist Nuns of the Chosŏn Period." In Cho, *Korean Buddhist Nuns and Laywomen*, 119-146.

_____, "Minjung Buddhism: A Buddhist Critique of the Status Quo-Its History, Philosophy, and Critique." In Park, *Makers of Modern Korean Buddhism*, 275-313.

Josephson, Jason Ānanda. *The Invention of Religion in Japan*. Chicago: The University of Chicago Press, 2013.

Jung, Kyeongil. "Liberating Zen: A Christian Experience." *Journal of Korean Religions* 5, no. 1 (Spring 2014): 35-50.

Kalupahana, David J. *A History of Buddhist Philosophy: Continuity and Discontinuities*. Honolulu: University of Hawai'i Press, 1992.

_____, *Nāgārjuna: The Philosophy of the Middle Path*. Albany: State University of New York Press, 1986.

Kasulis, Thomas, P. *Intimacy or Integrity: Philosophy and Cultural Difference*. Honolulu: University of Hawai'i Press, 2002.

_____, *Zen Person Zen Action*. Honolulu: University of Hawai'i Press, 1981.

Katō, Bunnō, Yoshirō Tamura, and Kōurō Miyasaka, trans. *The Threefold Lotus Sūtra*. Tokyo: Kosei Publishing, 1975.

Keel Hee-Sung, "Zen and Minjung Liberation." *Inter-Religio* 17 (Summer 1990): 24-37.

Keown, Damien, ed. *Contemporary Buddhist Ethics*. Richmond, Surrey: Curzon. 2000.

_____, *The Nature of Buddhist Ethics*. London: Palgrave, 1999.

Key, Ellen. *The Century of the Child*. 1900. Reprint, New York: G. P. Putnam's Sons, 1909.

_____, *The Education of the Child*. New York: G. P. Putnam's Sons, The Knickerbocker Press, 1910.

_____, *Love and Ethics*. New York: B. W. Huesch, 1912.

_____, *Love and Marriage*. Translated by Authur G. Chater. New York: G. P. Putnam's Sons, The Knickerbocker Press, 1911.

_____, *Woman Movement*. Translated by Mamah Bouton Borthwick. 1909. Reprint, New York: G. P. Putnam's Sons, 1912.

Kierkegaard, Søren. *Fear and Trembling*. Translated by C. Stephen Evans and Sylvia Walsh. Cambridge: Cambridge University Press, 2006.

Kim, Yong-Hee, trans. *Questioning Minds: Short Stories by Modern Korean Women Writers*. Honolulu: University of Hawai'i Press, 2010.

Kim, Youngmin, and Michael J Pettid. *Women and Confucianism in Chosŏn*. Albany: State University of New York Press, 2011.

Kim Yung-Chung, ed. and trans. *Women of Korea: A History from Ancient Times to 1945*. Seoul: Ewha Womans University Press, 1975.

King, Sallie B. *Being Benevolence: The Social Ethics of Engaged Buddhism*. Honolulu:University of Hawai'i Press, 2005.

_____, *Socially Engaged Buddhism*. Honolulu: University of Hawai'i Press, 2009.

_____, "Thich Nhat Hanh and the Unified Buddhist Church of Vietnam: Nondualism in Action." In Queen and King, *Engaged Buddhism*, 321-363.

Kisiel, Theodore. "Heidegger and the Question of Biography." In *The Bloomsbury Com-panion to Heidegger*, edited by François Raffoul and Eric S. Nelson, 15-21. Lon-don: Bloomsbury, 2013.

Koestler, Arthur. *The Lotus and the Robot.* New York: Macmillan, 1961.

Kristeva, Julia. *Le Génie féminin: la vie, la folie, les mots: Hannah Arendt, Melanie Klein, Colette.* Paris: Fayard, 1999.

_____, *Hannah Arendt.* Translated by Ross Guberman. New York: Columbia University Press, 2001.

_____, *La Révolution du langage poétique: L'avant-garde à la fin du XIXe siècle: Lautréamont et Mallarmé.* Paris: Éditions du Seuil, 1974.

_____, *Revolution in Poetic Language.* Translated by Leon S. Roudièz. New York: Columbia University Press, 1984.

Ku San. *Nine Mountains: Dharma Lectures of the Korean Meditation Master Ku San.* Korea: Song Kwang Sa Monastery, 1978.

Kwon, Kee-jong. "Buddhism Undergoes Hardships: Buddhism in the Chosŏn Dynasty." In *The History and Culture of Buddhism in Korea*, edited by The Korean Buddhist Research Institute, 169-218. Seoul: Dongguk University Press, 1993.

Lacoue-Labarthe, Phillippe. *The Subject of Philosophy (Le sujet de la philosophie, 1979).* Translated by Thomas Trezise. Minneapolis: University of Minnesota Press, 1993.

Lai, Whalen. "Chinese Buddhist Causation Theories and the Analysis of the Sinitic Mahayana Understanding of Pratitya-samutpada." *Philosophy East and West* 27, no. 3 (July 1977): 241-264.

Lancaster, Lewis R., and Richard K. Payne, eds. *Religion and Society in Contemporary Korea.* Berkeley, CA: Institute of East Asian Studies, 1997.

김일엽, 한 여성의 실존적 삶과 불교철학

Lau, D. C. *Mencius: A bilingual edition*. Hong Kong: Chinese University Press, 2003.

Laughlin, Karen, and Eva Wong. "Feminism and/in Taoism." In Sharma and Young, *Feminism and World Religions*, 148-178.

Law, Bimalar Churn. *Women in Buddhist Literature*. Ceylon: W. E. Bastian, 1927.

Legge, James, trans. *The Works of Mencius*. Oxford: Clarendon Press, 1895.

Levering, Mariam L. "Ch'an Enlightenment for Layman: Ta-Hui and the New Religious Culture of the Sung." PhD diss., Cambridge: Harvard University, 1978.

_____, "Is the *Lotus Sutra* 'Good News' for Women?" In Reeves, *A Buddhist Kaleidoscope: Essays on the Lotus Sutra*, 469-491.

_____, "Lin-chi (Rinzai) Ch'an and Gender: The Rhetoric of Equality and the Rhetoric of Heroism." In *Buddhism, Sexuality and Gender*, edited by Jose Ignacio Cabezon, 137-156. Albany: State University of New York Press, 1992.

Li, Chenyang. "The Confucian Concept of Jen and Feminist Ethics of Care: A Comparative Study." In *The Sage and the Second Sex: Confucianism, Ethics, and Gender*, edited by Chenyang Li, 23-40. Chicago: Open Court, 2000.

Lopez, Donald S., Jr., ed. *Buddhist Hermeneutics*. Honolulu: University of Hawai'i Press, 1988.

Lopez, Donald S., and Robert E Buswell, Jr., eds. *The Princeton Dictionary of Buddhism*. iBooks.

Lowy, Dina. *The Japanese "New Woman": Images of Gender and Modernity*. New Brunswick, NJ: Rutgers University Press, 2007.

_____, "Love and Marriage: Ellen Key and Hiratsuka Raichō Explore Alternatives." *Women Studies* 33, no. 4 (1월2004): 361-380.

Loy, David. *The Great Awakening: A Buddhist Social Theory*. Boston: Wisdom

Publications, 2003.

Lusthaus, Dan. *Buddhist Phenomenology: A Philosophical Investigation of Yogācāra Buddhism and the Ch'eng Wei-Shih Lun.* London: Routledge, 2002.

Lyotard, Jean-François. *The Inhuman.* 1988. Reprint, Stanford, CA: Stanford University Press, 1991.

Macy, Joanna Rogers. "Dependent Co-Arising: The Distinctiveness of Buddhist Ethics." *Journal of Religious Ethics* 7, no. 1 (Spring 1979): 38-52.

McBride, Richard D., II. *Domesticating the Dharma: Buddhist Cults and the Hwaŏm Synthesis in Silla Korea.* Honolulu: University of Hawai'i Press, 2008.

_____, ed. *Hwaŏm: The Mainstream Tradition.* Translated by Richard D. McBride II and Sem Vermeersch. Seoul: Jogye Order of Korean Buddhism, 2012. Last modified September 4, 2012.
http://www.acmuller.net/kor-bud/collected_works.html.

McMahan, David. L. *The Making of Buddhist Modernism.* New York: Oxford University, 2008.

McRae, John R. *Seeing through Zen: Encounter, Transformation, and Genealogy in Chinese Chan Buddhism.* Berkeley: University of California Press, 2003.

Merleau-Ponty, Maurice. *Phenomenology of Perception.* Translated by Colin Smith. London: Routledge, 1962.

_____, *Signes.* Paris: Gallimard, 1960.

_____, *Signs.* Translated by Richard C. McLeary. Evanston, IL: Northwestern University Press, 1964.

_____, *The Visible and the Invisible.* Translated by Alphonso Lingis. 1968. Reprint, Evanston, IL: Northwestern University Press, 1980.

_____, *Le Visible et l'invisible.* Paris: Éditions Gallimard, 1964.

Miller, Owen, and Vladimir Tikhonov. *Selected Writings of Han Yongun: From Social Darwinism to "Socialism with a Buddhist Face."* Honolulu: University

김일엽, 한 여성의 실존적 삶과 불교철학

of Hawai'i Press, 2008.

Mistry, Freny. *Nietzsche and Buddhism: Prolegomenon to a Comparative Study.* Monographien Und Texte Zur Nietzsche-Forschung. Berlin: W. de Gruyter, 1981.

Miura, Isshū, and Ruth Fuller Sasaki, trans. *The Zen Koan: Its History and Use in RinzaiZen.* New York: Harcourt, Brace & World, 1965.

Moon, Seungsook. *Militarized Modernity and Gendered Citizenship in South Korea: Politics, History, and Culture.* Durham, NC: Duke University Press, 2005.

Morrison, Robert G. *Nietzsche and Buddhism: A Study in Nihilism and Ironic Affinities.* New York: Oxford University Press, 1997.

Muller, A. Charles, ed. *Digital Dictionary of Buddhism.* Edition of December 26, 2007. http://buddhism-dict.net/ddb.

_____, trans. *Korea's Great Buddhist-Confucian Debate: The Treatises of Chŏng Tojŏn (sambong) and Hamho Tŭkt'ong (kihwa).* Honolulu: University of Hawai'i Press, 2015.

_____, ed. *Wŏnhyo: Selected Works.* Translated by A. Charles Muller, Jin Y. Park, and Sem Vermeersch. Seoul: Jogye Order of Korean Buddhism, 2012. Last modified September 4, 2012. http://www.acmuller.net/korbud/collected_works.html.

Mun, Chan Ju. "A Historical Introduction to Minjung Buddhism: A Liberation Buddhism of South Korea in 1980's.",《韓國仏教學seminar》9, 東京: 新羅佛教研究會, 2003, pp. 239-270.

Mu Seong. "Sŏn Master Man'gong and Cogitations of a Colonized Religion." In Park, *Makers of Modern Korean Buddhism,* 157-170.

_____, *Thousand Peaks: Korean Zen-Tradition and Teachers.* Cumberland, RI: Primary Point Press, 1991.

Nagatomo, Shigenori. "The Logic of the *Diamond Sutra*: A Is Not A, Therefor

It Is A." *Asian Philosophy* 10, no. 3 (2000): 213-244.

Na Hyesŏk, "The Ideal Woman." In Choi, *New Women in Colonial Korea*, 28-29.

Nelson, Eric S. "Dilthey and Carnap: Empiricism, Life-Philosophy, and Overcoming Metaphysics." *Pli: Warwick Journal of Philosophy* 23 (2012): 20-49.

_____, Heidegger, Misch, and the Origins of Philosophy," supplement, *Journal of Chinese Philosophy* 39 (2012) 10-30.

Neumaier-Dargyay, Eva K. "Buddhist Thought from a Feminist Perspective." In *Gender, Genre and Religion*, edited by Morny Joy, E. K. Neumaier-Dargyay, and Mary Gerhart, 145-170. Waterloo, Ontario: Wilfrid Laurier University Press, 1995.

Nhat Hanh, Thich. *The Heart of Understanding: Commentaries on the Prajñāparamita Heart Sūtra*. Berkeley, CA: Parallax Press, 1988.

Nhat Hanh, Thich, and Fred Eppsteiner. *Interbeing: Fourteen Guidelines for Engaged Buddhism*. Berkeley, CA: Parallax Press, 1987.

Nishida Kitarō西田幾多郎, *Last Writings: Nothingness and the Religious Worldview*. Translated by David A. Dilworth. Honolulu: University of Hawai'i Press, 1987.

_____, *Ontology of Production: Three Essays*. Translated by William W. Haver. Durham, NC: Duke University Press, 2012.

Nishitani Keiji. *Religion and Nothingness*. Berkeley: University of California Press, 1982.

No Chayŏng, "No Chayŏng: The Forerunner of the Women's Movement, Ellen Key." In Hyaeweol Choi, *New Women in Colonial Korea*, 96-99.

Ō, Yasumaro, and Gustav Heldt. *The Kojiki: An Account of Ancient Matters*. Translations from the Asian Classics. New York: Columbia University Press, 2014.

Odin, Steve. *Process Metaphysics and Hua-Yen Buddhism: A Critical Study of Cumulative Penetration vs. Interpenetration.* Albany: State University of New York Press, 1982.

Ogata, Sohaku. *The Transmission of the Lamp: Early Masters.* Wolfeboro, NH: Long-wood Academic, 1990.

Oh, Bonnie B. C. "Kim Iryŏp's Conflicting Worlds." In *The Fifteenth through the Twentieth Centuries,* edited by Young-Key Kim-Renaud, 174-191. Armonk, NY: M. E. Sharpe, 2004.

Otto, Rudolf. *The Idea of the Holy.* Translated by John W. Harvey. Oxford: Oxford University Press, 1923.

Palmer, Daniel. "Masao Abe, Zen Buddhism, and Social Ethics." *Journal of Buddhist Ethics* 4 (1997): 112-137.

Panaioti, Antoine. *Nietzsche and Buddhist Philosophy.* Cambridge: Cambridge University Press, 2013.

Park, Jin Y. *Buddhism and Postmodernity: Zen, Huayan, and the Possibility of Buddhist Postmodern Ethics.* Lanham, MD: Lexington Books, 2008.

_____, ed. *Buddhisms and Deconstructions.* New Frameworks for Continental Philosophy. Lanham, MD: Rowman and Littlefield Publishers, 2006.

_____, "Burdens of Modernity: Baek Seonguk and the Formation of Modern Korean Philosophy." In Baek and Ivanhoe, *Traditional Korean Philosophy.*

_____, "'A Crazy Drunken Monk': Kyŏnghŏ and Modern Buddhist Meditation Practice." In Buswell, *Religions of Korea in Practice,* 130-143.

_____, "The Double: Merleau-Ponty and Chinul on Thinking and Questioning." In Park and Kopf, *Merleau-Ponty and Buddhism,* 97-112.

_____, "Gendered Response to Modernity: Kim Iryŏp and Buddhism." In Park, Makers of *Modern Korean Buddhism,* 109-127.

_____, "A Huayanist Reading of the Lotus Sūtra: The Case of Li Tongxuan." *Journal of the International Association of Buddhist Studies* 35, no. 1/2

(2012/2013): 295-328.

_____, ed. *Makers of Modern Korean Buddhism*. Albany: State University of New York Press, 2010.

_____, "Philosophizing and Power: East-West Encounter in the Formation of Modern East Asian Buddhist Philosophy." *Philosophy East and West* 67,no.3 (July2017, forthcoming).

_____, trans. *Reflections of a Zen Buddhist Nun: Essays by Zen Master Kim Iryŏp*. Honolulu: University of Hawai'i Press, 2014.

_____, "The Visible and the Invisible: Rethinking Values and Justice from a Buddhist Postmodern Perspective." In *Value and Values: Economics and Justice in an Age of Global Interdependence*, edited by Roger T. Ames and Peter D. Hershock, 109-124. Honolulu: University of Hawai'i Press, 2015.

_____, "Wisdom, Compassion, and Zen Social Ethics: the Case of Chinul, Sŏngch'ŏl, and Minjung Buddhism in Korea." *Journal of Buddhist Ethics* 13 (2006): 1-26.

_____, "Wŏnhyo's Writings on Bodhisattva Precepts and the Philosophical Ground of Mahayana Ethics." *International Journal of Buddhist Thought and Culture* 2 (February 2003): 147-170.

_____, "Zen and Zen Philosophy of Language: A Soteriological Perspective." *Dao: A Journal of Comparative Philosophy* 1, no. 2 (June 2002): 209-228.

_____, "Zen Language in Our Time: The Case of Pojo Chinul's Huatou Meditation." *Philosophy East and West* 55, no. 1 (1월2005): 80-98.

Park, Jin Y., and Gereon Kopf, eds. *Merleau-Ponty and Buddhism*. Lanham, MD: Lexington Books, 2009.

Park, Pori. "The Establishment of Buddhist Nunneries in Contemporary Korea." In Cho, *Korean Buddhist Nuns and Laywomen: Hidden Histories, Enduring Vitality*, 165-183.

_____, "A Korean Buddhist Response to Modernity: Manhae Han Yongun's Doctrinal Reinterpretation for His Reformist Thought." In Park, *Makers of Modern Korean Buddhism*, 41–60.

_____, *Trial and Error in Modernist Reforms: Korean Buddhism under Colonial Rule*. Korea Research Monograph. Berkeley, CA: Institute of East Asian Studies, 2009.

Park, Sung Bae. *Buddhist Faith and Sudden Enlightenment*. Albany: State University of New York Press, 1983.

Paul, Diana Y., and Frances Wilson, eds. *Women in Buddhism: Images of the Feminine in Mahāyāna Tradition*. Berkeley: University of California Press, 1985.

Peach, Locinda Joy. "Social Responsibility, Sex Change, and Salvation: Gender Justice in the Lotus Sūtra." In Reeves, *A Buddhist Kaleidoscope*, 437–467.

_____, ed. *Women and World Religions*. Upper Saddle River, NJ: Prentice Hall, 2002.

Pesala, Bhikkhu. *The Debate of King Milinda: An Abridgement of the Milinda Pañha*. Delhi: Motilal Banarsidass Publishers, 1991.

Plato. *The Republic*. Translated by G. R. F. Ferrari and Tom Griffith. New York: Cambridge University Press, 2000.

Powell, Jason. *Jacques Derrida: A Biography*. London: Continuum, 2006.

Prebish, Charles, Damien Keown, and Dale Wright, eds. *Revisioning Karma*. N.p.: Journal of Buddhist Ethics Online Books, 2007.

Price, A. F., and Wong Mou-lam, trans. *The Diamond Sūtra and The Sūtra of Hui-Neng*. Boston: Shambhala, 1990.

Queen, Christopher, and Sallie B. King. *Engaged Buddhism: Buddhist Liberation Movements in Asia*. Albany: State University of New York Press, 1996.

Reeves, Gene, ed. *A Buddhist Kaleidoscope: Essays on the Lotus Sutra*. Tokyo:

Kosei Publishing, 2002.

_____, trans. *The Lotus Sūtra*. Boston: Wisdom Publications, 2008.

Sadakata, Akira. *Buddhist Cosmology: Philosophy and Origins*. Tokyo: Kōsei Publishing, 1997.

Saṃyutta-nikāya, the Book of the Kindred Sayings. Translated by Mrs. Rhys Davids. Oxford: The Pali Text Society, 1999.

Santikara Bhikkhu. "Buddhadasa Bhikkhu: Life and Society through the Natural Eyes of Voidness." In Queen and King, *Engaged Buddhism*, 147–193.

Sasaki, R. F. The *Development of Chinese Zen*. New York: First Zen Institute of America, 1953.

Sato, Barbara. *The New Japanese Woman: Modernity, Media, and Women in Interwar Japan*. Durham, NC: Duke University Press, 2003.

Saussure, Ferdinand de, et al. *Course in General Linguistics*. LaSalle, IL: Open Court, 1986.

Schroeder, John W. *Skillful Means: The Heart of Buddhist Compassion*. Delhi: Motilal Banarsidass Publishers, 2004.

Sekida, Katsuki, trans. *Two Zen Classics: Mumonkan and Hekiganroku*. New York: Weatherhill, 1977.

Sharma, Arvind, ed. *Women in World Religions*. Albany: State University of New York, 1987.

Sharma, Arvind, and Katherine K. Young. *Feminism and World Religions*. Albany: State University of New York Press, 1999.

Shim, Jae-ryong. "Buddhist Responses to the Modern Transformation of Society in Korea." In Lancaster and Payne, *Religion and Society in Contemporary Korea*, 75–86.

Shklovsky, Viktor. "Art as Technique." In *Literary Theory: An Anthology*, edited by Julie Rivkin and Michael Ryan, 15–21. Malden, MA: Blackwell

Publishing Ltd, 2004.

Siderits, Mark. *Buddhism as Philosophy: An Introduction*. Indianapolis: Hackett, 2007.

Smith, Kendra. "Sex, Dependency and Religion-Reflections from a Buddhist Perspective." In King, *Women in the World's Religions*, 219–231.

Sørensen, Henrik H. "Korean Buddhist Journals during the Early Japanese Colonial Rule." *Korea Journal* 30, no. 1 (1월1990): 17–27.

_____, "Mirror of Emptiness: The Life and Times of the Sŏn Master Kyŏnghŏ Sŏngu."

In Park, *Makers of Modern Korean Buddhism*, 131–156.

_____, "A Study of the 'Ox-Herding Theme' as Sculptures at Mt. Baoding in Dazu County, Sichuan." *Artibus Asiae* 51, nos. 3/4 (1991): 207–233.

Spivak, Gayatri Chakravorty. "Can the Subaltern Speak?" In *Marxism and the Inter-pretation of Culture*, edited by Cary Nelson and Lawrence Grossber, 271–313. Basingstoke, UK: Macmillan Education, 1988.

Staggs, Kathleen M. "'Defend the Nation and Love the Truth': Inoue Enryō and the Revival of Meiji Buddhism." *Monumenta Nipponica* 38, no. 3 (Autumn 1983): 251–281.

Streight, David, and Pamela Vohnson, trans. *The Cult of Nothingness: The Philosophers and the Buddha*. Chapel Hill: University of North Carolina Press, 2003.

Suzuki, Daisetz Teitaro. *Essays in Zen Buddhism*. First Series. London: Rider, 1949.

_____, trans. *The Laṅkāvatāra Sūtra: A Mahāyāna Text*. Delhi: Motilal Banarsidass Publishers, 2003.

_____, *Manual of Zen Buddhism*. New York: Grove Press, 1960.

Tanabe, George J., Jr., and Willa Jane Tanabe, eds. *The Lotus Sutra in Japanese Culture*. Honolulu: University of Hawai'i Press, 1989.

Tanabe Hajime田辺元. *Philosophy as Metanoetics*. Trans. Takeuchi Yoshinori. Berkeley: University of California Press, 1986.

Taylor, Charles. *A Secular Age*. Cambridge, MA: Harvard University Press, 2007.

Teiser, Stephen F., and Jacqueline I. Stone. "Interpreting the Lotus Sūtra." In Teiser and Stone, *Readings of the Lotus Sūtra*, 1-61.

_____, eds. *Readings of the Lotus Sūtra*. New York: Columbia University Press, 2009.

Thurman, Robert A. F. *The Holy Teaching of Vimalakīrti: A Mahāyāna Scripture*. University Park: Pennsylvania State University Press, 1976.

Todd, EllenWiley. *The "New Woman" Revised; Painting and Gender Politics on Fourteenth Street*. Berkeley: University of California Press, 1993.

Tomida, Hiroko. *Hiratsuka and Early Japanese Feminism*. Boston: Brill, 2004.

Tomida, Hiroko, and Gordon Daniels. *Japanese Women: Emerging from Subservience, 1868-1945*. Folkestone, Kent: Global Oriental, 2005.

Tsomo, Karama Lekshe, ed. *Buddhist Women and Social Justice: Ideals, Challenges, and Achievements*. Albany: State University of New York Press, 2004.

Tuck, Andrew P. *Comparative Philosophy and the Philosophy of Scholarship: On the Western Interpretation of Nāgārjuna*. New York: Oxford University Press, 1990.

Uhlmann, Patrick R. "Sŏn Master Pang Hanam: A Preliminary Consideration of His Thoughts According to the Five Regulations for the Sangha." In Park, *Makers of Modern Korean Buddhism*, 171-198.

Vermeersch, Sem. *The Power of the Buddhas: The Politics of Buddhism during the Koryŏ Dynasty (918-1392)*. Cambridge: Harvard University Asia Center, 2008.

Victoria, Brian. *Zen War Stories*. London: RoutledgeCurzon, 2003.

Wang, Youru, ed. *Deconstruction and the Ethical in Asian Thought.* New York: Routledge, 2007.

Watson, Burton, trans. *The Lotus Sutra.* New York: Columbia University Press, 2003.

Williams, Raymond. *Keywords: A Vocabulary of Culture and Society.* London: Fontana Paperbacks, 1983.

Woolf, Virginia. *A Room of One's Own.* An Hbj Modern Classic. 1st ed. New York: Harcourt Brace Jovanovich, 1991.

Wright, Dale S. 1992. "Rethinking Transcendence: The Role of Language in Zen Experience." *Philosophy East and West* 42, no. 1 (1992): 113-138.

Yampolsky, Philip B., trans. *The Platform Sūtra of the Sixth Patriarch: The Text of the Tun-Huang Manuscript.* New York: Columbia University Press, 1967.

Yü, Chün-fang. "Ta-hui Tsung-kao and Kung-an Ch'an." *Journal of Chinese Philosophy* 6 (1979): 211-35.

井上円了, 〈井上円了略年譜 〉,《井上円了選集 》7, 東京: 東京大, 1990.

井上円了, 〈井上円了選集 〉25, 東京: 東京大, 1987-2004.

磯前順一,《近代日本の宗教言說とその系譜: 宗教, 國家, 神道》, 東京: 岩波書店, 2003.

末木文美士,《近代日本と仏教》, 東京: トランスビュ―, 2004.

田辺元, 〈懺悔道としての哲學〉,《懺悔道としての哲學·死の哲學》, 京都哲學撰書 第3卷. 京都: 燈影社, 2000

西周,《百一新論, 1874》, 近代日本社會學史叢書第 1 卷. 東京: 龍溪書舍, 2007, pp. 226-289.

西田幾多郎, 〈場所的 論理と宗教的 世界觀〉,《西田幾多郎全集》11, pp. 371-468, 東京: 岩波書店, 1975.

김일엽, 한 여성의 실존적 삶과 불교철학

김일엽, 한 여성의 실존적 삶과 불교철학